George Kardinal Pell

Freispruch durch den Obersten Gerichtshof

George Kardinal Pell

Freispruch durch den Obersten Gerichtshof

Das Gefängnistagebuch

Band III

1. Dezember 2019 bis 8. April 2020

media
maria

Originaltitel der amerikanischen Ausgabe:
PRISON JOURNAL
Volume 3
The High Court Frees an Innocent Man
1 December 2019–8 April 2020
With an afterword by George Weigel

Die Zitate aus dem Brevier von George Kardinal Pell stammen aus: *The Divine Office*, 3 Bände, E. J. Dwyer, Sydney 1974. In deutscher Sprache: *Die Feier des Stundengebetes, Lektionar für die katholischen Bistümer des deutschen Sprachgebietes,* Hefte I/1 bis I/8, Hrsg. Bischofskonferenzen, 1978–2017.
Die Bibelzitate stammen aus der revidierten Einheitsübersetzung der Heiligen Schrift © Katholische Bibelanstalt GmbH, Stuttgart 2016.

FREISPRUCH DURCH DEN OBERSTEN GERICHTSHOF
Band III
Das Gefängnistagebuch
Nachwort von George Weigel
Übersetzung: Dr. Gabriele Stein

ISBN 978-3-947931-52-1
www.media-maria.de

Inhalt

Zeittafel

16. Juli 1996	Papst Johannes Paul II. ernennt Weihbischof George Pell zum Erzbischof von Melbourne, Australien.
26. März 2001	George Pell wird Erzbischof von Sydney, Australien.
21. Oktober 2003	Papst Johannes Paul II. ernennt Erzbischof Pell zum Kardinal.
25. Februar 2014	Papst Franziskus beruft Kardinal Pell in die neu geschaffene Position eines Präfekten des Wirtschaftssekretariats, das die Finanzen des Heiligen Stuhls und des Vatikans verwaltet.
29. Juni 2017	Die australische Polizei wirft Kardinal Pell mehrere lange zurückliegende sexuelle Übergriffe vor.
5. März 2018	Kardinal Pell, der alle Vorwürfe von sich gewiesen hat und freiwillig nach Australien zurückgekehrt ist, erscheint vor dem *Magistrates' Court* in Melbourne zur Verlesung der Anklagepunkte.
1. Mai 2018	Nachdem einige Anklagepunkte fallen gelassen worden sind, entscheidet eine Richterin in Melbourne, dass der Kardinal sich für die übrigen vor Gericht verantworten muss.

2. Mai 2018	Die Fälle werden in zwei Verfahren aufgeteilt: Das erste soll sich mit Vorwürfen befassen, die auf die 1990er-Jahre zurückgehen, als Pell Erzbischof von Melbourne war. Im zweiten Verfahren werden Vorwürfe verhandelt, die auf die Anfänge seines priesterlichen Dienstes in den 1970er-Jahren zurückgehen.
20. September 2018	Das erste Verfahren, das am 15. August 2018 begonnen hatte, endet damit, dass die Geschworenen sich nicht einigen können.
11. Dezember 2018	Das Wiederaufnahmeverfahren, das am 7. November 2018 begonnen hatte, endet mit einem Schuldspruch.
26. Februar 2019	Die Staatsanwaltschaft lässt den zweiten Teil der Anschuldigungen, die auf die 1970er-Jahre zurückgehen, fallen.
27. Februar 2019	Kardinal Pell kommt in Untersuchungshaft und wird ins Gefängnis gebracht.
13. März 2019	Kardinal Pell wird zu sechs Jahren Gefängnis verurteilt.
5. bis 6. Juni 2019	Berufungsverhandlung am *Supreme Court of Victoria.*
21. August 2019	Die Berufung wird mit 2:1 Stimmen abgewiesen.
11. bis 12. März 2020	Berufungsverhandlung am *High Court of Australia.*
7. April 2020	Der *High Court* hebt mit 7:0 Stimmen alle bisherigen Schuldsprüche auf. Kardinal Pell wird aus der Haft entlassen.

41. Woche
Der Advent beginnt

1. Dezember bis 7. Dezember 2019

Erster Adventssonntag, 1. Dezember 2019

Das Kirchenjahr ist eine wunderbare Erfindung, die die katholische Kirche vom Judentum übernommen und an die christliche Lehre angepasst hat. Wie andere Australier bin ich mit den weltlichen Weihnachts- und Osterfeiertagen aufgewachsen und habe immer auch an den religiösen Feiern teilgenommen. Den Jahreskreis habe ich als selbstverständlich betrachtet, doch ich habe ihn mit der Zeit immer mehr verstanden und geschätzt.

Jetzt aber weiß ich die Fastenzeit und Ostern, Pfingsten, den Advent, Weihnachten und sogar die Zeiten im Jahreskreis auf eine neue und tiefere Weise zu schätzen, weil sie meinem ruhigen Leben im Gefängnis Struktur und Sinn geben.

Die jüdische und christliche Geschichte geht weiter und hat einen Anfang mit der Schöpfung und mit Adam und Eva. Die Juden warten noch immer auf den verheißenen Messias, den wir in Christus erkennen, der am Ende der Zeiten als Richter zurückkommen wird. Die Christen glauben nicht an einen Kreislauf der immerwährenden Wiederkehr, an ein Leben der Reinkarnation nach dem Tod. Man kann hier eine andere Grundlage – anders als einen rationalen Gott – für die Theorien vom Urknall, von der Evolution und sogar vom Fortschrittsmythos erkennen, die Illusion vom unvermeidlichen und universalen Fortschritt, der sich in den Verbrechen des 20. Jahrhunderts wieder explosionsartig Bahn gebrochen hat. Doch die Welt hat auf jedem Kontinent spektakuläre – wenngleich nicht universale – Fortschritte in Sachen Lebensdauer, Gesundheit und Bildung und bei der Bekämpfung von Hunger und Not erlebt.

Den Pessimismus der Weisheitsliteratur – dass es nichts Neues unter der Sonne gibt (Koh 1,9) – haben die Christen überwunden, da wir dem Jüngsten Gericht (Mt 25) und dem neuen Himmel und der neuen Erde entgegengehen (Offb 21,1). Im jährlichen Festzyklus feiern wir, was das Volk Gottes bereits erfahren hat, und richten den Blick hoffnungsvoll nach vorn.

Meine Überlegungen zu dieser erfreulichen Erkenntnis wurden durch die Tatsache ausgelöst, dass die beiden nordamerikanischen Protestanten – beide exzellente Prediger mit einer riesigen Gemeinde –, die ich mir jeden Sonntag im Fernsehen anschaue, keinem erkennbaren liturgischen Kalender folgen. Ich bin schon neugierig, wie sie es mit Weihnachten halten werden, denn Oliver Cromwell hat das Fest im 17. Jahrhundert in England verboten und den 25. Dezember zu einem Fasttag erklärt, an dem man keinen Plumpudding essen durfte. Sogar in einigen Teilen der Vereinigten Staaten war das Fest einst gesetzlich verboten.

Father Martin Dixon trug ein blaues Messgewand, als er die Messe vom ersten Adventssonntag feierte. Wie er erklärte, ist diese Farbe von der Kirche als Alternative zum strengeren Violett der Fastenzeit zugelassen. Wieder etwas gelernt.

Joseph Prince[1] forderte uns auf, »in euren dunkelsten Träumen Antworten zu finden«. Dabei trug er ein dunkles Jackett, Jeans, drei Ringe und Armbänder in einer dunklen, gedämpften Farbe. Er predigte über das 20. Kapitel der Apostelgeschichte und rief seiner Gemeinde ins Gedächtnis, dass sie das Licht der Welt sei und noch heller strahle, wenn sie sich versammle. Er erzählte die Geschichte des Eutychus, der von Paulus geheilt wurde, nachdem er bei dessen Predigt eingeschlafen und aus dem Fenster gefallen war. Die Episode zeigt auf, weshalb Paulus so wenig auf seine weltliche Weisheit und Beredsamkeit gab, und doch war er ein religiöses Genie. Der anglikanische Bischof und Exeget N. T. Wright hat Paulus' intellektuellen Beitrag mit dem des Aristoteles verglichen, was mich sehr überrascht hat, als ich es zum ersten Mal las. Doch Wright weiß viel mehr über den hl. Paulus und möglicherweise auch über Aristoteles als ich. In puncto Sünde war Prince recht deutlich. Er sagte zu seiner Gemeinde: »Ihr seid auch gerettet, wenn ihr an der Welt durchaus Gefallen findet.« Im Glauben Fortgeschrittene verstehen das.

Joel Osteen[2] drängte uns nicht zum ersten Mal, »aus dem Negativen auszubrechen«. Während ich ihm zuhörte, bekam er Konkurrenz von einem zornigen Insassen, der am anderen, lauten und oft übelriechenden Ende des Trakts brüllte und gegen die Tür schlug. Joel erklärte, dass die Wurzeln der Bitterkeit im Verborgenen wachsen, Gott uns aber für jede Jahreszeit Gnade schenkt, sodass wir unseren Geist selbst davon frei machen können. Zum Schluss sprach er über den älteren Bruder in der Geschichte vom verlorenen Sohn, der sich weigerte, am Fest teilzunehmen, das, wie Joel uns in Erinnerung rief, ohne ihn stattfand.

Songs of Praise wurde aus Chester [England] übertragen, wo die *Christingles*[3] erfunden wurden. Diese Weihnachtsdekoration besteht aus einer Orange, in die man eine brennende Kerze und vier Zahnstocher mit aufgespießten Süßigkeiten hineinsteckt. Gute traditionelle anglikanische Kirchenlieder und »Christ Be Our Light« wurden gesungen.

Das Stundengebet am heutigen ersten Adventssonntag bringt die Dinge auf den Punkt:

Herr, unser Gott, alles steht in deiner Macht [...]. Hilf uns, dass wir auf dem Weg der Gerechtigkeit Christus entgegengehen und uns durch Taten der Liebe auf seine Ankunft vorbereiten, damit wir den Platz zu seiner Rechten erhalten, wenn er wiederkommt in Herrlichkeit. Er, der in der Einheit des Heiligen Geistes mit dir lebt und herrscht in alle Ewigkeit.

Montag, 2. Dezember 2019

Nachdem ich 18 Jahre lang überwiegend in Sydney und später in Rom gelebt habe, habe ich mich daran gewöhnt, im Sommer dort zu bleiben. Das wechselhafte Wetter in Melbourne ist wieder neu für mich, nachdem ich so lange weg war, und in den beiden Stunden im Garten fror ich sehr. Es war so kalt, dass ich mir unter meinem Gefängnisoberteil einen aufgeschlagenen *Spectator* um meinen Bauch herumwickelte.

Meine Erinnerung, dass es in dem Garten eine Menge Blumen gibt, erwies sich als korrekt. Dort blühen gerade etliche kleinblättrige einheimische Blumen, die sehr hübsch aussehen. Niemand schneidet die abgestorbenen oder die vielen verblühten Rosenköpfe ab, obwohl schon eine Menge neuer, schöner Blüten aufgegangen sind. Es sieht ganz so aus, dass es kein Seniorenheim für Rosen gibt, wo man die, mit denen es ernsthaft bergab geht, vor den Augen der Öffentlichkeit verbergen kann.

In London hat ein islamistischer Terrorist bei einer Konferenz zum Thema »Resozialisierung« zwei Menschen erstochen. Er wurde auf der *London Bridge* nicht weit vom Schauplatz der früheren terroristischen Morde erschossen, und der Vater eines der erstochenen Männer, eines Cambridge-Absolventen, der das Wochenende organisiert hatte, hat sich dagegen ausgesprochen, die Gräueltat zu instrumentalisieren, um härtere Bestrafungen durchzusetzen. Das hier ist mehr als nur die Spur Satans. Das pure Böse.

Tony Abbott[4] hat mich besucht und damit im Gefängnis für einigen Wirbel gesorgt. Erwartungsgemäß hatte die Presse rasch davon Wind bekommen und erwartete ihn am Ausgang. Er sagte lediglich, dass es ihn freue, in Melbourne zu sein, und dass er einen Freund besucht habe. Einige Medien wollten, dass wir uns gemeinsam äußern, aber wir haben dazu keine Erklärung abgegeben.

Tony ist ein echter und loyaler Freund. Er war der erfolgreichste Oppositionsführer in der Geschichte Australiens, aber als Premierminister weit weniger glücklich. Er hatte unter dem wiedererstarkten Antikatholizismus in Australien zu leiden, und ich glaube, dass die Missbrauchskrise, die die Kirche erschüttert, auch ihm als prominenten Katholiken geschadet hat. Dass er mit mir befreundet ist, war ein weiteres Handicap.

Auch wenn er nicht mehr für ein Amt kandidiert, brauchte es doch Mut, mich hier zu besuchen. Er erwähnte, dass niemand ihn gebeten habe, sich für mich zu verwenden, und ich erklärte, dass ich das entschieden unterstütze. »Um mir bei den Wahlen nicht zu schaden?«, fragte er schnell, und ich bejahte.

Wir sprachen über die Arbeit des *Ramsay Centre for Western Civilisation*, die gerade jetzt so wichtig ist, wenn man bedenkt, dass die laizistische Linke beinahe die gesamte Hochschulbildung und insbesondere die Geisteswissenschaften kontrolliert. Es sieht so aus, als würde sich die Australische Katholische Universität als dritter Partner – neben den Universitäten von Wollongong und Queensland – an der Stiftung beteiligen. Ich war überrascht und erfreut zu hören, dass das *Ramsay Centre for Western Civilisation* eine Spende für das *Campion College* getätigt hat.

Tony ist genau wie ich ein Bewunderer meines kürzlich verstorbenen Freundes Father Paul Stenhouse und ich erzählte ihm, wie sehr Paul sich darauf gefreut hat, das Antlitz Christi zu sehen. Dies führte uns zu einer Diskussion darüber, wie wohl das Leben nach dem Tod aussehen wird, und wir kamen auf Pauls Argument der Realität der menschlichen Seele zu sprechen. Obwohl ein erwachsener Mensch sich körperlich völlig verändert im Vergleich zu einem Neugeborenen, behält er seine Identität; seine Seele bleibt dieselbe. Ein oder zwei Ärzte, mit denen Tony befreundet ist, sind der Meinung, dass es auch eine gewisse physische Kontinuität gebe, das betreffe einige Komponenten (im Gehirn, glaube ich).

Tony war auch an den neuesten Finanznachrichten aus Rom interessiert. Kartya[5] hatte mir den Überblick des vatikanischen Presseamts vom 28. November geschickt. Zwei Informationen waren neu für mich. Ein zweites Mitglied der AIF[6] war zurückgetreten, Juan Zarate, der früher im US-Finanzministerium für den Kampf gegen Finanzkriminalität zuständig gewesen war. Noch ominöser war, dass *Il Fatto Quotidiano* in der Ausgabe vom 28. November 2019 schwerwiegende Zweifel an der Arbeit äußerte, die der neue AIF-Präsident Carmelo Barbagallo zwischen 2011 und 2019 – in Sachen Bankenskandale eine denkbar üble Zeit – bei der *Banca d'Italia* geleistet hatte. Der Autor behauptet, Barbagallo sei zum Rücktritt aufgefordert worden, nachdem der Eindruck entstanden war, dass er Informationen zurückgehalten und bestimmte Maßnahmen behindert habe. Solche Vorwürfe sind schnell ausgesprochen und werden häufig von Feinden lanciert, doch es wäre ein weiterer Todesstoß, wenn der Mann an der Spitze der AIF kein fähiger, entschlossener und mutiger Gegner der Korruption wäre.

Mein verbliebenes natürliches Hüftgelenk macht sich ein bisschen bemerkbar und verursacht mir beim Gehen manchmal leichte Beschwerden, aber im Sitzen, Stehen oder Liegen habe ich keine Schmerzen.

Die letzten Worte, die Prospero in Shakespeares *Der Sturm* an das Publikum richtet, passen nicht hundertprozentig zum Ende dieses Tages, aber die Sprache ist wundervoll und die Denkart zutiefst christlich:

Verzweiflung ist mein Lebensend',
Wenn nicht Gebet mir Hilfe bringt,
Welches so zum Himmel dringt,
Dass es Gewalt der Gnade tut

Und macht jedweden Fehltritt gut.
Wo ihr begnadigt wünscht zu sein,
Lasst eure Nachsicht mich befrei'n.

Dienstag, 3. Dezember 2019

Nachdem ich den Fernsehapparat angestellt hatte, setzte ich mich, um mein Frühstück aus Toast, Butter, Marmelade und einem halben Liter Milch zu verzehren. Dabei stellte ich fest, dass Tony Abbotts Besuch bei Kardinal Pell Schlagzeilen gemacht hat. Auf *Channel 7* wird nach wie vor mein Titel erwähnt, während *ABC*[7] es vorzieht, mich als »in Ungnade Gefallenen« und als »verurteilten Pädophilen« zu bezeichnen. Die heutige Medienwelt ist sehr schnell und erreicht die Öffentlichkeit beinahe unmittelbar. Eine meiner Briefpartnerinnen in den USA schrieb mir, sie hätte gehört, dass ich im Gefängnisgarten arbeite!

Heute Morgen habe ich mit Terry Tobin[8] gesprochen, der bald für die Malteser nach Osttimor aufbrechen wird. Seiner Meinung nach bewirkt eine öffentliche Geste wie die von Tony in der breiten Bevölkerung viel mehr als kluge Artikel.

Gestützt auf meine neunjährige Erfahrung in den ärmeren Teilen Asiens als Vorsitzender von *Caritas Australia* gab ich Terry die ernste Warnung von Father Sam Dimattina (die ich beherzigt hatte) mit auf den Weg, kein Wasser, sondern ausschließlich Bier zu trinken und reichlich gekochten Reis zu essen. Und ich hatte noch einen ausgefallenen Ratschlag für ihn, dass ein wirklich vorsichtiger Reisender, der auf keinen Fall Magenprobleme bekommen möchte, für das Zähneputzen Whisky und Zahnpasta benutzen sollte.

Eine ereignislose Stunde in der Turnhalle; allerdings hat es eine Weile gedauert, bis mir beim Tischtennis eine ununterbrochene Serie von je 100 Vor- und Rückhandschlägen gelungen ist. Habe ein bisschen länger auf dem Laufband trainiert.

Schwester Mary[9] hat mir die heilige Kommunion gebracht und mir erzählt, dass sie mit Chris Meney[10] gesprochen habe, da Erzbischof Fisher gerne vorbeikommen und die Messe für mich feiern würde. Leider ist das nicht möglich, weil persönliche Besucher nicht gleichzeitig in offiziellem seelsorglichem Auftrag ins Gefängnis kommen dürfen und weil die Behörden – erst recht seit gestern –

kein öffentliches Aufsehen erregen wollen. Ich denke, wir sollten Father Jerome noch einmal bitten, die Messe zu lesen.

Heute sind rund ein Dutzend Briefe angekommen, was zu bewältigen ist. Weitere 20 bis 30 Briefe habe ich zwar bereits gelesen, aber noch nicht sortiert oder für mein Tagebuch verwendet – ein ziemlicher Rückstau, zumal auch noch eine ganze Reihe Briefe geschrieben werden muss.

Einige Briefschreiber erwähnen, dass sie von mir geträumt hätten. Ein Brief kommt von einer Dame aus Queensland. Sie schreibt: »Ich habe einen Traum gehabt, in dem Sie Ihre roten und weißen Gewänder getragen haben, und durch bunte Glasfenster schien die Sonne auf Sie. Ich hoffe, der Traum wird wahr.«

Sie erwähnte noch etwas, das ich sehr zu schätzen wusste, weil in den etwa 2700 wohlwollenden Briefen, die ich bekommen habe, darauf (wenn überhaupt) nur selten eingegangen wurde. Sie schrieb: »Was für ein Mensch wird Priester und Kardinal und verbringt dann Jahre damit, diese Probleme des Missbrauchs in der Kirche zu bewältigen. Das ist eine andere und schwierige Stufe des Dienstes. Sie müssen extrem breite Schultern haben.« Von meinen tatsächlich (nicht breiten) oder metaphorischen Schultern einmal abgesehen, habe ich einfach nur meine Pflicht getan – und doch ist es ermutigend zu wissen, dass jemand das anerkennt. Sie erwähnte auch die Gebetsgruppe meiner Unterstützer auf Facebook, die *St Peter in Chains* (»Der hl. Petrus in Ketten«) heißt. Wir haben in Melbourne in fünf Jahren 300 Anzeigen bearbeitet und die Kläger unterstützt.

Eine andere Dame, die ebenfalls von mir geträumt hatte, diesmal aus Dundas in New South Wales, schrieb einfach: »In dem Traum waren Sie guter Dinge«, was sie dazu veranlasst hat, eine weitere Messe für mich zu bestellen. Auch ich hoffe und bete, dass der Oberste Gerichtshof [von Australien] richtig und gerecht entscheidet und meine Verurteilung aufhebt im Sinne all derer, die mich unterstützen, und zum Wohl der Kirche. Schon dass der Oberste Gerichtshof meine Berufung angenommen hat, wurde von den »wahren Gläubigen« – nicht meinen einzigen Unterstützern – mit Erleichterung und Freude quittiert. Sie haben eine Chance verdient.

Ein paar andere Briefe behandelten unterschiedliche Themen. Ein Briefschreiber aus Queensland wies darauf hin, dass die Bibel für einen Schuldspruch zwei oder drei Zeugen verlange, auch wenn nach den Noachidischen Geboten ein Zeuge ausreiche. Er frage sich, ob das der Weg der Zukunft sein werde. Dann verglich er meine Verurteilung mit den kommunistischen Schauprozessen unter Stalin in den 1930er-Jahren. Das geht einen Schritt zu weit selbst im Hinblick auf das Berufungsgericht, denn die Sowjets hatten nie jemanden wie Richter Weinberg.

Father David Cartwright, ein großer Unterstützer, der mir regelmäßig schreibt, zitierte aus der langen Predigt, die John Kardinal O'Connor 1997 bei der Weihe des neuen Altars in der *St Patrick's Cathedral* in Melbourne gehalten hat. Der Kardinal – eine meiner Inspirationsquellen – sagte, dass nicht das Leid, sondern vergebliches Leiden die größte Tragödie sei. Alles Leiden, ob klein oder groß, kann genutzt werden, um Gutes zu bewirken. Einige Verse aus dem 24. Psalm eignen sich als Schluss:

Wer darf hinaufziehn zum Berg des HERRN,
wer darf stehn an seiner heiligen Stätte?
Der unschuldige Hände hat und ein reines Herz,
der seine Seele nicht an Nichtiges hängt.

Mittwoch, 4. Dezember 2019

Gestern Abend brachte der *SBS*[11] eine einstündige Sendung über den Advent und die Weihnachtsfeierlichkeiten in der *St Paul's Cathedral* in London, die sich vor allem auf den Chor konzentrierte. Ich bin nicht gerade begeistert von Sir Christopher Wrens Meisterwerk, weil der Neubau der beim Großen Brand von London 1666 zerstörten Kathedrale, wenn er leer ist, an einen Konzertsaal erinnert. Wie der Melbourner Kricketplatz, der schrecklich aussieht, wenn er leer ist (der Kricketplatz von Sydney ist immer schön), wurde die *St Paul's Cathedral* durch die große weihnachtliche Festgemeinde verwandelt und bot einen großartigen Rahmen für die Weihnachtsgottesdienste und die Eucharistiefeier im katholischen Stil.

Ich habe immer Wert auf die Liturgie und die Musik an den Kathedralen *St Patrick's* und *St Mary's* gelegt und auf die Pflege dieser beiden Traditionen, und das bestärkt mich in meiner Entschlossenheit, eine Aufhebung meines Schuldspruchs zu erwirken.

Eine gotische Kathedrale ist für die Feier des Gottesdienstes und die Besinnung auf das Jenseitige besser geeignet als die *St Paul's*

Cathedral – doch die Liturgie ist ähnlich ehrfürchtig und dem Ritual entsprechend. In beiden Kathedralen drängen sich die Frommen, die Zweifler, diejenigen, die Ruhe und Frieden suchen, und die unvermeidlichen Touristen. Beide Bauwerke sind teure Ungetüme, die von effizientem Personal, Freiwilligen und einem harten Kern von »Gemeindemitgliedern« instand gehalten werden.

In Rom habe ich unsere traditionellen Weihnachtsgottesdienste immer vermisst, und dieses Jahr im Gefängnis wird die einzige Messe, die ich besuchen kann, am Tisch im Gemeinschaftsraum von Trakt 8 gefeiert werden. Hoffentlich machen meine Mithäftlinge nicht allzu viel Lärm. Der Rest muss übers Fernsehen und – das ist der wichtigere Teil – durch meine Gebete erfolgen.

Die Wochen sind nicht mehr von den Besuchen meiner Anwälte beherrscht, sodass ich meine Zelle heute – abgesehen von meinen Hofgängen – nur einmal, nämlich zur monatlichen Blutuntersuchung in der medizinischen Abteilung, verlassen habe. Mein Training musste ausfallen, weil die Sporthalle heute geschlossen war.

Ich habe es endlich geschafft, den Stapel mit liegen gebliebenen Artikeln und Briefen in Angriff zu nehmen, und bin mit dem Schreiben zweier Briefe, die überfällig waren, ein bisschen weitergekommen. Nach dem Mittagessen habe ich im Sitzen ein Schläfchen gehalten und beschlossen, das ab sofort jeden Tag zu tun.

Eine Dame aus Doncaster schrieb, dass sie, nachdem ich meine Berufung am *Supreme Court* verloren hatte, vor lauter Aufregung zunächst nicht in der Lage gewesen sei, die 300-seitige Urteilsbegründung zu lesen. Erst nach dem Erfolg am *High Court* habe sie die 300 Seiten gelesen; in ihrem Brief heißt es weiter: »Ich kann nur sagen, dass Richter Weinbergs Abhandlung ohne Zweifel australische Rechtsgeschichte schreiben wird. Sie ist außergewöhnlich.« Amen hierzu. Sie zitierte weitere Texte, deren Verfasser mir den Rücken stärken wollten, und erwähnte Russell Marks' Artikel im *Saturday Paper*.[12] Mir war nicht bewusst, wie linksgerichtet das Blatt ist, weshalb ich die Bedeutung des Artikels unterschätzt hatte. Sie hat eine Facebook-Seite »Cardinal Pell Trial« mit 900 Followern und es werden immer noch mehr, wie sie schreibt.

Eine andere Dame, die mir regelmäßig schreibt, stammt aus Dallas in Texas und hat eine Zeit lang in Wyoming gelebt. Ihre Briefe haben mir immer wieder Stoff für Gedanken und Kommentare geliefert, die ich in diesem Tagebuch notiert habe. Sie hofft, dass ich Tagebuch schreibe, betet regelmäßig für mich und bittet auch den hl. Thomas Morus in meinen Anliegen um Fürsprache. Sie hat mir ein überraschendes Kompliment gemacht. »Selbst im Gefängnis hat Ihr Leben einen Sinn und Zweck. Ohne Ihren Prozess hätte ich ganz sicher kein solch lebendiges, mitreißendes Vorbild, das mich in Zeiten des Zweifels und der Versuchung davon abhält, der Kirche, die sich in einem beklagenswerten Zustand des Verfalls befindet, den Rücken zu kehren.« Gebe Gott, dass wir nicht mehr allzu viele Entwicklungen miterleben müssen, die gute Menschen dazu bringen, an ein Schisma zu denken!

Ich beende den heutigen Eintrag mit einem Rat, den der hl. Pio von Pietrelcina (für mich immer noch Pater Pio) an jemanden geschrieben hat, der über seine Lage zutiefst unglücklich war (das Zitat verdanke ich meiner Freundin aus Dallas):

Der Pfad, auf dem du gehst, wird dich in den Himmel führen. Und er ist umso sicherer, weil Jesus selbst dich an der Hand nimmt. Sorge dich nicht wegen deiner geistlichen Trockenheit und Trostlosigkeit. […] Denk an das, was unser Herr gesagt hat: »Selig die Armen im Geiste, denn ihrer ist das Himmelreich.«

Donnerstag, 5. Dezember 2019

Der heutige Tag lief anders als erwartet. Mr Harris hatte angekündigt, dass ich vor meinen zwei Stunden im Garten heute eine Stunde in der Sporthalle verbringen dürfte, doch dem Kollegen, der an seiner Stelle Dienst hatte, war der Organisationsaufwand ein bisschen zu groß, weil ich zwischen den beiden Terminen für eine halbe Stunde in die Zelle hätte zurückgehen müssen. Am Ende meinte er, es wäre zwar mein Recht, aber ich gab nach und sagte zu ihm, dass ich nur in den Garten gehen würde.

Der Himmel war leicht bewölkt, aber mit etwas über 20° Celsius war es ein schöner Tag, und ich bin mit dem Manifest der *Catholics for Renewal* ein gutes Stück weitergekommen.[13] Es ist ein drastisches Buch im wahrsten Sinne des Wortes. Ich kann den Landwirt aus Wagga Wagga verstehen, der während eines Treffens im Vorfeld des Plenarkonzils,[14] bei dem Erneuerungs-Enthusiasten aus Canberra das Wort führten, hinausging und erklärte: »Es ist okay, wenn ihr eine neue Kirche wollt. Geht und macht euch eine, aber kommt nicht hierher und bringt Unruhe in unsere Kirche.«

Das ist keine Option für mich, nicht einmal in meinem Alter, aber die Gefahr, dass das Plenarkonzil Streit und weiteren Schaden anrichtet, ist real.

Um halb drei Uhr bat ich [im Garten] den Wärter nachzusehen, wo meine Besucher blieben, denn sie sollten schon da sein, und ich hielt es für unwahrscheinlich, dass sie sich verspäteten. Die Wärter wüssten ja, wo ich sei, gab er zurück, und würden Bescheid geben, wenn der Besuch eintreffe. Zehn Minuten später fragte ich erneut nach, höflich, aber nachdrücklich, und schlug ihm vor hineinzugehen und nachzufragen, was los sei. Er ging hinein, kam zurück und teilte mir mit, dass sie nicht gekommen seien.

Nach 25 Minuten (die Besuchszeit dauert eine halbe Stunde) wurde ich schließlich von den Wärtern abgeholt, die mich in meine Zelle zurückbringen sollten. Natürlich war ich aufgebracht. Ich fragte direkt, was los sei, und wurde aus dem Büro wieder in den Besuchsraum zurückgebracht; die Jalousie wurde heruntergelassen und sie sprachen mit einem Neuankömmling. Dann durfte ich wieder eintreten und erfuhr, dass man mich in Trakt 8 zurückbringen würde. Ich wartete, bis die Wärterin ihr Telefonat beendet hatte, und fragte: »Was ist los?« Sie antwortete, dass sie sich nur an ihre Anweisungen halte, da die Besucher nicht auf der Liste gestanden hätten. Ich fragte sie, wer diese Anweisung erteilt habe, doch sie antwortete ausweichend. Ich erinnerte mich genau, dass ich sie namentlich und rechtzeitig angemeldet hatte. Meine Notizen in meiner Zelle bestätigten mir, dass ich die Namen am 2. Dezember eingereicht hatte.

Nachdem ich diese Information überprüft hatte, machte ich mir eine Notiz und erkundigte mich erneut, was vorgefallen war. Dabei hielt ich mich an das übliche Prozedere, das heißt, ich schob den Zettel mit der Notiz unter der Tür hindurch in den Flur.

Da der Hauptwachhabende bei meiner Rückkehr praktischerweise abwesend war, schickten sie schließlich zwei Wärter, einen nach dem anderen, die beide freundlich waren und mir erklärten, dass neuerdings das Zentralbüro für die Genehmigung meiner Besuche zuständig sei und ich die betreffenden Personen fünf Tage vorher anmelden müsse. Das war mir neu und natürlich wurde mir auch keine Begründung für eine solche Maßnahme gegeben.

Ich bedankte mich für die Information und erklärte, dass es hilfreich gewesen wäre, wenn ich das vorher gewusst hätte, denn dann hätte ich meinen Freunden, die beide aus New South Wales angereist waren, den Zeitaufwand und die Enttäuschung ersparen können. Meine Besucher waren Father Victor Martinez, der Superior von *Opus Dei* in Australien, und Prof. Gerald Fogarty, der Leiter des *Warrane College* an der Universität von New South Wales.

Ich werde mit meinen Anwälten über die Angelegenheit sprechen, aber ich neige zu dem Vorgehen, mich mit einem höflichen Brief direkt bei der Gefängnisleitung zu beschweren. Der Wärter draußen im Garten war kühl und kurz angebunden gewesen und hatte vermutlich gelogen, als er sagte, dass die Besucher nicht gekommen seien. Ich vermute, dass die Sache etwas mit dem Rummel um Tony Abbotts Besuch zu tun hat und eher eine Revanche als das Ergebnis bürokratischer Verwicklungen ist. Ich will deswegen keinen großen Aufstand machen, aber ich werde auf jeden Fall mit meinen Anwälten darüber sprechen.

Meine Mutter pflegte in solchen Fällen zu sagen: »Es ist ein Vergnügen für den Corker[15], dass er am Leben ist, und der Wille Gottes, dass er Plattfüße hat.« Ich habe viele Iren aus meiner Bekanntschaft gefragt, ob sie dieses Sprichwort kennen, aber nur ein einziger meinte, er habe einmal etwas Ähnliches gehört.

Als ich in meine Zelle zurückkam, erwartete mich ein riesiger Umschlag voller Briefe und fotokopierter Artikel: genug Arbeit für mehrere Tage. Ich verbrachte zwei Stunden damit, vier weitere hervorragende detaillierte Artikel, die Christopher Friel[16] über meinen Fall verfasst hatte, zu lesen, in denen er aufzeigte, weshalb der Kläger gezwungen gewesen war, seine Geschichten über den Schauplatz der »Übergriffe« in der Sakristei und auf dem Flur zu ändern.

Mein gestriger Mittagsschlaf war wohl doch nicht so eine gute Idee, denn ich habe letzte Nacht schlechter geschlafen als sonst. Also habe ich heute keine Siesta gehalten.

Der hl. Anselm war Erzbischof von Canterbury (1093–1109), und seine Werke *Proslogion* und *Cur Deus Homo* über Christus und seine göttliche Natur sind Klassiker, die den fast 700 Jahre älteren Klassiker eines weiteren Bischofs, des hl. Athanasius von Alexandrien, *Über die Menschwerdung des Logos*, in gewisser Weise ausgleichen und weiterentwickeln. Athanasius hat die wahre Gottheit und Menschheit Christi wirkungsvoller als jeder andere gegen die Angriffe des alexandrinischen Priesters Arius verteidigt. Dessen Anhänger, die die Gottheit Christi leugnen, sind auch heute noch lebendig und wohlauf – allerdings keine bekennenden Katholiken.

Der hl. Anselm schreibt:

O Herr. wie lange noch? Wie lange noch, Herr, vergisst du uns? Wie lange noch verbirgst du dein Angesicht vor uns? Wann wirst du herschauen und uns erhören? Wann gibst du dich uns wieder zurück? Gib dich uns wieder, damit es uns wohlergehe; denn wir sind arm ohne dich. Hab Erbarmen mit unserm Mühen und unsern Versuchen, zu dir zu kommen; denn wir vermögen nichts ohne dich!

Freitag, 6. Dezember 2019

Obwohl ich nur einen kleinen Teil der vatikanischen Finanznachrichten gelesen habe, die mir gestern zugestellt worden sind, ist die Situation beunruhigend; nicht weil der Heilige Vater einen neuen Staatsanwalt des Vatikans (*Promotor Iustitiae)* und Präsidenten der AIF ernannt hat – das war hilfreich –, sondern weil die vatikanischen Behörden wie üblich den Kopf eingezogen und gewartet haben, dass der Sturm vorüberzieht. Anscheinend hat das jahrzehntelang funktioniert, doch man fragt sich, wie groß der unsichtbare Schaden ist, der unterhalb der Plimsoll-Marke[17] in den Herzen der Gläubigen angerichtet worden ist. Unser Ansehen ist durch die Pädophilie-Skandale erheblich beschädigt worden, und deshalb müssen wir entschlossen gegen Finanzkriminalität vorgehen. Ich war bestürzt, als ich neulich erfahren habe, dass rund 40 Prozent der US-amerikanischen Katholiken einer Umfrage zufolge darüber nachdenken, aus der Kirche auszutreten.

Ein tieffrommer Häftling schreibt mir regelmäßig. Er verehrt den hl. Pater Pio, ist verheiratet, hat Kinder im Teenageralter und behauptet, wegen der Machenschaften einiger korrupter Polizisten zu Unrecht verurteilt worden zu sein. Er hat nicht das nötige Geld, um Berufung einzulegen, aber heute sollte er den obersten Rechtsberater der Regierung von Victoria treffen, um seine Sache vorzubringen. Das wird inzwischen vorbei sein (es ist jetzt ca. 18.30 Uhr) und ich hoffe, dass es gut gelaufen ist. Ich habe heute all meine Gebete in diesem Anliegen aufgeopfert. Ich weiß nicht, wie viele Häftlinge nicht in der Lage sind, Geld für Anwälte aufzubringen, doch es werden relativ viele sein. Ich weiß nicht viel über den obersten Rechtsberater der Regierung von Victoria und bin skeptisch, was die antikatholische Andrews-Regierung betrifft,[18] aber ein Regierungsmitglied, das sich die Zeit nimmt, mit einem Häftling wie meinem Freund zusammenzutreffen, nötigt mir Bewunderung ab.

Nach wie vor schreibt mir eine ganze Reihe von Insassen. Ein Mithäftling aus dem ländlichen Victoria hat große Sorgen: Sein Sohn hat gerade einen Monat im Gefängnis gesessen, seine Schwester hat kürzlich versucht, sich das Leben zu nehmen, und seine Mutter hat eine Diagnose bekommen, wonach sie nur noch ein paar Monate zu leben hat. Er bat mich, dafür zu sorgen, dass jemand von der Gemeinde mit seiner sterbenden Mutter Kontakt aufnimmt. Schwester Mary hat sich bereit erklärt, den Pfarrer zu kontaktieren und um einen Besuch zu bitten, obwohl wir zurzeit noch nicht einmal die Adresse kennen! Wir werden sehen, ob wir in der Sache irgendwie vorankommen.

Paul Galbally kam heute Nachmittag pflichtgemäß vorbei, um über das gestrige Besuchsfiasko zu sprechen. Ich befinde mich an der Toorak-Stirnseite[19] von Trakt 8; hier haben wir Ruhe und frische Luft und die Wärter haben darauf bestanden, dass wir durch den Haupteingang und nicht durch das laute, oft übelriechende andere Ende des Trakts hinausgehen. Das war eine gute Entscheidung, denn der Gestank war furchtbar, weil ein Häftling – vermutlich unser Schreier – seine Zelle absichtlich verunreinigt hatte. Es ist kein einfacher Trakt für die Wachhabenden, doch sie haben nur gelacht und gesagt, an solche Zumutungen seien sie gewöhnt.

Nachdem ich Paul die gestrige Geschichte kurz erzählt hatte, kamen wir überein, dass er sich mit dem Gefängnisdirektor in Verbindung setzen wird, um mit ihm die Lage zu besprechen. Father Victor hatte ihn gestern, nachdem man sie weggeschickt hatte, gleich angerufen, doch Paul hatte bei Gericht zu tun gehabt. Er hat mir auch erklärt, dass ich die Verhandlungen am Obersten Gerichtshof nicht live werde mitverfolgen können, weil sie nicht übertragen werden, und dass ich auch nicht persönlich dabei sein darf, selbst wenn es möglich wäre, mich nach Canberra bringen zu lassen. Wir besprachen einige Aspekte der Friel-Artikel über die Prozesse, und ich kündigte ihm an, dass ich eine Liste mit den Texten erstellen würde, die die Anwälte lesen sollten.

Es war ein wolkiger Tag, aber bei meinen beiden Hofgängen war das Wetter angenehm. Meine rechte Hüfte bereitet mir weniger Probleme, was auch damit zu tun hat, dass ich mich nicht mehr nach unten beuge, um meine Zehen zu berühren. Allerdings kann ich meine Füße abwechselnd auf die Bank stellen und Dehnungsübungen machen, ohne dass mir das Beschwerden verursacht.

Ich muss noch mein tägliches Pensum im Buch *The Sadness of Christ* des hl. Thomas Morus lesen. Die Sprache ist natürlich eine andere, die Sätze sind lang, aber es ist die klassische katholische Lehre über das Erlöserleiden. Bisher ist es vorhersehbarer, ja konventioneller, als ich gedacht hätte.

Zwei Zeilen aus Psalm 20 treffen den Nagel auf den Kopf:

Der HERR antworte dir am Tag der Bedrängnis,
der Name des Gottes Jakobs schütze dich.

Samstag, 7. Dezember 2019

Wieder ein ruhiger Tag mit einer kleinen Flut von Briefen, die ankamen, während ich mich noch durch die liegen gebliebene Post hindurchgearbeitet habe. Leider wurde meine Zeit in der Sporthalle erneut gestrichen, weil das Gefängnis wegen irgendwelcher Probleme abgeriegelt werden musste – was genau passiert ist, weiß ich nicht. Immerhin konnte ich beim morgendlichen und abendlichen Hofgang in dem kleinen Bewegungsbereich meine Übungen machen. Das Wetter war angenehm und nachdem der Mobilfunkdienst am Morgen nicht zur Verfügung gestanden hatte, konnte ich am Nachmittag drei Telefonate führen. Danny Casey[20] erzählte mir, dass es in den letzten Tagen keine großen Neuigkeiten über die vatikanischen Finanzen gegeben habe, obwohl die Truppe, die sich für die Gerechtigkeit einsetzt, emsig am Werk ist. Mark Withoos[21] sandte mir eine Reihe älterer Nachrichten aus Italien, in denen etliche Quellen – vom *Wall Street Journal* über *La Repubblica* bis hin zu den Boulevardblättern – ausführlich über die Skandale berichtet haben, eine aufregende Mischung aus finanziellem und sexuellem Fehlverhalten.

Mein guter Freund und regelmäßiger Briefpartner Eugene Ahearn schrieb, um seiner Begeisterung über Tony Abbotts Besuch Ausdruck zu verleihen und die Reaktion des Premierministers von Victoria, Daniel Andrews, zu beklagen, der den Besuch als »eine Schande, eine absolute Schande« bezeichnet hatte. Derryn Hinchs[22] Kommentare waren vorhersehbar, aber dass Andrews sich in der Öffentlichkeit so unüberlegt äußern würde, hatte ich nicht erwartet. Über seine privaten Ansichten war ich mir im Klaren, doch solche öffentlichen Kommentare sind entlarvend, weil sie zeigen, wie viel die laizistischen Revolutionäre zumindest in emotionaler Hinsicht investiert haben, um zu erreichen und sicherzustellen, dass ich öffentlich an den Pranger gestellt werde. Außerdem verrät es einiges darüber, wie er die öffentliche Meinung in Victoria einschätzt, auch wenn ihm diese Attacke keine neuen Stimmen einbringen wird. Danny Casey erzählte mir heute von einem älteren Herrn in seiner Gemeinde in Sydney, der beim Rosenkranzgebet nach der Vorabendmesse immer darum bittet, für die politischen Gefangenen in der Volksrepublik Victoria und insbesondere für Kardinal Pell zu beten. Ich kann mich nicht erinnern, dass ich Andrews je begegnet wäre.

Father John O'Neill von der St-John-Vianney-Pfarrei in Doonside im Bistum Parramatta hat mir wieder geschrieben. Er hat das *St Mary's College* in Sydney besucht und dort im Domchor gesungen; er hatte – und hat wahrscheinlich noch immer – eine großartige Tenorstimme. Er ist ein herausragender Priester und hat in seiner blühenden, von Glauben und Gebet pulsierenden Gemeinde viele Jahre lang Großartiges geleistet. Er ist in vielerlei Hinsicht und im besten Sinne des Wortes ein Vertreter der alten Schule, doch er kennt alle Kunstgriffe, die man heute zum Überleben braucht. Bei meinem letzten Besuch in seiner Gemeinde ist er mit über 20 Messdienern und eine größeren Gruppe verschleierter junger Frauen – Mitglieder der *Handmaids of the Lord* (»Dienerinnen des Herrn«) – in einer Prozession in die Kirche eingezogen. Aus seiner Gemeinde gingen zahlreiche Berufungen hervor; drei besuchen zurzeit das Priesterseminar und ein weiterer, Father Jack Green, ist Pfarrer der Nachbargemeinde. Drei jüngere Ministranten denken ebenfalls darüber nach, Priester zu werden. Es ist ein exotischer Garten, aber er blüht, und die Früchte sind gut.

Außerdem ist er ein Schriftsteller mit einem trockenen und manchmal gnadenlosen Humor, dessen Figuren gewagt naturgetreu dargestellt sind. Der beste Vergleich, der mir für das Stück, das er mir geschickt hat, einfällt, sind die Geschichten über Don Camillo in Italien, nur dass der Pfarrer nicht gegen den kommunistischen Bürgermeister, sondern gegen die Fortschrittlichen kämpft. Der Held ist Father King, der nicht Freddie genannt werden will und an »Ospeditis« leidet, d. h., er lässt kein Fettnäpfchen aus und gewinnt die meisten seiner verbalen Auseinandersetzungen mit seinen Gegnern, zu denen auch sein Bischof und Edna Bacciatutti, die Personalsachbearbeiterin der Diözese, gehören. Sämtliche Gemeindegremien treten zurück, der Bischof versucht ihn als Priester loszuwerden, doch er überlebt das Ganze und die Gemeinde gedeiht. Ich habe ihm gesagt, die Geschichte sei boshaft und sentimental, aber ich hätte sie von A bis Z genossen. Er hat auch schon einmal eine recht ausgefeilte Kurzgeschichte über die Absurditäten des nachkonziliaren Geschehens in den Priesterseminaren geschrieben: eine Komödie der Irrungen. Father John ist tiefgläubig, ein Mann des Gebets und, wenn er will, so charmant, dass er einen Geier dazu bringen könnte, von einem Kadaver abzulassen (wie jemand einmal über Lord Louis Mountbatten, den letzten Vizekönig von Indien, gesagt hat); aber er ist auch zäh und clever. Das musste er auch sein, um zu überleben. In den letzten Wochen hat er einen internationalen Brief unterschrieben, in dem dagegen protestiert wird, dass während der Amazonas-Synode ein Standbild der heidnischen Gottheit Pachamama im Petersdom in Rom aufgestellt worden ist. Ich habe ihm dazu gratuliert.

Der hl. Cyprian, Bischof von Karthago, starb 258 n. Chr. unter Kaiser Valerian den Märtyrertod. Er schreibt in seiner Abhandlung

Vom Segen der Geduld:

Dass wir Christen sind, ist eine Sache von Glauben und Hoffnung; damit aber Glaube und Hoffnung ihr Ziel erreichen können, ist die Geduld notwendig. Wir streben ja nicht nach gegenwärtiger Herrlichkeit, sondern nach künftiger, wie auch der Apostel Paulus mahnt: »Denn auf Hoffnung hin sind wir gerettet« (Röm 8,24).

42. Woche
Eilmeldung aus dem Vatikan

8. Dezember bis 14. Dezember 2019

Zweiter Adventssonntag, 8. Dezember 2019

Zum ersten Mal, seit ich im Gefängnis bin, hatte ich Magen-Darm-Beschwerden. Im Lauf des gestrigen Tages hatte ich Bauchschmerzen, und als ich heute Morgen aufwachte, stellte ich fest, dass ich im Schlaf das Bett ein wenig beschmutzt hatte. Nach den unvermeidlichen Toilettengängen begann ich den Tag mit einer Dusche. Der Hauptwachtmeister, dem ich von meinem Problem berichtete, war hilfsbereit, und die Schwestern aus der medizinischen Abteilung kamen, als ich gerade draußen im kleinen Bewegungsbereich war, und gaben mir ein paar Tabletten, ehe ich hastig in meine Zelle zurückkehrte.

Zu Mittag habe ich nur eine Kleinigkeit gegessen, doch nach einiger Zeit wurde es besser, und ich habe einen ruhigen Tag verbracht, statt mich weiter durch die liegen gebliebenen Artikel hindurchzuarbeiten. Später am Nachmittag habe ich mir das Finale des Australian-Open-Golfturniers angesehen.

Father Martin Dixon trug bei der Messfeier wieder sein blaues Gewand und hielt eine gute, kurze Predigt über den Aufruf Johannes' des Täufers, den Pfad der Buße und des Glaubens zu beschreiten, der uns in unsere eigene Mitte führt. Das ist oft ein weiter Weg, vergleichbar mit einer Reise von der australischen Küste zum Uluru – oder Ayers Rock, wie er früher genannt wurde.

Joseph Prince predigte über die heilende Macht des Abendmahls. Er war seriös gekleidet: dunkler Anzug, offenes weißes Hemd, dunkelblaue Freizeitschuhe und nur zwei Ringe. Er hat die neutestamentlichen Texte über die Eucharistie ausgelegt und erklärt, dass alle, die Christus nachfolgen, Priester seien. Wir könnten das Abendmahl selbst feiern und empfangen und es sei mehr als eine bloß symbolische Gegenwart. Als sein Sohn neulich mit einer Kopfverletzung im Krankenhaus lag, habe der Junge dreimal am Tag das Abendmahl empfangen. Wenn wir aus dem Kelch trinken, würden unsere Sünden durch den Kreuzestod Jesu vergeben. Allerdings hat Joseph mit keinem Wort erwähnt, dass wir unsere persönlichen Sünden ausdrücklich bereuen müssen. Ich habe zwar nicht so ganz verstanden, warum die Reihenfolge wichtig ist: Wir müssen aus dem Kelch trinken, bevor der Bund verkündet wird. Ausgehend von seinen eigenen evangelikalen Aussagen kämpft er mit der Offenkundigkeit des Neuen Testaments. Ich bin neugierig, ob er jemals über das Neue Testament hinausgeht und sich mit den anderen Quellen aus den ersten christlichen Jahrhunderten beschäftigt. Dieses Studium der Patristik hat viele ehemals protestantische Pastoren, Scott Hahn zum Beispiel, in die katholische Kirche geführt – genau wie den hl. John Henry Newman.

Joel Osteen drängte uns, »in der Hoffnung zu erwachen« und um unsere Zukunft zu kämpfen. Wir sollen in unserer Größe voranschreiten und weiterkämpfen wie Mose und David, denn die christenfeindlichen Kräfte sind kein Zufall. Sie spüren die Fähigkeit der Christen zum Guten und wollen sie zerstören. Stürme können Gott nicht aufhalten. Wir müssen entschlossen und standhaft sein, damit wir sehen, wie der Herr uns die Rettung bringt. Joel verkündet nicht die ganze Botschaft des Herrn, aber das, was er sagt, ist richtig, und seine Predigt ermutigt mich, standhaft zu sein.

In *Songs of Praise* ging es heute um Weihnachtslieder. Der entsprechende englische Begriff *Carols* leitet sich vom griechischen Wort für »tanzen« ab und wurde vor etwa 700 Jahren von den Anhängern des hl. Franz von Assisi nach Britannien gebracht. Im 17. Jahrhundert wurden Weihnachten und die Weihnachtslieder von den Puritanern verboten. Es wurde erwähnt, dass der traditionelle Weihnachtsgottesdienst mit dem Solo eines Chorknaben beginnt, der »Once in Royal David's City« singt, ein Kirchenlied von 1848. Die drei irischen Priestertenöre *The Priests* haben gesungen, und das zentrale Thema war die Sheffielder Tradition, in den Kneipen Weihnachtslieder zu singen. Immer noch eine meiner wöchentlichen Lieblingssendungen.

Ich habe mit Bernadette Tobin[1] in Sydney gesprochen und sie hat mir Terrys Version über die Geschichte im *National Catholic Register*[2] erzählt, die wiederum vom italienischen *Corriere della*

Sera[3] übernommen worden war und der zufolge das Staatssekretariat den Peterspfennig über einen dubiosen maltesischen Mittelsmann in eine Filmbiografie über Elton John investiert haben soll, die auch dessen homosexuelle Aktivitäten nicht ausspart. Es wäre schön, wenn man eine derart bizarre Möglichkeit aufgrund der jüngsten Erfahrungen kategorisch ausschließen könnte, doch es spricht einiges dafür, dass die Geschichte wahr ist. Es ist – wenn denn noch Beweise nötig sein sollten – eine weitere schlüssige Antwort auf die Frage, weshalb die Arbeit der externen Prüfer beendet, der oberste Rechnungsprüfer zum Rücktritt gezwungen und das Wirtschaftssekretariat daran gehindert wurde, sich Einblick in ihre Konten zu verschaffen.

In einer Adventsfürbitte heißt es:

Fürst des Friedens, verwandle unseren Groll in Leben – lehre uns zu vergeben, statt dem Zorn freien Lauf zu lassen.
Komm, Herr Jesus.

Montag, 9. Dezember 2019

Für heute waren 38° Celsius und dann für den Abend ein Wetterumschwung angekündigt. Während meiner zwei Stunden im Garten zogen Wolken auf und es war warm oder sogar heiß, aber ich glaube nicht, dass es (mit den alten im Britischen Empire gültigen Kategorien gesprochen) eine Jahrhunderthitze[4] war.

Nach den gestrigen Verdauungsbeschwerden geht es mir heute wieder besser, aber ich fühle mich noch schwach und bin vorsichtig mit dem Essen. Ein solcher Verlauf ist für mich nach einer Magenverstimmung völlig normal. Wie vielen meiner australischen Freunde, die in den 1960er-Jahren am Kolleg der *Propaganda Fide*[5] in Rom waren, hat das Essen dort meinem Magen geschadet oder ihn zumindest verändert. Er reagiert seither empfindlich auf allzu üppiges Essen oder Veränderung in der Ernährung. Damals konnte ich zu meinem Bedauern keinen Obstkuchen essen, ohne mir Beschwerden einzuhandeln. Gott sei Dank hat die Gefängniskost meinen Appetit bislang nicht beeinträchtigt, obwohl ich mich hauptsächlich von Salat ernähre. Vielleicht habe ich auch zu viel Schokolade gegessen.

Ich freue mich immer auf das Abschlussritual meines Tages: eine Tasse heißen Kamillentee und zwei Riegel *Cadbury's*-Schokolade und das Beten der Komplet. Heute Abend werde ich, genau wie gestern, die Schokolade nicht anrühren.

In Trakt 8 war es auch heute ruhig, doch das galt offenbar nicht für das ganze Gefängnis. Der Hauptwachtmeister erklärte mir, dass es einen schwerwiegenden Vorfall gegeben habe und die Telefone deaktiviert worden seien, um zu verhindern, dass die Presse davon erfährt. Das MAP (»Untersuchungsgefängnis von Melbourne«) ist für Nachrichten, wie Tony Abbotts Besuch und meine kurze Gärtnerkarriere bewiesen haben, durchlässig wie ein Sieb.

Der griechisch-orthodoxe Gefängnisseelsorger, der mit Msgr. Charlie Portelli[6] befreundet ist, hat mich mit seinem jüngeren Assistenten, beide in bodenlangen Gewändern, und dem muslimischen (sunnitischen) Geistlichen besucht. Wir haben fast eine halbe Stunde miteinander am Picknicktisch im Garten gesessen, bis die Sonne uns zwang hineinzugehen. Der Geistliche ist mit dem Bruder von Patriarch Bartholomaios von Konstantinopel befreundet, der in Mentone lebt. Bei seinem Besuch 1996 habe ich mit dem Patriarchen und seinen Begleitern dort zu Abend gegessen. Seine Nichte sang damals im Chor der *St Patrick's*-Kirche in Mentone. Der Patriarch, so erzählte ich dem Gefängnisgeistlichen, habe gemeint, dass ich ihr *Didaskalos*[7] sei, was ich tatsächlich nicht war, aber ich fühlte mich durch die Bemerkung dennoch gewürdigt. Der jüngere orthodoxe Geistliche bot an, mir ein neues Hemd zu kaufen, weil der Ärmel zerrissen ist und vorn ein paar Knöpfe fehlen, die beim Waschen in der Waschmaschine abgerissen wurden. Ich habe mich bedankt und gesagt, dass das nicht nötig sei, doch es war eine freundliche Geste, die ich zu schätzen wusste.

Mein Freund Father Bill Miscamble, der australische Historiker, der an der Universität Notre Dame in Indiana lehrt, hat mir ein beunruhigendes Zitat von C. S. Lewis weitergeleitet, das ihm von einem Professor für Katholische Theologie an der St.-Thomas-Universität in St Paul, Minnesota, zugesandt worden ist. Ich vermute, dass diese Worte, die ich bis dato nicht kannte, nach dem Tod von Lewis' Frau geschrieben wurden.

Ich werde das Zitat im Zusammenhang wiedergeben:

> [Es wäre schlimm,] sich jene, deren Gebet erhört wird, als eine Art Günstlinge vor[zu]stellen, als Leute, die Einfluss bei Hofe

> haben. Das abgewiesene Gebet Christi in Gethsemane gibt darauf hinreichend Antwort. Und ich darf das harte Wort nicht unterschlagen, das ich einst aus dem Munde eines erfahrenen Christen vernommen habe: »Ich habe viele auffällige Gebetserhörungen miterlebt und mehr als eine, die mir wunderbar schien. Aber gewöhnlich geschehen sie zu Anfang – vor der Bekehrung oder kurz danach. Im Verlauf eines Christenlebens werden sie seltener. Auch werden die Verweigerungen nicht nur häufiger; sie werden unmissverständlicher, betonter.«[8]

Er erklärt, dass wir keine voreiligen Schlüsse ziehen sollen, wenn unsere Gebete zuweilen erhört werden. »Wären wir stärker – wir würden vielleicht weniger zart behandelt. Wären wir tapferer – wir würden vielleicht mit weit geringerer Hilfe ausgesandt, in der großen Schlacht einen weit verzweifelteren Posten zu verteidigen.«

Meines Erachtens hat hier ein Denker, ein Mann des Glaubens und ein Meister der englischen Sprache, eine elegante theologische Erklärung für die Klage der hl. Teresa von Avila vorgelegt, die einmal gesagt hat, dass Gott so wenig Freunde habe, liege daran, wie er sie behandele!

Unser Herr hat uns gelehrt, dass wir im Gebet um unser tägliches Brot bitten sollen und dass es auf den Glauben des Betenden ankommt. Die Wunder Jesu sind für uns unvorhersehbar, doch er bestätigt und belohnt unseren Glauben. Ich bin mir sicher, dass Mut und Stärke wichtige Kriterien sind, wenn Menschen Ämter und Rollen übernommen haben, die sie nicht aufgeben können, ohne zu kapitulieren, sich ihrer Verantwortung zu entziehen oder ihre Pflicht zu verletzen. Wenn wir fallen, uns beklagen oder bittere Vorwürfe erheben würden, würde dies der Kirche nur weiteren Schaden zufügen. Deshalb wollen wir beten, dass Gott sich nicht verkalkuliert, dass er unsere Kräfte nicht überschätzt, sondern all jenen, die zur falschen Zeit am falschen Ort sind, die Stärke und Weisheit verleiht auszuharren, sich etwas einfallen zu lassen und auf den großen Glauben all der vielen jungen und alten Menschen zu bauen, die für sie beten. Ich nehme an, dass viele, die sich in der großen Schlacht auf verzweifeltem Posten wiederfinden, sich darüber wundern, dass sie trotz ihrer Unzulänglichkeiten gerade dorthin gestellt worden sind.

Dienstag, 10. Dezember 2019

Ich denke noch immer über die Gedanken der hl. Teresa und des Schriftstellers C. S. Lewis nach, die ich gestern zitiert habe und die ich akzeptiere, die aber meiner Meinung nach durch andere typische Fakten der christlichen Geschichte und durch einige andere Lehren unseres Herrn ergänzt werden müssen. Er hat uns ermutigt, unser Kreuz auf uns zu nehmen und ihm nachzufolgen, aber das Joch ist sanft und die Last ist leicht (Mt 11,30); und er hat denen, die ihm nachfolgen, hundertfache Belohnung in diesem und ewiges Leben im Jenseits versprochen (Mt 19,29 und Mk 10,29–30). Das trifft auf mich bislang zu.

Auch wenn ich mehr als das übliche Maß an Feindseligkeit hinnehmen musste, ist mein Leben mit Segnungen überschüttet worden: einer guten Familie und Ausbildung, vielen echten Freunden, einer schönen und sinnvollen Arbeit in drei Ländern und mit drei Päpsten. Ein starker, guter Vater, eine liebevolle, gläubige Mutter und ihre Schwester Molly, die bei uns lebte, haben die Grundlagen für all das gelegt. Ich kann nicht behaupten, dass meine Jahre von Feindseligkeit beherrscht gewesen wären. Ich habe in jeder Hinsicht in diesem Leben das Hundertfache empfangen.

Ziemlich früh habe ich mir schon die Lehre des Herrn über die Talente zu Herzen genommen, dass von denen, die mehr erhalten haben, auch mehr erwartet wird. Deshalb entschloss ich mich zu tun, worum ich gebeten wurde, nicht nur von meinen Oberen, sondern von allen Menschen in meiner Umgebung, die mich um Hilfe baten. Das sollte meine wichtigste Bußübung sein, weil ich nie viel gefastet, sondern vor allem in der Fastenzeit lediglich auf Alkohol verzichtet habe. Mein Gebetsleben intensivierte sich, als ich Rektor des Priesterseminars wurde, ein Posten, an den ich keinen Gedanken verschwendet hatte, ehe ich von Bischof Ronald Mulkearns (der die Ernennung im Namen aller Bischöfe von Victoria vornahm) darauf angesprochen wurde. Genauso wenig hatte ich als Erzbischof von Melbourne damit gerechnet, nach Sydney zu gehen. Nachdem ich Erzbischof geworden war, wurde ich oft als möglicher Kandidat für verschiedene Kurienposten erwähnt: Vermutlich war ich in der engeren Auswahl für das Amt des Präfekten der Glaubenslehre, das dann von Kardinal Levada übernommen wurde, und beinahe wäre ich Präfekt der Bischofskongregation geworden. Doch vor meiner Arbeit im Kardinalsrat für Wirtschaftsfragen unter Papst Benedikt hätte ich nie gedacht, dass ich einmal als Präfekt des Wirtschaftssekretariats eingesetzt werden würde. Allerdings gab es auch kein wirklich hochklassiges Feld an ernsthaften alternativen Kandidaten.

Die Grabinschrift von Kardinal Newman – dem hl. John Henry, wie er inzwischen heißt – lautet: *Ex umbris et imaginibus in veritatem* (»Aus Schatten und Bildern zur Wahrheit«). Die Vorsehung des einen und wahren Gottes kann sich in der Geschichte nur durch die Taten von Männern und Frauen zeigen, die, im Großen und Ganzen frei, entweder Heilige oder Sünder oder lau und kurzsichtig sind. Gott in seiner Liebe weiß, was er vorhat, während unsere Aufgabe darin besteht, uns dem zu stellen, was jetzt und morgen getan werden muss, natürlich mit den Augen auf die Zukunft gerichtet, aber wir dürfen die ferne Zukunft nicht zum Vorwand nehmen, unserer unmittelbaren Verantwortung aus dem Weg zu gehen. Ich werde weiterhin das Vaterunser beten und um unser tägliches Brot bitten.

Die Temperatur hat gestern tatsächlich Höchstwerte von 38°C erreicht, doch in unseren klimatisierten Zellen lässt sich kaum beurteilen, wie warm es draußen ist, obwohl wir durch die Gitterstäbe und die getönten Glasscheiben hindurch immerhin erkennen können, ob es heiter oder bewölkt ist. Heute war es angenehm, ein unspektakulärer Tag mit Temperaturen zwischen 20 und 25 Grad.

Ein Zwischenbericht über mein allmähliches Altwerden: Mein Allgemeinzustand stabilisiert sich weiter, obwohl ich während meiner Stunde in der Turnhalle immer noch etwas phlegmatisch war (phlegmatischer als sonst). Meiner rechten Hüfte geht es viel besser, was nach meiner Meinung vor allem daran liegt, dass ich mich nicht mehr vorbeuge und versuche, meine Zehen zu berühren. Und ich mache mir keine Sorgen mehr darüber, wie lange ich wohl noch im Gefängnis bleiben muss. Wie ich schon des Öfteren festgestellt habe, sind meine Stimmungsschwankungen keineswegs immer durch die äußeren Umstände bedingt und folgen keiner erkennbaren Logik. Damit will ich nicht sagen, dass schlechte Nachrichten keine schlechten Nachrichten sind, aber »im Jahreskreis« zwischen den eindeutigen Höhen und Tiefen sind meine Stimmungen nicht immer logisch. Ich stelle fest, dass es mir guttut, immer wieder »Jesus, *pace e bene*«[9] zu beten – eine Mischung aus zwei Stoßgebeten.

Die Briefe, die ich heute erhalten habe, waren Weihnachtskarten, und ich habe mich durch die liegen gebliebene Post gearbeitet. Außerdem habe ich bei der Anwaltskanzlei angerufen und Kartya gesagt, dass ich mehr als eine Wanne voller Post, ein paar Tagebuchbände und drei Ausgaben des *Spectator* an die Abteilung, die den persönlichen Besitz der Häftlinge verwaltet, gesandt habe und dass sie bitte mit einem Einkaufswagen kommen soll, um sie abzuholen.

Heute Abend habe ich auf *ABC* das Interview mit *Lawyer-X*, Nicola Gobbo, angesehen, die gleichzeitig als Informantin für die Polizei gearbeitet hat, während sie als Verteidigerin für ihre Klienten tätig war. Das hat die *Royal Commission*[10] auf den Plan gerufen, die jetzt Anhörungen durchführt.

Ich bin neugierig, was meine Anwälte und Freunde von ihrem Auftritt halten, bei dem sie behauptet hat, dass all ihre Aktionen auf Anweisung oder zumindest mit Genehmigung der Polizei und sogar des Polizeipräsidenten erfolgt seien. Sie gab an, dass sie mit ihren beiden Kindern im Ausland lebe und dass die Polizei gedroht habe, ihr die Kinder wegzunehmen. Und sie sagte geradeheraus, dass sie Angst habe, von der Polizei getötet zu werden, und dass sie noch mehr erzählen könnte. Durch das Interview gerieten Ashton,[11] Overland[12] und die Polizeiführung in den Fokus. Jeder weiß, dass es solche und solche Polizisten gibt. Viele machen einen guten Job, doch die eigentliche Frage ist jetzt, wie weit und wie tief die Korruption reicht (und ob sie sich auch auf meinen Fall auswirkt). Die Strafverfolgungsbehörden in Victoria sind jedenfalls betroffen.

Zum Abschluss komme ich auf das Thema meiner früheren Überlegungen (die göttliche Vorsehung und wie wir darauf reagieren) zurück und zitiere einmal mehr mein Lieblingsgedicht »Führ, liebes Licht« von John Henry Newman. Ich behaupte nicht, dass es das schönste Gedicht in englischer Sprache ist; es ist einfach das Gedicht, das mir am besten gefällt:

Führ, liebes Licht, im Ring der Dunkelheit
führ du mich an!
Die Nacht ist tief, noch ist die Heimat weit,
führ du mich an!
Behüte du den Fuß; der fernen Bilder Zug
begehr ich nicht zu sehn – ein Schritt ist mir genug.[13]

Mittwoch, 11. Dezember 2019

Heute habe ich das Stundengebet zum Fest der Unbefleckten Empfängnis Unserer Lieben Frau gebetet, das verlegt wurde, weil der 8. Dezember in diesem Jahr auf einen Sonntag fällt, und das ich eigentlich am Montag hätte feiern müssen. Es ist wichtig, Unserer Lieben Frau zu geben, was ihr gebührt.

Das Fest, das häufig mit der jungfräulichen Geburt unseres Herrn verwechselt wird, stammt aus dem Mittelalter, und der hl. Thomas von Aquin hat seine zentrale Aussage nicht akzeptiert. Das Problem war, dass Maria nur durch das Handeln ihres Sohnes, des einzigen Erlösers, der aber noch gar nicht geboren war, unbefleckt, somit ohne Sünde, empfangen worden sein konnte. Der große schottische Theologe Duns Scotus, der in Oxford lehrte, schlug jedoch eine Begründung vor, die darin bestand, ausdrücklich anzuerkennen, dass Maria durch das Erlöserhandeln Gottes sündenlos empfangen worden war.

Da ich gerade von dieser beherzten Frau spreche – Maria –, fällt mir ein, dass Schwester Mary am kommenden Wochenende ihr 25-jähriges Dienstjubiläum als Gefängnisseelsorgerin feiert. Sie genießt höchsten Respekt und leistet nach wie vor einen wunderbaren Beitrag, weil sie genau wie Christus die Leiden der Menschen lindert. Die heilige Mutter Kirche sollte diesen Beitrag öffentlich anerkennen.

Ich habe eine Kopie von George Weigels kurzem Artikel in der amerikanischen Zeitschrift *First Things* (4. Dezember 2019) erhalten: »Eine letzte Chance für die australische Justiz«. Nicht nur im Ausland und nicht nur in der katholischen Welt teilen viele Georges Meinung, dass »das australische Strafrechtssystem in jeder Phase dieses (das heißt meines) Falls ins Straucheln geraten ist oder versagt hat«. Der Kläger und ich haben einen entscheidenden Vorteil: Wir wissen, dass das die Wahrheit ist. Aber wenn ich das behaupten würde, wie George es tut, würde es wenig nützen. Das Ansehen der beteiligten Juristen ist durch ihre Beiträge ohnehin schon gestärkt oder beschädigt worden, und die Geschichte ist noch nicht ausgestanden. In wenigen Fällen wurde das Beweismaterial jemals einer so umfassenden und peinlich genauen Prüfung unterzogen.

Mein Anwalt Paul Galbally hat letzte Woche zu mir gesagt, dass keine einzige fachkundige oder halbwegs fachkundige juristische

Publikation die Mehrheitsposition des Berufungsgerichts stützt. Ich muss gestehen, dass ich nicht ganz unparteiisch bin, aber ich kann klar denken, und George hat absolut recht, wenn er schreibt, dass »bislang nicht die Spur eines erhärtenden Beweises geliefert wurde« und dass das »Verbrechen [...] unter den Umständen und Bedingungen, unter denen es angeblich begangen wurde, schlichtweg nicht geschehen sein kann«.

Ich bewundere Richter Weinbergs abweichende Stellungnahme wie kein Zweiter, und doch war ich überrascht – und erfreut –, bei George zu lesen, dass »ein angesehener australischer Anwalt [sie] als den wichtigsten Schriftsatz in einem juristischen Verfahren in der Geschichte dieses Landes« bezeichnet hat.

Nicht alle meine Unterstützer sind theologische oder ideologische Verbündete; ich begrüße das. Weigel vergleicht meine Situation in seinem Artikel erneut mit der von Hauptmann Dreyfus[14] im Frankreich des 19. Jahrhunderts, während meine Anhänger hier in Australien Parallelen zum Fall Lindy Chamberlain ziehen.[15]

Auch aus Rom sind ein paar Artikel angekommen, darunter Ed Pentins Story im *National Catholic Register* über die Gelder, die der Vatikan in den Film über Elton John investiert haben soll,[16] und eine trotzige und entlarvende Aussage von Kardinal Becciu.[17]

[Laut Pentin] wurde eine Million Dollar – das Geld stammte angeblich aus dem Peterspfennig – in die Verfilmung von Elton Johns Lebensgeschichte mit dem Titel *Rocketman* investiert, die »erste größere Hollywood-Produktion mit einer homosexuellen Sexszene«, die in einigen Ländern verboten wurde. Die Zeitung *Corriere della Sera* behauptet, dass zahlreiche Investitionen über Enrico Crassos *Centurion Global Fund* getätigt worden seien. Crasso ist ein italienischer Finanzmakler, der in der Schweiz lebt, und die Verluste seines Fonds sollen sich Ende 2018 auf geschätzt zwei Millionen Euro belaufen haben.[18]

Außerdem erwähnte Pentin ein früheres Fiasko aus dem Jahr 2012, als Kardinal Bertone[19] den IOR [das Institut für die religiösen Werke], die sogenannte Vatikanbank, gegen den Rat seines damaligen Direktors Ettore Gotti Tedeschi gedrängt hatte, 15 Millionen Euro in die italienische Filmgesellschaft *Lux Vide* zu investieren, die komplett abgeschrieben werden mussten: Das Geld war verloren.

Kardinal Becciu ist anders als die meisten Akteure in den vatikanischen Finanzdramen, die gerne den Kopf einziehen und stillhalten, bis der Sturm vorüber ist, ehe sie zur Tagesordnung zurückkehren. Dieser Kardinal bezieht häufig Stellung. Im vorliegenden Fall schrieb er an Sandro Magister von der Zeitung *L'Espresso* und erklärte erneut, er habe nichts mit der Finanzierung des IDI-Krankenhauses[20] zu tun und die »gegenteilige Meinung von Kardinal Pell« über den Londoner Immobilienkauf sei für ihn nicht relevant: Pell sei in dieser Angelegenheit nie konsultiert worden, weil es »nicht in seiner Zuständigkeit lag, die Konten des Staatssekretariats zu kontrollieren«,[21] diese Befugnis habe ihm der Papst nie erteilt. Die italienische Formulierung lautet »controllare i conti della Segreteria di Stato«,[22] was mit »kontrollieren« übersetzt wird. Ich habe hier zwar kein italienisches Wörterbuch, aber laut Satzung unseres Sekretariats wird uns ausdrücklich die Befugnis erteilt, sämtliche vatikanischen Konten einschließlich der Konten des Staatssekretariats zu überprüfen (*controllare*). Außerdem musste jeder Ankauf von Immobilien usw. in einem Umfang von über 500 000 Euro von uns genehmigt werden. Das wurde bei uns nicht angefragt, aber die falsche Abrechnung der Transaktion hat unseren Widerstand hervorgerufen, weil darin gegen alle Buchführungsregeln das Darlehen verschleiert und mit dem (theoretischen) Wert der gekauften Immobilie ausgeglichen wurde. Wir konnten uns mit unserer Einschätzung nicht durchsetzen, aber drei Dinge sind klar:

1. In der Satzung war nie davon die Rede, dass das Staatssekretariat von der Beaufsichtigung durch das Wirtschaftssekretariat ausgenommen gewesen wäre.

2. Unsere Aktivitäten waren regelkonform, aber weder vollständig noch effektiv, weil unsere Arbeit zwar nicht von allen, aber von einigen Angehörigen des Staatssekretariats behindert wurde. Es gab dort gewisse Personen, die sich jedem Versuch widersetzten, ihre Aktivitäten von außen beleuchten zu lassen (und inzwischen wissen wir auch den Grund).

3. Der *Sostituto*[23] hat die externe Überprüfung abgebrochen und den Wirtschaftsprüfer zum Rücktritt gezwungen. Er widerspricht unseren Einwänden nicht direkt und er sagt nichts über die gewaltigen Verluste aus der Investition (15 Prozent durch die Abwertung nach dem Brexit und mindestens 15 Prozent, nachdem die Londoner Immobilienpreisblase geplatzt war, was bedeutet, dass 60 der anfangs investierten 200 Millionen Euro verloren sind) und über das damit verbundene Fehlverhalten wie überhöhte Gebühren und Provisionen.

Da wir heute Unserer Lieben Frau gedenken, wollen wir mit einem der Fürbittgebete aus dem Stundenbuch schließen:

Großer und heiliger Gott, im Hinblick auf den Erlösertod Christi hast du die selige Jungfrau Maria schon im ersten Augenblick ihres Daseins vor jeder Sünde bewahrt. [...] Mache uns frei von Sünden und erhalte uns in deiner Gnade, damit wir mit reinem Herzen zu dir gelangen.

Donnerstag, 12. Dezember 2019

Ein schöner Tag, an dem ich meine zwei Stunden im Garten verbringen konnte. Es war zuerst beinahe kühl, aber dann kam die Sonne durch die Wolken. In Perth waren es beim Eröffnungsländerspiel im Kricket gegen Neuseeland 40 Grad, und in Brisbane sind in 24 Stunden 100 Millimeter Regen gefallen (knapp fünf Zoll für meine Generation), nachdem der *SBS*-Wetterbericht etwa 24 Stunden zuvor angekündigt hatte, dass es in South East Queensland sechs Monate lang keine nennenswerten Niederschläge geben würde. Sie sind mit ihrer Propaganda für einen katastrophalen, menschenverursachten Klimawandel wirklich unermüdlich.

Terry Tobin kam auf seinem Rückweg von Timor zu einem Besuch vorbei. Er war dort für den Malteserorden tätig gewesen. Die Mutter Oberin des Krankenhauses in Dili hat ihre besten Wünsche und Gebete geschickt und ihre Gewissheit zum Ausdruck gebracht, dass ich unschuldig bin. Nach wie vor erhalte ich täglich 20 oder 30 Weihnachtskarten oder -briefe.

Ein guter Freund hat sich erneut sehr großzügig an meinen Anwaltskosten beteiligt, und das Team macht in meinem Fall weiterhin Überstunden, aber von einem Durchbruch haben wir bislang nichts gehört. In einer Tageszeitung ist eine kurze und rätselhafte Meldung erschienen, wonach gewisse Personen innerhalb des Polizeiapparats, die in den *Lawyer-X*-Skandal verwickelt sind, erfreut darüber waren, dass meine Probleme von ihren eigenen abgelenkt hätten. Außerdem haben wir kurz über das Fernsehinterview mit der Anwältin X gesprochen, das Terry nicht gesehen hatte; viele Rechtsexperten halten ihre Furcht vor der Polizei für echt. Man müsste schon kühn sein, um zu behaupten, dass sie nicht gerechtfertigt wäre.

Gestern erreichte mich ein Brief von Marie Houlihan aus Pakenham, in dem sie mir mitteilte, dass ihr Mann Michael verstorben sei, ein »lebenslanger Diener der Kirche, Milchbauer, Anwalt und großartiger Bastard«, wie sein Sohn ihn in seiner Grabrede beschrieben hat. Ich denke noch oft daran, wie ich meinem alten Freund »Boffin«, dem englischen Jesuitenpater O'Higgins von der Universität Oxford, einem Experten für den Unglauben des 18. Jahrhunderts, erklärt habe, dass das B-Wort in Australien oft liebevoll gemeint ist. »Ja«, versetzte er trocken, »das kann ich verstehen.« Der Brief war im April ans Untersuchungsgefängnis geschickt und zwei Monate später mit dem Vermerk »Adresse unvollständig« an Marie zurückgeschickt worden. Solche Missgeschicke sind im Gefängnis an der Tagesordnung.

Michael hat beinahe sein ganzes Leben in Nar Nar Goon südöstlich von Melbourne verbracht und war der Sohn des alten Tom, der im Ersten Weltkrieg gekämpft hatte, und seiner Frau Molly. Als Molly starb, war Michael 14 Jahre alt.

Ich stand Tom, seinem nächstjüngeren Bruder, nahe und hatte Paul, einen weiteren, noch jüngeren Bruder, am *St Pat's College* in Ballarat kennengelernt. Nach einem Jahr im Internat in Ballarat blieb Michael wieder zu Hause, um seinem Vater zu helfen, »einem Witwer in den 60ern, dem Mollys ausgeprägte und fröhliche weibliche Anwesenheit fehlte und der seine drei wilden, freiheitsliebenden Jungen nur locker unter Kontrolle hatte«.

Ich erinnere mich noch, wie ich die Familie besucht habe. Sie lebten in einem kleinen, uralten hölzernen Farmhaus – vermutlich war es dasselbe, das Michaels Großvater mit einem Ochsengespann auf das Grundstück, das er 1892 gekauft hatte, transportiert hatte.

1960 lernte Michael die Buchhändlerin Marie Donahoe kennen. Die beiden heirateten und bekamen sechs Kinder, denen 20 Enkelkinder folgten. Er war nicht nur einer der besten, sondern ganz sicher auch einer der interessantesten Männer unter den irisch-australischen Katholiken seiner Generation.

Er war von einer Geistesart, die nur irisch sein konnte, und doch habe ich nie Iren getroffen, die genauso waren wie er und seine Leute. Und auf eine noch elementarere Weise war er ein typischer Bewohner des ländlichen Australiens mit einer schnellen Auffassungsgabe, einem Selbstvertrauen und einer Reihe praktischer

Fähigkeiten, die einen bequemeren und weniger fähigen Provinzler wie mich in Erstaunen versetzten.

Sein Sohn beschrieb ihn als aufgeschlossenen Ideologen, der, wie ein befreundeter Kollege und Atheist es formuliert habe, »wirklich so handelte, wie Menschen den Christen zufolge handeln sollen«.

Nachdem er viele Jahre zuvor die achte Schulklasse abgeschlossen hatte, wurde er mit über 30 zum Jura- und Wirtschaftsstudium an der *Monash University* zugelassen, machte sein Examen und arbeitete anschließend über 30 Jahre lang als »beharrlicher Anwalt« und »Schrecken aller laschen Richter«, dessen Gang »nie beschwingter war, als wenn er einen Mordprozess am Laufen hatte«.

Schon immer an Politik interessiert, geriet er als Unterstützer der DLP [*Democratic Labor Party*] ins antikommunistische Kampfgetümmel und wandte sich später der *Liberal Party* zu.

Er war ein tiefgläubiger Katholik, der in seinen letzten Lebensjahrzehnten eine Liebe zur lateinischen Liturgie entwickelte und täglich den Rosenkranz betete. Eine seiner Enkelinnen meinte, er habe Unsere Liebe Frau im Lauf seines Lebens schätzungsweise eine Million Mal darum gebeten, »in der Stunde seines Todes für ihn zu bitten«.

Als Kind »klebte er eine Kerze auf seinen Bettpfosten und las bis spät in die Nacht«, und als Erwachsener war er ein gebildeter und kluger Mann und beherrschte das großartige, prägnante australische Englisch, das inzwischen dem Fernsehen und dem den Massen angepassten Englischunterricht an Schulen und Universitäten zum Opfer gefallen ist. Er war beeindruckend und exzentrisch, und sein Sohn meinte, dass vieles von dem, was sein Vater getan habe und »was wir als peinlich altmodisch empfanden, heute wieder modern geworden ist«.

Menschen wie Michael und ich sind Angehörige einer glücklichen Generation, die den Weltkriegen und der Depression entkommen und in einer Zeit aufgewachsen sind, als der Antikatholizismus stark genug war, um unsere Gemeinschaft zusammenzuschweißen; als die katholischen Schulen eine historisch seltene soziale Mobilität hervorriefen und als Entdeckungen wie die Pille, das Fernsehen, der wissenschaftliche Fortschritt ganz allgemein und später das Internet noch nicht diese mächtigen soziologischen Strömungen hervorbrachten, die heute viele Menschen mittleren Alters und jüngere ins Chaos, in religiöse Verwirrung und zuweilen in ernsthaften Unglauben stürzen – von dem Schaden, der der Familie zugefügt wird, ganz zu schweigen.

Die Grabrede seines Sohnes macht Michael alle Ehre und sie ist ein Beweis dafür, dass die Bildung, der Glaube, die Liebe zur Sprache und der bissige australische Humor in der nächsten Generation weiterleben.

Mögen Michael und seine Sippe in Frieden ruhen.

Freitag, 13. Dezember 2019

Die beste Nachricht des Tages war, dass Umfragen und erste Hochrechnungen Boris Johnson eine Mehrheit von über 85 Sitzen und der *Labour Party* das schlechteste Ergebnis seit 1935 mit weniger als 200 von insgesamt 650 Unterhaussitzen vorhersagen.[24] Großbritannien wird aus der Europäischen Union austreten.

Neulich habe ich Tony Abbott zu seiner Rede gratuliert, die er in England gehalten und in der er sich für den Austritt ausgesprochen hat, und er hat mir geantwortet, dass dies eine der Reden sei, auf die er mit der größten Genugtuung und mit besonderem Stolz zurückblicke.

Ein Zyniker würde vielleicht sagen, dass de Gaulle,[25] der immer gegen den Eintritt Großbritanniens [in die EU] war, rehabilitiert worden sei. Doch die europäische Elite, die zutiefst undemokratisch ist – man denke nur an die zahlreichen Befugnisse, die der Europäischen Kommission, die nicht gewählt wird, übertragen wurden – und abweichenden Meinungen überaus feindselig begegnet, hat sich dieses Ergebnis selbst zuzuschreiben. Jetzt können sie sich ihren eigenen, tiefgreifenden Problemen zuwenden, der Kluft zwischen Nord- und Südeuropa und insbesondere den wirtschaftlichen Problemen Spaniens, Italiens und Griechenlands. In etlichen EU-Ländern – sogar in Frankreich – hat die antieuropäische Gesinnung zugenommen, die durch eine Vielzahl nicht integrierter muslimischer Migranten und durch terroristische Aktivitäten befeuert wird. Und die Europäische Union ist kein Freund des Christentums und lehnt es sogar ab, sich in ihrer Verfassung auf den christlichen Beitrag zu beziehen.

Die modernen Kommunikationsmittel und die Tatsache, dass das Reisen so leicht geworden ist, haben die Zusammenarbeit zwischen Großbritannien und weiter entfernten Regionen wie Australien und Neuseeland erleichtert, und eine Welt, in der Asien einen größeren Einfluss hat, wird die europäisch geprägten Gemeinschaften enger zusammenrücken lassen. Großbritannien hat es früher gut allein geschafft und dies wird unter der richtigen Führung auch jetzt wieder gelingen. Ob Boris der richtige Mann für die Führung des Landes ist, bleibt abzuwarten, aber ich halte seine Aussichten für gut, und er ist zweifellos eine bessere Alternative als [Labour-Chef Jeremy] Corbyn. Ein Parteiensystem, in dem ein Mann ernannt werden kann, dessen Ansichten sich derart deutlich von der Mehrheit seiner Mitparlamentarier und insgesamt von der Mehrheit seiner Partei unterscheiden, muss geändert werden.

Ein Artikel von Ed Pentin ist noch angekommen, in dem er bis ins letzte Detail beschreibt, wie die APSA[26] gegen den Rat des Wirtschaftssekretariats 50 Millionen Euro an das bankrotte IDI-Krankenhaus transferiert hat, zuerst an die Kongregation der Söhne der Unbefleckten Empfängnis, dann an die Luigi-Monti-Stiftung und schließlich an das Krankenhaus.[27] Das Krankenhaus *Bambino Gesù* hatte, wie zuvor die IOR-Bank, eine Zusammenarbeit verweigert, doch die APSA hat es bislang abgelehnt, ihre 50 Millionen entsprechend der Anweisung des Krankenhauses in Einlagenzertifikaten an die IOR-Bank zu transferieren. Pentin berichtet außerdem wahrheitsgemäß, dass KPMG[28] sich geweigert hat, einen Bericht zu unterschreiben, wonach das Darlehen zurückgezahlt werden könnte.

Zwei Laien, Franco Dalla Sega und Carmine Stingone, haben für ihre Beratertätigkeit im Zusammenhang mit dem Darlehen jeder eine sechsstellige Provision erhalten, und Dalla Sega war außerdem Mitglied der dazwischengeschalteten Luigi-Monti-Stiftung: ein klarer Interessenkonflikt.

Von Dalla Sega war ich bei unserer ersten Begegnung nicht sonderlich beeindruckt, weil er bei jedem Vorschlag, der ihm gemacht wurde, immer nur die damit verbundenen Probleme aufzählte. Daraufhin beendete ich das Treffen vorzeitig und bat ihn, zu einem späteren Zeitpunkt wiederzukommen, wenn er eine Strategie habe, wie seine Probleme gelöst werden könnten. Besonders empörend war sein Auftreten bei einem runden Tisch zum IDI, als er gegenüber Kardinal Parolin[29] öffentlich erklärte, dass er nicht über den Verbleib von 21 Millionen Bescheid wissen müsse, da dies eine »Formsache« sei. Es war dasselbe Treffen, auf dem Profiti[30] vom

Bambino Gesù behauptet hatte, dass das bankrotte IDI-Krankenhaus, das zum damaligen Zeitpunkt jährlich sieben Millionen Euro Verlust machte, den 50-Millionen-Euro-Kredit mit einer Rate von 18 Millionen pro Jahr in den nächsten drei Jahren zurückzahlen könnte.

Zwei wichtige deutschsprachige Zeitungen, die *Neue Zürcher Zeitung*[31] und *Die Zeit*,[32] haben ebenso wie der italienische *Libero Quotidiano*[33] weitere und sogar noch schrecklichere Einzelheiten über den Londoner Immobilienkauf des Staatssekretariats veröffentlicht.

Nach dem anfänglichen Gemeinschaftsunternehmen mit Mincione[34] ging dessen Anteil an die luxemburgische Gruppe Gutt von Gianluigi Torzi über. Bald nach Unterzeichnung des mit Torzi geschlossenen Vertrags über 30 000 von insgesamt 31 000 Anteilen musste der Vatikan feststellen, dass sämtliche Stimmrechte an die 1000 Anteile gebunden waren, die ihm nicht gehörten. Um dem abzuhelfen und Kontrolle über das Projekt zu erlangen, musste der Vatikan weitere 62 Millionen Euro bezahlen, die größtenteils an Mincione gingen.

Dieser spektakuläre Verlust erinnert an den IOR-Immobilienskandal in den 2000er-Jahren, der gerade vor Gericht verhandelt wird,[35] auch wenn die Größenordnung nicht ganz dieselbe ist wie in der Geschichte mit Calvi, Sindona und dem *Banco Ambrosiano* in den 1980er-Jahren.[36] Man könnte sagen, dass alte Gewohnheiten schwer auszurotten sind.

Ein Freund von mir aus Ballarat East liegt im Sterben. Er hat mir das folgende Gebet geschickt:

Not only in extremes
[…].
But in some faithful act,
Some scarcely conscious choice,
We find the grace to hear and heed
The bidding of Christ's voice.

Nicht nur in höchster Not,
[…].
Auch in manch treuer Tat
und kaum bewusster Wahl
lässt uns die Gnade

Christi Ruf vernehmen
und ihm folgen.

Samstag, 14. Dezember 2019

In dieser Woche bin ich zu meiner lebenslangen Gewohnheit zurückgekehrt, gleich nach dem Aufstehen – vor der Vollzähligkeitskontrolle – zu duschen. In der ersten Zeit im Gefängnis, als ich nichts hatte außer meinem Brevier, am ersten Tag nicht mal einen Fernseher, keine Bücher und keine Post, hatte ich beschlossen, gegen 18 Uhr zu duschen, damit ich in der Zeit zwischen dem Einschluss und dem Zubettgehen noch eine Unterbrechung hatte. Seit ich Bücher, Zeitschriften, Zeitungsartikel und Post bekommen darf, hat sich mein Tagesablauf verändert: Jetzt scheint es, als ob ich gelegentlich zu wenig Zeit hätte, und ein paarmal ist es vorgekommen, dass ich bis zum Abend noch gar nicht geduscht hatte. Jahrzehntelang gehörten Dusche, Messfeier und die Grundgebete zu meinem festen Ablauf vor dem Frühstück, und zu diesem früheren Muster bin ich nun zurückgekehrt. Allerdings bete ich tagsüber mehr den Rosenkranz beim Hofgang und im Garten, und einen Teil meines Abendgebets verrichte ich in der Zeit, in der Werbung im *SBS*-Programm gesendet wird.

Als Christ betrachte ich die feindseligen Schuldsprüche und die Monate im Gefängnis nicht als brutale Tatsachen oder als Produkt eines blinden Schicksals, aus dem außer meiner Integrität nichts gerettet oder gewonnen werden kann. Was mir die Stille und die Eintönigkeit erträglich macht, ist die Lehre Christi über das Leiden, die der hl. Paulus so wunderbar entfaltet hat – obwohl ich weder Hunger leide noch misshandelt werde oder sonst irgendein besonderes Ungemach ertragen muss. Dennoch gerate ich hin und wieder in die Versuchung, verzagt zu werden, mich ungerecht behandelt zu fühlen wie der ältere Bruder im Gleichnis vom verlorenen Sohn. Hin und wieder habe ich Mitleid mit Maria und Josef, als sie von ihrer Wallfahrt nach Jerusalem zurückkehrten und feststellten, dass Jesus noch immer dort war und mit den Priestern im Tempel über Theologie diskutierte. Er hätte es ihnen sagen, er hätte ihnen ersparen sollen, dass sie sich Sorgen machen und den Weg erneut zurücklegen mussten, ehe sie ihn fanden. Solche Gedanken gehen mir durch den Kopf.

Meine Post hilft mir regelmäßig, religiös und psychisch meiner Linie treu zu bleiben. Ein Mitbruder aus Ballarat schreibt: »Weihnachten heißt, dass Gott bei uns ist, Gott mit uns [Immanuel], umso näher, je weiter er entfernt zu sein scheint.«

Besonders ermutigt fühlte ich mich durch den Brief einer mir unbekannten Dame aus South Australia. Sie ist Anfang 40, Katholikin und war 20 Jahre lang »eine abgefallene Katholikin«. Sie war den Verirrungen »der modernen, ›woken‹ Welt« verfallen, doch meine »tragische Geschichte, die falschen Anschuldigungen, der voreingenommene Prozess, das traurige Urteil und die widerliche öffentliche Hetze« erwiesen sich für sie als ein Katalysator und als »Anfang [ihres] Neuanfangs zurück zum Glauben«.

Sie sieht die Kirche nicht durch die rosarote Brille, sondern diese ist ihrer Meinung nach durchsetzt »mit schlechten Prälaten, homosexuellen Beutegreifern, Betrügern und Dieben« etc., etc., doch meine Probleme haben sie dazu veranlasst, »ernsthafter zu werden, was meinen Glauben betrifft, wissensdurstiger, und nach der Fülle der Wahrheit zu streben. Ich bin glücklich, sagen zu können, dass mein Glaube stärker ist denn je.« Weiter schreibt sie: »Bestimmt jubelt der Himmel über die Rückkehr der verlorenen Tochter. Und Sie haben geholfen, ein Schäflein nach Hause zurückzubringen.«

Diese und ähnliche Geschichten sind mir Trost und Ansporn weiterzumachen, abgesichert durch meinen christlichen Glauben.

Doch es gibt auch Kummer. Zufällig erhielt ich heute eine Nachricht von Michael Houlihans Tochter, die ich nicht kenne. Sie schrieb, um mich ihrer Unterstützung zu versichern und um mir mitzuteilen, dass sie für mich bete. Sie habe nach dem Trauergottesdienst für ihren Vater in der Leichenhalle die Totenwache gehalten, als sich die Nachricht von meinem Schuldspruch herumsprach. Sie schreibt, es sei der schlimmste Tag ihres Lebens gewesen.

Mein Tag verlief ruhig. Nach Schließung der Wahlbüros hatte Boris Johnson 365 Sitze, Corbyn 203 und rund 40 Sitze waren noch unentschieden. Corbyn – das ist typisch für ihn – hat angekündigt, dass er bei den nächsten Wahlen nicht mehr als Labour-Spitzenkandidat antreten, aber seinen Posten auch nicht sofort räumen wird.

Das Wetter war angenehm, nicht zu heiß und ein bisschen bewölkt. Neuseeland ist [im Kricket-Länderspiel] im ersten Durchgang vom Platz gefegt worden, sie haben 250 Punkte Rückstand auf Australien, und Steve Smith ist einer der schönsten Fänge gelungen, die man sich vorstellen kann, er hat einen Hechtsprung gemacht und den Ball mit der ausgestreckten rechten Hand gefangen.

Der Heilige Vater hat [Luis Antonio] Kardinal Tagle zum Präfekten der Kongregation für die Evangelisierung der Völker ernannt. Damit löst er unerwartet [Fernando] Kardinal Filoni ab, dessen Vertrag nicht vor 2022 ausläuft und der erst 71 Jahre alt ist. Gerüchten zufolge soll Filoni nicht mit dem Geheimabkommen mit dem kommunistischen China einverstanden gewesen sein, das die Schikanen und – nennen wir die Dinge ruhig beim Namen – die Verfolgung verschiedener Gruppen von Katholiken nicht verringert hat.

Der Samstag ist Unserer Lieben Frau geweiht, und deshalb wollen wir unsere kleinen Schwierigkeiten und die gewaltigen Herausforderungen, mit denen es die Kirche in aller Welt zu tun hat, ihrer Fürsprache anempfehlen mit den Worten des Kirchenlieds »Daily, Daily Sing to Mary«, das auf die Melodie von Beethovens »Freude, schöner Götterfunken« gesungen wird und das ich zur Betrachtung nutze:

When the tempest rages round thee,
She will calm the troubled sea.
Gifts of heaven she has given,
Noble Lady, to our race.
She, the Queen, who decks her subjects,
With the light of God's own grace.

Wenn der Sturm um dich herum tobt,
beruhigt sie das aufgewühlte Meer,
brachte uns des Himmels Gaben,
hohe Frau und Königin.
Zieret ihre Untertanen
mit dem Licht der Gnade Gottes.

43. Woche

Ein völlig unerwarteter Segen

15. Dezember bis 21. Dezember 2019

Dritter Adventssonntag, 15. Dezember 2019

Der Wecker hat gut funktioniert, sodass ich rechtzeitig zur *Mass for You at Home* aufgewacht bin. Zelebrant war heute Bischof Mark Edwards, Philosoph, Oblate der Unbefleckten Jungfrau Maria und Weihbischof im Erzbistum Melbourne. Er ist ein gläubiger und frommer Priester, der die Messe korrekt und ehrfürchtig gefeiert, aber eine rekordverdächtig kurze Predigt gehalten hat. Der Advent ist die Zeit des geduldigen Wartens auf Gott. Der Schmetterling schlüpft nur langsam aus seinem Kokon. Wenn wir den Kokon erwärmen, schlüpft der Schmetterling schneller, aber dann sind seine Flügel beschädigt und er kann nicht fliegen. Wir müssen uns nach Gottes Geduld ausrichten.

Er hat es uns, seinen Zuhörern, überlassen, diese grundlegende Lektion nach Gutdünken weiterzuverarbeiten und mit Weihnachten in Verbindung zu bringen.

Weil Joseph Prince heute Morgen keinen Auftritt hatte, belegte Joel Osteen seinen Sendeplatz und hielt wie üblich eine exzellente Predigt, ohne den Advent oder Weihnachten auch nur mit einer Silbe zu erwähnen.

Das klassische Argument gegen Osteen ist, vom Evangelium her gedacht, dass er allem Anschein nach ein Wohlstandschristentum predigt, in dem sich die Situation für einen gläubigen Christen immer oder fast immer schon in diesem Leben zum Besseren wendet. Heute Morgen kam er mit seinem Thema »Erwacht zur Hoffnung« der Reaktion auf diese Kritik näher.

Christen bräuchten Widerstand, genau wie Jesus auf Widerstand getroffen sei. Auch wir bräuchten den Kuss des Judas. Genau genommen habe Judas mehr für Jesus getan als jeder andere Apostel, weil er unsere Erlösung in Gang gesetzt habe. Das solle seine Tat keineswegs beschönigen. Dies hat mich auf jeden Fall dazu gebracht, über das Wesen der Sünde und die zuweilen schrecklichen Folgen menschlicher Entscheidungen nachzudenken.

Laut Joel geraten wir nicht gerne in Schwierigkeiten, aber wir sollten dem Plan Gottes dienen, der uns nicht auf geraden Wegen führt, sondern uns im Grunde wie mit Schleifpapier bearbeitet. Wenn Josef, Jakobs Lieblingssohn, nicht von seinen Brüdern in die Sklaverei verkauft worden wäre, wäre er nicht in der Lage gewesen, seinen Brüdern als hochrangiger ägyptischer Beamter durch die Dürrezeit zu helfen.

Wir wissen nicht, sagt Joel, was Gott vorhat. Oft kennen wir Gottes Pläne nicht, sehen nicht, was er hinter den Kulissen tut, doch Gottes Gnade genügt uns und wir sollten versuchen, unseren inneren Frieden zu bewahren und auf Gott zu vertrauen. Und es sind nicht die guten Zeiten, die uns persönlich wachsen lassen, sondern das Wachstum kommt in schweren Zeiten.

Auch wenn ich mit dem, was Joel nicht sagt, nach wie vor meine Schwierigkeiten habe, genauso wie mit seiner Behauptung, dass alle Probleme sich zum Guten wenden werden – wobei er nicht zugibt, dass das nur in dem Fall zutrifft, wenn wir Himmel und Hölle, die Belohnung und Bestrafung im Jenseits, miteinkalkulieren –, bin ich doch dankbar für das, was er über die Beharrlichkeit in der Hoffnung ausführt.

Viele von uns erhalten von Gott bei vielen Gelegenheiten schon in diesem Leben das Hundertfache. Und selbst wenn der Ertrag nicht ganz so gut zu sein scheint, wer von uns hat nicht schon hier Segnungen erhalten? Kaum jemand hat keinen oder nur wenig Grund, dankbar zu sein. Osteens Predigten haben mir gutgetan und mich aus meinem egozentrischen Pessimismus herausgezogen.

Aus der Kathedrale von Derby wurde ein schöner Adventsgottesdienst übertragen. Die prächtig dekorierte Kirche glich eher einem Konzertsaal als einer Basilika. Bei diesem Anblick wurde man nicht an eine gotische Kathedrale erinnert. Es gab ein ausdrückliches Bekenntnis zum Glauben an die Wiederkunft Jesu, seine zweite Ankunft und einige beliebte traditionelle Lieder wie »O Come, O Come, Emmanuel«, »Immortal, Invisible, God Only Wise« und »Tell Out My Soul«, was meine Stimmung in der kleinen Zelle entschieden aufhellte.

Die mittäglichen Stunden habe ich genutzt, um die Ausschnitte aus italienischen Zeitungen über die vatikanischen Finanzskandale zu lesen, die mir Father Mark Withoos zugeschickt hatte. Das meiste davon war mir schon bekannt, doch inzwischen sind etliche präzise Informationen über die unerfreulichen Ereignisse ans Licht gekommen, die nichts mehr mit Ehrbarkeit zu tun haben.

Es hat sich herausgestellt, dass Mincione auch in die Geschäfte italienischer katholischer Krankenhäuser verwickelt war, die zum Teil (wie das IDI-Krankenhaus) Hunderte Millionen Euro Schulden haben. Dazu gehört auch das Krankenhaus der Brüder vom hl. Johannes von Gott (der *Fatebenefratelli*) auf der Tiberinsel, denen Mincione eine Provision von 20 Prozent berechnet hat.[1] Die jährliche Peterspfennigkollekte ist von 100 auf weniger als 60 Millionen Euro gesunken (in diesem Jahr wird es vermutlich noch weniger sein), wodurch sich das jährliche strukturelle Defizit des Vatikans noch weiter erhöhen wird. Das alles wird den katholischen Geldgebern und Kirchgängern und der öffentlichen Meinung zwangsläufig nach und nach bewusst werden. Dass die Verluste und die Kriminalität inzwischen allgemein bekannt sind, sollte eine Wiederholung in Zukunft eigentlich schwieriger machen – aber nicht wenn die grundlegenden Verfahren und Maßnahmen zum Schutz vor Korruption systematisch untergraben oder vernachlässigt werden. Aufgrund dieser Tatsachen ergibt sich die Notwendigkeit, die Einnahmen zu erhöhen und/oder die Ausgaben zu senken.

Unser Herr hat dem guten Schächer am Kreuz einst den Himmel versprochen, aber er konnte mit seinen Worten und Taten auch schonungslos und direkt sein:

Dann ging er in den Tempel und begann, die Händler hinauszutreiben. Er sagte zu ihnen: Es steht geschrieben: Mein Haus soll ein Haus des Gebetes sein. Ihr aber habt daraus eine Räuberhöhle gemacht (Lk 19,45–46).

Montag, 16. Dezember 2019

Heute ist der 53. Jahrestag meiner Priesterweihe, die ich am 16. Dezember 1966 im Petersdom in Rom durch [Grégoire-Pierre] Kardinal Agagianian, der aus Georgien stammte, dem armenischen Ritus angehörte und Präfekt der damaligen *Congregatio de Pro-*

paganda Fide war, empfing. Papst Johannes XXIII. erzählte den Studenten am Kolleg der *Propaganda Fide*, an dem ich Seminarist war, gerne, dass Kardinal Agagianian bei seiner Papstwahl die zweitmeisten Stimmen bekommen hatte. Gegen seine Wahl hatte, Zeitungsberichten zufolge, unter anderem die Tatsache gesprochen, dass seine Schwester noch hinter dem Eisernen Vorhang im kommunistisch kontrollierten Georgien, Stalins Heimatland, lebte und feindlichem Druck ausgesetzt werden konnte.

Er hatte ebenfalls am Propaganda-Fide-Kolleg studiert, das damals an der Piazza di Spagna lag, zusammen mit Sir James Patrick O'Collins, meinem ersten Bischof in Ballarat: ein kluger Mann, der als Gas- und Wasserinstallateur gearbeitet hatte, ehe er ins Priesterseminar eintrat, und es schließlich bis zum Präfekten des Seminars brachte. Sir James betonte immer gerne, dass Agagianian mit etwa 14 Jahren als »Paket per Einschreiben« nach Rom gekommen und ein herausragender Student gewesen sei, der (so die Legende) »in jedem Fach die volle Punktzahl« erreichte. Er war ganz sicher ein intelligenter Mann und ein brillanter Linguist. Natürlich hat mich niemand auf meinen Jahrestag angesprochen, und ich habe daran gedacht, für meine Mitseminaristen zu beten, von denen etliche, insbesondere unter den Afrikanern, bereits verstorben sind.

Höhepunkt des Tages war der Besuch von Jean-Baptiste de Franssu, dem Präsidenten des IOR – der sogenannten Vatikanbank –, der aus Brüssel kam, um mich zu besuchen. Er hatte ein paar Tage in Sydney verbracht, wo sich Danny Casey um ihn gekümmert hatte, und war dann nach Melbourne weitergeflogen. Heute Abend kehrt er nach Europa zurück. Sein Besuch ist eine wunderbare Geste der Solidarität, die ich sehr zu schätzen weiß.

Es war immer ein Trost, dass es in Australien auf lokaler, diözesaner und nationaler Ebene so viele gute und äußerst kompetente Männer und Frauen im Bereich der Laien gab, die bereit waren, der Kirche auf professionelle Weise zu helfen. Und für Rom galt dasselbe mit Frauen und Männern wie Jean-Baptiste, dem aus Australien stammenden Londoner Finanzmann Sir Michael Hintze und Joe Zahra, dem maltesischen Bankier an der Spitze der COSEA,[2] des Gremiums, das das ganze Durcheinander und die Korruption aufgedeckt und Gegenmaßnahmen vorgeschlagen hat, die wir anzuwenden versuchten und die über so lange Zeit auf hartnäckige und einfallsreiche Gegenwehr stießen.

Jean-Baptiste und ich haben uns in unseren jeweiligen Bereichen gemeinsam für Reformen eingesetzt. Obwohl er oft verleumdet und schlecht behandelt und mehr als einmal auch physisch bedroht wurde, war er mit seinem Kampf gegen die Korruption in der Bank effektiver als ich im Vatikan, auch wenn es uns beiden nicht gelungen ist, die ganze Wahrheit über einige ältere Skandale ans Licht zu bringen, die sich vermutlich nicht mehr bis ins Letzte entwirren lassen.

Ins Rollen gebracht wurde die Sache letztlich durch die Weigerung der IOR-Bank, bei der Beschaffung von weiteren 150 Millionen Euro für den desaströsen Immobilienkauf im Londoner Stadtteil Chelsea mitzumachen. Ich war erfreut zu erfahren, dass der Heilige Vater persönlich nicht nur die »Razzien« im Staatssekretariat und in den AIF-Büros genehmigt, sondern zudem darauf bestanden hatte, dass Maßnahmen ergriffen wurden.[3] Jean-Baptiste ist genau wie ich der Meinung, dass auf den ersten Blick einiges dafür spricht, dass es bei der AIF Unregelmäßigkeiten gibt und dass AIF-Präsident René Brülhart vermutlich zurückgetreten ist, weil er keine andere Wahl hatte. Die IOR-Bank wurde erheblich unter Druck gesetzt, damit sie kooperierte, und einer der Mitarbeiter wurde bedroht, auch wenn er nicht wie in den guten alten Zeiten einbestellt wurde, um eine soeben aufgezogene Schublade mit einem darin liegenden Revolver in Augenschein zu nehmen.

Mincione war in vielen Bereichen aktiv, nicht nur bei den katholischen Krankenhäusern, sondern auch mit [Alberto] Matta in der Affäre um den Budapester Börsenpalast,[4] die (soweit ich mich erinnere) nie befriedigend aufgeklärt worden ist. Jean-Baptiste hat mit Papst Franziskus darüber gesprochen, dass er mich besuchen wolle, und nachdrückliche Unterstützung erhalten. Ich hoffe im Gegenzug, dass er auch weiterhin den offiziellen Rückhalt bekommt, den seine Bemühungen verdienen und den der Vatikan braucht, wenn er sich nach und nach aus der Grube der vatikanischen finanziellen Schieflage herausarbeiten will.

Ich war erfreut zu hören, dass eine Reihe von Kardinälen – nicht nur die, die ohnehin so denken wie ich – inzwischen auch glaubt, dass die Dinge so gelaufen sind, wie ich es vor Jahren gesagt habe, und dass meine oder unsere Reformbemühungen die Basis für die kürzlichen Durchbrüche gelegt haben.

Noch erfreulicher war die Nachricht, dass ein Dekret erlassen worden ist, wonach die Investitionen der APSA – eine Empfehlung, die die COSEA vor sechs Jahren ausgesprochen und an deren Umsetzung man uns gehindert hatte, – zusammengefasst und koordiniert getätigt werden sollen. Die alte Garde der APSA wird heftigen Widerstand leisten, und es ist fraglich, ob die Fähigkeiten und der gute Wille für einen Erfolg ausreichend sind.

Da Jean-Baptiste mit [Philippe] Kardinal Barbarin, dem Erzbischof von Lyon, in Kontakt steht, habe ich mich nach dem Stand seines Verfahrens erkundigt und ihn gebeten, dem Kardinal meine besten Wünsche auszurichten. Es sieht so aus, als würde er im neuen Jahr für »nicht schuldig« befunden werden, aber die Geschichte hat ihren Tribut gefordert – auf Kosten von Barbarins Gesundheit.[5] Gebe Gott, dass sich bestätigt, dass er sich in seinem Umgang mit einem bestimmten Fall von Pädophilie nichts hat zuschulden kommen lassen. Jean-Baptiste hat versprochen, nach seiner Rückkehr in Lyon anzurufen.

Ich konnte berichten, dass sich meine Gesundheit verbessert hat, seit ich nicht mehr in Rom und dem täglichen Druck des oft erfolglosen Kampfs gegen die Mächte der Finsternis ausgesetzt bin. Ich bin froh, dass ich nicht mehr dort bin, auch wenn es meine Pflicht war zu bleiben, solange ich den Auftrag hatte. Ich rechne es Jean-Baptiste hoch an, dass er geblieben ist, um den guten Kampf zu kämpfen, obwohl er ohne Weiteres hätte gehen können, und ich wünsche ihm in seinem Bemühen, für Stabilität zu sorgen und die Profitabilität zu steigern, alles Gute. Gebe Gott, dass er seinen Dienst mit Würde beenden kann und dass sein Beitrag gewürdigt wird.

Das Kirchenlied »Heilig, heilig, heilig« enthält ein paar wunderbare Verse an den einen und wahren Gott:

Heilig, heilig, heilig! Dunkel dich umhüllet,
Dass kein sterblich Auge deine Herrlichkeit erblickt;
Du allein bist heilig, licht- und glanzerfüllet;
Ewig vollkommen, huld- und gnadenreich.

Dienstag, 17. Dezember 2019

Pauline, eine gute Freundin, die als Schottin in London lebt, hat mir eine Weihnachtskarte mit Filippino Lippis Madonna mit Kind und dem Johannesknaben geschickt, das in der Glasgower Kunstgalerie hängt. Sie bekundet mir ihre rückhaltlose Solidarität, lobt George Weigels Einsatz für meine Sache und schreibt: »Ich hoffe, du hältst durch. Das Schwierige am Christsein ist natürlich, dass es für Jesus mit dem Kreuz geendet hat. Was erwarten wir also? Aber das Kreuz war nicht das Ende, und es wird auch nicht dein Ende sein.« Das ist und bleibt wahr, ganz egal, wie das Urteil des Obersten Gerichtshofes ausfallen wird.

Heute war ein guter Tag, obwohl die Turnhalle geschlossen war und ich meine Trainingsstunde nicht nehmen konnte. Tim O'Leary[6] hatte gestern ein Vorstellungsgespräch für eine interessante und wichtige Position. Deshalb habe ich ihn, wie versprochen, angerufen und mich erkundigt, wie es gelaufen ist. Gestern Abend sagte man ihm, dass er der Wunschkandidat sei und dass seine Referenzen noch überprüft werden sollten. Am Freitag wird er wohl Genaueres erfahren, aber die Situation ist vielversprechend. Das hat meine Moral gestärkt.

Die zweite gute Neuigkeit war, dass das Mittagessen, das Terry nach Jean-Baptistes Besuch für ihn organisiert hatte, wirklich sehr gut gelaufen ist. Der Gruppe gehörten auch zwei hochrangige Richter an, die mittlerweile im Ruhestand sind, und die Chemie hat einfach gestimmt. Gute und kompetente Leute, die die Kirche lieben, haben, selbst wenn sie aus verschiedenen Weltgegenden stammen, eine Menge gemeinsam. Terry hatte Jean-Baptiste vor den Bedingungen im Gefängnis gewarnt, doch er trug es mit Fassung – ich hätte auch nichts anderes von ihm erwartet – und war einfach froh über die Zeit, die wir miteinander verbringen durften. Er meinte, es hätte sich angefühlt, als ob wir in meinem Büro in Rom gesessen und geredet hätten, und mir ging es genauso. Ich bin zwar froh, dass ich die finanzielle Arbeit in Rom hinter mir habe, aber noch froher bin ich darüber – und stolz darauf –, dass ich dort war, als wir dem kriminellen Netzwerk das Rückgrat gebrochen haben, auch wenn dies schneller und vollständiger hätte vonstattengehen können. Und ich habe einige wunderbare Freundschaften geschlossen. Das alles ist keine Garantie dafür, dass das Finanzgebaren des Vatikans in Zukunft verlässlich und redlich ist, aber es wurden gewaltige Fortschritte erzielt. Und der Kampf wird geführt, um gewonnen zu werden.

Schwester Mary ist zu ihrem wöchentlichen Besuch vorbeigekommen und sie hat ihre Assistentin Roxanne mitgebracht, die gerade vom katholischen Jugendtreffen in Perth zurückgekommen ist, das von 6000 jungen Erwachsenen besucht wurde, davon je tausend aus Melbourne und Sydney. Roxanne hat sich über die sehr lebendige Atmosphäre dort sehr gefreut. Die Redner seien gut gewesen, einige kamen aus den USA.

Chris Meney hat dafür gesorgt, dass ich mit Erzbischof Fisher telefonieren und Weihnachtsgrüße austauschen konnte. Der Erzbischof war bestens gelaunt und von den Weihnachtsgottesdiensten in der Kathedrale und einer weiteren epischen Aufführung in der katholischen Kirche von Maroubra unter Leitung von Dr. Mark Schembri beflügelt. Außerdem hat er Schwester Marys Nachricht bestätigt, wonach sie beschlossen haben, die Ausgaben der Australischen Katholischen Bischofskonferenz zu halbieren. Ein Zeichen dafür, dass die Zeiten und die Prioritäten sich geändert haben.

Selbst in einer zutiefst gespaltenen Gesellschaft verfügt die heilige Mutter Kirche in Australien und andernorts über bemerkenswerte Kräfte, wie die unzähligen Briefe und die Menge an Zuspruch, die ich erhalten habe, beweisen. Dennoch muss ein grundsätzlicher Niedergang anerkannt werden. Die Herausforderung besteht darin, ihn zu verlangsamen und den Trend umzukehren.

Eine der Antiphonen im gestrigen Abendgebet war jenes Unheil verkündende Herrenwort, das mir die verstörendste Stelle im ganzen Neuen Testament zu sein scheint:

Wird jedoch der Menschensohn, wenn er kommt, den Glauben auf der Erde finden? (Lk 18,8).

Mittwoch, 18. Dezember 2019

In meinem Gefängnisleben hat sich ein neues Problem ergeben: Ich bekomme so viele Briefe, dass ich mit dem Öffnen in Rückstand bin und mit meinen Gebetszeiten ein kleines bisschen unter Druck gerate. So war mein Leben, als ich noch gearbeitet habe. Doch ich hatte nicht damit gerechnet, dass mir so viele Karten und Briefe zugeschickt werden würden, das ist ein völlig unerwarteter Segen. Wie eine Justizvollzugsbeamtin meinte, als sie sich wegen der Briefe erkundigte: »Das ist gut, dann haben Sie etwas zu tun.« In Wirklichkeit geht die Hilfe noch sehr viel tiefer, weil beinahe alle versprechen, dass sie regelmäßig für mich beten, und viele mir versichern, dass sie an meine Unschuld glauben. Das ist eines der Mittel, die Gottes Vorsehung für mich bereitgestellt hat, und es hilft mir die meiste Zeit über, meinen Gleichmut zu bewahren.

In der Regel bewegt sich meine Verfassung zwischen zwei Extremen, die durch zwei meiner Briefschreiberinnen geschildert werden: Die erste ist eine Laiin aus Dallas, Texas, und die zweite eine kontemplative Ordensfrau aus Australien.

Meine amerikanische Freundin, die mich regelmäßig mit Stoff zum Nachdenken und Beten versorgt, nutzt die Adventszeit, um sich neu auszurichten. Zurzeit hat sie einen Verlust erlitten und deshalb arbeitet sie an »einer Erneuerung meines Bewusstseins, dass Gott gut ist und dass ich das, was er zulässt, annehmen muss«. Unser Leiden ist das Zurechtstutzen, das Gott zulässt, und sie schreibt: »Sie befinden sich mitten in einer sehr großen Aktion des Zurechtstutzens.« Sie ist nicht direkt eine Anhängerin von Murphys Gesetz – dass alles, was schiefgehen kann, auch schiefgeht –, aber sie fährt fort: »Ich lache über die Vorstellung, dass die Hilfe, die ich bekomme, normal und jede Prüfung ungerecht und unnormal wäre. Dieses negative Denken bringt mir nur Probleme.«

Ich glaube nicht, dass Gott uns das ganze Jahr über zurechtstutzt, und das Kreuz in meinem Leben war die meiste Zeit über nicht allzu schwierig und die Bürde nicht allzu schwer, aber ohne das Zurückschneiden gibt es nur wenige Früchte.

Die kontemplative Ordensfrau aus Australien gesteht: »Ich muss sagen – JA! –, dass ich einen heiligen Neid auf Sie hege. Das Leid, zu dem Gott Sie beruft, damit Sie dem Bild Seines Sohnes anverwandelt werden, ist einfach so GLORREICH. Ich will nicht unsensibel sein, was Ihr Leiden angeht – ich leide furchtbar mit Ihnen –, und doch: Was ist das für ein Schatz, der Ihnen geschenkt worden ist!« Mein Schicksal ist nicht allzu schrecklich oder unangenehm, aber was daran glorreich sein soll, kann ich nicht so recht erkennen, auch wenn ich mit Freuden bejahe, dass ich dem Bild des Herrn gerne mehr angeglichen werden würde.

Heute konnte ich meine Stunde in der Turnhalle verbringen. Ich habe all meine Übungen gemacht und meine Ziele erreicht. Den größten Teil des Tages habe ich damit zugebracht, noch ein paar Artikel von Christopher Friel über meinen Fall und eine Auswahl italienischer Artikel über die vatikanische Finanzmisere zu lesen. Eine traurige Lektüre, weil so viele ihrer Finanzpartner und -makler Betrüger sind, die schon auf jeder Verdächtigenliste aufgelistet sind und die die Kirche gnadenlos ausplündern.

Ein Journalist befürchtet, dass der Vatikan den Schweizer Kredit für die Immobilie in Chelsea nicht bedienen kann und wegen des Hebeleffekts usw. am Ende womöglich eine halbe Milliarde Euro verlieren könnte. Gebe Gott, dass das nicht zutrifft, denn zwischen 200 und 500 Millionen ist immer noch ein erheblicher Unterschied, auch wenn es schon schlimm genug ist, eine Million zu verlieren, von Hunderten ganz zu schweigen.

Jean-Baptiste hat am Montag völlig zu Recht gesagt, dass nicht nur Laien als Übeltäter bestraft werden sollten. Und – das war erfreulicher – er konnte mir versichern, dass der neue Promotor der vatikanischen Justiz, den Draghi[7] empfohlen hatte, und der neue Mann an der Spitze der AIF in Fachkreisen einen guten Ruf genießen.

Hier passen zwei Verse aus Psalm 42:

Es trifft mich zu Tode in meinen Gebeinen,
dass meine Bedränger mich verhöhnen,
da sie den ganzen Tag zu mir sagen:
Wo ist dein Gott?

Was bist du bedrückt, meine Seele,
und was ächzt du in mir?
Harre auf Gott; denn ich werde ihm noch danken,
der Rettung meines Angesichts und meinem Gott.

Donnerstag, 19. Dezember 2019

Heute war der Sturm vor der Weihnachtsruhe, einer meiner hektischsten Tage im Gefängnis – und einer der schönsten.

Als ich während des morgendlichen Hofgangs bei Kartya anrief, um ihr zu sagen, dass ich eine Wanne voller Briefe an die Abteilung, die das Eigentum der Häftlinge verwaltet, geschickt hätte, unterbrach sie mich schnell und erklärte, dass sie bereits auf dem Weg zu mir sei, denn sie habe eine Neuigkeit, die sie mir lieber persönlich überbringen wolle.

Am Tonfall ihrer Stimme meinte ich zu erkennen, dass es sich nicht um eine schlechte Nachricht handelte. Am ehesten konnte ich mir vorstellen, dass sie vielleicht eine Nachricht über das Datum der Verhandlung am Obersten Gerichtshof erhalten hatte. Doch die Erfahrung hat mich auch gelehrt, auf alles vorbereitet zu sein.

Die zweitägige Verhandlung soll am 11. und 12. März stattfinden, das ist so früh, wie wir nur hoffen konnten, und ein weiteres gutes Zeichen. Das Team hatte vor Monaten spekuliert, dass ein früher Termin ermutigend sein würde, und Kartya schwor mich erneut auf die Linie der Rechtsanwälte ein: »vorsichtiger Optimismus«. Dem stimme ich mit Herz und Verstand zu, aber beide Wörter sind wichtig. Nachdem wir dreimal – und in immer stärkerem Maße – Pech gehabt haben, sind wir vorsichtig geworden.

Ruth hat zusammen (wie gestern auch schon) mit Bret[8] in Sydney gearbeitet und sie und Kartya werden morgen kommen und richtig viel Zeit mitbringen. Ich habe mich entschlossen, Kartya und Ruth die Friel-Texte mitzugeben, die ich mit dem Textmarker bearbeitet habe, und deshalb habe ich sie heute Nachmittag zusammen mit der Information weitergeleitet, dass meine Anwälte mich morgen besuchen werden. Es würde mich allerdings überraschen, wenn die Dokumente so kurzfristig weitergeleitet würden.

Eigentlich sollte ich in den Garten hinausgehen, aber das erwies sich als unmöglich, und so habe ich das Ersatzangebot angenommen und eine Stunde in der Turnhalle verbracht.

Nach einigen Fehlversuchen habe ich mein regelmäßiges Ziel von 100 Schlägen in Serie mit Vor- und Rückhand erreicht und all meine Übungen durchgeführt – einschließlich eines Wettbewerbs im Korbwerfen mit einem jüngeren Wachmann, der nicht viel Spielpraxis hatte. Ich kann immer noch nur mit dem Unterarm werfen, aber meine Zielgenauigkeit ist viel besser geworden. Genauso wie mein Gleichgewichtsgefühl, auch wenn ich nicht glaube, dass es reichen würde, um mich auf einem Tennisplatz zu bewegen.

Als meine Zeit in der Turnhalle vorbei war, teilte man mir (zu meiner Überraschung) mit, dass ein weiterer offizieller Besucher auf mich warte, und ich traf auf den jungen Patrick Santamaria, den Anwalt, der sich um meine beiden zivilrechtlichen Fälle kümmert. Hauptgrund seines Besuchs war, dass er mir Weihnachtsgrüße überbringen wollte. Außerdem bestätigte er mir, dass die erste Klage zurückgezogen worden sei und sich wahrscheinlich auch die zweite von selbst erledigen werde, weil der Kläger bereits

2016 für den Übergriff von Bruder X entschädigt worden war[9] und die neueste Gesetzgebung vorsah, dass Fälle, die sich nach 2015 zugetragen haben, nicht noch einmal vor Gericht verhandelt werden können. Da er damals gut vertreten war und eine sechsstellige Summe erhalten hat, wird sein zweites Verfahren möglicherweise eingestellt.

Father Michael Mason, dessen Besuch für heute geplant war, wurde früher hereingelassen, damit ich zwischendurch nicht noch einmal in die Zelle zurückgebracht werden musste, und am Ende haben wir über eine Stunde geredet. Er sah ganz gut aus, aber man merkt ihm sein Alter an, und er klagt darüber, dass sein Gedächtnis etwas schlechter geworden sei. Ich konnte ihm ein paar neue Informationen über meinen Fall liefern, und wir brachten einige Zeit damit zu, über die Finanzskandale des Vatikans zu sprechen, von denen er zuletzt nur sehr wenig gehört hatte.

Was die katholische Kirche in Melbourne betrifft, ist er nicht optimistisch, räumt aber ein, dass Anthony Fisher in Sydney in den Medien präsent ist und immer gut spricht und schreibt. Father Tony Kelly in Galong ist bei einem Spaziergang gestürzt, doch er hat sich wieder erholt und schreibt immer noch. Beinahe alle jungen Redemptoristenpatres, die in Australien aktiv sind, sind Vietnamesen, genauso wie viele junge Priester im Erzbistum Melbourne gebürtige Inder sind. Da die halbe Bevölkerung von Melbourne und Sydney im Ausland geboren ist oder ein im Ausland geborenes Elternteil hat, sind unsere ethnischen Priester, sofern sie gut Englisch sprechen, ein natürlicher Teil unserer aufstrebenden Pfarrgemeinden. Doch wir brauchen dringend mehr Berufungen unter den Angloaustraliern und den in Australien geborenen Kindern ethnischer Migranten, weil sie einen besseren Draht zu ihren Altersgenossen haben, die noch in die australische Gesellschaft hineinwachsen müssen. Nur wenn die Gnade im Übermaß fließt, werden die Schwachen einmal mehr in der Lage sein, unter den Starken gute Fortschritte zu erzielen.

Der hl. Columban, der große irische Missionar des 6. Jahrhunderts (540–615), hat in Frankreich und Norditalien Klöster gegründet. Das folgende Gebet stammt von ihm:

Mein liebster Herr,
sei du eine helle Flamme vor mir.
Sei du ein leitender Stern über mir.

Sei du ein sanfter Pfad unter mir.
Sei du ein freundlicher Hirte hinter mir.
Heute und auf immer. Amen.

Freitag, 20. Dezember 2019

In New South Wales brennen rund hundert Buschfeuer und auch Südaustralien wird von schlimmen Bränden heimgesucht. Auch wenn es inzwischen üblich ist, ungewöhnlich hohe Temperaturen als »noch nie da gewesen« (seit 1971!) zu bezeichnen, könnten einige oder viele der in Südaustralien, Victoria und vielleicht auch in New South Wales gemessenen Temperaturen durchaus die höchsten seit 50 oder mehr Jahren sein. Wenn meine vagen Erinnerungen mich nicht täuschen, bleiben die frühesten Aufzeichnungen unberücksichtigt. Jedenfalls wird der Begriff »nie da gewesen« ungenau verwendet, und die extreme Gefahr von Buschfeuern wird, lange bevor die Katastrophe eintritt, schon als »katastrophal« bezeichnet.

In New South Wales sind zwei Feuerwehrmänner ums Leben gekommen (mögen sie in Frieden ruhen), als ihr Feuerwehrauto gegen einen umgestürzten Baum prallte. Der Premierminister hat seinen Urlaub auf Hawaii abgebrochen und ist nach Hause gekommen, und vor seinem Amtssitz in Canberra haben Demonstranten dagegen protestiert, dass die Regierung dem Klimawandel tatenlos zusehe. Tatsächlich können wir nur wenig tun, um Buschfeuer zu verhindern – außer Brandstifter abzuschrecken und überflüssiges Unterholz abzubrennen (eine Maßnahme, der sich viele widersetzen) –, und ein Verbot des Kohlebergbaus hätte keinerlei Auswirkungen auf die Brände, doch das ist ein Punkt, der den wenigen extremistischen Protestlern völlig entgeht. Wenn man Gott aus der Gleichung streicht und die Hölle aus der öffentlichen Vorstellungswelt verbannt, wird der frei gewordene Platz stattdessen durch die Angst vor dem katastrophalen Klimawandel besetzt, und nur die wenigsten wollen einsehen, dass wir den tausendjährigen Strukturen des Klimawandels gegenüber machtlos sind. In den *SBS*-Nachrichten wurde ein Bericht über eine Barriere vor der israelischen Küste gesendet, die vor über 2000 Jahren von Menschenhand errichtet worden war. Inzwischen war sie in den Wellen versunken, da sie dem steigenden Meeresspiegel nicht standhalten konnte. Wenn man bedenkt, mit welchem missionarischen Eifer die Panikmacher ihre Botschaft vom beispiellosen Anstieg des Meeresspiegels und der Temperaturen verkünden, wäre es vielleicht eher in ihrem Interesse gewesen, diesen Bericht zurückzuhalten.

Kartya und Paul sind gekommen und haben mir einen Entwurf des Materials zur Durchsicht mitgebracht, das dem Obersten Gerichtshof vorgelegt werden soll. Ruth war zu Hause geblieben, um weiter an den Entwürfen zu arbeiten, damit sie noch vor Weihnachten oder Neujahr eingereicht werden können. Sie haben den Schriftsatz neu gestaltet, um die Richter von Anfang an so energisch wie möglich mit der Auffassung zu konfrontieren, dass hier schweres Unrecht geschehen sei. Ich musste den Anwälten das besagte Material zurückgeben, damit es mir über den vorgesehenen Umlauf wieder ausgehändigt wird! Ein Teil der Bestrafung im Gefängnis besteht darin, dass alles sehr langsam vonstattengeht. Für diejenigen Bürokraten, die ein besonderes Vergnügen daran finden, sich Schwierigkeiten auszudenken und eine rasche Ausführung zu behindern, muss das Gefängnis der Himmel auf Erden sein.

Heute kam eine große Papiertüte mit Karten und Briefen an – gestern waren es 50 bis 60 gewesen – aus allen Teilen der Welt und mit den unterschiedlichsten Botschaften.

Eine Dame aus Asien ist seit vielen Jahren ein großer Fan, und als die Angriffe auf mich begannen, dachte sie in ihrem Herzen, dass »Sie eine große Bedrohung für den Teufel sein müssen«. Sie hat meine Bücher gelesen und mich sprechen hören, aber sie beklagt sich über meine schlechte Haltung, die sich ihrer Meinung nach mit den Jahren noch verschlechtert hat. »Ich hätte mir gewünscht, dass Sie sich gerade halten, denn Sie sind ein hochgewachsener Mann und diese Größe würde ihnen wenigstens einen Vorteil verschaffen.« Sie klingt wie meine Mutter. Am Ende hat sie sich damit getröstet, dass Mutter Teresa von Kalkutta klein und zäh gewesen sei, und mir für meinen Beitrag gedankt.

Der Brief einer anderen Dame, diesmal aus New South Wales, begann mit den Worten: »Ich ertappte mich dabei, dass ich etwas getan habe, was schon lange nicht mehr getan hatte«, nämlich in die Messe zu gehen. »Ihre Schwierigkeiten haben mich veranlasst, zu meinem katholischen Glauben zurückzukehren. Ich will Ihnen zur Seite stehen ... Ich bete oft für Sie.«

Dann wandte sie sich kontroverseren Themen zu, und in diesem Punkt stimme ich von ganzem Herzen mit ihr überein: »In Zukunft wird die katholische Kirche mehr Männer brauchen wie Sie. Männer, die stark genug sind, die katholischen Werte in die nächsten Jahrhunderte zu tragen. Ich sage Männer, nicht Frauen. Männliche Führung ist offenbar aus der Mode gekommen und wird dringend benötigt.«

Für die katholische Kirche trifft diese Aussage – wenn man den Vergleichspunkt einmal beiseitelässt – zwangsläufig zu, denn unsere Führung ist männlich: Papst, Bischöfe und Priester. Ich würde mir nur wünschen, dass wir heute in der westlichen Welt solche Führungspersönlichkeiten hätten, wie sie die Frauenklöster und -orden rund 1500 Jahre lang in großer Fülle hervorgebracht haben, denn dieser Beitrag war keine Alternative oder Konkurrenz, sondern eine Ergänzung zur Arbeit des Papstes, der Bischöfe und der Pfarreien.

Der Brief endet mit den Worten: »Bleiben Sie stark, Eminenz. Achten Sie auf Ihre Gesundheit. Ruhen Sie häufig. Denken Sie daran, dass es Menschen gibt, die an Sie glauben.« Mir ist deutlich bewusst, dass viele Menschen meine »Schuld« zum Vorwand nehmen, der Kirche feindselig zu begegnen oder manchmal auch auszutreten, und deshalb ist eine Wiedereintrittsgeschichte wie diese eine besondere Wohltat.

Deshalb kann ich verstehen, wie sich der Verfasser von Psalm 69 gefühlt haben muss:

Nicht sollen zuschanden werden durch mich,
die auf dich hoffen, Herr, GOTT der Heerscharen,
nicht sollen durch mich beschämt werden,
die dich suchen, du Gott Israels.
[…]
Denn der Eifer für dein Haus hat mich verzehrt,
die Verhöhnungen derer, die dich verhöhnen,
sind auf mich gefallen.

Samstag, 21. Dezember 2019

Wunderbares Melbourne. Gestern hatten wir über 40° Celsius, aber heute ist es perfekt, es geht ein leichter Wind und die Temperatur liegt unter 25 Grad. Die Klimaanlage in unseren Zellen funktioniert gut und schützt uns vor den Extremen.

Meine übliche Stunde in der Turnhalle ist angenehm verlaufen, auch wenn ich etliche Anläufe unternehmen musste, bevor ich meine ununterbrochene Serie von 100 Vorhandschlägen geschafft habe. Aus irgendeinem Grund war ich ein bisschen schwerfällig, obwohl ich mich wieder einmal in meiner Überzeugung bestätigt fühlte, dass Übung auch noch in meinem Alter hilft, die Leistung zu verbessern. Ich kann viel besser auf dem Laufband gehen als früher, ohne dass ich mich festhalten muss, um das Gleichgewicht zu halten, und meine Unterarmkorbwürfe sind auch besser geworden. Für jemanden wie mich, der früher nie in einer Sporthalle trainiert hat – auch wenn ich versucht habe, einmal wöchentlich schwimmen zu gehen –, ist das Training dreimal pro Woche ein Novum und ein Segen. Und ich freue mich darüber, dass es mir gelingt, die eine oder andere Fertigkeit zu verbessern.

Am früheren Morgen habe ich – zusätzlich zu der großen Papiertüte von gestern – noch mehr Post bekommen. Das heißt, dass ich mit dem Öffnen meiner Briefe weit im Rückstand bin.

Die Mittagsstunden brachte ich damit zu, den aktuellen Entwurf des 20 Seiten starken Schriftsatzes zu lesen, den Bret und Ruth, die beiden Anwälte, für den Obersten Gerichtshof vorbereitet haben. Paul und Kartya haben mit ihrem Lob nicht übertrieben. Einer Anmerkung von Ruth entnehme ich, dass sie beabsichtigen (1) von Anfang darauf hinzuweisen, »dass die Schuldsprüche ein eklatantes Unrecht waren«; (2) nachzuweisen, »dass das Verhalten der Staatsanwaltschaft zutiefst unprofessionell war«; und (3) zu zeigen, »dass das Mehrheitsurteil auf einem falschen juristischen Vorgehen beruhte«. Ich bin nicht leicht zufriedenzustellen, aber ich bin begeistert von der Klarheit und Präzision der Schrift, und zwar vor allem, weil sie die verzerrte Darstellung der Staatsanwaltschaft offenlegte. Sie war mit dem Plan angetreten, die Geschworenen zu verwirren, und das war ihnen gelungen.

Für die Darstellung des Klägers gab es weder Zeugen noch erhärtende Beweise. Die Staatsanwaltschaft zog zu keinem Zeitpunkt die Möglichkeit in Betracht, dass irgendeiner der Zeugen die Unwahrheit gesagt haben könnte, sondern verfolgte fast durchgängig die Strategie, sie nicht infrage zu stellen oder auch nur anzudeuten – geschweige denn zu demonstrieren –, dass dieses oder jenes Indiz vernünftigerweise beiseitegelassen werden sollte oder könnte. Das hieß, dass die meisten Beweismittel der Verteidigung nicht hinterfragt wurden, als ob die Staatsanwaltschaft fürchtete, dass direkte Fragen weitere Klarstellungen nach sich ziehen und die Anschuldigungen weiter entkräften könnten. Immer wieder wurden theoretische Möglichkeiten ins Feld geführt, die die Anschuldigungen als plausibel hinstellen sollten, doch zwischen Möglichkeit und Wahrscheinlichkeit besteht ein großer Unterschied und eine theoretische Möglichkeit ist etwas völlig anderes als eine bewiesene Tatsache.

Die Geschworenen ließen sich von der Staatsanwaltschaft dazu verleiten, die Beweislast umzukehren, sodass es genügte, dass die Beschuldigungen wahr sein könnten, während die Verteidigung meine Unschuld beweisen und die Unmöglichkeit gegen jede Möglichkeit verteidigen musste. Mr Boyce, der Staatsanwalt am Berufungsgericht, hielt an dieser Strategie fest. Die Schwäche der Anklage, das schlechte Blatt, das er auf der Hand hatte, haben seinen Auftritt maßgeblich beeinflusst. Das Überraschendste war die Tatsache, dass die beiden Richter, die das Mehrheitsurteil fällten, sich diese Fehler und diese mangelnde Professionalität bieten ließen. Allerdings glaube ich, dass die »Fehler« nicht wirklich unprofessionell, sondern gezielt ausgedacht waren. Bisher haben sie ihren Zweck erfüllt.

Mein Fall ist kein Referendum darüber, wie die Kirche mit der Missbrauchskrise umgeht, sondern ein Verfahren, bei dem über eine Reihe von Anschuldigungen geurteilt werden soll. Einer der Briefe kam von einem Mann, der mein Anliegen im Gebet vor Gott trägt, obwohl er »nicht einmal katholisch« ist. Er glaubt an meine Unschuld und erklärt, dass er selbst Opfer eines Verbrechens geworden sei. Obwohl der Mann, der die Tat begangen hatte, nie gefasst wurde, wäre er »beleidigt und empört, wenn ein unschuldiger Mensch der Verbrechen meines Täters für schuldig befunden würde«. Der Briefschreiber erwähnt nicht, wie er heißt, aber er ist Australier und meint, dass das Land nichts aus der Lindy-Chamberlain-Geschichte gelernt habe. Und er hat versprochen, den Vinzentinern[10] in meinem Namen eine Weihnachtsspende zu überweisen.

Die Buschfeuer haben heute Morgen noch schlimm gewütet, vor allem in New South Wales, doch *Carols in the Domain*[11] war nicht von Rauch betroffen und ein Wetterumschwung hat Abkühlung gebracht.

Weihnachten steht vor der Tür und wir haben noch einen Grund, an diesem Samstag an Maria, die Mutter Jesu, zu denken.

Die marianische Version von »Freude, schöner Götterfunken« ist ein passender Schluss:

Daily, daily, sing to Mary,
sing, my soul, her praises due.
All her feasts, her actions (worship) rev'rence,
with the heart's devotion true.
Lost in wond'ring contemplation,
be her Majesty confessed.
Call her Mother, call her Virgin,

Happy Mother, Virgin blest.
Alle Tage sing und sage
Lob der Himmelskönigin!
Ihre Gnaden, ihre Taten
ehr, o Seel', mit Demutsinn!
Auserlesen ist ihr Wesen,
Mutter sie und Jungfrau war;
sprich sie selig, überselig:
Groß ist sie und wunderbar.

44. Woche
Weihnachten im Gefängnis

22. Dezember bis 28. Dezember 2019

Vierter Adventssonntag, 22. Dezember 2019

Durch das kühlere Wetter hat sich die Lage verbessert, aber in den Mittagsnachrichten gab der Premierminister von NSW [New South Wales] bekannt, dass durch eine Feuersbrunst in Südaustralien große Teile der Stadt Balmoral verloren gegangen seien und etliche Wohnhäuser zerstört wurden. Auch das gestrige *Big-Bash-Cricket-*Spiel[1] in Canberra musste wegen der Rauchentwicklung abgesagt werden. Es ist ein außergewöhnlicher Start in die sommerliche Buschfeuersaison.

Die *Mass for You at Home* wurde wieder von Bischof Mark Edwards zelebriert. Das erinnert mich daran, dass Father Jerome Santamaria am Dienstag mit Schwester Mary kommen und die Messe für mich feiern wird. Die Predigt war wieder kurz, aber interessant. Es ging darum, Christus in den Mittelpunkt von Weihnachten zu stellen, denselben Christus, dessen Mutter unmittelbar vor der Niederkunft in der Herberge von Bethlehem keinen Platz finden konnte. Der Bischof zitierte Thomas Mertons Aussage, dass die Effizienz das größte Problem der Welt sei, vermutlich weil viele so beschäftigt seien, dass Gott und die wichtigen Wahrheiten verdrängt würden. Merton muss in einer anderen Welt gelebt haben als ich, obwohl Australien gut abschneidet, was die Effizienz angeht. Wenn Merton gesagt hätte, dass das Beschäftigtsein das größte Problem sei, hätte ich ihm eher zugestimmt, denn ich habe sogar als Erzbischof, der doch regelmäßig mit frommen Dingen zu tun hat, feststellen müssen, dass man sich allzu leicht von Christus und dem Transzendenten ablenken lässt und in der täglichen Routine versinkt.

Ich habe die *Hillsong*-Sendung nicht gesehen, doch der Titel hieß *Christmas at Hillsong*. Im Gegensatz dazu haben Prince und Osteen das Fest oder die Weihnachtszeit mit keiner Silbe erwähnt.

Joseph Prince sprach über die Geheimnisse Jesu, die in den Stämmen Judas verborgen sind – meiner Meinung nach keiner seiner besten Auftritte. Er war schlicht gekleidet, dunkle Hose und Jackett, und trug nur drei Ringe. Er erwähnte, dass Judas' Symbol der Löwe ist, während Benjamin durch einen reißenden Wolf dargestellt wird. Auffallend fand ich, dass er die Freundlichkeit und Fürsorge Jesu betonte, der Fisch für die Apostel briet, die gefischt hatten und die nass und (zumindest behauptete er das) ausgekühlt und ganz sicher müde waren, nachdem sie die Nacht hindurch gearbeitet hatten.

Die drei Toakley-Jungen haben mir Weihnachtsbriefe geschrieben, auch wenn ihre Scherze diesmal nicht so lustig waren wie sonst. Joel Osteen erzählt immer als Erstes eine alberne Geschichte, die ich benutzen kann, wenn ich ihnen zurückschreibe: Ein selbstbewusster Wissenschaftler unterhält sich mit Gott und sagt ihm, dass er wegen des wissenschaftlichen und technologischen Fortschritts der Menschheit nicht länger gebraucht werde. Dann fordert er Gott zu einem Menschenerschaffungswettbewerb heraus. Gott nimmt die Herausforderung an. Doch als sich der Wissenschaftler bückt, um sich etwas Erde zu nehmen, unterbricht ihn Gott und sagt: »Nein, nein, jeder benutzt seinen eigenen Staub.«

Joel war in Hochform und wiederholte seine übliche Botschaft von der auf Gott bezogenen Selbstbehauptung: Wir sollen uns nicht von anderen herabsetzen und beschimpfen lassen, sondern an uns selbst glauben und große Dinge tun. Ich müsse zu mir selbst sagen: »Ich bin gesund, heil, voller Energie und dazu berufen, Gottes Meisterwerk zu sein.« Sowohl Jakob als auch Abraham hätten neue Namen bekommen und daraufhin große Dinge getan.

Songs of Praise war der Weihnachtsgottesdienst von 2011 mit Lesungen und Liedern aus der Dreifaltigkeitskirche in Stratford-upon-Avon. Ich habe gelesen, dass bei der BBC inzwischen ein Atheist für das religiöse Programm verantwortlich ist, daher frage ich mich, ob solche explizit christlichen Sendungen überhaupt noch produziert werden. *Songs of Praise* ist eine meiner Lieblingssendungen und diese hier gehört zu den allerbesten. Sie begann mit dem traditionellen Eröffnungslied »Once in Royal David's City« und endete mit einem donnernden »Hark the Herald Angels Sing«;

die Melodie (das habe ich heute gelernt) ist von Felix Mendelssohn und der Text von Charles Wesley.

Den späteren Teil des Vormittags brachte ich damit zu, die vatikanischen Finanznachrichten (bis 12. Dezember 2019) zu lesen. Wie ich mit Genugtuung feststellen konnte, hat Austen Ivereigh in einem *America*-Artikel vom 12. Dezember gewürdigt, dass ich professionelle Buchführungsstandards und verbindliche Haushaltspläne eingeführt und den Anteil des Peterspfennigs an der Finanzierung des Defizits 2017 als zu groß kritisiert hatte.[2]

Die einzige Neuigkeit war ein Bericht (*Malta Today*, 14. Dezember) über das Gerichtsverfahren in Malta, bei dem der IOR erklärt, von zwei Gruppen, *Future Investment Manager* und *Optimum Management*, zu einer Investition von 30 Millionen Euro verleitet worden zu sein, die für den Ankauf von 84 Prozent des Budapester Börsenpalasts bestimmt waren. *Optimum* hat Gegenklage eingereicht,[3] obwohl die Gruppe 2015 von italienischen Behörden als betrügerisches Unternehmen eingestuft wurde, das – in einem Fall über Minciones *Athena Global Fund* – Geld in sich selbst investiert hat.

Vor meiner Heimkehr hatten die IOR-Gremien in diesem Streitfall einen Vergleich ausgehandelt, der kurz vor der Unterzeichnung und Umsetzung stand, von den vatikanischen Behörden jedoch im letzten Moment verhindert wurde. Diese Entscheidung war sicherlich unglücklich und möglicherweise das Ergebnis selbstgerechter Inkompetenz; dennoch drängt sich der Verdacht auf, dass die Mächte der Finsternis hier am Werk waren und ihre unheilvollen Ziele verfolgt haben.

Da kann einem schon einmal die Luft wegbleiben. Es ist nicht zu glauben, dass 30 Jahre nach dem *Banco-Ambrosiano*-Skandal, als Calvis Leiche in London unter der *Blackfriars Bridge* gefunden wurde und der Vatikan Hunderte Millionen Dollar ausbezahlen musste, skrupellose Leute, die einige Abteilungen des Vatikans unter Kontrolle haben, noch immer Geschäfte mit berüchtigten Finanzmaklern machen, die ihnen in den letzten zehn Jahren (mindestens) 100 Millionen Euro abgeknöpft haben. Der Korruption muss im Staatssekretariat ebenso Einhalt geboten werden, wie es im IOR und bei der APSA geschehen ist.

James McAuley[4] hat sein Gedicht *In a Late Hour* (»Zu später Stunde«) in einer dunklen Zeit geschrieben, auch wenn er am Anfang mit Nachdruck erklärt:

Though all men should desert you
My faith will not grow less.

Selbst wenn alle dich verlassen,
wird mein Glaube doch nicht schwinden

Angst und Sorge in Kirche und Staat ist unter uns heute weiter verbreitet als unter McAuleys Freunden und Verbündeten, was uns zu folgendem Schluss kommen lässt:

Forms vanish, kingdoms moulder,
The Anti-realm is here.
Whose order is derangement:
Close-driven yet alone,
Men reach the last estrangement:
The sense of nature gone.

Formen vergehen, Reiche vermodern,
das Gegenreich bricht an.
Seine Ordnung ist Zerfall:
Zusammengetrieben und doch allein
erreichen die Menschen die letzte Entfremdung:
den Verlust des natürlichen Sinns.

Und doch wächst trotz aller Widrigkeiten und parallel zu Verwirrung und Niedergang eine zunehmend starke Schar an jungen Glaubenden heran.

While the mystery is enacted,
I will not let you go.

Während das Mysterium sich stets wiederholt,
werde ich dich nicht gehen lassen.

Montag, 23. Dezember 2019

Ein perfekter Tag für meine Zwecke, auch wenn wir einen ordentlichen Regenschauer gebrauchen könnten und andere sich vielleicht wärmeres Badewetter wünschen würden. Während meiner zwei Stunden im Garten konnte ich mit meinem verbeulten Strohhut – eine Stillosigkeit, die Father Mark Withoos immer in Rage gebracht hat – in der Sonne sitzen, ohne mir einen Sonnenbrand zu holen, und den leichten Wind genießen. Die Vögel singen laut, aber sie kommen nicht oft in den Garten. Viele verblühte und fast verblühte Rosen bieten einen kümmerlichen Anblick, weil niemand kommt, um die welken Blüten abzuschneiden, und sich nur wenige neue Knospen zeigen. Die roten Rosen sind in besserer Verfassung, doch sie werden alle bald blühen.

Margaret[5] hat mich zum ersten Mal im Rollstuhl besucht und sich darüber beklagt, dass David sie zwingt, ihn zu benutzen, obwohl sie doch laufen kann. Ich war angenehm überrascht, wie gut sie aussah, auch wenn sie – genau wie ich – abgenommen hat und ein bisschen älter geworden ist. Die Geschwüre an ihren Beinen sind etwas besser, vor allem links, und wir hatten eine gute Zeit miteinander. Sie war von meinem Gefängnisoverall fasziniert, den ich tragen muss, damit das Hineinschmuggeln von Gegenständen – Drogen zum Beispiel – verhindert oder erschwert wird. Während des Besuchs unterbrach uns einer der ranghöheren Wachmänner mit dem Foto eines 5-Dollar-Scheins, den ich auf meinem Regal liegen gelassen hatte. Er war gestern in einem der Weihnachtsbriefe enthalten gewesen. Ich gestand, dass er mir gehörte, erklärte, woher ich ihn hatte, und fügte hinzu, dass ich auch noch einen 20-Dollar-Schein bekommen hätte. Ich kam mit der Ermahnung davon, dass ich solche Scheine abgeben müsse.

Merkwürdigerweise war der 20-Dollar-Schein, den ich vorn in den Manila-Einband meines Tagebuchs gelegt hatte, verschwunden, als ich in meine Zelle zurückkehrte. Der Hauptwachhabende wusste von nichts, doch als ich ihm erklärte, dass ich meiner Besucherin von seiner Existenz erzählt hatte, ging er auf den Flur hinaus, kam wieder zurück und teilte mir mit, dass sie den fehlenden Schein bereits gefunden hätten. Ich begann mich zu fragen, ob ihn wohl jemand als Trinkgeld mitgenommen hatte!

Dave und Margaret Forster aus Bet Bet haben mir einen seitenlangen Brief geschrieben. Sie kommen jede Woche an einem Tag hierher, um vor dem Gefängnis zu beten. Bisher war die Resonanz überwiegend positiv. Sie waren auch so freundlich, meine Schwester Margaret in der Pflegeeinrichtung in Mirridong zu besuchen, wie es unsere alte Freundin Denise Cameron vorgeschlagen hatte.

Gestern Abend habe ich den Großteil der liegen gebliebenen Briefe durchgesehen und geöffnet. Jetzt sind nur noch etwa 40 bis 50 übrig. Heute sind fünf oder sechs Karten gekommen, und ich habe der Abteilung, die das Eigentum der Häftlinge verwaltet, über 200 Karten oder Briefe geschickt, die ich zunächst sorgfältig in meiner Plastikwanne gestapelt und dann in eine große braune Papiertüte umgepackt hatte, damit Kartya sie mitnehmen kann. Es sind viele Bücher usw. angekommen, sodass das Personal der Abteilung, die das Eigentum verwaltet, eine Liste anfertigen wird, damit ich dann entscheiden kann, was damit geschehen soll.

Es sind etliche Briefe mit vielfältigen Botschaften. Die Dominikanerinnen in Ganmain haben sich als starke Unterstützerinnen erwiesen und schreiben mir abwechselnd jede Woche. Eine von ihnen, eine jüngere Schwester, wie ich vermute, begann ihre ermutigende Botschaft wie folgt: »Ich denke, wenn Gott sein erstes Weihnachten in einem Futtertrog verbracht hat, kann ein Kardinal eines seiner Weihnachtsfeste im Gefängnis verbringen und sich in guter Gesellschaft wissen.« So einen Einstieg muss man erst einmal toppen.

Ein anderer Briefschreiber, dessen Eifer größer ist als sein Urteilsvermögen, bot mir an, ein paar Tage lang mit mir zu tauschen, damit ich eine Pause hätte.

Doch kommen wir auf die Schwestern zurück. Eine von ihnen hat mir erklärt, dass Rosen in der Regel nach einer Dürrezeit gut wachsen, weil sie einen trockenen Winter bevorzugen. Sie meinte, das sei ein Symbol für die trockenen, verwirrenden Zeiten in der Kirche von heute, und die Rosen seien ein Zeichen der Hoffnung.

Ein Priester und guter Freund schrieb: »Manchmal arbeiten wir gerade dann am besten, wenn wir denken, dass wir gar nichts tun«, und er fügte hinzu, Weihnachten bedeute, dass die Finsternis das Licht niemals überwinden wird.

Caterina Pagani vom *[Neokatechumenalen] Weg* in Sydney schrieb mir einen Brief mit Neuigkeiten von ihren 15 Kindern. Der 14-jährige Giovanni – er ist klein für sein Alter und sie beschreibt ihn als einen »mageren Jungen« – hat mich gegen einen seiner Lehrer verteidigt, einen »großen und kräftigen Mann«. Das überrascht mich nicht, denn alle ihre Kinder haben Mut und eine innere Stärke.

Die hl. Edith Stein hat das Nazi-KZ nicht lebend überstanden, und sie bleibt eine meiner Heldinnen. Sie hat Folgendes über Weihnachten geschrieben:

Vor der Krippe ist man mit allen verbunden,
die in aller Welt verstreut sind,
und auch über alle Welt hinaus.
Das ist ein trostvolles Geheimnis.
(Dieses Zitat wurde mir von einem Ehepaar aus Ravensburg in Deutschland zugeschickt.)

PS: In New South Wales sind rund 100 Häuser durch die Brände zerstört worden, in Südaustralien waren es 86. Der Fernsehsender *Al Jazeera* meldet, dass eine Fläche von der Größe Belgiens gebrannt habe.

24. Dezember 2019, Heiligabend

»Heute sollt ihr wissen, dass der Herr kommt, und morgen werdet ihr schauen seine Herrlichkeit.« Das ist die Eröffnungsantiphon des Stundengebets am heutigen Heiligen Abend und eine gute Einstimmung.

Gestern Abend hatte ich den Rest der liegen gebliebenen Post geöffnet und mir dabei das *Big-Bash-Cricket*-Spiel angesehen. *Big Bash Cricket* ist wie impressionistische Malerei, erklärte ich Father Jerome Santamaria, als er kam, um die Messe zu feiern, die schön und anziehend ist, aber ohne die intellektuelle Strenge und spirituelle Substanz, die sowohl in der klassischen Malerei ab dem 15. Jahrhundert als auch in den Kricket-Länderspielen zu finden sind. Er antwortete trocken, dass er noch nie gehört habe, dass jemand *Big Bash Cricket* mit impressionistischer Malerei vergleiche!

Gegen halb neun habe ich eine halbe Stunde Hofgang gehabt und mit Terry und Bernadette telefoniert. Zu meiner Freude war die Verbindung gut, obwohl sie in Mornington waren. Terry war erfreut über die Termine des Obersten Gerichtshofes, und ich fand seinen Optimismus tröstlich. Er stimmte entschieden mit den drei grundlegenden Punkten des Schriftsatzes überein, die ich ihm, gestützt auf Ruths Erläuterungen, beschrieben hatte, und er freute sich darüber, dass die Staatsanwaltschaft und die Richter, die das Mehrheitsurteil zu vertreten hatten, bekamen, was sie verdienten.

Ich verbrachte ungefähr eine Stunde damit, den Schriftsatzentwurf noch einmal zu lesen, weil ich sichergehen wollte, dass er nicht zu gut war, um wahr zu sein, und nicht mehr behauptete, als sich anhand der kaum hinterfragten Beweismittel belegen ließ. Ich habe ein paar halbe Fragen zu den »unstrittigen« Aussagen (über die Proben) und den »nicht hinterfragten« Aussagen über den Zeitpunkt, als Potter[6] die Sakristeitür geöffnet hat, doch das Dokument war noch immer so überzeugend und die Beweislage noch immer so eindeutig wie bei der ersten Lektüre. Ich freue mich darauf, den Entwurf im Lauf der Woche mit Ruth und Kartya besprechen zu können, und frage mich, ob man bei der Darstellung des Vorfalls selbst noch das eine oder andere aus den Friel-Texten ergänzen sollte und ob wir vielleicht noch mehr daraus machen könnten, dass der Kläger anfangs behauptet hatte, ich sei durch das Innere der Kathedrale in die Sakristei zurückgekommen.

Heute Morgen wurden zwei riesige Umschläge mit 200 bis 300 Briefen in meine Zelle gebracht, mit deren Lektüre ich jetzt, da ich dies schreibe – es ist 19.25 Uhr – noch nicht begonnen habe. Dieses Vergnügen steht mir noch bevor.

Die Wärter waren sehr kooperativ und haben mir erlaubt, beinahe zwei Stunden mit Schwester Mary und Father Jerome zu verbringen, der gekommen war, um die Messe zu feiern. Dass ich selbst nicht zelebrieren und mir im Fernsehen nur die protestantischen Gottesdienste mit ihren oft beeindruckenden Wort-Gottes-Auslegungen anschauen kann, hat mich in meiner Liebe zur heiligen Messe und in meiner Gewissheit bestärkt, wie wichtig sie ist. Ich war noch ein ganz junger Seminarist, als ich – vielleicht in Frank Sheeds *Theology and Sanity* – den Satz gelesen habe: »Die Messe ist das, worauf es ankommt.« An diesem Grundgedanken habe ich bis heute festgehalten. Sheed war ein hervorragender Theologe, gebürtiger Australier, der Maisie Ward geheiratet hat und in England geblieben ist, wo er den katholischen Verlag Sheed & Ward gründete, der jahrzehntelang gute Arbeit geleistet hat.

Father Jerome erzählte mir die neuesten Nachrichten aus dem Erzbistum Melbourne, wo im neuen Jahr zwei gute Priester den Dienst quittieren werden. Das ist immer ein schwerer Schlag und seit den frühen Jahren des hl. Johannes Pauls des Großen hat es nur wenige solcher Fälle gegeben. Jerome überbrachte mir die guten Wünsche eines anderen Priesters, der mich an unsere gemeinsame Zeit in Split in Kroatien erinnerte, wo ich ihm erzählt hatte, dass Diokletian, einer der letzten großen Christenverfolger des Römischen Reiches, den Kaiserthron aufgegeben und sich nach Split zurückgezogen hatte, um dort Kohl anzubauen. Der Überlieferung zufolge soll er dies als viel befriedigender empfunden haben als den Versuch, die Geschicke eines gewaltigen Imperiums zu lenken, während sich immer deutlicher herausstellte, dass seine Maßnahme, die Christen zu verfolgen, kontraproduktiv gewesen war. Mir gefiel der Vergleich nicht sonderlich, aber unser gemeinsamer Freund meinte, ich würde nach meiner Freilassung vielleicht in Sydney Tulpen züchten. Ich hoffe, dass es eher Rosen sein werden.

Ich habe meine kleine Zelle gefegt und gewischt, denn zur Feier der Geburt des Herrn soll alles tipptopp in Ordnung sein. Und ich habe meine 50 Minuten in der Turnhalle genossen und gleich von Anfang an bemerkt, dass ich besser in Form war als bei meinem letzten Besuch. Ich habe schon beim zweiten Versuch eine ununterbrochene Reihe von mehr als 180 Rückhandschlägen und ziemlich rasch auch mehr als 100 Schläge mit der Vorhand geschafft. Meine Unterarmkorbwürfe aus drei verschiedenen Entfernungen waren ebenfalls nicht schlecht. Und ich kann auf dem Laufband und der Treppe besser das Gleichgewicht halten.

Als australischer Erzbischof habe ich mich jedes Jahr an Weihnachten auf die Weihnachtslieder gefreut, die in der Stunde vor Beginn der Christmette vom Kathedralchor gesungen wurden. Dieses Jahr musste ich mich mit der TV-Übertragung der *Carols by Candlelight* in der stark verbesserten *Sidney Myer Music Bowl* in Melbourne begnügen. Eine große Menschenmenge mit vielen Kindern sang und freute sich an einer Feier, die mir überraschend christlich vorkam. Ich weiß nicht, ob meine Erwartungen gesunken sind, aber ich hatte den Eindruck, dass die Inhalte christlicher geworden sind. Gesungen wurde unter anderem »Oh Heilige Nacht« neben »Stille Nacht«, eines meiner Lieblingsweihnachtslieder, »Herbei, oh ihr Gläubigen« und der Halleluja-Chor.

Ich bin mir sicher, dass sie den Leuten nichts bieten, von dem sie nicht denken, dass es Anklang findet. Fühlen sich die Christen bedrängt und wollen wieder präsenter sein? Provoziert der militante Islam eine Reaktion, die von einem tieferen Interesse an christlichen Antworten bis hin zu einer sentimentalen Rückkehr zu den traditionellen westlichen Ritualen reicht?

Vielleicht ist der Grund auch einfach ein christlicher Produzent, der sich für die Tradition stark macht. Wie dem auch sei, ich freue mich über die Kraft der Tradition der Weihnachtslieder, auch wenn ich meine Zweifel habe, ob die modernen musikalischen Arrangements immer eine Verbesserung darstellen. Wir müssen unser Möglichstes tun, um diese soziologischen Strömungen zu stärken, die für Glauben, Liebe und die Kenntnis der christlichen Tradition und gegen die mächtigen Gezeiten kämpfen, die unser soziales Kapital verringern, unsere Herzen verhärten und uns blind werden lassen, sodass es uns zunehmend schwerfällt, Gott zu erkennen und zu hören – selbst wenn wir genügend Interesse aufbringen, um es zu versuchen. Geld, ständige Bewegung, Sex.

Doch Gott ist immer am Werk. Ein Unterstützer, Australier, wie ich vermute, hat mir aus der Pfarrei *St Mary's* in Dubai (einer der größten Pfarrgemeinden der Welt) geschrieben. Er ist dieses Jahr, neun Tage vor dem Fest des hl. Nikolaus, in die Kirche aufgenommen worden. Er war sein Leben lang Agnostiker gewesen und hatte vor zwei Jahren bei einem Besuch im spanischen Montserrat die Gegenwart Gottes gespürt. Er schreibt: »Wenn mir früher jemand gesagt hätte, dass ich einmal in der arabischen Welt konvertieren würde …« *Deo gratias*.

Meine Brieffreunde aus Ravensburg in Deutschland haben mir auch noch die folgenden Zeilen von Dietrich Bonhoeffer geschickt, dem deutschen protestantischen Theologen, der von den Nazis verhaftet und hingerichtet wurde, weil er an einem Plan beteiligt war, Hitler zu töten:

Wir wissen es, dein Licht scheint in der Nacht.
Wenn sich die Stille nun tief um uns breitet,
so lass uns hören jenen vollen Klang
der Welt, die unsichtbar sich um uns weitet,
all deiner Kinder hohen Lobgesang.

25. Dezember 2019, Erster Weihnachtsfeiertag

In der englischen Fassung von *Stille Nacht*, dem beliebtesten Weihnachtslied überhaupt, lautet die zweite Zeile »all is calm, all is bright«: nicht unbedingt der beste Einstieg in den heutigen Tag, denn in Trakt 8, in dem die Häftlinge in Isolationshaft gehalten werden, ist durchaus nicht alles ruhig und hell.

Am leiseren Toorak-Ende des Trakts gewöhnt man sich allmählich daran, dass am anderen Ende hin und wieder jemand schreit – es sei denn, er schreit zu laut oder zu oft. Doch als ich heute Morgen im Bewegungsbereich meinen Hofgang machte, wurde ich zwei- oder dreimal durch heftiges, anhaltendes Brüllen und wildes Hämmern aus meinen Gedanken gerissen. Mir war klar, dass weder seine Stimme noch seine Hände das lange aushalten könnten, und schließlich kehrte wieder Ruhe ein. Wie es der Zufall will, hat er gerade eben, um 17.30 Uhr, während ich dies schreibe, wieder angefangen. Was immer im Herzen dieses armen Kerls vor sich gehen mag, mit der Stille der Weihnacht hat es nichts zu tun. Höchstwahrscheinlich haben ihn die Drogen ruiniert, vermutlich Ice [Crystal Meth]. Einige Wärter haben mich schon gefragt, ob wir uns spätabends oder frühmorgens gestört fühlten. Doch bisher ist es mir nicht ernsthaft auf die Nerven gegangen und ich habe auch immer gut schlafen können.

Einige Eltern und Großeltern bitten mich, für ihre Kinder und Enkelkinder zu beten, weil manche von ihnen den Glauben nicht mehr regelmäßig praktizieren, und eine Mutter hat sich beklagt, dass ihr selbst das Beten nach so vielen Jahren immer noch schwerfalle. Mir geht es nicht anders, zumindest mit dem betrachtenden Gebet, das mir manchmal besser und manchmal weniger gut gelingt, aber die Horen[7] bereiten mir keine großen Probleme. Die Einkehrtage im Zisterzienserkloster Tarrawarra haben mir – nicht zuletzt wegen der regelmäßigen Gesänge und Psalmen – immer gutgetan. Und der Tipp eines meiner regelmäßigen Briefschreiber aus Dallas in Texas, der mir empfohlen hat, mit den Worten und Melodien meiner Lieblingskirchenlieder Betrachtung zu halten, hat sich als unschätzbar wertvoll erwiesen. Seither schweife ich nicht mehr so oft ab, und es fällt mir leichter, Durststrecken zu überwinden. Vor zehn Tagen habe ich ein paar Seiten mit den Texten beliebter Weihnachtslieder bekommen, die ich fast jeden Tag benutze. Ich wundere mich, dass ich, soweit ich mich erinnern kann, noch nie von dieser Technik gehört habe, obwohl ich seit 60 Jahren regelmäßig an Exerzitien teilnehme.

Einer meiner Misserfolge in Sydney – vielleicht mehr als in Melbourne – war, dass es mir nicht gelungen ist, dafür zu sorgen, dass mehr Priester an den jährlichen Exerzitien teilnahmen. Als Erzbischof im Ruhestand weiß ich, wie schwierig es ist, sich eine Stunde für dringende – wirklich »dringende« – Angelegenheiten Zeit zu nehmen. Kann es sein, dass wir als Beschäftigte im Dienst für Gott zu beschäftigt sind, um uns für Gott Zeit zu nehmen?

Eine besondere Freude war, dass ich auf *Channel 2* die Christmette verfolgen konnte, die der Heilige Vater im Petersdom in

Rom gefeiert hat mit rund 30 Kardinälen, 40 Bischöfen und Priestern und vor beinahe vollen Bänken. Seit der Blütezeit unter dem hl. Johannes Paul dem Großen und Papst Benedikt sind die Zahlen rückläufig.

Sankt Peter, die zweite Kirche, die an dieser Stätte errichtet wurde, ist meine Lieblingskirche, sogar noch vor *St Mary's* in Sydney, denn dort bin ich 1966 zum Priester geweiht worden, habe zweimal von Papst Johannes Paul II. das Pallium erhalten, wurde zum Kardinal ernannt und habe während meiner vierjährigen Arbeit in Rom regelmäßig an den großen Festen die Messe gefeiert. Ich war auch auf dem Platz dabei, als wir den 400. Jahrestag der Fertigstellung dieser zweiten Kirche gefeiert haben und das Orchester von *Santa Cecilia* mitsamt den kostbaren Instrumenten vom Rauch und den Schmutzpartikeln eines riesigen Feuerwerks eingehüllt wurde. So etwas gibt es nur in Italien.

Der Petersdom, dieses Meisterwerk der Renaissance und Gegenreformation, hat nicht viel mit der Krippe von Bethlehem zu tun, aber er versammelt die besten Versuche der westlichen Welt, insbesondere des 16. Jahrhunderts (Berninis Beitrag kam allerdings etwas später), den einen wahren Gott und seinen einzigen Sohn zu loben und zu preisen. Überall in Rom finden wir Kirchen aus unterschiedlichen Jahrhunderten und manchmal auch aus unterschiedlichen Ländern und Kulturen, die ihr Bestes geben, um Gott zu verherrlichen. So wie wir bei der Restauration der Kapelle in der *Domus Australia*[8] das Beste eingesetzt haben, was wir nach dem Ende des zweiten christlichen Jahrtausends im Land des Heiligen Geistes am einen Ende der Erde zu bieten hatten. Genau wie die angelsächsischen Pilger, die im achten Jahrhundert ihr Zentrum in Rom errichtet haben, wie das Englische Kolleg aus dem 16. Jahrhundert, wie die Franzosen, die Spanier, die Deutschen und in jüngerer Zeit die Nordamerikaner – alle sind in der Einheit der Anbetung und Gemeinschaft um den Stuhl des hl. Petrus herum versammelt.

Ich habe einmal von einer jungen, religionslosen Chinesin gehört, der erzählt wurde, dass Gott seinen einzigen Sohn gesandt hatte, um arm und verletzlich unter uns zu wohnen. »Was für eine schöne Geschichte!«, rief sie aus – und genauso ist es.

Im Petersdom wurde das Fest feierlich mit der traditionellen Weihnachtsverkündigung ausgerufen.

> Milliarden Jahre waren vergangen [...]; Jahrtausende seit der großen Flut [...]; eintausendfünfhundert Jahre, seit Mose das Volk Israel aus Ägypten herausgeführt; [...] siebenhundertzweiundfünfzig Jahre nach Gründung der Stadt Rom [...]: Da wollte Jesus Christus, ewiger Gott und Sohn des ewigen Vaters, [...] die Welt heiligen durch seine liebevolle Ankunft. Durch den Heiligen Geist empfangen und nach neun Monaten von Maria, der Jungfrau zu Bethlehem, in Juda geboren, wird er Mensch.

Das ist unser Glaube. Das ist der Glaube der Kirche. Wir sind stolz, ihn überall zu bekennen in Palästen und Elendsvierteln, in großen internationalen Städten und in Wüsten und Urwäldern, im Petersdom, der berühmtesten Kirche der Christenheit, und im Gefängnis, der Heimat der Entehrten und Verurteilten.

Der hl. John Henry Newman betete am Ende einer seiner Pfarrpredigten folgendes Gebet:

Möge jedes neue Weihnachten uns ihm, der zu dieser Zeit um unseretwillen ein kleines Kind wurde, mehr und mehr ähnlich finden, schlichter also und demütiger, heiliger, liebevoller, ergebener, glücklicher, gotterfüllter.[9]

Donnerstag, 26. Dezember 2019, Boxing Day[10]

Heute feiert die Kirche das Fest des hl. Stephanus, des ersten Märtyrers, eine fast schon brutale Erinnerung an die christlichen Wahrheiten und die Notwendigkeit des Erlöserleidens. Neben Weihnachten [und Mariä Geburt] wird im Kirchenjahr nur noch ein weiterer Geburtstag, der Johannes' des Täufers, begangen, weil mit den Festtagen der Kirche in der Regel die Geburt des betreffenden Heiligen zum ewigen Leben, das heißt, sein Tod gefeiert wird.

Mein allein verbrachter Weihnachtstag ist angenehm verlaufen. Ich habe ein bisschen mehr gebetet als sonst. Hoffentlich fange ich nicht an, meine eigene Gesellschaft allzu sehr zu genießen.

Ich hatte vergessen zu erwähnen, dass die Heilsarmee jedem von uns eine Tüte mit Süßigkeiten, langen Fruchtgummischlangen und einem Notizkalender für das nächste Jahr geschenkt hat. Leider enthält der Kalender nicht einen Hinweis auf Jesus, auf keiner einzigen Seite. Verglichen zu früher, so höre ich, haben immer mehr Häftlinge keine ausgeprägt religiösen Vorstellungen, geschweige denn Überzeugungen. Doch das Gefängnis zwingt die meisten Insassen dazu, sich mit grundlegenden Fragen auseinanderzusetzen, und ich vermute, dass der Anteil derer, die offen sind für Gottes Gnade, unter den Häftlingen größer ist als draußen bei der allgemeinen Bevölkerung.

Mein Neffe Nicholas hat mich besucht. Er kam ein paar Stunden vor der vereinbarten Zeit, doch das Personal hat ihn trotzdem hereingelassen und wir haben uns eine Stunde lang unterhalten. Er sah gut aus und wirkte glücklich und wir hatten eine schöne Zeit zusammen. Ich habe zweimal versucht, meine Schwester Margaret anzurufen, und habe sie auch gehört, aber sie konnte mich nicht hören. Es war ein bisschen quälend, so nah und doch so weit voneinander entfernt zu sein. Ich war eine Stunde lang im Garten. Das Wetter war perfekt und es wehte ein leichter Wind. Und Australien hatte am ersten Tag der Cricket-Länderspielliga mit vier Toren zu 287 Punkten vor Neuseeland die Nase vorn. Es sind wieder 100 bis 150 Briefe angekommen. Damit hat sich die Menge der liegen gebliebenen Post vergrößert, obwohl ich gestern während der Kricket-Übertragung weitere Briefe geöffnet habe. Ich bin davon abgekommen, die Adressen auf all den Karten und Briefen, etliche davon aus dem Ausland, vollständig zu übertragen. Es ist einfach unmöglich, so viele Briefe – zurzeit über 3000 – einzeln zu beantworten.

Vor ein paar Monaten hat mir Venetia Mackin einen Artikel über ein Weihnachtsspiel geschickt, das der berühmte französische Atheist und Schriftsteller Jean-Paul Sartre verfasst und bei dessen Uraufführung er selbst die Rolle des Königs Balthasar übernommen hat, des weisen alten Mannes, der in dem neugeborenen Kind die Hoffnung erkennt. Sartre war damals, 1940, nach der Niederlage der französischen Truppen, zusammen mit einigen Priestern und anderen Provokateuren im Nazigefängnis in Trier.

Seit ich in den 1960er-Jahren Philosophie studiert habe, interessieren mich die intellektuellen Gründe für die Existenz Gottes und des Atheismus. Ich habe einige Veranstaltungen in Pater Cornelio Fabros Institut für Atheismus-Geschichte an der Päpstlichen Universität Urbaniana in Rom besucht und erinnere mich, dass Fabro der Auffassung war, dass die westliche Philosophie mit Descartes' *Cogito, ergo sum* (»Ich denke, also bin ich«) einen folgenschweren falschen Weg eingeschlagen habe, weil dieser Satz die Grundlage des Daseins und der Erkenntnis im individuellen Urteil und nicht in der objektiven Wahrheit über die Welt verortet. Ich bin mir nicht sicher, ob er recht hat, aber die Flucht vor dem Realismus hat Fahrt aufgenommen und sie führt zu »meiner« Wahrheit und »deiner« Wahrheit und »keiner« Wahrheit. Das Ergebnis sind Identitätspolitik und Tabuthemen, über die man nicht diskutieren darf, weil Gefühle verletzt werden, Debatten verpönt sind und handfeste Diskussionen verboten werden. Es geht nicht mehr darum, eine objektive Wahrheit zu finden.

Eine weitere von Fabros Grundaussagen war die, dass Sartre den Atheismus konsequent und ehrlich zu Ende gedacht habe. Ohne einen Schöpfergott, eine höchste Intelligenz, hat das Dasein keinen »Telos«, keinen Sinn und Endzweck. Für Sartre ist die Existenz ein entsetzlicher Aussatz. Deshalb bestehe die Würde des Menschen in seiner Verzweiflung, und es sei eine ungeheuerliche Taktlosigkeit, ein Kind zur Welt zu bringen, weil wir Gott, der uns quält, damit sagen, dass wir diese seine kranke Welt, in die unsere Eltern uns rücksichtsloserweise hineingesetzt haben, für gut befinden.

Sartre ist kein Dawkins,[11] sondern ein hervorragender Schriftsteller, einer der französischen »Unsterblichen«. Vor 40 Jahren wurde an einigen *Tertiary Colleges*[12] in Australien auch das Fach »Religionswissenschaften« unterrichtet, und ich erinnere mich noch, wie mir einer der Lehrer, der zuvor protestantischer Pastor gewesen war, erzählte, dass er – damals war er gerade in den Vereinigten Staaten – seine Sartre-Lektüre (*Der Ekel* oder *Das Sein und das Nichts*) beendet, das Buch zugeschlagen, weggelegt und erklärt habe: »Ab jetzt bin ich Atheist.« Ich glaubte ihm aufs Wort. Sartre ist prometheisch, er glaubt an die absolute Freiheit eines jeden Menschen. Hoffnung ist verboten. Sie ist eine Flucht vor der unerbittlichen Brutalität des Daseins.

Ich glaube, dass Fabro Sartre richtig eingeschätzt hat, denn wenn es keinen Gott gibt, dann ist die menschliche Hoffnung eine Fiktion und, wie Sartre schreibt, das Leben eines großen Staatsmanns genauso bedeutungslos wie das eines einsamen Alkoholikers. Wir haben die Wahl: Gott oder der blinde Zufall.

Das Stück ist nicht christlich, und doch ist es eine Welt, die noch nicht von diesem Nihilismus und dieser Verzweiflung berührt worden ist. Bariona ist das Oberhaupt eines jüdischen Dorfes, dem der römische Statthalter höhere Steuern auferlegt. Bariona willigt ein, sagt aber den anderen Dorfbewohnern, dass sie keine Kinder mehr zur Welt bringen sollen, damit Rom letztendlich über eine Wüste herrschen wird. Zu diesem Zeitpunkt weiß er noch nicht, dass seine Frau Sarah ein Kind erwartet.

Dann erfährt Bariona von den Hirten, dass in Bethlehem der Messias geboren worden ist. Er hält dies für eine Täuschung und denkt sogar darüber nach, das Kind eigenhändig zu töten. Er reist nach Bethlehem, und seine Frau Sarah geht mit ihm. Sie will diese glückliche Mutter sehen, die einem kleinen Jungen das Leben geschenkt hat. Auch Bariona ist gerührt angesichts der Freude und Ehrfurcht der im Stall versammelten Menschen, und als er die Hoffnung und die Tiefe in Josefs Augen sieht, der das Kind betrachtet, bringt er es nicht übers Herz, »dieses junge Leben zwischen meinen Fingern auszulöschen«[13], ja mehr noch, als er erfährt, dass König Herodes Jesus töten will, bewaffnet er seine Leute und führt sie in die Schlacht gegen Herodes, die – darüber ist er sich im Klaren – nur mit ihrer Niederlage enden kann.

Die deutschen Wachen erlaubten es den Gefangenen, das Stück aufzuführen, weil sie die Parallele zwischen den Nazis und Herodes nicht verstanden, und Sartre schrieb an Simone de Beauvoir: »Ich habe ein sehr bewegendes Weihnachtsgeheimnis geschrieben. Einem der Schauspieler ging es so zu Herzen, dass er sogar weinen musste.«

Das Thema war natürlich nicht christlich, auch wenn Sartre Paul Claudel und Georges Bernanos, zwei der bedeutendsten katholischen Schriftsteller, las und bewunderte. Später äußerte er sich nicht mehr so begeistert über das Stück, wie er es de Beauvoir gegenüber getan hatte.

In der Friedenszeit nach dem Zweiten Weltkrieg kam es im Westen zu einem Babyboom, doch inzwischen werden in keinem westlichen Land mehr genügend Kinder geboren, um die Bevölkerungszahlen stabil zu halten. Sartre hatte recht, was das Kindergebären angeht. Es ist ein Akt und ein Ausdruck der Hoffnung, des Vertrauens in die Güte des Lebens und in die Zukunft. Dass er sich gegen diese Einsicht sperrte, war ein tragischer Irrtum.

Sartre verstand auch die christliche Lehre der Menschwerdung über »einen ganz kleinen Gott, den man in den Arm nehmen kann und mit Küssen bedecken, einen ganz warmen Gott, der lächelt und atmet, einen Gott, den man berühren kann und der lebt«.[14]

Seine Maria lässt er denken: »Dieser Gott ist mein Kind. Dieses göttliche Fleisch ist mein Fleisch. Er [...] hat meine Augen, und diese Form seines Mundes ist auch die Form von meinem. [...] Er ist Gott, und er sieht mir ähnlich.«

Der italienische Verfasser des Artikels, Massimo Borghesi, behauptet, Sartre habe nie wieder so über Gott und den Menschen geschrieben (auch wenn ich mich ganz dunkel – und vielleicht falsch – zu erinnern meine, dass man unlängst etwas über eine kurze Annäherung an den Glauben gegen Ende seines Lebens herausgefunden hat), uns aber »eine der schönsten Weihnachtsdarstellungen der Literatur des 20. Jahrhunderts« geschenkt.[15]

Und er hat das Stück im Gefängnis geschrieben, in dem man der Wahrheit besonders nahe ist.

Freitag, 27. Dezember 2019

Der Apostel Johannes war (wahrscheinlich) unverheiratet – anders als die meisten Apostel (und ganz sicher anders als Petrus, der eine Schwiegermutter hatte) – und er war ein besonderer Freund des Herrn, der Einzige der zwölf, der unter dem Kreuz bei ihm blieb. Dort gab Jesus seine Mutter in die Obhut des Johannes, und der Überlieferung nach sollen sie zusammen in Ephesus gelebt haben.

Johannes ist einer der beiden Apostel – der andere ist Matthäus –, die ein Evangelium geschrieben haben. Sein Evangelium ist nicht nur theologischer als die drei synoptischen Evangelien, sondern Johannes ist obendrein ein begabter Erzähler und ein Experte, was die Darstellung der verschiedenen Charaktere, die Wortgefechte und die Abfolge der Ereignisse angeht, die oft einem dramatischen Höhepunkt entgegensteuern. Ich lese gern das Evangelium von der Heilung des Blinden vor und erzähle dabei, was der Geheilte danach den Gegnern Jesu entgegnet hat.

Auch was die geschilderten Ereignisse betrifft, unterscheidet sich das Johannesevangelium deutlicher von den drei anderen Evangelien. Es ist das einzige, in dem erzählt wird, wie Jesus der Frau vergibt, die wegen Ehebruchs gesteinigt werden sollte, und es enthält keinen Bericht über die Einsetzung der Eucharistie.

Bei Johannes sind die Reden Jesu häufig weniger erdverbunden und unmittelbar, sondern eher erklärend und theologisch. Manche modernen Exegeten wollen die verschiedenen Evangelienberichte nicht allzu fest in der Lehre Jesu verankert wissen. Demnach hätte Johannes womöglich nur aufgeschrieben, wovon er sich wünschte, dass Jesus es gesagt hätte. Wenn man sie so undifferenziert stehen lässt, ist eine solche Behauptung zumindest meiner Meinung nach keine katholische Option, auch wenn natürlich jeder Evangelist die Frohe Botschaft so verfasst hat, wie er sie verstanden hat und was er als Inhalt für wichtig hielt.

Ich glaube, dass Johannes die tieferen Lehren Jesu besser verstanden hat, weil sein intellektueller Hintergrund ein anderer war als bei Matthäus und sein Hintergrund auch nicht auf der Tradition fußte, auf die sich Markus und sogar Lukas stützten.

Lassen Sie mich das an einem Beispiel veranschaulichen. Ich habe einen guten Freund in London, der ein erfolgreicher Finanzmann, zutiefst katholisch und genauso an der »Gottesfrage« interessiert ist wie ich. Nachdem wir über das Pro und Kontra des Atheismus und des Theismus diskutiert hatten, schickte er mir ein dickes und gelehrtes Buch und schrieb sogar dazu, welche Seiten ich lesen sollte. Doch sie waren nutzlos, was mich betrifft, weil ich mich mit Hochschulmathematik nicht auskenne (und weder die Zeit noch das Bedürfnis habe, daran etwas zu ändern), was jedoch nötig gewesen wäre, um den betreffenden Abschnitt zu verstehen.

Ich stelle mir die theologischen und philosophischen Kenntnisse des hl. Johannes so ähnlich vor wie die Mathematikkenntnisse meines Freundes. Johannes war besser als die anderen Evangelisten dafür ausgerüstet, die Lehre Jesu zu verstehen und die richtigen Schlüsse daraus zu ziehen. Seine intellektuellen Interessen unterschieden sich zum Beispiel von denen eines Mannes, der ein erfolgreicher Steuereintreiber gewesen war. Jedenfalls ist es – ganz gleich, welche Kriterien man anlegt – angemessen, dass wir das Fest des hl. Johannes kurz nach dem Geburtstag des Mannes begehen, dem nachzufolgen er sich entschieden und den er so gut beschrieben und erklärt hat.

Mein Tag war sehr ruhig (wie Freitage eben sind, ohne Turnhalle und Garten), und Ruth und Kartya sind nicht gekommen, um über den Schriftsatzentwurf zu diskutieren. Heute war es wärmer, vielleicht 27 oder 28° Celsius, aber immer noch angenehm für die 50 000 Fans, die am zweiten Tag der Kricket-Länderspiele zusehen durften, wie sich Australien im ersten Spieldurchgang insgesamt 480 Punkte erarbeitet hat. Ich gehe davon aus, dass die australischen Werfer auch weiterhin eine gute Leistung bringen werden und morgen, wenn das Mittelfeld sich nicht beruhigt und vorhersehbar wird, vielleicht sogar alles auf den Kopf stellen können. Ich habe den Tag damit zugebracht, während der Kricket-Übertragung 150 Briefe zu öffnen und habe, auch wenn morgen keine neuen Briefe ankommen, noch einen weiteren Tag Arbeit vor mir.

Die meisten sind streng genommen keine Briefe, sondern Weihnachtskarten aus Australien, aber auch viele aus Übersee, insbesondere den Vereinigten Staaten, und aus Großbritannien, Irland und Neuseeland. Eine Karte ohne Text und Unterschrift zeigte auf der Vorderseite das Farbfoto eines Mannes, der mit Nachdruck erklärt, dass ich ein Dinosaurier sei.

Der erste Johannesbrief ist ein kleines Meisterwerk, vor allem in der Übersetzung der Jerusalemer Bibel (die im Brevier verwendet wird), doch die Übersetzung der ersten Verse in meiner Gefängnisbibel ist hölzern und hässlich und offenbar von jemandem verfasst, der überhaupt kein Interesse daran hatte, das Wort Gottes öffentlich zu verkünden. Vielleicht hatte er auch das Interesse, aber einfach kein Sprachgefühl. Der größte Vorteil der King-James-Bibelübersetzung besteht darin, dass sie zu Verkündigungszwecken verfasst worden ist. Viele Stellen sind einfach großartig.

Als ich an der *Campion Hall*[16] in Oxford war, bin ich ziemlich regelmäßig zum gesungenen Abendgebet in die *Christ Church* gegangen, die Kathedrale und Collegkirche der einstigen Gründung von Kardinal Wolsey. Hin und wieder waren die meisten der Anwesenden Studenten von *Campion Hall.* Wenn der Dekan von *Christ Church*, der unfassbar gebildete Patristiker Henry Chadwick, die Schrift verkündete, war dies ein kleines Beispiel westlicher Kultur – besser gesagt Zivilisation – vom Allerfeinsten. Sie benutzten dort die King-James-Übersetzung.

Für mich gehören die Eröffnungsverse des ersten Johannesbriefes zu den kraftvollsten des gesamten Neuen Testaments. Sie bewegen mich noch immer, genauso wie Churchills Reden im Zweiten Weltkrieg – aber zu einem viel besseren und erhabeneren Zweck:

Was von Anfang an war, was wir gehört, was wir mit unseren Augen gesehen, was wir geschaut und was unsere Hände angefasst haben vom Wort des Lebens […], das verkünden wir auch euch.

Samstag, 28. Dezember 2019

Heute ist das Fest der Unschuldigen Kinder, die der Tyrann Herodes abschlachten ließ, weil ihm die Gerüchte von einem neugeborenen König in Bethlehem Angst eingejagt hatten. Die Mächte der Finsternis waren von Anfang an gegen Jesus aktiv und diese unschuldigen Kleinen waren die ersten Opfer und Zeugen seiner einzigartigen Rolle. Josef, Maria und das Jesuskind mussten nach Ägypten fliehen, und als ich in Kairo war, habe ich die koptische christliche Kirche gesehen, die der Überlieferung zufolge an dem Platz erbaut worden ist, an dem die Heilige Familie eine Zeit lang gelebt hat. Die Kopten stellen zehn bis zwölf Prozent der ägyptischen Bevölkerung, und in diesen Zeiten des militanten Islams sind sie selbst unter der amtierenden Militärregierung eine ständige Zielscheibe von Anfeindungen und es erfolgen immer wieder Anschläge auf ihre Kirchen.

Die Kopten und die Maroniten im Libanon sind die größten christlichen Minderheiten im Nahen Osten – groß genug, um eine Überlebenschance zu haben –, doch andernorts werden die Christen vertrieben. Im Allgemeinen sieht es der katholische Klerus vor Ort lieber, wenn sie bleiben, und ich verstehe das auch, aber wer könnte es den Eltern verdenken, wenn sie es vorziehen, ihre Kinder in Frieden und Wohlstand in Ländern wie Australien oder Kanada oder Trumps Amerika aufwachsen zu sehen? Trump ist kein Gentleman und kein überzeugender Verfechter des Christentums, doch er ist dem Christentum nicht feindlich gesinnt und, anders als so mancher Präsident vor ihm wie (natürlich) Obama und George W. Bush, sogar bereit, den Menschen »Frohe Weihnachten« zu wünschen.

In Sydney haben wir an diesem Festtag in der *St Mary's Cathedral* immer eine Messe mit den Lebensschützern und Abtreibungsgegnern gefeiert und mit vielen, vielen brennenden Kerzen im Altarraum an die Tausenden von Schwangerschaftsabbrüchen im Bundesstaat erinnert, die uns bekannt sind. Ich hatte die Idee aus Los Angeles mitgebracht, wo ich einmal an einer sehr wirkungsvollen, von beeindruckendem Glauben getragenen Messe und Feier für den Schutz des menschlichen Lebens habe teilnehmen dürfen.

Los Angeles ist das größte Bistum in den Vereinigten Staaten und der dortige Erzbischof, der Latino José Gómez,[17] ist trotz seiner erfolgreichen Arbeit in einer theologisch gespaltenen und oft verwirrten Gemeinschaft noch nicht zum Kardinal kreiert worden. Die Größe der Gemeinde und der Eifer, mit der die Messe für den Lebensschutz mitgefeiert wurde, hat mich in mancher Hinsicht überrascht und auf jeden Fall ermutigt.

Heute und gestern sind wieder Hunderte von Briefen angekommen, damit hat sich der Rückstand trotz meiner Bemühungen noch vergrößert. Ein paar Hundert geöffnete und gelesene Briefe habe ich an die Abteilung, die für das Eigentum der Häftlinge zuständig ist, gesandt, damit meine Anwältin Kartya Gracer sie abholen kann.

Einer dieser Stapel enthielt die Liedblätter der 15 bis 20 jüngeren Leute, die an Heiligabend vor dem Gefängnis Weihnachtslieder für mich gesungen haben. Ich habe an jenem Abend für einen kurzen Moment Stimmen gehört, die Weihnachtslieder sangen. Vielleicht waren es einige der Häftlinge, die diese Gesänge aufgriffen und weitertrugen. Sie haben mir auch Grüße und ein Foto geschickt, das während der Darbietung gemacht worden ist.

Während meiner Stunde in der Turnhalle waren meine Reflexe gut, und danach erwartete mich mein Lieblingsessen: eine Pastete, die ich mir in der Mikrowelle aufwärmte. Tim O'Leary hat morgen ein Gespräch, bei dem er hoffentlich seine neue Stelle unter Dach und Fach bringen kann. Wie in meinem Fall habe ich ihm zu »vorsichtigem Optimismus« geraten.

Das Schicksal der Unschuldigen Kinder ist schrecklich. Hoffentlich sind sie schnell gestorben. Das Versprechen ihres Lebens blieb unerfüllt, doch das Schicksal ihrer Eltern war (vermutlich) noch schlimmer: lebenslängliche quälende Erinnerungen und ein dauerhafter Verlust, bis auch sie im Himmel eines gerechten Gottes Heilung fanden.

Genau wie Jesus kann auch die Kirche dem Zusammenstoß von Gut und Böse, Liebe und Hass, Glauben und Finsternis nicht ausweichen. Der hl. Ignatius von Loyola beschreibt dies als den Kampf der zwei Welten, und die ahnungslosen kleinen Jungen in Bethlehem und Umgebung sind zwischen die Fronten geraten und gestorben. Kein guter Anfang für den Lebenskampf Jesu.

Lasst uns also an diesem Festtag, vom Frieden und von der Hoffnung der Weihnacht umgeben, zu unserem Herrn Jesus beten, dass wir an seiner Geburt Freude, durch seinen Tod Vergebung und durch seine Auferstehung das ewige Heil und die Glückseligkeit erlangen.

45. Woche

Die Berufung kommt voran

29. Dezember 2019 bis 4. Januar 2020

Sonntag, 29. Dezember 2019

Onkel Tom war einer meiner Lieblingsonkel, eines der zwölf Kinder der Familie Burke, ein Bruder meiner Mutter Lil. Weil er in Melbourne lebte, kannte ich ihn nicht besonders gut. Aber er war ein netter und freundlicher Onkel und irgendwie auch ein Original. Die Familienlegende erzählt, dass seine Frau Aileen ihn eines Tages losschickte, um ein Brot zu kaufen, und dass er das Brot immer noch unter dem Arm trug, als er am nächsten Tag zu uns nach Ballarat zu Besuch kam. Wenn wir abends mit der Familie den Rosenkranz beteten, brachte er alles durcheinander, weil er so fromm und sehr laut und in einem völlig anderen Rhythmus betete als wir anderen. Selbst meine Mutter, beim Rosenkranz unsere Vorbeterin, konnte sich ein Lachen nicht verkneifen, wenn er einfach unverdrossen weitermachte.

Ehe Tom 1959 vorzeitig starb, fuhr ich nach Melbourne, um ihn im *St Vincent's Hospital* zu besuchen, und konnte ihn schon auf dem Flur, noch ehe ich überhaupt sein Zimmer betreten hatte, laut beten hören. Er sagte immer und immer wieder: »Jesus, Maria und Josef, ich schenke euch mein Herz und meine Seele. Jesus, Maria und Josef, steht mir im letzten Todeskampf bei.«

Mein Onkel Jim war 20 Jahre vor meiner Geburt gestorben, aber für zehn der verbleibenden elf Kinder der Familie Burke waren der Glaube und der regelmäßige Gottesdienstbesuch ein wichtiger Bestandteil ihres Lebens. Der jüngste Bruder hatte ein Alkoholproblem, aber es würde mich überraschen, wenn auch er nicht gläubig gewesen wäre.

Toms Tod hatte mich getroffen, ebenso wie der Tod eines weiteren angeheirateten Onkels – wie es der Zufall wollte, hatte er einen Sohn, der Priester, und eine Tochter, die in den Orden »Schwestern des hl. Joseph vom Heiligen Herzen Jesu« eingetreten war – und auch der Tod von Bruder Ulmer, meinem Englischlehrer im zwölften Jahr, den ich sehr bewunderte. Drei Todesfälle in meiner näheren Umgebung innerhalb von etwa einem Monat. Ich war ein ziemlich guter Schüler, ein dicker Fisch in einem kleinen Provinzteich – und unzufrieden. Innerhalb der nächsten Monate beschloss ich, mich für das Priestertum zu bewerben, nicht weil mich die Idee fasziniert hätte oder ich besonders selbstlos gewesen wäre, sondern weil ich widerstrebend zu dem Schluss kam, dass es das war, was Gott für mich wollte. Mein nicht katholischer Vater hielt das für eine große Verschwendung, aber meine Mutter, ihre Schwester Molly, die bei uns lebte, meine Schwester und mein Bruder haben mich immer unterstützt.

Das Fest der Heiligen Familie hat mich jedes Jahr dazu inspiriert, über die Situation der Familie in unserer Gesellschaft zu predigen, die sich in den vergangenen 60 oder 70 Jahren so deutlich verschlechtert hat. Auf die Erfindung der Pille folgte eine Revolution der Freizügigkeit, deren Botschaft von Gruppen wie den Rolling Stones und den Beatles verbreitet wurde. Die Welle rollt immer noch weiter und wird durch die sozialen Medien und die Internetpornografie beschleunigt, wobei Letztere – nicht nur für Christen – ein immenses Problem darstellt, über das nur selten gesprochen wird.

Wenn wir in Schwierigkeiten sind, wenden wir uns immer an Unsere Liebe Frau, aber es gibt auch Arbeit für den hl. Josef, denn wir brauchen eine Bewegung, die den katholischen Männern hilft, sich gegenseitig zu unterstützen, wie es die »Gesellschaft des Heiligen Namens« in den Gemeinden meiner Kindheit getan hat. Damals ging es vor allem darum, Blasphemie zu verhindern, doch heute stehen wir vor anderen Herausforderungen. Wir brauchen mehr *dikaioi*, starke und gerechte Männer wie Josef, die ihren Glauben kennen und lieben und gut mit weiblichen Führungskräften zusammenarbeiten, wie Josef mit Maria zusammengearbeitet hat. Die Abwesenheit und das Desinteresse der Väter schadet den Töchtern nicht weniger als den Söhnen.

Bischof Mark Edwards feierte die Messe nach dem Messformular von Weihnachten, nicht vom Fest der Heiligen Familie. Joseph

Prince war wieder nicht da, und Joel Osteen hat weder Weihnachten noch die Heilige Familie erwähnt, sondern eine gute Predigt über das Thema »Erwacht zur Hoffnung« gehalten: Wir sollen in unseren Problemen ausharren, darauf vertrauen, dass Gott den richtigen Zeitpunkt auswählt, und durchhalten wie Mose, als er mit seinem Volk aus Ägypten floh. Gott braucht Sturköpfe wie Paulus, denn aufgeben kann jeder. Joel findet oft Worte, die mir in meiner Situation eine Hilfe sind.

Die meisten Briefe, die ich heute geöffnet habe, kamen aus dem Ausland, den Vereinigten Staaten, Großbritannien, Irland, und ein paar aus Deutschland. Sie waren allesamt ermutigend, aber die Botschaften waren vielfältiger als sonst.

In einer Karte aus Polen hieß es, ein deutscher Kardinal habe »gesagt, dass in Australien jetzt Verhältnisse herrschen wie in England unter Heinrich VIII.«, und eine Gruppe Gottesdienstbesucher des traditionellen römischen Ritus in Berlin zitierte aus dem letzten Brief, den der Dompropst der Sankt-Hedwigs-Kathedrale, Bernhard Lichtenberg (1875–1943), ein Beschützer der verfolgten Juden in Nazideutschland, aus dem Gefängnis geschrieben hat: »Ich will alles, was mir widerfährt, Freudiges und Schmerzliches, Erhebendes und Niederdrückendes. im Licht der Ewigkeit ansehen. Ich will [...] alles aus Liebe tun und alles aus Liebe leiden.«

Eine Frau aus Seattle schrieb: »Francis George hat mit seinem Lieblingszitat die Zukunft über das Schicksal seiner Nachfolger[1] vorhergesehen«, auch wenn man sagen könnte, dass ich in dieser Prozession aus der Reihe tanze. Ein polnischer Pfarrer aus Grodno erzählte, dass sie beim feierlichen Essen am Heiligen Abend, einem der Höhepunkte des Gemeindelebens, immer einen zusätzlichen Platz für einen unerwarteten Besucher decken, jemanden, der einsam ist. Und er versicherte mir, dass ich an seinem Gemeindetisch »geistig anwesend bleiben« würde.

Eine Karte aus Irland versprach: »Die Liebe und die Gebete aller kleinen Leute gelten Ihnen, vor allem hier, wo die Berge von Mourne ins Meer hinabfallen.«

Ein weiterer Verbündeter schrieb in sehr ermutigendem und leicht apokalyptischem Ton aus Saffron Walden in Essex in Großbritannien. Er nennt ein Schwert ein Schwert, es sei denn, es wäre eine Schaufel, und hat für »Ressourcement«-Theologen wie Hans Urs von Balthasar wenig übrig. Zustimmend zitiert er das Wort eines amerikanischen Journalisten über Balthasar: »Ich ertappte mich dabei, dass ich um ein einziges Verb betete«, und hält es mit Arnold Lunn, der den verqueren »Kult der Weichheit« verurteilt, der »im besten Fall ein Verkennen der exakten und unausweichlichen Gerechtigkeit Gottes ist«.

Ich mag die Vorstellung nicht, dass Gott mit eisernem Besen kehrt, aber Jesus hat die Heuchler und diejenigen, die die Jugend verderben, verurteilt, und er hat dem guten Schächer, der Reue gezeigt hat, den Himmel versprochen. Das Tor und der Weg zum Leben sind eng, und viele gehen durch das breite Tor in ihr Verderben (Mt 7,13–14). Es ist nicht schwer, sich hinter einer ruhigen Routine zu verschanzen, die das Böse und das menschengemachte Leid unterschätzt und es uns leichter macht zu ignorieren, wie die Begegnung zwischen einem gerechten Gott und dem nicht bereuten Bösen zwangsläufig aussehen wird.

Mein Freund wandte sich energisch gegen all diejenigen, für die das Wort »Hölle« eine leere Metapher, der Himmel »eine sichere Sache und für alle frei zugänglich« und »die Vorstellung von einer Autorität, die das Böse bestrafen könnte, unerträglich ist«.[2]

Mit den kirchlichen Praktiken in puncto Schuld und Strafe ist es im Lauf der Jahrhunderte immer wieder auf und ab gegangen, doch in den meisten Jahrhunderten wurden die Dinge strenger gehandhabt, als es heute in der westlichen Welt üblich ist. Der Ursprung unserer Antworten kann nur im Neuen Testament und zuallererst bei Jesus selbst gefunden werden.

Doch am heutigen Fest der Heiligen Familie sollten wir uns – auch wenn das vielleicht nicht das letzte Wort ist – eine klärende Frage stellen:

Was würden Maria und Josef denken?

Montag, 30. Dezember 2019

In East Gippsland mussten 30 000 Menschen evakuiert werden, weil die Gefahr besteht, dass zwei von drei riesigen Buschfeuern, die seit November brennen, zu einem einzigen werden. Im Südwesten des Bundesstaats, in der Nähe von Lorne, hat man die 9000 Fans, die bereits zum Herbstfestival angereist waren, angewiesen, die Gegend wieder zu verlassen. Rund 20 Prozent von ihnen hatten allerdings zu viel Alkohol oder Drogen im Blut, um der Aufforderung unverzüglich Folge zu leisten. Das Leben ist grausam.

Heute habe ich nur eine Stunde im Garten verbracht. Es war bewölkt und trotzdem heiß, aber nicht über 40° Celsius. Die Höchsttemperaturen waren für den frühen Abend vorhergesagt, danach soll es kühler werden, morgen schätzungsweise 21° Celsius.

Eine große, schöne rote Rose, die gerade im Begriff ist, voll aufzublühen, und eine formvollendete goldgelbe Knospe haben die verblühten und abgestorbenen Rosen, die der Hitze und der fehlenden Zeit zum Opfer gefallen sind, wieder wettgemacht. Ein bisschen mehr menschliches Eingreifen hätte den Anblick, den die Rosen bieten, entscheidend verändert, und ich bedauere es erneut, dass meine Gärtnerkarriere ein vorzeitiges Ende gefunden hat, obwohl sich die Nachrichten von meinen gärtnerischen Heldentaten in einem Großteil der englischsprachigen Welt verbreitet haben.

Mein Bruder David, seine Frau Judy und meine Nichte Sarah haben eine fröhliche Stunde mit mir verbracht, auch wenn wegen des weihnachtlichen Besucherandrangs alle Getränke ausverkauft waren. Ich entschied mich für einen Marsriegel. Mein Großneffe Sonny nahm mit seinen Streichen und seinem Mitteilungsbedürfnis einen Großteil der Zeit in Anspruch und es tat mir leid, dass ich Sarah, deren Geburtstag wir gefeiert haben, nicht mehr Aufmerksamkeit schenken konnte.

Ruth und Kartya waren da und brachten den nächsten, beinahe endgültigen Entwurf unseres 20 Seiten starken Schriftsatzes für den Obersten Gerichtshof mit. Ich fragte als Erstes, ob es Ruths Idee gewesen sei, die Vorgehensweise des Staatsanwalts anhand der nicht hinterfragten Beweismittel zu entschlüsseln. Er wollte hinsichtlich der Anschuldigungen keine Klarheit schaffen – das hätte zu meiner Entlastung geführt –, sondern verdunkeln, Zweifel säen und Verwirrung stiften, indem er hypothetische Umstände skizzierte, unter denen das, was wir für unmöglich erklärt hatten, doch nicht ganz unmöglich gewesen wäre.

Das kommt nicht einmal in die Nähe dessen, was ein Staatsanwalt eigentlich tun muss – nämlich die Schuld über jeden vernünftigen Zweifel hinaus zu beweisen –, und es kehrt die Beweislast um.

Ruth bekannte sich schuldig. Es war tatsächlich ihre Idee gewesen, diesen Schlüssel zu benutzen, um die Strategie der Staatsanwaltschaft – die man sowohl unprofessionell als auch niederträchtig nennen könnte – zu entlarven. Ich sagte, ich hätte in dem Entwurf 51 Hinweise auf solche nicht hinterfragten allgemeinen und besonderen Aussagen sowohl über Personen als auch über Ereignisse gezählt. Das übertrifft sogar noch die 24 Änderungen in der Geschichte des Klägers.

Ich schlug vor, am Ende von Abschnitt 26 die Worte »nicht einmal ein glaubwürdiger Zeuge kann an zwei Orten gleichzeitig sein« zu ergänzen, und versicherte, dass sie von jeder mir nicht feindlich gesinnten Zeitung oder Zeitschrift aufgegriffen werden würden. Ruth meinte, sie halte das für eine gute Idee und wolle Bret vorschlagen, den Satz mit aufzunehmen, und sie fügte hinzu, dass sie den Vortrag bei Gericht mit ein bisschen Humor und ein bisschen Spott über die juristischen Ausrutscher würzen wollten.

Zum ersten Mal seit zehn Monaten habe ich eine freundliche Unterhaltung mit meinem Nachbarn im angrenzenden Bewegungsbereich beim Hofgang geführt, der darauf bestand, mich zu kennen, und am *St Joseph's* zur Schule gegangen sei. »Meinen Sie das *Joey's* in Sydney?«, fragte ich ihn. »Ja«, lautete die Antwort.

Wir hatten ein gutes Gespräch, und es stellte sich heraus, dass ich seinen Vater und vor allem seinen Großvater gekannt habe. Er sagte, er hätte mich bei meinem Besuch am *St Joseph's* gesehen; ich war jedes Jahr dort, um mit den Internatsschülern die Messe zu feiern und mir das Rugby-Union-Spiel gegen Riverview anzusehen.

Er ist blind, seit er im Gefängnis von einer Gruppe von Häftlingen verprügelt worden ist, und hat bisher keine Bücher in Brailleschrift bekommen. In den ersten Tagen hatte er nicht einmal einen Stuhl. Auch er wohnt am Toorak-Ende des Trakts, aber weiter in der Mitte, und er findet es dort sehr laut, weil sich, wie er mir erklärt hat, durch den Verlust des Augenlichts die Hör- und Tastfähigkeit verbessert. Ich habe ihm gesagt, dass auf der Schule vermutlich keiner von uns beiden damit gerechnet hätte, dass wir uns unter den gegenwärtigen Umständen wiedersehen würden.

Australien hat Neuseeland am Melbourner *Boxing Day* beim Kricket-Länderspiel mit 247 Punkten ein weiteres Mal plattgemacht. Das Team ist besser in die Sommersaison gestartet, als ich es erwartet hätte.

Heute Abend bete ich besonders für all meine Mithäftlinge im Melbourner Hochsicherheitsgefängnis, ganz gleich ob sie zu Recht oder zu Unrecht hier sind, und für ihre Lieben:

Herr Jesus, du bist in unsere Welt gekommen, um unsere Finsternis mit Licht, unsere Trauer und Sorge mit Freude und unsere ruhelosen Herzen mit Frieden zu erfüllen. Bring den Menschen im Gefängnis Heilung, vor allem, wenn sie an Herz, Seele und Geist verwundet sind. Hilf den Nichtglaubenden, dein Licht zu sehen, und verstärke in uns allen deine Hoffnung.

Dienstag, 31. Dezember 2019

Ich kann nicht behaupten, dass der heutige Tag oder die heutige Zeit »aus den Fugen« ist: Die Abkühlung hat mir eine unerwartete und sehr angenehme Stunde im Garten verschafft und sie hat auch bei den riesigen Buschbränden in East Gippsland für ein bisschen Entspannung gesorgt. Aber mein Tagesablauf war ein bisschen zerfahren.

Am frühen Vormittag wurde mir der zweite Entwurf des Schriftsatzes für meine Berufungsverhandlung, den ich gestern mit Ruth und Kartya durchgesprochen hatte, in die Zelle gebracht, damit ich prüfen konnte, welche Änderungen vorgenommen worden waren. Doch zuerst habe ich mein Morgengebet beendet, denn die Erfahrung hat mich gelehrt, dass man dieses Gebet besser nicht aufschiebt, weil es schwierig sein kann, später wieder darauf zurückzukommen. Noch früher am Tag waren genau wie gestern weitere 150 Briefe angekommen – ich bin mit dem Öffnen jetzt also ernstlich in Rückstand.

Beim Hofgang war mein neuer Gesprächspartner wieder im Bereich nebenan. Ich fragte ihn nach seinem Vornamen, ehe mir einfiel, dass er mir den schon gestern genannt hatte: Joseph, aber die meisten nennen ihn Joe. Die Lärmbelästigung letzte Nacht fand er nicht allzu schlimm. Es war nur ein paarmal laut, auch wenn ich das eine Mal gegen Morgen kurz durch Geschrei geweckt worden bin. Wir sprachen über viele Themen, auch über Restaurants und Essen und seine Vorliebe für – insbesondere australische – Rotweine. Ich habe ihm nicht unter die Nase gerieben, dass mir seit meinen Jahren in Italien viele der klassischen australischen Rotweine zu schwer und zu üppig sind.

Dienstag heißt eine Stunde Turnhalle, und dort lief alles gut. Ich habe fast auf Anhieb eine Serie von mehr als 200 Rückhand- und eine von rund 140 Vorhandschlägen geschafft. Meine Korbwürfe von drei verschiedenen Punkten aus waren so gut, wie es eben ging, und mein Gleichgewichtsgefühl auf dem Laufband wird kontinuierlich besser. Inzwischen genieße ich meine Trainingseinheiten, obwohl ich vor meiner Haft kaum je einen Fuß in eine Turnhalle gesetzt habe.

Schwester Mary kam, um zu beten und mir die Kommunion zu bringen, doch wir hatten uns kaum hingesetzt, als uns gesagt wurde, dass ein schwieriger Häftling ins Krankenhaus verlegt werden musste und wir unser Treffen beenden sollten. Schwester Mary meinte, sie könne warten, notfalls sogar eine Stunde lang, und so ging ich in meine Zelle zurück.

Als ich versuchte, meine Essensbestellung unter der Tür durchzuschieben, stellte ich fest, dass der Schlitz blockiert war, und schloss daraus, dass sie Gas einsetzen wollten, um den Häftling aus seiner Zelle zu holen. Tatsächlich haben sie Pfefferspray benutzt, und sogar die Hundestaffel sei an der Operation beteiligt gewesen, erzählte mir Schwester Mary, die nicht mehr hereingelassen wurde.

Stattdessen fragten sie mich, ob ich in den Garten gehen wolle, was ich immer gerne tue, und schlugen vor, dass Schwester Mary dort zu mir kommen und die Kommunionandacht halten könne. Es war eine schöne Umgebung, wir hatten unsere Ruhe und wurden nicht gestört. Mary soll am 22. Januar ein künstliches Kniegelenk bekommen und bat mich um Rat. »Machen Sie genau, was die Experten Ihnen sagen, und gehen Sie auf jeden Fall zur Reha.« Mit beiden Vorschlägen hatte sie keine Probleme. Sie ist eine Kraft der Gnade und eine Elementarkraft in unserem Land, die man keinesfalls unterschätzen sollte und die großes Ansehen genießt.

2019 neigt sich dem Ende zu, und ich danke Gott für alles, was war, für die Gnade und Kraft, die mir geschenkt worden sind, damit ich durchhalte und mit der Gnade zusammenwirke. Ich bitte den guten Gott durch seinen Sohn und auf die Fürsprache Mariens, Unserer Lieben Frau und der Mutter Jesu, dass das nächste Jahr 2020 für mich und, was noch wichtiger ist, für die Kirche ein bisschen einfacher werden möge und trotzdem fruchtbar und Leben spendend und vor allem so, wie es seinem Willen entspricht.

Mittwoch, 1. Januar 2020

Jetzt sind schon 20 Jahre im 21. Jahrhundert vergangen. Es kommt mir wie gestern vor, dass wir mit dem hl. Johannes Paul dem Großen den Eintritt in das dritte christliche Jahrtausend gefeiert haben. Wunderbare Erinnerungen.

Heute ist das Hochfest der Gottesmutter Maria, und es ist angemessen, den Anfang des neuen Jahres unter ihren Schutz und Schirm zu stellen. Das Kirchenjahr beginnt zwar mit dem Advent, aber ich finde schon seit Langem, dass wir mehr hätten tun müssen, um die Gläubigen zu ermuntern, das neue Jahr mit dem Besuch einer Messe zu beginnen. In Melbourne habe ich an Silvester eine Abendmesse eingeführt. Viel haben wir damit nicht erreicht, obwohl ich (wenn ich das denn je war) kein großer Feuerwerksfan mehr bin. Wenn man eines gesehen hat, kennt man sie alle.

Am Anfang eines neuen Jahres ist es nicht unüblich innezuhalten und zurückzublicken – vor allem, wenn man seine Zeit nicht damit verbringt, sich etwas für das neue Jahr vorzunehmen. Ich war nie ein großer Anhänger von solchen Vorsätzen, die an den Anfang der Fastenzeit und jetzt, da ich älter werde, auch an den Anfang der Adventszeit gehören.

Heute habe ich von Ian Smith, einem alten Freund, den ich seit meiner Zeit in Mentone kenne, einen Artikel mit dem Titel *The Narrow Gate: Unfashionable Causes* (»Das enge Tor: unzeitgemäße Themen«) erhalten, den er am 26. August veröffentlicht hat. Er schreibt kluge Dinge über die Hegemonie einer antichristlichen Kultur, in der »wir alle – Richter, Geschworene und Polizei eingeschlossen« – wie die »sprichwörtlichen Frösche sind, die in der zunehmend hitzigen ideologischen Debatte gekocht werden«.

Wikipedia definiert kulturelle Hegemonie als die Beherrschung einer in kultureller Hinsicht vielfältigen Gesellschaft durch die herrschende Klasse, die die Kultur der betreffenden Gesellschaft manipuliert, um den Status quo als natürlich und unvermeidlich, dauerhaft und vorteilhaft für alle zu legitimieren, obwohl er in Wirklichkeit aus künstlichen sozialen Konstrukten besteht, von denen nur die herrschende Klasse profitiert.

Wikipedia räumt ein, dass dies eine marxistische Definition ist, und die linke Kulturelite hat sich in den meisten australischen Parlamenten – mit Ausnahme der australischen Hauptstadt und des Bundesstaats Victoria – nicht durchsetzen können. Dennoch ist ihr Einfluss überall groß. Und sie geben an den geisteswissenschaftlichen Fakultäten der meisten Universitäten, bei *ABC*, bei der ehemaligen *Fairfax Press*, in der Unterhaltungsbranche und überall im Journalismus des mittleren und unteren Niveaus den Ton an.

Doch die gedankenlose Schärfe und Arroganz, mit der sie versuchen, viele Grundsatzfragen aus der Debatte zu verbannen, haben eine heftige Gegenreaktion zur Folge gehabt. Man denke nur an Trump, den Brexit, Boris Johnsons Erdrutschsieg in Großbritannien und sogar die Rückkehr der liberalen Regierung unter Scott Morrison in Australien.[3] Die Wählerschaften verändern sich, weil das Christentum in der Mittel- und in der oberen Mittelschicht auf dem Rückzug ist, während der soziale Konservatismus bei den ethnischen Gruppen, bei den Arbeitern und bei vielen Wählern in ländlichen Gebieten (aber nicht immer in der *National Party*) weiterbesteht. Es muss sich erst noch herausstellen, ob die *Tories* ihre Gewinne in Nordengland – über Generationen hinweg das Kernland der *Labour Party* – in den nächsten fünf Jahren werden halten können. Ich bin davon überzeugt, dass Tony Abbott im Westen von Sydney bessere Chancen auf einen Parlamentssitz hätte als in seinem eigenen heidnischen Nobelwahlkreis Warringah.

Ian glaubt, dass mein Engagement für unzeitgemäße Themen die Wächter der Hegemonie des politisch Korrekten provoziert hat, und viele meiner Briefschreiber aus Australien und Übersee betrachten die Feindseligkeit als im engeren Sinne antichristlich. Er bringt ein recht ausführliches Zitat aus *The Age* von 2012, das 2019 erneut abgedruckt wurde:

> Pell scheint es als seine Aufgabe zu betrachten, uns Übrigen – nicht nur den Katholiken, sondern der Gesellschaft im Allgemeinen – den richtigen Weg zu weisen. In Ansprachen, Zeitungskolumnen und Kanzelverlautbarungen urteilt er über das Tagesgeschehen, nennt die Partei der Grünen »antichristlich« und tut die Sorge um den Klimawandel als »ein Symptom heidnischer Leere« ab – und das alles mit derselben Überzeugung, mit der er über die Sündhaftigkeit von Empfängnisverhütung, Abtreibung und außerehelichem Geschlechtsverkehr predigt.[4]

Der Abschnitt ist ungewöhnlich gut geschrieben, die Diskussion wird durch die Erwähnung und Nichterwähnung bestimmter Themen geschickt verzerrt, und im ersten Moment hätte ich am liebsten gesagt: »Schuldig im Sinne der Anklage.« Doch ich war nie so naiv zu glauben, dass ich viele auf den rechten Pfad führen könnte, während die Autorin offenbar verärgert und sogar empört darüber zu sein scheint, dass ein christlicher Würdenträger – offenbar ein besonders dreister »Bedauernswerter«[5] – es sich anmaßt, über das Tagesgeschehen zu sprechen und sogar zu »urteilen«.

In den alten Zeiten habe ich mehr als nur ein paar Artikel für *The Melbourne Age* geschrieben, und als ich Erzbischof von Sydney war, hat man mich zweimal gefragt, ob ich nicht regelmäßig eine Kolumne für den *Sydney Morning Herald* schreiben wolle. Ich freute mich darüber, dass ich gefragt wurde, kam aber nie ernsthaft in die Versuchung, das Angebot anzunehmen, weil ich mit meiner Kolumne im *Sunday Telegraph*, die ich 13 Jahre lang hatte und die von einem größeren Anteil »meiner« Leute gelesen wurde, ganz zufrieden war. Mit einer festen Verbindlichkeit gegenüber *Fairfax* hätte ich mir keinen Gefallen getan.

Jeder Krieg fordert Opfer, insbesondere der Kulturkrieg für die traditionelle westliche Zivilisation (der ohne eine Beteiligung des Christentums keinen Erfolg haben wird) oder für katholische Wahrheiten und Praktiken. Selbst wenn man unterliegt und die Strategien keine Wirkung zeigen, ist es immerhin ein Beginn, der darauf hinweist, dass tatsächlich ein Krieg herrscht, und die wichtigsten Schlachtfelder können benannt werden. Der Klimawandel gehört nicht dazu.

Wir leben immer noch in einer Demokratie, die freie Meinungsäußerung, politisches Handeln und (bislang) eine umfassende Religionsfreiheit zulässt. Christen haben ein ebenso gutes Recht, sich am öffentlichen Leben und an der öffentlichen Debatte zu beteiligen wie jede andere Gruppe auch, und wir müssen aktiv sein und uns Gehör verschaffen. Ängstlich zu schweigen wäre eine Schande, und noch schlimmer wäre es, in der *Political Correctness* unterzugehen.

Offenbar wollen einige meinen Prozess als Referendum darüber ansehen, wie die Kirche mit dem Missbrauchsskandal umgegangen ist. Sie wollen Sündenböcke und führende Kirchenmänner bestraft sehen. Wir Kleriker haben uns durch die Sünden unserer Väter die Rute für unseren eigenen Rücken gemacht, aber die Rute ist stärker, als sie es hätte sein müssen, weil wir nicht darüber geredet haben, dass es uns in Australien seit mehr als 25 Jahren gelungen ist, diese kriminelle und spirituelle Krebswucherung radikal einzudämmen. Sogar Katholiken sind oft überrascht, wie niedrig die Zahl der Vorfälle seit Mitte der 1990er-Jahre ist. Mut und Ehrlichkeit bilden gemeinsam die Basis für die Weisheit.

Die Leute von *Al Jazeera* hatten recht oder haben sich mit ihrer Schätzung zumindest durchgesetzt, denn inzwischen hat auch ein australischer Nachrichtensender berichtet, dass bei den saisonalen Buschbränden eine Fläche von der Größe Belgiens verbrannt und rund eintausend Häuser zerstört worden seien. Die Abkühlung hat den Betroffenen eine Atempause verschafft, aber am Samstag soll sich die Situation wieder verschlechtern.

In meinen 45 Minuten in der Turnhalle habe ich meine üblichen Ziele erreicht und mich für einen Mann meines Alters ziemlich fit gefühlt. Heute sind wieder 75 Briefe eingetroffen, das heißt, ich muss morgen den Rückstand in Angriff nehmen. Heute Abend habe ich mich über das *Royal Edinburgh Military Tattoo*[6] gefreut, für das ich mir am Neujahrstag fast immer Zeit nehmen kann.

Maria, Mutter der Kirche, wir bitten dich um deine Fürsprache für die ganze Kirche, aber vor allem für die Laienverantwortlichen und den Papst, die Bischöfe und den Klerus.

Stärke unseren Glauben; hilf uns, in der apostolischen Tradition das Licht Christi zu erkennen, damit wir es durch unsere Taten und Worte anderen zeigen und es sie lehren können. Darum bitten durch Christus, deinen Sohn.

Donnerstag, 2. Januar 2020

Bei meinem morgendlichen Hofgang war es ziemlich warm, doch während meiner Zeit im Garten kam eine leichte Brise auf und so war das Wetter angenehm, ehe Toto und Rita Piccolo mich besuchten.[7] Beiden geht es gut und sie erzählten mir Neuigkeiten aus der Gemeinschaft. Viele Mitglieder des *Neokatechumenalen Weges* in aller Welt beten für mich.

Ich habe den größten Teil des Tages damit verbracht, Weihnachtskarten und ein paar Briefe zu öffnen und zu lesen. Heute sind nur etwa zehn neue angekommen, sodass ich einiges aufarbeiten konnte.

Dr. George Mendz von der Medizinischen Fakultät der Universität Notre Dame in Sydney war kürzlich in Europa und überrascht darüber, mit welchem Interesse man meinen Fall dort verfolgt. Seine Freunde haben ihm von meinem erfolgreichen Berufungsantrag am Obersten Gerichtshof erzählt. »Gleichzeitig«, so schreibt er weiter, »habe ich viele unfreundliche Kommentare über das australische Rechtssystem gehört und musste den Unterschied zwischen dem Bundesstaat Victoria und dem Rest des Landes erklären.«

Andrew Bolt[8] hat gesagt, dass mein Fall ein Prüfstein für das Strafrechtssystem in Victoria sei, doch dieser Punkt wird von meinen ausländischen Briefschreibern häufiger angesprochen als von meinen australischen. Ein Mann aus Chatswood, der aktiv Partei für mich ergriffen hat, äußert sich entsetzt darüber, dass »in unserem Justizwesen ein solches Unrecht geschehen konnte«, aber er war auch so freundlich, mir zu erzählen, dass er in einem Traum gesehen habe, wie ich durch einen schönen Stadtpark ging »und mit einem freundlichen Lächeln auf dem Gesicht die Bäume bewunderte«. Er hofft, dass ich bald dazu in der Lage sein werde. Meine allzu kurze Gärtnerkarriere hat sich gut ausgewirkt.

Es ist mir eine Ehre, dass Michael O'Brien aus Kanada mir einen Unterstützerbrief geschrieben hat. Er ist nicht nur der beste katholische englischsprachige Romanautor unserer Zeit und ein hervorragender Maler, sondern zudem ein gläubiger Mann mit einer bemerkenswerten spirituellen Einsicht und Wahrnehmung. Ich bin froh und dankbar, dass auch er und seine Familie für mich beten, »damit Sie Frieden und völliges Vertrauen in den Herrn haben«.

Diakon Nick Donnelly aus Cumbria, Großbritannien, einer meiner engagiertesten Verteidiger in den sozialen Netzwerken, schreibt mir, dass er in meinem Leid an meiner Seite steht, und auch Caroline Farey in Worcester hat mir einen freundlichen Unterstützungsbrief geschickt. Ich durfte die beiden bei ihren mutigen Einsatz unterstützen, die »Schule der Verkündigung, Zentrum für Neuevangelisierung« in *Buckfast Abbey* in Devon zu gründen.

Kürzlich habe ich Evelyn Waughs ersten veröffentlichten Roman *Verfall und Untergang* zu Ende gelesen. Er ist wunderbar geschrieben, brillant und inkonsequent zugleich. Zumindest schien es mir so. Viele von Waughs Charakteren werden erbarmungslos karikiert und auf ausgesuchte Weise ad absurdum geführt. Es ist interessanter, wenn ein Schriftsteller bereit ist, Grausames zu beschreiben – insbesondere dann, wenn die Grausamkeit genau und eindringlich dargestellt wird und sich an der aufgedeckten Dummheit erfreut. Waugh besaß alle diese Gaben und noch mehr.

Das *Time Magazine* wird mit der Aussage zitiert, Waugh habe »zu einem boshaft vergnügten, aber von Grund auf religiösen Sturmangriff auf ein Jahrhundert geblasen, das seiner Meinung nach die nährende Wurzel der Tradition gekappt hat und es zuließ, dass alle lieben Dinge dieser Welt dahinschwanden«.

Verfall und Untergang wurde 1928 veröffentlicht, als Waugh noch nicht zum katholischen Glauben konvertiert war. Er befand sich im wahrsten Sinne des Wortes im Zerstörungsmodus und war sicherlich »boshaft vergnügt«, auch wenn die unglückliche Hauptfigur, Paul Pennyfeather, der am Anfang und am Ende der Geschichte »Theologie studierte«, das eigentliche und unglückliche Opfer der Geschichte zu sein scheint – was Waughs spätere religiöse Ambitionen eher verschleiert als offenlegt.

Vor etwa einem Monat habe ich C. J. Sansoms *Die Gräber der Verdammten* ausgelesen, die letzte einer Reihe von mörderischen Geschichten – in diesem Fall 860 Seiten stark –, die während der Reformation im England des 16. Jahrhunderts spielen. Die Hauptfigur ist Matthew Shardlake, ein buckliger protestantischer Anwalt, der seine Laufbahn als Agent Thomas Cromwells mit der Schließung einer großen Benediktinerabtei begann. Sansoms Roman *Pforte der Verdammnis* gefällt mir immer noch am besten.

Shardlake ist – natürlich – katholisch erzogen worden und wir erfahren in *Die Gräber der Verdammten*, dass er darüber nachgedacht hat, Priester zu werden, und dass er sich seiner »Wurzeln beraubt, wie ein Blatt im Wind« gefühlt hat, nachdem er den Glauben an die alte Kirche verloren hatte. Jetzt kann er nicht mehr beten.

Shardlake, das erkennt man deutlich, ist ein Mann des 20. Jahrhunderts, der schlussendlich einem humanistischen Theismus anhängt, teilweise Agnostiker ist und der sich über religiöse Gewalt beklagt, doch aufgrund eines Gewissens, das von der christlichen Morallehre geprägt ist. Ich weiß nicht genug über dieses Zeitalter, um mir ein Bild davon machen zu können, ob es im

England des 16. Jahrhunderts viele niedergelassene Anwälte wie ihn gegeben hat.

Der Roman spielt während der Bauernaufstände von 1549, über die ich bis dato gar nichts wusste. Sansom ist ein angesehener Historiker. Ich habe die sieben Romane der Reihe gerne gelesen: weniger wegen der Mordfälle als wegen der Einblicke in die Auseinandersetzungen und das Alltagsleben dieser ereignisreichen Zeit. Wir erhaschen einen faszinierenden Blick auf Elizabeth und Mary, bekommen von Königin Catherine Parr ein gutes und von Thomas Cromwell ein nicht idealisiertes Bild und haben eine furchterregende Begegnung mit Heinrich VIII. Sansom ist nicht gerade ein Bewunderer von Thomas Morus, aber er verteufelt ihn auch nicht wie Hilary Mantel.[9] Ich kann diese Reihe jedem, der gerne gute Krimis liest und sich obendrein für die religiösen und zivilen Tumulte im England des 16. Jahrhunderts interessiert, nur wärmstens empfehlen.

Vor einigen Monaten[10] habe ich mich etwas ungenau über Sterne, Sonnensysteme und die Milchstraße geäußert. Ein Astronom, der bei *ABC* eine eigene Sendung hat, hat heute Licht in mein Dunkel gebracht, indem er erklärte, dass es in unserem Sonnensystem, der Milchstraße, 200 000 Millionen Sterne gibt. Und Gott allein weiß, wie viele Sonnensysteme es gibt.

Trotz jahrzehntelanger Suche haben die Wissenschaftler bisher keinerlei Hinweise auf anderes intelligentes Leben im Universum gefunden. Was hat sich Gott dabei gedacht, als er ein so unendlich riesiges und sich ausdehnendes Universum und so viele Sterne schuf, einige davon mit Planeten?

Amos hatte kein Hubble-Teleskop und deshalb kaum eine Vorstellung, was sich am Nachthimmel verbarg – und doch war er voller Ehrfurcht:

Er hat das Siebengestirn und den Orion erschaffen;
er verwandelt die Finsternis in den hellen Morgen,
er verdunkelt den Tag zur Nacht, […]
HERR ist sein Name (Am 5,8).

Freitag, 3. Januar 2020

Zehntausende Touristen und Anwohner sind auf Anweisung der Regierung aus ihren Häusern im Südosten von Victoria und in einem 200 Kilometer langen Küstenabschnitt im Süden von New South Wales geflohen, um der Katastrophe zu entgehen, die sich mit der morgigen Hitze ankündigt. Es könnte noch schlimmer werden als bei den Neujahrsbränden. Heute hat das Marineschiff *HMAS Choules* 1000 Menschen aus Mallacoota evakuiert, 3000 sind immer noch dort. Große Teile von Melbourne sind in Rauchschwaden gehüllt, auch die beiden Hochhausneubauten, die während meiner zehn Monate im Gefängnis langsam in die Höhe gewachsen sind (eines davon ist das neue Polizeihauptquartier), sind nur noch undeutlich zu erkennen.

In einer Stadt in New South Wales wurde der Premierminister beschimpft, aber es wurde auch nicht gesagt, was er oder sonst irgendjemand hätte tun können, um die Feuer zu verhindern oder zu verringern (außer, dass man frühzeitig größere Mengen an überschüssigem Buschwerk hätte abbrennen können). Wenn die Energieversorgung nicht gewährleistet ist, sind Bankkarten nutzlos, die Kassen funktionieren nicht mehr und man kann nicht tanken. Wir sind auf neue Arten verwundbar.

Kartya war da, um mir mitzuteilen, dass der 20-seitige Schriftsatz für die Berufungsverhandlung beim Obersten Gerichtshof eingereicht worden sei und die Staatsanwaltschaft von heute an 28 Tage Zeit hätte, um zu antworten. Die von mir vorgeschlagene Ergänzung, nicht einmal der Kläger habe an zwei Orten gleichzeitig sein können, wurde nicht aufgenommen, wird aber vielleicht mündlich erwähnt werden. Der Text soll per E-Mail an mein Team gesandt und schließlich auch auf der Webseite des Obersten Gerichtshofes veröffentlicht werden. Ich halte es wegen seiner Wahrheitstreue und der Qualität seiner Argumentation für wichtig, dass wir seine Verbreitung fördern, denn er verdeutlicht die rechtlichen Kernfragen und die Strategie der Staatsanwaltschaft.

Der zweite Text der heutigen Lesehore war ein herausragender Kommentar des hl. Augustinus zum Johannesevangelium, in dem er die Bedeutung der beiden großen Liebesgebote und ihr Ineinandergreifen erklärt. Diese beiden Gebote sollen uns gänzlich vertraut sein und nie aus unserem Herzen gelöscht werden. Wir sollen sie erwägen, bewahren und danach handeln, schreibt Augustinus.

Dann sagt er: »Du aber siehst Gott noch nicht; das verdienst du erst, wenn du den Nächsten liebst [...]; indem du den Nächsten liebst, reinigst du dein Auge, um Gott schauen zu können.« Deshalb, so drängt er seine Leser, sollen sie beginnen, ihre Nächsten zu lieben, indem sie die Hungernden speisen, die Heimatlosen bei sich zu Hause aufnehmen, die Nackten kleiden und Dienern oder Sklaven nicht mit Verachtung begegnen. Unsere Reise zum Herrn ist das Wichtigste, und solange wir nicht angekommen sind, müssen wir unsere Mitreisenden unterstützen.

Unser Herr hat die Betrachtungsweise aus dem Alten Testament übernommen, wie der Psalmist sagt: »Wer unschuldige Hände hat und ein reines Herz, sagt der Psalmist, wird hinaufsteigen zum Berg des Herrn« (Ps 24,3f.).

Wenn die Inder das religiöseste und die Schweden das irreligiöseste Volk der Welt und die Vereinigten Staaten eine Nation von Indern sind, die oft von Schweden regiert werden – wie können uns Augustinus' Ermahnungen dann helfen zu verstehen, weshalb die Irreligiosität in der westlichen Welt stärker ist als in anderen Kulturen? Warum ist der Glaube bei uns auf eine ganz andere Weise im Niedergang begriffen als in Afrika oder Asien oder sogar Südamerika, wo die Massen sich gerade von der Kirche ab- und dem evangelikalen Protestantismus zuwenden? Können wir etwas daraus lernen, dass man in den Großstädten wegen des dort erzeugten Lichts am nächtlichen Himmel tatsächlich so wenige Sterne sieht?

Jesus hat die Einfachheit und Armut gepriesen, uns durch sein Leiden erlöst und uns oft vor der Liebe zum Geld gewarnt.

Ich habe einen Großteil des Tages damit verbracht, meine Weihnachtspost zu öffnen, und einiges konnte ich aufholen. Australien hatte im Kricket wieder einen guten ersten Tag gegen Neuseeland, dessen Team an fünf Positionen verändert war. Steve Smith hat 63 geschafft, aber der letzte Schliff fehlte noch.

Diejenigen, die die Kirche lieben und wollen, dass sie blüht und sich ausbreitet, gebrauchen oft unterschiedliche Definitionen oder Modelle, befürworten zum Beispiel eine Gemeinschaft des Glaubens und individuelle Betreuung oder eine politische Gruppe, die daran arbeitet, die gesellschaftlichen Strukturen zu erneuern, oder einen großen Fluss der Naturreligion, in dem sich auch einige weitere Religionen wiederfinden, oder ein Netzwerk von unstrukturierten evangelikalen Gemeinschaften. Nicht alle diese Modelle schließen sich gegenseitig aus, doch selbst wenn unsere Definitionen katholisch sind, können wir uns im Hinblick sowohl auf die Quellen der spirituellen Energie (Gnade) als auch auf die Aktivitäten irren, die am ehesten geeignet sind, im Reich Gottes echtes Wachstum hervorzubringen.

Eine Frau aus Wisconsin hat mir ein kleines Gedicht von George MacDonald geschickt, das ich noch nicht kannte; die ersten Verse lauten:

They all were looking for a king
To slay their foes, and lift them high;
Thou cam'st a little baby thing
That made a woman cry.[11]

Sie alle suchten einen König,
der sie erhebe, ihre Feinde erschlage.
Du aber kamst als ein kleines Kind,
das eine Frau zum Weinen brachte.

Samstag, 4. Januar 2020

Die befürchteten Brandkatastrophen sind ausgeblieben, soweit sich das am frühen Abend sagen lässt. Doch der Tag ist noch nicht zu Ende, auch wenn die Abkühlung mit ihren unberechenbaren Winden bereits in Melbourne und in Teilen von Gippsland angekommen ist. Dort wurden am Nachmittag ein paar Städte durch den Rauch verfinstert. Man hätte meinen können, es sei Nacht, und an einem Ort hat ein riesiger Brand seine eigene Wetterlage hervorgebracht und einen leichten Schlammregen niedergehen lassen. So Gott will, ist uns das Schlimmste erspart geblieben – aber die fehlende Bekanntmachung schlechter Nachrichten könnte zum Teil auch daran liegen, dass wir noch nichts Genaueres wissen. Dutzende Feuer brennen.

Ich habe mit Terry und Bernadette telefoniert und zu meiner Überraschung erfahren, dass unser Schriftsatz für die Berufungsverhandlung schon auf der Webseite des Obersten Gerichtshofes veröffentlicht worden ist. Darüber habe ich mich gefreut. Terry war nicht ganz so begeistert wie erwartet, obwohl ich ihm gegenüber den Schriftsatz sehr gelobt habe. Er war enttäuscht, weil der

Text nichts darüber aussagt, dass die Messdiener (im Szenario des Klägers) vor dem Kläger angekommen sein müssen, weil sie von den Glastüren bis zur Sakristei eine Strecke von nur 25 oder 30 Metern, der Kläger und sein Begleiter bis zu demselben Punkt aber mutmaßlich 200 Meter zurückzulegen hatten. Und selbst wenn der Kläger vor dem Küster oder den Ministranten angekommen wäre, wäre die Sakristeitür verschlossen gewesen. Das sind zwei weitere Beweise dafür, dass die Version des Klägers nicht nur unglaubhaft, sondern schlichtweg unmöglich ist.

Das sind zwei starke Punkte, verschiedene Aspekte der im letzten Abschnitt des Schriftsatzes beschriebenen Situation, und um den Schriftsatz zu verteidigen, äußerte ich die Ansicht, dass unser Team zumindest für den Moment noch ein paar Asse im Ärmel behalten wollte.

Nach einer Unterbrechung von einigen Tagen habe ich auch mit Margaret, meiner Schwester, gesprochen. Sie freute sich zu hören, dass es mir gut geht, und mir ging es umgekehrt genauso! Beim Tischtennis war ich ein bisschen besser als sonst, und die aufgewärmte Pastete bei meiner Rückkehr aus der Turnhalle schmeckte so gut wie immer.

Bei der Hauptmahlzeit am Nachmittag konnte ich ebenfalls einen Pluspunkt verbuchen. Es gab keinen Salat mehr und deshalb wurde ich gefragt, ob ich stattdessen süßsaures Schweinefleisch oder etwas anderes essen möchte (ich habe vergessen, was das andere war). Das Schweinefleisch mit gekochtem Reis war hervorragend und es war heiß, als es bei mir ankam. Joe aus dem angrenzenden Bewegungsbereich, der sich morgens beim Hofgang mit mir unterhält, hat mir gesagt, dass unser Essen viel besser ist als das in den Gefängnissen in New South Wales, wo er auch schon eine Zeit lang untergebracht war. Es stimmt, unsere Verpflegung könnte viel schlechter sein, und die medizinische Versorgung ist exzellent, jedoch langsam, es sei denn, man kann sie davon überzeugen, dass man unverzüglich Hilfe braucht.

Australien hat im ersten Durchgang mit Labuschagne einen *Double Century* (455 Punkte) geschafft,[12] obwohl unsere letzten Tore allzu leicht gefallen sind. Neuseeland hat bei 63 Punkten kein Tor bekommen.

Es sind noch mehr Briefe eingetroffen und ich habe den Nachmittag wieder damit verbracht, Kricket anzuschauen und dabei Briefe zu öffnen und meinen Rückstand weiter zu verringern. Das meiste sind jetzt Weihnachtskarten aus Übersee, doch die Briefe kommen aus sehr unterschiedlichen Orten, und die darin aufgegriffenen Themen sind fast genauso unterschiedlich.

Ich habe meinen ersten Brief von den Färöer-Inseln bekommen, die zwischen Schottland und Norwegen liegen und ein autonomer Teil von Dänemark sind. Der Verfasser, ein zum Katholizismus konvertierter Schreiner, Historiker und stellvertretender Vorsitzender der katholischen Gemeinde, hat mich eingeladen, sie zu besuchen, »nachdem man Sie freigelassen hat«, um mir die alten katholischen Stätten anzusehen und die Messe für sie zu feiern.

Ein französischer Missionspriester in Taiwan schrieb über seine Hoffnung auf meine »baldige Freilassung« und sprach von der Verwirrung oder sogar dem Zweifel, der sich in der Kirche ausbreite, und von den zunehmenden Schwierigkeiten auf dem chinesischen Festland.

Ein japanischer Laie schrieb mir aus Miyakonojō in Japan (ebenfalls eine Premiere), und eine Gruppe von Mitgliedern der ehemaligen Untergrundkirche in der Tschechoslowakei (1968–1989) sandte mir ihre liebevollen Grüße und Gebete.

Ein kanadischer Priester aus Port Perry in Ontario erklärte, dass er mir einmal begegnet sei und dass er und seine Freunde mich sehr schätzten. Er hat wohl eher Christopher Friel als Louise Milligan[13] gelesen, denn oben quer über seiner Karte standen die Worte *Veritas, filia temporis* (»Wahrheit, Tochter der Zeit«).

Ein slowakischer Priester, der an der Lateranuniversität in Rom studiert hat und täglich an dem dortigen altägyptischen Obelisken vorbeigegangen ist, erinnerte mich an die Worte, die darauf eingraviert sind: *Per crucem victor* (»Siegreich durch das Kreuz«).

Ein Spanier übersandte mir in kaum lesbarer Handschrift (auf Spanisch) die persönlichen Grüße des Präsidenten der katalanischen Nationalversammlung, der genau wie ich, aber aus anderen Gründen, verfolgt wird.

Ein deutscher Katholik, der jetzt in Papua-Neuguinea arbeitet, erzählte mir die ermutigende Geschichte seines Großonkels P. Martin Utsch MSC, der vor dem Zweiten Weltkrieg Oberer der norddeutschen MSC-Provinz [Herz-Jesu-Missionare] gewesen war. Er wurde von den Nazis verhaftet und daran gehindert, die Messe zu feiern, bis ein protestantischer Wachmann Brot und Wein ins Gefängnis schmuggelte. Der Wachmann konvertierte, und Pater

Martin wurde später von den Nazis freigelassen, weil seine Freunde und insbesondere der »Löwe von Münster«, der erklärte Euthanasie-Gegner und Verteidiger der Kranken und Schwachen, Clemens August Kardinal Graf von Galen – auch einer meiner Helden –, der den britischen Besatzern fast ebenso viel Ärger gemacht hat wie zuvor den Nazis, sich nachdrücklich für ihn eingesetzt hatten.

»Warum schreibe ich Ihnen gerade jetzt diese Geschichte?«, fragt Chris Adam, mein Briefpartner, um die Frage gleich im Anschluss selbst zu beantworten: »Weil ich absolut davon überzeugt bin, dass Ihr Fall ein ähnliches ›Ende‹ nehmen wird.«

All diese Botschaften stärken mich und meinen Glauben, aber die ergreifendste kam von einer Mutter in Hopetoun Park in Victoria. Sie schrieb: »Meine jüngste Tochter hatte eine schlimme Krankheit (Kompartmentsyndrom). Mitten in ihrem Leid fragte ich sie, ob sie ihre Schmerzen aufopfere. Sie sagte: ›Ja, für Kardinal Pell.‹« Einen wirkungsvolleren Ansporn, meine gegenwärtigen Schwierigkeiten tapfer zu ertragen und standhaft in meinem Glauben auszuharren, kann ich mir nicht vorstellen.

Diese Begebenheit hilft uns zu verstehen, weshalb Jesus lehrte, dass kleine Kinder besser für sein Königreich taugen als wir. G. K. Chesterton hat das auch verstanden, wie sein Gedicht »A Christmas Carol« beweist:

The Christ-child lay on Mary's lap,
His hair was like a light.
(O weary, weary were the world,
But here is all aright.) …

The Christ-child stood on Mary's knee,
His hair was like a crown,
And all the flowers looked up at Him,
And all the stars looked down.

Das Christkind lag in Mariens Schoß,
sein Haar war wie Licht.
(O matt und müde war die Welt,
doch hier ist alles in Ordnung.)

45. Woche

Das Christkind stand auf Mariens Knien,
sein Haar war wie eine Krone.
Und alle Blumen blickten zu ihm auf
und alle Sterne blickten zu ihm herab.

46. Woche
Ein anderes Gefängnis

5. Januar bis 11. Januar 2020

Sonntag, 5. Januar 2020

Heute ist das Gründungsjubiläum meines Seminars auf dem Gianicolo-Hügel in Rom mit Blick auf den Petersdom, des *Propaganda Fide-Kollegs [Pontificio Collegio Urbano de Propaganda Fide]*. Dieses Missionskolleg für die Verbreitung des Glaubens in der Weltkirche wurde in den 1620er-Jahren von Papst Urban VIII., einem Barberini, gegründet. Sein Bruder war einer der ersten Präfekten der Kongregation für die Verbreitung des Glaubens *[Congregatio de Propaganda Fide]*. Beide hat Bernini in zwei großartigen Marmorbüsten verewigt.

Das Kolleg war ursprünglich in dem von Borromini entworfenen Palast an der Spanischen Treppe auf der *Piazza di Spagna* beheimatet, wurde aber in den 1920er-Jahren von Papst Pius XI. auf seinen jetzigen Platz auf dem Hügel oberhalb der Generalkurie der Jesuiten verlegt (den Jesuiten zufolge der einzige Ort in der Welt, wo der Diözesanklerus auf die Jesuiten herabsieht). Die vier Jahre, die ich dort verbracht habe, waren ein Segen – nicht dass es keine Probleme gegeben hätte, aber es war eine befreiende und bereichernde Erfahrung mit den 63 Nationalitäten, die zu meiner Zeit dort vertreten waren. Ich bete für alle, die zwischen 1963 und 1967 mit mir am Kolleg waren, und insbesondere für meine Mitseminaristen.

Zyniker behaupten, dass man einen Priester, der in Rom ausgebildet worden ist, überall erkennt und dass er sich nichts sagen lässt. Tatsächlich ist das Gegenteil näher an der Wahrheit, denn ein römischer Priester weiß, dass die Weltkirche wie ein Menschenleben ist: voller Überraschungen. In den schlechten alten Zeiten vor dem Zweiten Vatikanischen Konzil wurden die Namen von Ehemaligen, die die Bischofsweihe empfingen, am Schwarzen Brett ausgehängt, und über der Namensliste prangte die Überschrift »La Gloria della Famiglia«.[1] Und nicht wenige von uns sind Bischöfe geworden. Einige andere haben spektakulär versagt, doch die allermeisten haben ihren Gemeindemitgliedern gut gedient. Und das Kolleg hat im Lauf der Jahrhunderte etliche Märtyrer hervorgebracht.

Natürlich konnte ich in meiner Zelle keine richtige Weihnachtskrippe aufstellen, aber mehrere Leute haben mir eine dreigeteilte Klappkarte mit der »Anbetung der Könige« von Gentile da Fabriano (ca. 1370–1427) gesandt, einem Meisterwerk der Frührenaissance, das sich heute in den Uffizien in Florenz befindet. Ich habe eine der Karten aufgestellt und an die Wand gelehnt, direkt über der Schachtel mit den Teebeuteln. Das Gemälde ist ein Werk des Glaubens, wunderschön, mit vielen Figuren, Menschen und Tieren, die einem überraschenderweise aufrecht sitzenden Christuskind mit Maria und Josef huldigen. Die Heiligen Drei Könige sind nicht wie schäbige Philosophen oder weltfremde Sterndeuter, sondern in die herrlichen Gewänder und üppig verzierten Brokatstoffe von Renaissancefürsten gekleidet. Ich nehme an, die echte Krippe in Bethlehem war nicht so groß wie die hier abgebildete. Es befinden sich noch drei weitere Porträts im Rahmen und drei Szenen aus der Kindheit Jesu im Sockel des Bildes. Es ist ein echter Tribut an Immanuel, den transzendenten Gott, der unter uns gewohnt hat.

Father Kaniampuram, ein gebürtiger Inder und Priester des Erzbistums Melbourne, hat heute Morgen in einem unvollkommenen, etwas gekünstelten Englisch die *Mass for You at Home* gefeiert, doch seine Predigt war die beste, die ich in den ganzen zehn Monaten gehört habe. Er erklärte, dass der gesamte antike Osten eine Zivilisation von Sterndeutern war. Das gilt sowohl für Babylon als auch für Persien, wo die drei Suchenden der Überlieferung nach herkamen, um dem Stern zu folgen. Diese Männer, die nach dem Willen Gottes in den Sternen forschten, standen, so die Deutung von Father Kaniampuram, für das Beste im Menschen, und mithilfe der monotheistischen Juden, die sie um Rat fragten, konnten sie das, was sie suchten, identifizieren. Gottes eingeborener Sohn ist als Säugling zur Welt gekommen. Die göttliche Liebe hat sich in ihrer Fülle kundgetan.

Joseph Princes offizielles Thema lautete »Auf seine Fürsorge eingestellt«, und seine Predigt handelte vom Schabbat, dem Sabbat [der mit dem Passahfest während der Passion zusammenfiel]. Die neun Plagen kamen und gingen, und während draußen Dunkelheit herrscht, strahlt in den Häusern Gottes das Licht. Die Juden hätten ein Recht darauf gehabt, die Ägypter auszuplündern, die sie über Generationen hinweg gezwungen hatten, als Sklaven ohne Bezahlung für sie zu arbeiten.

Er hat recht deutlich herausgestellt, dass es im Evangelium nicht um Geld und Gesundheit geht, dass er kein Evangelium des Wohlstands, sondern der Gnade verkündet. Durch sein Leiden am Kreuz hat Jesus unsere Sünden hinweggenommen. Jesus hat unsere Sünden auf sich genommen, meint Joseph, und jetzt sind wir dazu bestimmt, entrückt zu werden. Er trug einen dunklen Anzug und eine Krawatte. Auf der Anzugsjacke befanden sich weiße Streifen am Kragen und an den Ärmeln. Drei Ringe und Armbänder trug er an beiden Handgelenken.

Joel Osteen war in Hochform. Er predigte über das »Lächeln Gottes« und drängte uns, Böses mit Gutem zu vergelten und unseren Feinden zu vergeben, weil Gott uns prüft, um herauszufinden, ob wir seine Unterstützung verdienen. So wie Esau seinem Bruder Jakob, der ihm sein Geburtsrecht gestohlen hatte, schlussendlich vergeben hat, war Jakobs Sohn Josef, weil er sich an Esaus Großherzigkeit erinnerte, in Ägypten in der Lage, seinen Brüdern zu vergeben, die ihn in die Gefangenschaft verkauft hatten. Kinder folgen eher dem, was ihre Eltern tun, als dem, was sie sagen, und wenn wir das Lächeln Gottes sind, wird Gott auf uns herablächeln. Schlimme und traurige Ereignisse können unerwartet gute Früchte bringen, meinte Joel und erzählte von der Mutter einer zerstrittenen Familie, die nach einem schlimmen Unfall ins Koma fiel. Alle versammelten sich an ihrem Krankenbett und versöhnten sich miteinander. Joel ist wie Ijob, er malt nur auf der Leinwand dieser Welt, doch von dieser begrenzten Reichweite abgesehen ist es ein wirkungsvolles und anspruchsvolles Christentum. Joseph Prince ringt mit sämtlichen neutestamentlichen Beweisen und spricht über eine breiter angelegte Thematik als Osteen, aber mit weniger Charme.

Tim O'Leary hat am Silvesterabend erfahren, dass Erzbischof [Peter] Comensoli ihn zum Kanzler des Erzbistums Melbourne ernannt hat. Das freut mich sehr, denn er wird einen hervorragenden Beitrag leisten und dem Erzbischof mit Kraft und Weisheit zur Seite stehen.

In der Buschfeuerkrise ging es für die Behörden heute in allererster Linie darum, Leben zu retten. Obwohl die zerstörte Fläche riesig ist, hat Victoria nur ein Todesopfer zu beklagen. Ein Feuerwehrmann erlitt einen Herzinfarkt. 3000 Angehörige der Streitkräfte wurden eingesetzt mit zwei Schiffen der Marine und einigen Hubschraubern. In New South Wales sind die Schäden größer und in Südaustralien ist ein Drittel der Känguru-Insel niedergebrannt. Christus hat keine Hände außer unseren Händen, doch wir sollten ihm für mehr als kleine Dinge wie die Abkühlung und den Regen danken.

Trotz der Buschfeuer und der Gewalt zwischen den USA und dem Iran (die Schlimmeres befürchten lässt) können wir immer noch die erste Strophe des Hymnus aus dem Morgengebet beten:

Songs of thankfulness and praise,
Jesus, Lord, to thee we raise,
Manifested by the star
To the sages from afar;
Branch of royal David's stem
In thy birth at Bethlehem;
Anthems be to thee addressed,
God in man made manifest.

Dank- und Loblieder senden wir,
Herr Jesus, empor zu dir,
der du den Weisen aus der Ferne
dich kundgetan hast durch den Stern,
Zweig aus König Davids Spross,
bei deiner Geburt zu Bethlehem.
Hymnen seien dir gesungen,
Gott, der zum Menschen geworden.

Montag, 6. Januar 2020, Fest der Erscheinung des Herrn

Höhepunkt des Tages – abgesehen davon, dass Neuseeland im Kricket zum dritten Mal in Folge vom Platz gefegt worden ist – war der Besuch von Chris Meneys Töchtern Jessica Phillips, Jane und

Bernadette. Zwei sind Lehrerinnen und Bernadette ist Managerin. Ich habe sie in Melbourne und später in Sydney aufwachsen sehen, als Chris dorthin kam, um für das Erzbistum zu arbeiten. Sie waren mir eine wundervolle Gesellschaft: starke und gut informierte Katholikinnen, die sich aktiv an den »Kulturkriegen« beteiligen, und sie sind zugleich liebevolle Cousinen. Ihr Besuch hat mich entschieden aufgeheitert und auch in einem tieferen Sinne getröstet.

Der zweite Text in der heutigen Lesehore stammte von einem meiner Lieblingsprediger, dem hl. Petrus Chrysologus. Er bezieht sich in seiner Abhandlung über die Menschwerdung auf den Besuch der drei Weisen: »Heute findet der Sternkundige den als weinendes Kind in der Wiege, dessen Glanz er am Sternenhimmel gesucht hatte. [...] In tiefer Bestürzung erkennt er heute, was er dort sieht: auf der Erde den Himmel, im Himmel die Erde; in Gott den Menschen, im Menschen Gott, und, in den Leib eines Säuglings gehüllt, Ihn, den die ganze Welt nicht zu fassen vermag.« Das hat keiner besser ausgedrückt, und natürlich habe ich die Stelle in der einen oder anderen Weihnachtspredigt verwendet. Es ist eine solche Hilfe für unser Verständnis und für unsere Andacht, dass wir aus dem Besten schöpfen können, was in den vergangenen 2000 Jahren geschrieben oder komponiert, gemalt oder gemeißelt worden ist, um Gott und seinen eingeborenen Sohn zu preisen.

Der Tag war regnerisch, kühl, bedeckt, und vor allem am frühen Morgen lag der Geruch von Rauch in der Luft. Ich habe ein Dutzend Briefe bekommen und am Nachmittag die liegen gebliebenen Briefe und Karten geöffnet, während ich mir das Kricketspiel ansah. Jetzt (um 21 Uhr) ist es nur noch ein rundes Dutzend, und ich habe etwa 300, die ich gelesen und sortiert habe, an die Abteilung, die das Eigentum der Häftlinge verwaltet, geschickt, damit Kartya sie abholen kann. Die meisten der Karten kamen aus den Vereinigten Staaten: sehr freundlich und oft von großen Familien. Die Herkunft der Briefe war breiter gestreut.

Bernadette Tobin hat mir ein halbes Dutzend Zeitungsausschnitte, vor allem aus den Seiten der öffentlichen Meinung des *Australian* gesandt, wo – nie ohne eine mehr oder weniger große Dosis Propaganda – die Vorkommnisse analysiert werden, über die die Nachrichten nur unzulänglich berichten. Mir fehlt die Lektüre der Leitartikel im *Australian*: Greg Sheridan, Paul Kelly, Dennis Shanahan und Henry Ergas.

Michael Heinlein, der Biograf des verstorbenen Francis Kardinal George (aus Chicago), hat mir eine freundliche Nachricht gesandt und geschrieben, dass er seit einigen Jahren für mich bete und dass er den guten Kardinal bitte, Fürsprache für mich zu halten. Ich hoffe natürlich, dass ich seine Einladung annehmen und mich mit ihm über den Kardinal unterhalten kann: einen herausragenden Erzbischof unter Johannes Paul dem Großen und guten Freund, den ich zutiefst bewundert habe.

Zwei Briefe waren zwar nicht vom Inhalt, wohl aber vom Stil her recht gegensätzlich. Der erste stammte von einer 83-jährigen katholischen Witwe aus dem ländlichen Queensland, die nach dem Verlust ihres Mannes immer noch trauert. Dennoch habe sie »ein einfaches, aber wunderbares Leben« gehabt. Dr. Austin Woodbury, der angesehene Maristenpater, war ein Freund der Familie gewesen und jedes Jahr zu Besuch gekommen, und zwei Schwestern der Witwe sind Nonnen, die eine in einem kontemplativen Orden. Nach dem Tod ihres Mannes hatte man sie unerwartet gebeten, den Vorsitz der örtlichen Vinzenzkonferenz zu übernehmen. Sie verjüngte die Gruppe, sodass sie sich zur größten Vinzenzkonferenz im ganzen Bistum Toowoomba entwickelte.

Ohne jeden – geschweige denn bitteren – Kommentar schrieb sie, dass die Kinder an der örtlichen katholischen Grundschule »gut erzogen« worden seien, aber kaum eines von ihnen je die Messe besuche, und dass auch die Lehrer nicht zur Messe gingen. Leider kann ich nicht behaupten, dass ihre Erfahrung – insbesondere im ländlichen Australien – eine Ausnahme ist. Und sie zitierte den geistlichen Leiter der Seher von Medjugorje, der geschrieben hat, am häufigsten bäten die Pilger um Hilfe und Rat, wie sie »ihre Kinder zum Glauben zurückbringen können«. Ich erinnere mich noch daran, dass mich ein bulgarischer Bischof, der unter der kommunistischen Herrschaft tätig war, vor beinahe 30 Jahren ein bisschen boshaft fragte, wie ich es nur ertragen könne, in einer solch antireligiösen Gesellschaft wie der australischen zu leben. Wir waren zusammen auf einer römischen Synode gewesen und Freunde geworden.

Mein italienischer Briefpartner aus Brescia hat seinen Brief nicht getippt, sondern mit der Hand geschrieben: Sein Englisch ist gut, aber seine Schrift kaum leserlich. Er ist erst im Februar auf meinen Fall aufmerksam geworden und ist darüber empört. Er war auch entsetzt über die falschen Anschuldigungen der Billy-

Doe-Geschichte in Philadelphia und die Unterstellungen im Zentrum der »Operation Midland« in Großbritannien.[2] Er bekannte, dass er ein 60-jähriger Anglophiler aus einem »so alten, aber korrupten und feigen Land wie Italien« sei, dem die »furchtbaren kulturellen und sozialen Probleme (Sünden) der englischsprachigen Welt« erst vor Kurzem bewusst geworden seien.

Die »alte Welt« Großbritannien sei »weniger verrückt«, die neue Welt USA sei »verrückter«, und »die ganz neue Welt Australien« sei »die verrückteste von allen«.

Auch wenn er mich als »einen echten christlichen Märtyrer unserer Zeit« und die australische Erneuerungsfähigkeit mit einer gewissen Skepsis betrachtet, geht er doch davon aus, dass der Stolz auf unsere eigene australische Tradition »die Australier davon abhalten wird, ihren Ruf in der ganzen Welt zu zerstören«.

Instinktiv reagiere ich auf eine derart flammende Kritik eher defensiv, aber Abwarten und Abwägen ist die bessere Reaktion – was nicht heißt, dass wir uns vollkommen einig sein müssen. Meiner Meinung nach liefern die australischen Heiden eine solide Leistung ab. Sie können stur und schwerfällig sein, aber sie sind nicht so verrückt wie die Kalifornier.

Mein Briefschreiber erklärt – um das Bild abzurunden –, er sei »begeistert von Winston Churchill« (genau wie ich), und empfiehlt mir, das »christliche Meisterwerk«, Manzonis *Die Verlobten* (*I Promessi Sposi*), zu lesen. Das habe ich tatsächlich noch nicht getan, aber ich stimme ihm zu, dass ich es tun sollte.

Psalm 37 erinnert uns heute daran, dass die Korruption zwar manchmal einen viel zu langen Atem, aber nicht das letzte Wort hat:

Steh ab vom Zorn und lass den Grimm,
errege dich nicht, es führt nur zu Bösem!
Denn die Bösen werden ausgetilgt,
die aber auf den HERRN hoffen, sie werden das Land besitzen.

Eine Weile noch, dann gibt es keinen Frevler mehr […].

46. Woche

Dienstag, 7. Januar 2020

Heute sind 190 Briefe und Karten angekommen. Ich habe sie zum ersten Mal gezählt und dabei außer Acht gelassen, dass Gott von König Davids Volkszählung alles andere als angetan war. Die meisten stammen aus den Vereinigten Staaten, ich werde sie während der *Big-Bash-Cricket*-Übertragung nach den Abendnachrichten durchsehen.

Nachdem es einige Wochen lang vergleichsweise ruhig war, haben wir jetzt zwei Schläger, die abends ihre kurzen Ausbrüche haben. Gestern gab es gegen Mitternacht einigen Lärm, aber sie haben nicht lange durchgehalten. Seit fast einer Woche hören wir einen armen Kerl hin und wieder, manchmal ganz ohne äußeren Anlass, in wüste Beschimpfungen ausbrechen: keine Poesie, sondern eine überschaubare Sammlung von Obszönitäten, die er, wenn sich seine Wutausbrüche entladen, immer wiederholt. Er ist schwer geschädigt und es ist traurig, denn selbst für Franz von Assisi wäre es schwierig, ihm zu helfen. Es dauert zwar nicht stundenlang, aber durch irgendein Missgeschick ist er am Toorak-Ende des Trakts untergebracht, nur ein paar Zellen von mir entfernt, gleich neben meinem Freund Joe. Ich bin mir aber nicht ganz sicher, ob er noch bei uns ist, denn der Insasse von Zelle 12 (ich habe Zelle Nummer 11) ist heute Nachmittag verlegt worden. Bei dieser Gelegenheit hat er die Wärter attackiert und einen gewaltigen Aufruhr veranstaltet. Schwester Mary war gerade bei mir. Sie konnte das Geschehen von draußen verfolgen, aber ich wurde wegen der Aktion kurz in meine Zelle zurückgebracht. Wir Häftlinge in Trakt 8 bekommen einander nie zu Gesicht.

Dave, der Verantwortliche für die Unterbringung, war zu seinem wöchentlichen Besuch da und ich habe ihn gefragt, ob die halbe Stunde am Donnerstag auf eine Stunde erweitert werden könnte. Er bat mich, mein Gesuch an den Direktor zu richten. Wenn es bewilligt wird, wäre das eine Vergünstigung, wie mir Schwester Mary erklärt hat, denn die Regularien erlauben pro Woche nur zwei Besuche, die zusammen nicht länger als eineinhalb Stunden dauern dürfen.

Ich habe meine übliche Dienstagsstunde in der Turnhalle verbracht. Heute war ich träge und habe etliche Anläufe gebraucht, ehe mir beim Tischtennis eine ununterbrochene Serie von 100 Vorhand- und 100 Rückhandschlägen gelang.

In New South Wales brennen noch immer einhundert Feuer, und die Regierung bemüht sich während der zwischenzeitlichen Abkühlung verstärkt, Aufräumarbeiten durchzuführen, die Straßen wieder befahrbar zu machen und das Stromnetz zu reparieren. Einer Schätzung zufolge sind alle Feuerfronten zusammengenommen 1000 Kilometer lang. In New South Wales wurden 125 Häuser zerstört. Natürlich betrachten viele – zu viele – die Feuer als einen eindeutigen Beweis für den Klimawandel, der ihrer Meinung nach durch die Abschaffung von Kohlekraftwerken aufgehalten werden kann. Ich weiß nicht, wie viele Menschen, die sich aktiv für die Gesellschaft einsetzen, Politiker eingeschlossen, mit den Grundlagen der Geschichte und der Wissenschaft des Klimawandels vertraut sind, die Unsicherheit der Diagnosen und die Nutzlosigkeit der vorgeschlagenen Maßnahmen erkennen, den Aktivisten gegenüber jedoch vorsichtiges Schweigen bewahren. Es muss einige geben, aber durch ihr Schweigen haben sie sich selbst ein Bein gestellt.

Bjorn Lomborg, der weniger skeptisch ist als ich, hat in einem kürzlich veröffentlichten Artikel (*The Weekend Australian*, 28./29. Dezember 2019) einige dieser sinnlosen Reaktionen aufgelistet. Als Sir David Attenborough gefragt wurde, was er als Einzelner gegen den Klimawandel tun könne, versprach er, sein Handy-Ladekabel vom Strom zu nehmen, wenn er es nicht brauche. Ein Elektroauto mit einer Reichweite von 400 Kilometern hat eine miserable CO_2-Bilanz, wenn es auf die Straße kommt, und fährt erst nach 60 000 Kilometern emissionssparend. Jedes batteriebetriebene Elektroauto wird mit 10 000 US-Dollar subventioniert und zurzeit werden 129 Milliarden US-Dollar pro Jahr ausgegeben, um die Solar- und Windenergie zu subventionieren, obwohl diese Quellen nicht mehr als 1,1 Prozent des weltweiten Energiebedarfs decken. Das sind nur einige der bei Lomborg genannten Beispiele.

Die globale Durchschnittstemperatur ist seit der Kleinen Eiszeit und in den letzten 200 Jahren mit Unterbrechungen und in Schüben kontinuierlich gestiegen. Bisher hat kein computergeneriertes Modell die künftigen Temperaturveränderungen oder deren Muster korrekt vorhergesagt. Milliarden von Dollar werden in den Komplex des akademisch-industriellen Klimawandels investiert – eine der teuersten Tollheiten der Geschichte. Irgendwie ist es bezeichnend, dass nicht die Kinder vom Rattenfänger aufs Glatteis geführt werden, sondern dass ein 16-jähriges Mädchen leichtgläubige oder zynische Erwachsene führt. Wie teuer soll der Strom noch werden, wie viele Stromausfälle brauchen wir noch, bis dieser Wahnsinn ein Ende hat? Die heidnischen Griechen waren auf der richtigen Spur, wenn sie behaupteten: Wen die Götter vernichten wollen, den machen sie zuerst wahnsinnig (damit will ich aber nicht sagen, dass der eine und wahre Gott auf diese Weise vorgehen würde, denn das braucht er nicht).

Unser christlicher Glaube erinnert uns daran, dass es jenseits der Schönheit und Mühsal dieser Welt eine andere, höhere Daseinsebene gibt. Dieser Gedanke kommt auch im Hymnus des Stundengebets vom Mittwoch zum Ausdruck:

Du starker Gott, der diese Welt
im Innersten zusammenhält,
du Angelpunkt, der unbewegt
den Wandel aller Zeiten trägt.

Geht unser Erdentag zu End',
schenk Leben, das kein Ende kennt:
Führ uns, dank Jesu Todesleid,
ins Licht der ew'gen Herrlichkeit.

Mittwoch, 8. Januar 2020

Katholiken sind überall auf der Welt instinktiv universalistisch und dies nicht weil das griechische Wort *katholikos* »universal« bedeutet, sondern wegen unserer regelmäßigen Praxis und weil uns bewusst ist, dass es in aller Welt katholische Gemeinden gibt. Im Bistum Ballarat hatten wir in meiner Jugend viele irischstämmige Priester und wir sammelten Geld für die »Missionen« in Übersee. Immer wieder schlossen sich Mitschüler den von Iren gegründeten Columbanpatres an, um ein Leben lang in der überseeischen Mission tätig zu sein. Der Papst war in Rom … Es war vollkommen natürlich, dass man den Menschen in Übersee half und aus Übersee Hilfe bekam. Diese Dimension des katholischen Lebens wurde mir auf eine ganz neue Art bewusst, als ich als Bischof durch Osteuropa reiste und dort viele gute Mitglieder orthodoxer Kirchen traf. Ihre Welt endete regelmäßig an den Landesgrenzen und für sie war es in Ordnung, innerhalb dieses eingeschränkten Horizonts zu arbeiten.

Deshalb hat es mich nicht überrascht, dass ich Unterstützungsbriefe aus Übersee bekomme – und doch erfüllen mich die Loyalität, die Gebete und Bußübungen sowie die Botschaften aus aller Welt mit demütigem Erstaunen. Die sozialen Medien haben die Lage verändert, nicht so sehr weil sie Nachrichten über mein Schicksal verbreiten, sondern weil sie meine Adresse an meine Unterstützer weitergeben.

Ein Ehrenplatz unter all diesen Segnungen gebührt den Karten und handschriftlichen Botschaften von Weihbischof Athanasius Schneider aus Kasachstan und seinem Metropoliten Erzbischof Tomasz Peta. Bischof Athanasius trägt den richtigen Namen. Unter kommunistischer Verfolgung aufgewachsen, ist er heute ein erklärter und unerschrockener Verteidiger der katholischen Wahrheit. Gerührt war ich über die Karte einer Frau aus Malaysia. Sie dankt mir für meine Geschichte, die ihr einen Grund gegeben habe, »trotz allem in der Kirche zu bleiben«.

Andere Nachrichten kamen von einem Dominikanerpater aus Schweden, einer Gebetsgruppe aus Belgien, den deutschen (Klarissen-)Kapuzinerinnen, die in Assisi in Italien als kontemplative Nonnen leben, dem früheren südkoreanischen Botschafter beim Heiligen Stuhl, den ich persönlich kenne, und aus Genf in der Schweiz.

Ein Ehepaar aus Auckland in Neuseeland schrieb: »Wir beten, dass Sie am Obersten Gerichtshof einen besseren Prozess bekommen als der hl. Thomas Morus«, und – last, not least in dieser Liste – ein Herr aus Michigan in den USA versprach, er werde »an Präsident Trump schreiben, damit dieser Horror bald ein Ende hat«. Ich erhalte regelmäßig Post aus England, Irland und Schottland, auch wenn die meiste inzwischen aus den Vereinigten Staaten kommt.

Viele Briefe durchzieht ein unerfreuliches Thema, weil die Schreiber besorgt sind über die Verwirrung und die Skandale in der heutigen Kirche. Während die Menschen, die mir schreiben, oft, aber nicht immer, einer Gruppe angehören, die politisch konservativ und fast durchweg lehramtstreu ist, teilen mir andere mit, dass sie der Priesterbruderschaft St. Pius X. angehören.

Eine Schreiberin aus Birmingham, die kürzlich zur Heiligsprechung von John Henry Newman in Rom war, hob den optimistischen Ton in Bischof Schneiders Interview hervor, auch wenn sie auf der Amazonas-Synode den Hauch einer »beinahe teuflischen Präsenz« gespürt haben will. Eine Frau aus Cumbria sprach von einer »heillosen Verwirrung in der katholischen Kirche«.

Auch unter den Australiern gingen die Meinungen auseinander. Eine Frau aus George Town in Tasmanien meinte, es habe »den Anschein, als lebten wir erneut in den Zeiten der Reformation«, und ein Herr aus dem Küstenort Boyne Island in Queensland schrieb: »Hier gibt es viele Menschen, die nach Gott hungern.« Es muntert ihn auf, dass ein ehemaliger anglikanischer Geistlicher, Dr. Gavin Ashenden, kürzlich in die katholische Kirche eingetreten ist, und er zitiert einen Beitrag auf Twitter: »Es ist erfreulich, unerklärlich und tröstlich zugleich, dass er sich in ihrer allerschlimmsten Phase für diese arme, schiffbrüchige Kirche entschieden hat. Das sollte uns Mut machen.«

Die Päpste des 20. Jahrhunderts haben uns verwöhnt, und wer mit der Kirchengeschichte vertraut ist, wird rasch belegen können, dass dies nicht die schlimmste aller Zeiten ist, schon gar nicht für den englischsprachigen Katholizismus. Wir haben den großen Skandal und Unbehagen, wenn nicht gar Schlimmeres, in Sachen Kirchenführung, und wir haben vielerorts einen Rückgang des Glaubens und der Praxis, aber wir haben auch beeindruckende Stärken, und bei uns ist der Rückgang nicht annähernd so schlimm wie der Glaubensabfall in Belgien, den Niederlanden und Quebec. Eine Ärztin aus Wien, Österreich, schrieb: »Wir Christen leben in einer dunklen Zeit, Gott ist aus unserer Gesellschaft verbannt und wir sehen mit an, wie die Flamme des Glaubens verlischt.« Ich hoffe, sie übertreibt, aber die Katholiken in Österreich, der Schweiz und vielen Teilen Deutschlands stehen vor weit größeren Herausforderungen als wir, und oft sind die dortigen Kirchenführungen nicht nur verunsichert und unbeweglich, sondern steuern entschieden in die falsche Richtung.

Viele dieser großen Fragen entziehen sich unserer Kontrolle und spielen sich in weit entfernten Weltgegenden ab. Unsere Aufgabe ist es, uns auf die Arbeit vor Ort zu konzentrieren, weiter zu beten, zu dienen und einander zu unterstützen und uns um unsere Bischöfe und das Papsttum zu scharen. Gott hat uns nicht vergessen, und wenn wir unsere Schwierigkeiten unbewusst übertreiben, könnte dies durch unsere Fehler und unsere Untätigkeit entschuldigt sein.

Ein anderes Gefängnis

Der hl. John Henry Newman trifft wie so oft in einer seiner Predigten den richtigen Ton:

Als der ewige Sohn in unserem Fleisch auf die Erde kam, sahen die Menschen ihren unsichtbaren Schöpfer und Richter. Er zeigte sich nicht mehr bloß in den Kräften der Natur oder in dem Gewirr menschlicher Geschehnisse, sondern in unserer eigenen Ebenbildlichkeit.[3]

Donnerstag, 9. Januar 2020

Es war ein heißer Tag mit Temperaturen knapp über 30 Grad; während meiner eineinhalb Stunden im Garten war es angenehm. Morgen soll es noch heißer werden, was bedeutet, dass die Gefahr von Buschbränden zumindest in Victoria wieder extrem hoch sein wird. Im Lauf des Samstags sind für Victoria Regen und Abkühlung gemeldet, und vielleicht schafft es der Starkregen in Westaustralien in stark abgeschwächter Form sogar bis an die Ostküste. Die Zyklonwarnung für die Umgebung von Darwin wurde herabgestuft.

Twiggy Forrest, der Bergbau-Milliardär aus Westaustralien, hat 70 Millionen Dollar für das »Buschfeuer-Hilfeprogramm« gespendet. Wir sind uns in Sydney und – im Rahmen seines Engagements gegen die moderne Form der Sklaverei, das auch der australische Botschafter im Vatikan John McCarthy sehr unterstützte – vor allem in Rom begegnet. Es ist eine wunderbare Sache und bitter notwendig, Männern und Frauen zu helfen, die in schlecht bezahlter Arbeit gefangen und nicht in der Lage sind, etwas an ihrer Situation zu ändern, weil man ihnen zum Beispiel die Pässe weggenommen hat oder ihnen für den Fall eines Fluchtversuchs mit körperlicher Gewalt droht. Im Vatikan haben wir uns verpflichtet, internationale Bemühungen zu unterstützen, die sicherstellen sollen, dass die Versorgungsketten, über die wir unsere Waren und Dienstleistungen beziehen, an keiner Stelle durch Zwangsarbeit erbracht werden.

Eine andere große Neuigkeit war die Ankündigung des Herzogs und der Herzogin von Sussex, Harry und Meghan, dass sie sich als »Senior Royals« zurückziehen wollen, um der Institution der Königsfamilie auf »fortschrittliche« Weise zu helfen und finanzielle Unabhängigkeit anzustreben. Der Palast hat mit einer Erklärung reagiert, wonach sich die Diskussionen zu diesem Thema noch in einem sehr frühen Stadium befänden und viele Details noch der Klärung bedürften. Die Königsfamilie hat sich enttäuscht darüber geäußert, dass sie in keiner Weise vorgewarnt worden sei.

Man kann Prinz Harry verstehen, denn er war beim Tod seiner Mutter noch ein Junge, und das war sehr schlimm für ihn. Er ist in der Öffentlichkeit sehr beliebt, und seine Angst vor der Boulevardpresse hat gute Gründe.

Andererseits haben sie erst 2018 eine prachtvolle öffentliche Hochzeit gefeiert und beide werden gewusst haben, was es bedeutet, einen Prinzen zu heiraten und als Prinzessin zu leben und zu arbeiten. Deshalb ist der Zeitpunkt und die Art und Weise ihres Rückzugs unglücklich.

Ich erinnere mich, bereits vor Monaten gelesen zu haben, dass Germaine Greer Meghan schon vor geraumer Zeit als »Abweichlerin« bezeichnet hat. Germaine hat sich inzwischen eine Reihe gänzlich unchristlicher Prinzipien zu eigen gemacht, aber sie denkt klar und vernünftig und hat einen gesunden Menschenverstand. Sie ist der Beweis dafür, dass eine katholische Erziehung (in diesem Fall am *Star of the Sea College* in Gardenvale, Melbourne) nie völlig verschwendet ist. Sie hat auch in der Genderfrage einige mutige und zutreffende Dinge gesagt.

Ich wünsche den Sussexes alles Gute, aber ich bin skeptisch, ob ihre Flucht ihnen Frieden bringen wird. Frieden findet man, indem man seine Pflicht erfüllt, und nicht, indem man sich ihr entzieht, nachdem man schon die Hand an den Pflug gelegt hat.

Das Gefängnisleben nimmt seit etwa einer Woche mit kleinen Aufs und Abs seinen normalen Gang, und mein Tagesablauf ist klar geregelt. Mein blinder Freund Joe, den ich im Bewegungsbereich nebenan nie gesehen, aber mit dem ich mich an fünf oder sechs Tagen unterhalten habe, ist in eine andere Zelle oder in ein anderes Gefängnis verlegt worden. Ich freue mich für ihn, aber ich werde unsere Gespräche vermissen, über die ich mich zunehmend gefreut habe, weil ich in ihnen meine Small-Talk-Fähigkeiten verbessern konnte, die noch kümmerlicher geworden sind, nachdem ich zehn Monate in Isolationshaft verbracht und mich davor jahrzehntelang vor allem auf meine Arbeit konzentriert habe.

Wir haben uns ein paarmal darüber unterhalten, ob es schlimmer ist, taub oder blind zu sein. Ich machte versuchsweise geltend, dass es wegen der Kommunikationsschwierigkeiten vielleicht schlimmer wäre, taub zu sein, doch Joe erklärte mir, dass die Hörfähigkeit durch ein Implantat und einen medizinischen Eingriff teilweise wiederhergestellt werden kann, dass es aber keine vergleichbaren Möglichkeiten gibt, die Hornhaut zu ersetzen, die durch 10 000 Nerven mit dem Gehirn usw. verbunden ist. Das Auge und genau genommen auch die menschliche Stimme, die uns befähigt, unsere Ideen auszutauschen, wäre für den reinen Zufall schon eine beachtliche Leistung – und das sind nur zwei der spezifisch menschlichen Eigenschaften.

Das Personal wird abwechselnd in den verschiedenen Teilen des Gefängnisses eingesetzt, und gestern hatten (zumindest, was Trakt 8 betrifft) zwei neue Wärter Dienst. Das führte dazu, dass ich zum zweiten Mal in Folge meinen nachmittäglichen Hofgang im Bewegungsbereich verpasst habe; und sie haben sich geweigert, die Tür zu öffnen, damit ich meine braune Papiertüte, in der sich jede Menge Abfall befindet, nach draußen reichen konnte. Sie versprachen zwar wiederzukommen, haben es aber nicht getan.

Meine spontane, paranoide Reaktion war, dass ich mich fragte, ob vielleicht eine neue Strategie dahintersteckt und ich womöglich Schwierigkeiten mit der Registrierung meiner beiden Besucher bekommen würde. Zu diesem Zeitpunkt hatte ich noch keine Bestätigung erhalten, doch als ich heute um halb neun in den Bewegungsbereich ging, lag sie im Büro unseres Traktes.

Danach funktionierten die alten Einteilungspläne wieder und ich bekam heute Nachmittag etwas zusätzliche Zeit mit meinen beiden Besuchern: Kevin Andrews, dem ehemaligen Minister und standhaften Vorkämpfer des gesunden Menschenverstandes und der christlichen Werte, der immer noch Mitglied im australischen Parlament ist; und Father Tony Percy, der während meiner Zeit als Erzbischof Rektor des Priesterseminars vom Guten Hirten in Sydney war und inzwischen Generalvikar vom Erzbistums Canberra-Goulburn ist. Ich bin zutiefst dankbar für ihren Besuch.

Gestern habe ich einen Brief von einer Frau in New Jersey, USA, geöffnet, die täglich betet, »dass Gott Ihnen die Kraft geben möge, sich vollkommen seinem Willen zu unterwerfen«. Sie fährt fort:

Das Blut des (weißen) Märtyrers ist der Same der Kirche. Die Ernte ist weniger geworden. Wie sehr braucht die Kirche neuen Samen.

Ein gutes Gebet. Amen.

Freitag, 10. Januar 2020

Heute gab es eine Veränderung in meinem Leben. Der Tag begann wie üblich mit dem Frühstück – dabei habe ich mir *Sunrise* auf *Channel 7* angesehen – und einer halben Stunde Hofgang, in der es mir gelang, Margaret anzurufen.

Nach meinen Morgengebeten wollte ich gerade mit meiner Betrachtung beginnen, als ich an der Tür Schlüsselrasseln hörte und der Wärter mir erklärte, dass der stellvertretende Gefängnisdirektor da sei und mit mir sprechen wolle. Er war liebenswürdig und forderte mich auf, mich zu ihm an den Tisch zu setzen; dann eröffnete er mir, dass ich in ein anderes Gefängnis verlegt werden sollte. »Das kommt überraschend«, bemerkte ich. »Ja, aber so ist es im Gefängnis«, lautete seine Antwort. Dann sagte er, dass das *Barwon*-Gefängnis mein neuer Aufenthaltsort sein werde.

Es werde eine Verbesserung sein: Das Gebäude sei neuer und die Zelle geräumiger, ich hätte Zugang zu einem Gemeinschaftsbereich, und zu bestimmten Zeiten würden mir drei Mithäftlinge Gesellschaft leisten. Die Verlegung würde heute noch stattfinden und ich sollte unverzüglich packen und nur das mitnehmen, was ich für den heutigen Abend bräuchte. Meine übrigen Habseligkeiten würden nach dem Wochenende geliefert werden.

Noch ehe ich zu Ende gepackt hatte, traf die vierköpfige Mannschaft ein, die für den Transfer zuständig war. Sie führten die obligatorische Leibesvisitation durch, legten mir Handschellen an und dann ging es los. Ich bedankte mich bei dem jungen Wachhabenden, der sich um mich gekümmert hatte, und schüttelte ihm und auch der freundlichen Wärterin die Hand, die mir mitgeteilt hatte, dass mein Berufungsantrag am Obersten Gerichtshof akzeptiert worden war. Von den beiden anderen, die ich nicht wirklich kannte, verabschiedete ich mich mit einem kurzen Kopfnicken.

Im Transporter wurden mir außerdem Fußfesseln in der größten verfügbaren Größe angelegt (wie man mir sagte), sie waren ein bisschen eng. Mein Status als Häftling macht diese entwürdigenden Maßnahmen offenbar notwendig. Sie gefallen mir nicht, zumal die Vorstellung, dass ich einen Fluchtversuch unternehmen könnte, völlig abwegig ist.

Die drei Sitze des Transporters waren von außen allesamt nicht zu sehen, aber er hatte drei Fenster, neun mal neun Zoll groß (ich denke immer noch in Maßeinheiten, die für das Britische Weltreich galten): Das war eine Bereicherung, die sich in psychologischer Hinsicht bemerkbar machte, weil ich auf diese Weise ein bisschen von der Außenwelt sehen konnte, während wir westwärts fuhren. Wir brachen um 11.09 Uhr auf und kamen um 12.17 Uhr an.

Die Wachhabenden und die Krankenschwestern, die uns erwarteten, waren sehr freundlich, und ich stellte fest – was für eine großartige Ironie! –, dass die Häftlinge des Acacia HSU (*High Security Unit* – »Hochsicherheitstrakts«),[4] in den ich verlegt wurde, beinahe exakt kardinalrote Bekleidung tragen. Ich betrachte dies als Fortschritt gegenüber dem dunkleren Grün im Untersuchungsgefängnis von Melbourne (*Melbourne Assessment Prison* MAP), der Farbe des Islams.

Meine Unterkunft ist etwa viermal so groß wie meine Zelle im MAP, und ich habe einen eigenen Hof. Die Haupttür meiner Zelle führt zu einem großen inneren Gemeinschaftsbereich mit einer Küche, Kühlschränken an dem einen und ein paar Fitnessgeräten einschließlich eines Laufbands am anderen Ende. Dahinter liegt ein gemeinsamer Außenbereich, in dem keine einzige Pflanze und keine Bäume wachsen. Alles ist frisch gestrichen und sauber und und die Atmosphäre ist nicht so angespannt wie in Trakt 8.

Der Schreier, der irgendwo am Toorak-Ende von Trakt 8, nur ein paar Zellen von meiner entfernt, gelandet war, war heute Morgen schon weg gewesen. Allerdings wurde ich gegen drei Uhr früh von irgendeinem armen Kerl geweckt, der brüllte und weinte, was selten vorkommt. Ich habe immer noch keine Gotteslästerung gehört und frage mich, ob das aus religiöser Sicht ein gutes oder weniger gutes Zeichen ist.

Die Besuchstage sind Freitag, Samstag, Sonntag und Montag, und ich muss erst noch herausfinden, was für einen Status ich habe und wie viele Besuche ich empfangen darf. Die Regularien erlauben nur zwei Bücher und Zeitschriften. Vielleicht muss ich bei meiner Lektüre fokussierter und disziplinierter sein!

Heute ist sicherlich ein Fasttag, denn ich habe das Mittagessen verpasst und meine Gebackenen Bohnen nicht ganz aufgegessen.

Von meinen Lebensmitteln ist noch nichts angekommen (ich weiß nicht, ob überhaupt etwas ankommen wird) und mein Telefonkonto ist noch nicht umgestellt worden. Das heißt, ich kann weder meinen Bruder anrufen, um ihn über meinen Umzug zu informieren, noch mit meinen Anwälten Kontakt aufnehmen.

Es ist kühler geworden, und vor einer Stunde hat es geregnet, aber inzwischen hat es anscheinend wieder aufgehört.

Ich habe mich kurz meinen beiden neuen Mitbewohnern vorgestellt, die sich draußen im Hof aufhielten, und mit Abdul geredet, der zwar kein Christ ist, aber die *St Leo's School* in Altona North besucht hat. Er war sehr freundlich.

Freitags esse ich sowieso keine Schokolade mehr (das war also kein Problem), aber heute Abend werde ich meinen Schlummertrunk, eine Tasse Kamillentee, nicht bekommen, geschweige denn, dass ich die Gebackenen Bohnen mit Coca-Cola hinunterspülen kann. Eine kleine nützliche Buße, die die Umstände mir auferlegen.

Am Sonntag feiern wir die Taufe unseres Herrn durch Johannes den Täufer, die 30 Jahre nach Jesu Geburt stattgefunden hat, sodass wir dem Ende der Weihnachtszeit bedrohlich nahe gekommen sind. Deshalb ist es eine der letzten Gelegenheiten, ein Weihnachtsgebet zu sprechen.

Robert Louis Stevenson, einer der berühmtesten Schriftsteller des 19. Jahrhunderts, Verfasser von *Die Schatzinsel* und *Entführt*, ist aus gesundheitlichen Gründen in die Südpazifikregion ausgewandert und nahm, während er dort war, den hl. Damian de Veuster gegen die Angriffe eines protestantischen Pastors in Schutz. Er hat auch ein Weihnachtsgebet geschrieben:

Liebender Vater, hilf uns, der Geburt Jesu zu gedenken, damit wir am Gesang der Engel, an der Freude der Hirten und an der Anbetung der Weisen teilhaben dürfen.
Schließe die Tür des Hasses und öffne die Tür der Liebe überall in der Welt.
Erlöse uns durch den Segen Christi von allem Bösen und lehre uns, mit reinem Herzen fröhlich zu sein. Amen.

Samstag, 11. Januar 2020

Wenn ein Gefangener sich die Überzeugungen seiner Kerkermeister zu eigen macht und die Seiten wechselt, nennt man das Stockholm-Syndrom. Das ist mir im Untersuchungsgefängnis von Melbourne (MAP) nicht passiert, doch haben mich die generelle Diskretion und Besonnenheit der Wachhabenden überrascht und ermutigt, nachdem ich den »Eifer« des osteuropäischen Wärters, der mich vom Gericht zum Gefängnis begleitete, zu spüren bekommen hatte. Als der Direktor sich für meine Kooperation bedankte und ich auf die effiziente Arbeit der Wachhabenden hinwies, bat er mich, das in der Außenwelt bekannt zu machen, und ich habe ihm geantwortet, dass ich das sehr gerne tun würde.

Jedenfalls hatte ich mich schon sehr an meine winzige Zelle gewöhnt mit ihrem Waschbecken, bei dem der Abfluss beinahe verstopft war, und dem Boden, dessen drei Farbschichten an zu vielen Stellen abgeblättert waren. Doch der Fernseher und der Wasserkocher funktionierten und das Bett mit der üblichen Leselampe war bequem. Ich bin froh, dass ich trotz zehnmonatiger Einzelhaft nicht um eine Verlegung gebeten habe, und ich danke dem lieben Gott, dass ich, von so vielen Gebeten und guten Wünschen getragen, weder geistig noch psychisch Schaden genommen habe.

Während mir im MAP – und zwar nur für die Zeit, die ich zum Rasieren brauchte – ein kleiner Spiegel zur Verfügung gestellt worden war (den ich selbst hatte kaufen müssen), habe ich jetzt in meiner Luxussuite zwei viermal so große Spiegel. Statt eines schmalen, langen, doppelverglasten Fensters mit getönten Scheiben gibt es hier zwei (vergitterte) Türen, die mit durchsichtigen Glasscheiben bestückt sind. Im MAP war es anfangs schwer für mich gewesen, dass ich weder die Sonne noch sonst etwas von draußen sehen und nicht einmal den Regen hören konnte.

Im Unterschied zu den anderen Häftlingen werde ich die Tür zu meinem eigenen Hofbereich offen stehen lassen, damit ich hinausgehen kann, wenn ich möchte, und um den Raum zu belüften. Gestern Abend konnte ich den Regen fallen hören und sehen und heute Morgen habe ich die Vögel gehört.

Meine erste Beschreibung des Außenbereichs war nicht ganz zutreffend: Es ist ein länglicher Hof, etwa 35 mal 15 Meter, mit einem Stück Rasen in der Mitte, das von einem Betonweg umgeben ist. Der Rasen ist nicht ganz so gepflegt wie die Rasenflächen der

Colleges in Oxford. Eine liebe Freundin von mir, eine Australierin, deren Mann damals gerade an seiner Doktorarbeit über das menschliche Auge arbeitete, hat einen der Gärtner am *Christ Church College* einmal gefragt, was man tun müsse, um solch einen perfekten Rasen zu erhalten. »Ganz einfach, Ma'am«, lautete die Antwort, »Sie müssen ihn einfach 300 Jahre lang immer schön mähen und walzen.«

Doch das hier ist echter grüner Rasen, und außerdem gibt es elf Kästen mit Keimlingen, aus denen grüne Triebe sprießen. Ich meine, wir hätten im *Aquinas College* in Ballarat – heute Teil der Australischen Katholischen Universität – einmal für kurze Zeit eine Marihuana-Pflanze gehabt, die, von naiven Menschen wie mir unerkannt, im hinteren Innenhof wuchs. Ich glaube aber nicht, dass in unseren kleinen Kästen hier im *Barwon*-Gefängnis ein solches »medizinisches Gras« gezogen wird.

Das Essen ist anders als im Untersuchungsgefängnis von Melbourne, aber auf jeden Fall angemessen, und ich habe Zugang zu einer Küche, wenn ich außerhalb meiner Zelle im Gemeinschaftsbereich bin. Ich habe zwar keine Tischtennisplatte und keinen Basketballkorb, aber sonst sind alle Geräte vorhanden, die ich regelmäßig benutzt habe (drei an der Zahl). Somit war ich nach einem halbstündigen Spaziergang im Hof – es war klar und eher kalt als kühl – nur sechs Minuten auf dem Laufband. Als meine Liste von Telefonnummern am frühen Nachmittag immer noch nicht durchgegeben worden war, erwähnte ich gegenüber dem Justizvollzugsbeamten, dass es gegen die Vorschriften verstoße, wenn man in ein neues Gefängnis verlegt wird und 24 Stunden lang niemanden kontaktieren kann. Er stimmte mir zu und stellte mich in seinem Büro zu David durch. Sie wollen am nächsten Montag um 12.30 Uhr herkommen.

Ich habe mich kurz mit den beiden anderen Häftlingen Derek und Paolo unterhalten, beide waren herzlich und gaben mir ein paar nützliche praktische Informationen. Derek ist seit 19 Jahren im Gefängnis, weil er zwei Polizisten ermordet haben soll. Er besteht darauf, dass seine Unschuld nun erwiesen sei, weil die Polizei einen Beweis geändert habe. Ich habe ihm für seine Berufungsverhandlung im Februar alles Gute gewünscht und mit einigem Nachdruck erklärt, dass es meiner Meinung nach ein großes Unrecht ist, unschuldige Menschen zu einer Haft zu verurteilen.

Ein anderes Gefängnis

Während ich hin und wieder der Versuchung unterliege, meine Lage zu beklagen, stelle ich mir vor, ich würde mit 20 Jahren zu 24 Jahren Haft verurteilt und 19 Jahre unschuldig im Gefängnis verbringen ... Peter Kidd war der Assistent des Staatsanwalts in seinem Fall, und für den Richter hat er nicht viel übrig.

Gott und Vater, es ist uns ein besonderer Trost zu wissen, dass du gerecht bist und dass die Waagschalen der Gerechtigkeit im nächsten Leben im Gleichgewicht sind. Wir wissen, dass du ein Gott der Liebe und Barmherzigkeit bist, dass sich die Waagschale durch das Leiden und Sterben deines Sohnes zu unseren Gunsten neigt und dass du niemals ungerecht bist und den Sündern keine größere Strafe auferlegst, als wir verdienen.

Wir bitten dich durch deinen Sohn: Segne alle, die sich in diesem Leben für die Gerechtigkeit einsetzen, und nimm dich vor allem derer an, die unschuldig im Gefängnis sind, insbesondere wenn sie zu Unrecht eine jahrelange Haftstrafe verbüßen, auf die Hilfe von Verwandten und Freunden verzichten müssen oder in ihrem Kampf um Gerechtigkeit nicht genug Geld und keine guten Anwälte haben.

47. Woche
Nicht mehr in Einzelhaft

12. Januar bis 18. Januar 2020

Sonntag, 12. Januar 2020

Ich bin ganz ohne Wecker um 5.40 Uhr aufgewacht, genau rechtzeitig für die *Mass for You at Home*, die um sechs Uhr beginnt: ein Zufall, wenn auch ein glücklicher, den ich von der Vorsehung bestimmt nennen möchte, aber ohne damit etwas für mich in Anspruch zu nehmen, das über das Normalmaß hinausgeht.

Father Andrew Jekot hat die Messe zum Fest der Taufe des Herrn zelebriert, dem Beginn seines öffentlichen Wirkens und ersten Geheimnis des lichtreichen Rosenkranzes, den der hl. Johannes Paul II. eingeführt hat. Dieser in religiöser Hinsicht bedeutsame Anfang bekräftigt und ergänzt die natürliche Geburt Jesu in Bethlehem.

Die Predigt war stimmig und biblisch fundiert; Andrew erzählte, wie er selbst einmal im Jordan gebadet habe und dass das für ihn eine zutiefst religiöse Erfahrung gewesen sei. Besonders auffällig und beeindruckend war, dass er Gott ausdrücklich in den Mittelpunkt seiner Predigt gestellt hat: Er rief uns dazu auf, unseren persönlichen Glauben zu stärken, ja mehr noch, er erklärte in seiner Predigt, dass wir nicht ohne Glauben leben könnten.

Joseph Prince ging von der Elischa-Geschichte aus, um sein Thema, »Überfülle an Leben und Gesundheit«, zu entwickeln. Er trug eine hellgraue Lederjacke mit vielen Reißverschlüssen, schwarze Schuhe und ein paar Ringe. Die Predigt war wie immer gut vorbereitet, und ihr Inhalt regte zu religiösem Nachdenken an. Er stellte die Wege der Welt den Wegen Gottes gegenüber. Wenn etwas Schlimmes geschehe, dann versuche die Welt, das Übel zu beseitigen. Gottes Herangehensweise an das Übel bestehe darin, dass er etwas hinzufüge: so wie Elischa Mehl über den Topf mit giftigem Essen streute und das Gift unschädlich machte.

Kiko Argüello[1] ist wahrscheinlich der einzige Prediger der Gegenwart, bei dem ich geneigt war, aufmerksam zuzuhören – und das, obwohl seine Predigten außerordentlich lang sind. Auch die Gemeinschaftstreffen des *Neokatechumenalen Weges*, an denen ich regelmäßig teilnehme, sind bekannt für ihre lange Dauer und weniger bekannt dafür, dass sie pünktlich beginnen.

Kiko meint, der Hauptunterschied zwischen Christen und Säkularisten liege in der Art, auf Leiden zu reagieren. Säkularisten versuchen häufig, den leidenden Menschen – z. B. durch Abtreibung und Euthanasie – zu beseitigen oder dem Leid aus dem Weg zu gehen: wenn sie z. B. ihre Angehörigen im Seniorenheim nicht besuchen oder sich bei der ersten Ehekrise scheiden lassen. Die christliche Reaktion besteht darin, das Leiden zu behandeln und dem Leidenden beizustehen, im Leidenden Christus zu sehen: Hilfe für ledige Mütter und ihre Kinder zu leisten, Palliativpflege anzubieten, echte Gemeinschaft mit alten und kranken Menschen zu pflegen, beharrlichen Einsatz, um eine Ehe zu retten. Das entspricht dem, was Prince heute gesagt, und beide Erklärungen wurzeln in dem, was Jesus in den Seligpreisungen gelehrt hat.

Joel Osteen hat sich wieder auf seine Stärke und seine grundlegende Schwäche besonnen. Wenn die Dinge schlecht laufen, so Joel, dann »tue« Gott das, um uns zu fordern, damit wir mehr erreichen. Gott hätte es nicht »veranlasst«, wenn er nicht etwas Besseres im Blick hätte, das noch kommt. Hier gibt es ein paar Probleme. Gott »tut« nichts Böses und er »veranlasst« es auch nicht; er lässt es zu, weil er die menschliche Freiheit und die Naturgesetze respektiert. Außerdem geht Joel nie darauf ein, dass dieses »Bessere, das noch kommt«, manchmal erst im nächsten Leben kommt. Genauso wenig, wie er sich mit der Lehre des Herrn auseinandersetzt, dass Reichtümer kein Zeichen göttlichen Segens, sondern – insbesondere für die sehr Reichen – ein Nachteil und dass die Armen die eigentlich Gesegneten sind. Als die Juden an die Grenze des Gelobten Landes kamen, fiel kein Manna mehr vom Himmel und die Juden mussten sich ihr Essen selbst kochen. Wir sollten nicht zu bequem werden, sondern auch in der Lage sein, uns von alten Denkmustern zu verabschieden. Joels Lehre ist wie immer wahr, soweit sie eben reicht.

Songs of Praise kam heute aus Fife in Schottland (eine BBC-Produktion von 2011): Im Mittelpunkt stand die alte Abtei und gotische Kirche, die 1173 zum Gedenken an die hl. Margaret, Königin von Schottland (gest. 1093), geweiht wurde. Wir sahen eine Reihe schöner mittelalterlicher Kirchen und Ruinen, und aus irgendeinem Grund überkam mich eine tiefe Traurigkeit darüber, dass der Katholizismus in Schottland durch die Reformation beinahe völlig ausgelöscht worden war, ehe die irischen Migranten ihn im 19. Jahrhundert wiederbelebt hatten.

Eine meiner Urgroßmütter, Elizabeth Adamson, war Schottin, und manchmal frage ich mich, wie, wann und warum meine protestantischen Vorfahren – die Pells, die Berkeleys, die Thompsons ... – der katholischen Kirche den Rücken gekehrt haben. Als ich einmal die *National Portrait Gallery* in London besucht habe, um mir das Porträt eines entfernten Verwandten anzusehen – Sir Watkin Owen Pell, ein einbeiniger Admiral in den napoleonischen Kriegen und danach Bevollmächtigter am *Greenwich Hospital* –, haben mir die Kuratoren die Zeichnung einer Pell aus dem 18. Jahrhundert gezeigt, die einen oder mehrere katholische Namen hatte. Ihre Konfessionszugehörigkeit war unsicher und in den mir bekannten Listen der Pells aus Nethercote war sie nicht aufgeführt.

In der Sendung war auch von Andrew Carnegie die Rede, der in der Gegend aufgewachsen war, später in die Vereinigten Staaten emigrierte, in die Stahlindustrie einstieg, reicher wurde als Bill Gates und zu meiner Überraschung davon überzeugt war, dass »ein Mann, der reich stirbt, in Ungnade stirbt«. Bis zu seinem Tod hatte er 319 Millionen Dollar verschenkt, und die *Carnegie Stiftungen*, die in einer Reihe von Ländern eingerichtet wurden, verteilen bis heute im Durchschnitt eine viertel Million Dollar pro Tag. Die Lieder haben mir gut gefallen.

Die *Herald Sun* brachte heute auf der Titelseite einen Hinweis und auf Seite 5 einen Artikel über meine Verlegung ins *Barwon*-Gefängnis, nachdem am Donnerstag über dem MAP eine Drohne gesichtet worden war. Als ich im Garten war, war mir nichts aufgefallen. Aus dem MAP sickern regelmäßig Informationen durch, wie der Abbott-Besuch beweist. Ich habe auch noch das Bild von dem Wärter vor Augen, der seitlich und nicht quer vor mir stand, sodass die Presseleute mich am Ende des Weges bei der Rückfahrt vom Gericht in Handschellen fotografieren konnten.

Kartya und Paul waren unerwartet da, um zu sehen, wie es mir geht, und sich ein Bild von meiner Situation zu machen. Ich konnte sie beruhigen, denn, wie meine Mitinsassen Derek und Paolo mir erklärt hatten: Einen besseren Platz als diese Hochsicherheitsunterbringung mit Halbisolation kann man sich als Häftling in Victoria nicht wünschen. Ich bat sie, meinen Verwandten und Freunden auszurichten: »Alles gut so weit, ich rechne nicht mit Problemen.« Sie hatten von Dereks Berufung gehört und hielten seine Ausgangslage für gut.

Ich war dankbar für ihren Besuch. Der Prophet Jesaja hat schon im 7. Jahrhundert v. Chr. gelehrt, dass die, die der Herr zu Dienern der Gerechtigkeit berufen hat, bestrebt sein sollten,

blinde Augen zu öffnen,
Gefangene aus dem Kerker zu holen
und die im Dunkel sitzen, aus der Haft (Jes 42,7).

Montag, 13. Januar 2020

Allmählich richte ich mich in meinem humaneren Tagesablauf ein. Der heutige Höhepunkt war ein zweistündiger Besuch von Margaret, Judy und Rebecca. Ich darf jetzt pro Monat zwei Kontaktbesuche und pro Woche zwei Besuche in der Kabine, getrennt durch eine Glasscheibe, bekommen, die jeweils eine Stunde dauern und um eine Stunde verlängert werden können.

Die Zeit verging rasch. Ich beruhigte sie und gab ihnen eine grobe Schilderung meines neuen Lebens, ehe wir dazu übergingen, uns über die jüngsten familiären Entwicklungen zu unterhalten. Margarets Erinnerung war nicht perfekt und sie wird einen Hörtest machen, denn sie hat sich beklagt, dass ich beim Sprechen genuschelt und die Hand vor den Mund gehalten hätte. Sie ist älter geworden, wie wir alle es zu gegebener Zeit werden, aber sie war fröhlich, interessiert und aufmerksam.

Sie erkundigte sich, wer meine Mithäftlinge seien. Rebecca und Judy kannten Dereks Fall und erzählten mir außerdem, dass dies hier das Gefängnis ist, in dem Carl Williams ermordet wurde.[2] Das hatte ich nicht gewusst. David hat heute – nach einer schweren Grippe oder etwas Ähnlichem, das ihn ziemlich mitgenommen hat – wieder angefangen zu arbeiten. Sie und meine anderen Verwandten und Freunde waren irritiert über meine plötzliche Verlegung und besorgt, dass meine Situation sich vielleicht verschlechtert haben könnte. Ich gab erneut Paolos und Dereks Einschätzung zum Besten – dass wir im Rahmen dessen, was die Gefängnisse in Victoria zu bieten hätten, bestmöglich untergebracht seien – und das freute sie sehr. Meine Nichte Rebecca brachte es auf den Punkt: »Sie müssen es schließlich wissen.« Rebecca ist Oberstufenlehrerin.

Im Tagesverlauf ist es wärmer geworden. Auf ihrer Herfahrt von Bendigo (zweieinhalb Stunden eine Strecke) hing eine Rauchwolke über der Landschaft, aber als ich um halb neun Uhr heute Morgen meinen Spaziergang machte, lag noch Tau auf dem Gras. Die Luft in Victoria riecht immer gut, vor allem wenn es kühl ist. In Sydney kommt der Sommer in der Regel, um zu bleiben, und das Wetter ist weniger kapriziös und wechselhaft. Aber in Sydney gibt es nie diese frischen, kühlen Morgenstunden – schon gar nicht im Sommer, wenn es immer feucht ist. Trotzdem wird es dort nicht so oft schwül wie in Brisbane, ganz zu schweigen von Cairns und dem hohen Norden.

Eine weitere beruhigende Kleinigkeit erlebte ich gestern, als ich sah, wie Derek ein paar Brotstücke zerkrümelte und die Brösel auf den Rasen warf. Binnen Minuten war rund ein Dutzend Spatzen durch das Drahtgitter geflogen, das den Bereich überdeckt. In weniger als einer halben Stunde war das Brot komplett verschwunden. Diese menschliche Geste machte mir Mut. Sie reichte zwar nicht ganz an die Tierschutzaktivitäten von Häftling X heran, insbesondere bei verletzten Spatzen, aber sie war ein schlichter Akt der Freundlichkeit. Was wir Häftlinge in der Regel zu schätzen wissen.

Ein Teil meiner Habseligkeiten ist aus dem Untersuchungsgefängnis von Melbourne eingetroffen, sodass ich mir heute Abend meinen Schlummertrunk (eine Tasse Kamillentee) und ein bisschen Schokolade gönnen kann. Einmal wöchentlich darf man in der Kantine einkaufen, die Liste an Leckereien ist umfangreicher und man bekommt auch Tageszeitungen. Aber wenn ich mir sechsmal in der Woche *The Australian* kaufen würde, wären damit schon zwei Drittel meines monatlichen Taschengelds von 140 Dollar aufgebraucht! Ich werde mir *The Weekend Australian* und ab und zu, vor allem mittwochs, wegen des wöchentlichen Fernsehprogramms eine *Herald Sun* kaufen. Wahrscheinlich kann ich hier auch eine größere Auswahl an Fernsehsendern empfangen.

In dem regulären Besucherraum, in dem wir uns getroffen haben, gibt es zwei weiße Tafeln, und Margaret war sehr bewegt, weil »Lexi« darauf geschrieben hatte, dass er seinen Vater liebt. Zwei andere Kinder hatten ähnliche Botschaften hinterlassen, und ein weiteres hatte geschrieben: »Dad ist ein echter …« Das letzte Wort war halb verwischt. Es könnte »Teufel« geheißen haben. Jedenfalls fällt mir kein anderes freundlicheres Wort ein, das aus ähnlichen Buchstaben besteht. Das ist traurig, aber gut für die anderen Väter.

Die erste Lesung stammte heute aus dem Buch Jesus Sirach und handelte von der Weisheit, die vom Herrn kommt. Unsere Weisheit ist göttlich. »Nur einer ist weise, höchst Furcht gebietend: der auf seinem Thron sitzt.«

Es würde mir nie einfallen, meine Lebensgeschichte mit »Wie ich Weisheit erlangt habe« zu überschreiben. Aber ich weiß die Weisheit zu schätzen, ich respektiere die wenigen Menschen, die wahrhaft weise sind, und ich habe mich in all den Jahren wirklich bemüht, nicht allzu oft töricht zu sein.

Die Antwort auf diese Lesung stammt aus dem ersten Kapitel des Buches Jesus Sirach:

Alle Weisheit kommt vom Herrn […].
Der Herr selbst hat sie erschaffen, […]
und er hat sie denen gewährt, die ihn lieben.

Dienstag, 14. Januar 2020

Die Gefängnisseelsorgerin, Schwester Mary O'Shannassy, hat mich heute natürlich nicht besucht, und ich habe die Kommunion, das Gespräch mit ihr und Schwester Mary McGlones Predigt über das Evangelium des vergangenen Sonntags vermisst. Ich glaube, die Seelsorgerin hier ist gerade in den Ruhestand gegangen, aber ich freue mich, ihre Nachfolgerin kennenzulernen. Mary wird bald ihr künstliches Kniegelenk erhalten. Hoffentlich geht alles gut.

Wir Häftlinge in Trakt 3 sind zu viert. Zwei sind Muslime, wobei drei von uns auf eine katholische Schule gegangen sind. Beide Muslime haben schon mit mir über Religion gesprochen. Paolo hat mir ein Exemplar von *An Explanation of the Last Tenth of the Noble Quran* (»Eine Erklärung des letzten Zehntels des edlen Koran«) zum Lesen gegeben (und ich habe die Absicht, einmal hineinzuschauen) und mich gebeten, ihm die Dreifaltigkeit zu erklären, die »der einzige Unterschied« zwischen uns sei, weil der Islam auf dem Judentum und dem Christentum aufbaue.

Ich habe ihm geantwortet, dass ich nicht in der Lage sei, dieses Geheimnis zu erklären, weil Gottes Geist alles Geschaffene übersteige. Er hatte sich gefragt, ob wir uns Gott, den Vater, als eine Art irdischen Vater Jesu, des Gottessohnes, vorstellen. Der Heilige Geist sei Gottes Gegenwart in der Welt, und deshalb sei Gott einer, aber wie eine Gemeinschaft der Liebe, ergänzte ich. Ich entschuldigte mich für die Unzulänglichkeit meiner Erklärung, aber er wirkte ganz zufrieden, denn der letzte Christ, den er gefragt hatte, hatte überhaupt keine Erklärung zustande gebracht.

Das Gespräch mit meinem anderen muslimischen Freund verlief ganz anders, weil ihn der plötzliche Tod seines Neffen im Libanon erschüttert hatte. Der junge Mann war vor Kurzem bei einem Sportunfall ums Leben gekommen. Sein Vater war im letzten November verstorben und er hatte nicht zur Beerdigung gehen können. Allerdings hatte sein Vater ihn einen Monat vor seinem Tod im Gefängnis besucht und die Behörden hatten während seiner Krankheit viele Video-Gespräche mit ihm via Skype erlaubt.

Er fragte mich unter anderem, wie ich über Exorzismus denke und ob wir in der katholischen Kirche ein solches Ritual hätten. Ich erklärte ihm, dass es in Australien ein paar offizielle Exorzisten gebe, die die feierlichen Gebete des Ritus zur Austreibung des bösen Geistes aber erst dann sprächen, wenn der oder die Betreffende zuvor psychologisch untersucht worden sei. In den meisten Fällen konnte eine natürliche Erklärung für die Störung gefunden werden und es wurde eine psychische Erkrankung diagnostiziert. Ich machte jedoch deutlich, dass ich dämonische Besessenheit für real halte und dass so etwas meiner Meinung nach in Australien häufiger geworden ist. Ich sagte nicht, dass ich dies auf den Niedergang des Christentums und darauf zurückführe, dass das Böse den frei gewordenen Platz besetze, aber ich brachte meine Ansicht zum Ausdruck, dass Exorzismen für die Exorzisten eine schwere und kraftraubende Erfahrung sein können und ihnen nicht selten einen gesundheitlichen Tribut abverlangen.

Die Geschichte meines Freundes war noch ungewöhnlicher: Ein Dorfscheich im Libanon hatte einen Dämon aus ihm austreiben wollen und zu diesem Zweck einen Koranvers auf einen Zettel geschrieben, den er um den Arm tragen sollte. Als nach Monaten keine Besserung eintrat, falteten sie, allen Einwänden zum Trotz, den Zettel auseinander und stellten fest, dass es ein Fluch war, den sie fotografierten und anschließend verbrannten.

Danach wurde mein Freund einem traditionellen sunnitischen Exorzismusritual mit Gebeten und Schlägen unterzogen, das gefilmt wurde. Er erinnert sich nicht an das Ereignis, doch es war spektakulär, wie er später feststellte, als er sich den Film ansah. Das alles geschah, ehe er anfing, einige Monate lang Ice [Crystal Meth] zu nehmen.

Es überrascht mich, dass beide Muslime auf je unterschiedliche Weise mit mir über Religion diskutieren. Keiner bezeichnet sich als besonders fromm und beide haben beträchtliche Vorstrafen (ob allesamt verdient, steht auf einem anderen Blatt). Was hat das zu bedeuten? Haben beide eine religiöse Selbstsicherheit, aber noch den einen oder anderen Punkt, der sie interessiert oder irritiert? Oder ist da so etwas wie ein heimlicher Zweifel?

Das Erste, was man anerkennen muss, ist, dass sie noch nicht so australisch geworden sind, dass sie in religiösen Dingen Zurückhaltung üben und dass sie eine religiöse Neugier und Sensibilität besitzen, die viele Angloaustralier verloren oder abgelegt haben. Sie sind selbstbewusste Mitglieder einer streitbaren religiösen Minderheit und haben sich das australische Ideal zu eigen gemacht, für ihre Rechte einzustehen. In Europa sagen viele, die Australier wüssten nicht, wo ihr Platz sei, sondern meinten, sie könnten sich beklagen, wenn etwas schieflaufe, und seien weniger bereit, stillschweigend ihre Grenzen anzunehmen und sich mit Ungerechtigkeiten abzufinden. Früher, als ich noch für die »Kongregation für die Glaubenslehre« im Vatikan tätig war, kam ein unverhältnismäßig großer Teil der aus aller Welt eintreffenden Beschwerden über Aspekte der Lehre und der liturgischen Praxis aus Australien.

Der hl. Basilius der Große war ein Bischof des 4. Jahrhunderts und stammte aus Kappadokien (in der heutigen Türkei). Er verteidigte die Gottheit Christi gegen die Arianer und hat viele der Lebensregeln des östlichen Mönchtums verfasst. Er schreibt: »Was ist wunderbarer als die Schönheit Gottes? Was könnte schöner und lieblicher gedacht werden als die Herrlichkeit Gottes? Welche Sehnsucht könnte so heftig und mächtig sein wie jene, die Gott der Seele eingibt, wenn sie vom Bösen gereinigt ist […]?«

Ich vermute, die beiden Muslime hier hätten eine bessere Vorstellung davon, was Basilius meint, als viele gute, waschechte Australierinnen und Australier. Es ist, als wären sie auf eine andere Frequenz eingestellt, eine andere Wellenlänge.

Mittwoch, 15. Januar 2020

Vor etwa 50 Jahren erzählte mir ein Farmer aus dem Süden von New South Wales, gleich auf der anderen Seite des Murray River und nicht weit von Swan Hill[3] entfernt, wie sehr er es liebte, nach einer langen Trockenperiode nachts wach zu liegen und dem Regen zu lauschen, der auf das Blechdach des alten Bauernhofs der Familie prasselte. Das war eine Erfahrung, die er nicht jedes Jahr machen konnte.

Dass ich jetzt im *Barwon*-Gefängnis bin, hat unter anderem den Vorteil, dass ich den Regen und den Wind und den Donner hören und in meinem eigenen Hof sogar sehen kann, wie der Regen fällt.

Im MAP waren alle Fenster getönt, und die Scheibe in meinem engen Zellenfenster bestand aus zwei oder drei Schichten getöntem Glas oder Plastik. Man konnte den Regen weder hören noch sehen. Hin und wieder, nach besonders heftigen Regenschauern, hingen große Tropfen an den Fenstern, aber das kam nur selten vor. Das Silvesterfeuerwerk konnte ich hören, ehe es im Fernsehen zu sehen war, aber wenn es gewitterte, hörte ich nur die lautesten Donnerschläge. Die meisten Kapriolen des Wetters in Melbourne konnte ich nicht wahrnehmen.

Hier im *Barwon*-Gefängnis habe ich den Wetterumschwung heute Nachmittag gegen halb vier kommen sehen. Eine der Wachhabenden sagte, sie liebe den Geruch, wenn der Regen den Staub aus der Luft wäscht. Das kann ich nicht gerade behaupten, aber ich weiß genau, was sie gemeint hat. Der Sommer ist in Melbourne interessanter als in den meisten anderen gemäßigten Gegenden des australischen Kontinents, aber er ist auch frustrierender und manchmal enttäuschend. Einmal hatten wir im Januar in Torquay drei Wochen lang nicht einen guten Strandtag, auch wenn ich der Fairness halber sagen muss, dass das in Torquay nur selten vorkam, das heißt, was meine persönliche Erfahrung betrifft, nur ein einziges Mal.

Derek, der sieben seiner 19 Haftjahre in diesem Trakt verbracht hat, hat mich heute Morgen gefragt, ob ich seine jungen Pflanzen in den elf Behältern gießen könne, wenn ich um halb neun draußen sei, weil es heute heiß werden solle. Als er sich wegen meines Herzens erkundigte, ob die Gießkanne auch nicht zu schwer sei, tat ich die Frage ab – und staunte ein weiteres Mal, wie viel er über mich wusste. Ich war froh, dass ich mich nützlich machen konnte, und ich hoffe, dass ich hier länger als im MAP meine Rolle als Hilfsgärtner ausfüllen kann. Und ich sollte die Gießkanne wieder füllen, wenn ich die Pflanzen gegossen habe.

Paolo hat heute Morgen an meine Tür geklopft und mir noch ein erstklassiges Kissen und eine wunderbare Decke gebracht. (»Solche Decken geben sie hier nicht raus« lautete sein Kommentar.) Ich war begeistert über das Kissen und unsicher, ob ich die Decke wirklich brauchte, aber er bestand darauf. Dann ließ er mir einen Eimer mit heißem Wasser und Desinfektionsmittel vor der Tür stehen, damit ich meine Zelle wischen konnte. Das Diktum *Cleanliness is close to Godliness* (»Sauberkeit kommt gleich nach Frömmigkeit«) ist vermutlich ein halb heidnischer und englisch-protestantischer Mythos, aber wer bin ich, einen so vernünftigen Standpunkt zu verurteilen? Anscheinend hat jedes Gefängnis seine eigene Methode, einen daran zu erinnern, dass man im Gefängnis ist, aber bisher habe ich im *Barwon*-Gefängnis in dieser Richtung noch nicht viel erlebt.

Bei meiner Ankunft am Freitag habe ich ein Formular ausgefüllt, um an drei Tagen pro Woche eine Zeitung zu bekommen. Mehr erlaubt mein Budget nicht. Diesen Sachverhalt habe ich heute zur Sprache gebracht und darauf hingewiesen, dass ich am Montag nichts bekommen hätte und hoffe, heute eine *Herald Sun* zu erhalten. Der Wachhabende versprach wie üblich, sich zu erkundigen, und ich erfuhr, dass mein Gesuch bearbeitet werde und ich am nächsten Montag mit meiner ersten Zeitung rechnen könne.

Ich muss mich ab acht Uhr statt wie vorgeschlagen um halb neun im Gemeinschaftsbereich aufhalten, das heißt, ich werde mein geliebte *Sunrise*-Sendung auf *Channel* 7 verpassen.

Sie haben das Laufband repariert, es dröhnt und scheppert nicht mehr und, was noch wichtiger ist, es bleibt nicht hin und wieder plötzlich stehen. Ein ausgefranster Riemen ist ersetzt worden, und so konnte ich meine siebeneinhalb Minuten ohne Zwischenfall absolvieren.

Vor ein paar Tagen hatte Tim O'Leary am Telefon erwähnt, dass der emeritierte Papst Benedikt und Kardinal Sarah gemeinsam ein

Buch zur Verteidigung des priesterlichen Zölibats verfasst hätten. In den *SBS*-Nachrichten heute Abend wurde gemeldet, dass Papst Benedikt seinen Namen von seinem Beitrag zurückgezogen hat, damit es sich nicht so darstellt, als wende er sich gegen Papst Franziskus. Ich kenne die näheren Umstände nicht, aber ich kann derartige Verlautbarungen eines zurückgetretenen Papstes nicht befürworten, obwohl ich davon ausgehe, dass ich seinen theologischen Ausführungen beipflichten würde, denn ich bin dafür, die Disziplin des Priesterzölibats in der lateinischen Kirche aufrechtzuerhalten.

Das bestätigt mich in meiner Überzeugung, dass die Kirche bezüglich der Aktivitäten eines emeritierten Nachfolgers des hl. Petrus Regeln oder Vereinbarungen erlassen sollte. Das könnte nur durch einen Papst geschehen, der über seine eigene Zukunft nachdenkt. Die erste Aufgabe des Papsttums besteht darin, die Einheit der katholischen Weltkirche unter Berücksichtigung der katholischen Tradition zu festigen und zu schützen, die Jesus, den Herrn, offenbart.

Die Kirche ist verstört; viele gute Katholiken sind verärgert und empört. Es steht viel auf dem Spiel, weil nur sehr wenige die wirkliche Agenda der Spadaros[4] dieser Welt kennen, insbesondere wenn sie behaupten, dass in der Theologie zwei plus zwei fünf ergeben könne. Die Kommunion für die wiederverheirateten Geschiedenen ist nur ein Ablenkungsmanöver, die Spitze des Eisbergs: Unterschiedliche Parteien wollen die Sexualmoral auf unterschiedliche Weise neu schreiben, und die Pachamama[5] ist für manche der erste Schritt zur Anerkennung des Christentums als eines der vier großen Flüsse, die die Weltmeere speisen: Hinduismus, Buddhismus, Islam und Christentum. Wir könnten Elija brauchen, der aus dem Ruhestand zurückkehrte, um den einen wahren Gott Abrahams, Isaaks und Jakobs und seinen einzigen Sohn Jesus Christus, das Alpha und Omega, zu verkünden.

Die zweite Lesung des morgigen Tages stammt vom hl. Athanasius, dem oft verbannten Erzbischof von Alexandria in Ägypten, einem der wichtigsten Bischofssitze des beginnenden 4. Jahrhunderts, und enthält folgenden schönen Abschnitt:

Der allheilige und über alle Geschöpfe erhabene Vater Christi gleicht einem vortrefflichen Steuermann. Mit seiner eigenen Weisheit und seinem eigenen Wort, mit unserm Herrn und Heiland Christus, lenkt er überall alles zum Heil und ordnet und wirkt alles, wie er es für recht erkennt. Recht aber ist, dass alles so ist, wie es geschehen ist und wie es vor unseren Augen geschieht, weil er es so will, was gewiss keiner bestreiten wird.

Donnerstag, 16. Januar 2020

Ich bin noch nicht mit den Abläufen in meinem neuen Gefängnis vertraut: Nachdem ich meine Besuchsanträge abgegeben hatte, erfuhr ich, dass sie immer bis Mittwoch der Vorwoche eingereicht werden müssen, weil sowohl die Besucherliste als auch die einzelnen Personen der Genehmigung durch die zuständigen Stellen bedürfen. Deshalb haben David, Judy und Sarah eine »vorläufige« Genehmigung für Montag erhalten.

Mein Fehler – oder ein Fehler – war, dass ich angenommen hatte, das Verfahren sei hier dasselbe wie im MAP, nachdem ich herausgefunden hatte, dass Father Victor Martinez und Dr. Fogarty nicht auf meiner Liste standen. Ich hatte angenommen, sie stünden darauf, und sogar eigens beantragt, sie nach ihrem Besuch nicht von der Liste zu streichen. Zunächst hatte ich vermutet, dass mein Antrag, sie zu registrieren, irgendwo am MAP verloren gegangen war. Wenn ich jetzt darüber nachdenke, halte ich es aber auch für möglich, dass ich etwas durcheinandergebracht habe, denn sie waren ja auf der Liste, die jedoch hier nicht weitergeführt wurde. Nun denn, Gefahr erkannt, Gefahr gebannt: Ich muss einfach mindestens fünf Tage vorher Bescheid geben.

Was meine Habseligkeiten betrifft, habe ich inzwischen all meine Briefe, Karten und Bücher erhalten, sogar die mit festem Einband: den dritten Band der Margaret-Thatcher-Biografie, die Lebensbeschreibung von Governor Macquarie und Geoffrey Blaineys Buch über seine frühen Jahre. Thomas Morus' *The Sadness of Christ* kam gestern hier an. Und auch Tim O'Learys Artikelsammlung ist eingetroffen – dieselbe, von der man mir im MAP gesagt hatte, sie sei nicht im Haus.

Aileen, die hiesige katholische Seelsorgerin, ist vorbeigekommen, um mir die heilige Kommunion zu bringen und sich ein bisschen mit mir zu unterhalten. Schwester Marys Knieoperation ist für den 22. dieses Monats geplant.

Nachdem es fast überall im Bundesstaat, außer in East Gippsland, heftige Niederschläge gegeben hat, ist der Regen jetzt nach

New South Wales weitergezogen. Das sind gute Nachrichten für die Gebiete, die von den Buschbränden betroffen sind. Ein Starkregen aus Nordwesten hat wieder einmal den Beweis geliefert, dass die Wettervorhersage keine exakte Wissenschaft ist, wenn sie sich nur auf die nächsten Wochen oder Monate bezieht – und schon gar nicht, wenn wir von Klimaveränderungen sprechen, denn das sind Wetterblöcke, die sich über einen Zeitraum von 30 Jahren erstrecken.

Im *SBS* läuft gerade eine Serie mit dem englischen Schauspieler Tony Robinson mit dem Titel *Down Under.* Die Staffel, in der er auf den traditionellen Wanderwegen quer durch England gereist und ab und zu auch in den Zug gestiegen ist, hat mir gut gefallen, ich war jedoch skeptisch und eine Spur besorgt, was er wohl aus Australien und unserer Geschichte machen würde, doch die Serie ist hervorragend, vernünftig, ein kleines bisschen respektlos und wirklich informativ für jemanden wie mich, der das eine oder andere über die australische Geschichte weiß.

Gestern Abend war Sir Anthony in Port Arthur, dem berüchtigten Gefängnis der Sträflingskolonie in Tasmanien. Er sprach über die grausamen Bedingungen der Einzelhaft, die in den 1840er-Jahren nach den neuesten Erkenntnissen der »wissenschaftlichen Strafvollzugstheorie« praktiziert wurde: Die Häftlinge wurden komplett voneinander isoliert und konnten nur mit den unfreundlichen Aufsehern kommunizieren. Die Steinzellen waren kahl und kaum oder gar nicht beleuchtet, und in Tasmanien mussten die Insassen Masken tragen, wenn sie ihre Zellen verließen – was hauptsächlich an den Sonntagen der Fall war, wenn sie die anglikanische Gefängniskapelle besuchten. Dort wurden sie in gestaffelte Boxen eingeschlossen und konnten nur den Pastor, aber keinen ihrer Mitgefangenen sehen, auch wenn sie sich bei diesen und anderen Gelegenheiten heimlich unterhalten konnten. Nicht selten schnitten sie dem Zelebranten wüste Grimassen (was die vorgeschriebene Bestrafung nach sich zog). Die protestantischen Gottesdienste waren zumindest in den ersten Jahrzehnten der Kolonie auch für Katholiken obligatorisch.

Auch im Gefängnis in Cork in Irland, wo die meisten der irischen Verurteilten inhaftiert waren, ehe man sie nach Australien schickte, wurde – das hat man mir bei meinem Besuch dort gesagt – diese barbarische Praxis der wissenschaftlichen Strafvollzugstheorie angewandt. Ich weiß noch, wie ich den Übungshof besichtigt habe, wo die Sträflinge in völligem Schweigen ihre Runden drehen mussten. Ich frage mich, wie viele zusammengebrochen sind.

Als jemand, der zehn Monate Einzelhaft hinter sich hat – mit einem Luxus, von dem sie im alten Port Arthur nicht einmal träumen konnten, einem anständigen Bett, fließendem warmem Wasser, einer Dusche, einer modernen Toilette (in manchen Gefängnissen in Victoria wurden vor 30 Jahren noch Eimer benutzt), Wasserkocher und Fernseher –, habe ich neues Interesse an dem Thema und seiner Geschichte entwickelt.

Ich danke Gott, dass ich nicht unter den alten Bedingungen inhaftiert worden bin, und ich frage mich, wann die wichtigsten Verbesserungen in Victoria und in ganz Australien wohl eingeführt worden sind. Ein Häftling, der aus jahrelanger Erfahrung sprach, meinte, in den Gefängnissen von New South Wales seien die Bedingungen härter. Als Erzbischof von Sydney war es natürlich sehr schwierig für mich, Zugang zu einem Gefängnis zu erhalten und eine Messe für die Häftlinge zu feiern. In Victoria wird in jedem Gefängnis einmal pro Jahr eine Messe von einem Bischof zelebriert, und es werden regelmäßig Messen von Priestern gefeiert.

Ich werde Nachforschungen anstellen, ob irgendwelche oder sogar viele Verbesserungen nach dem Bericht des Victorianischen Kirchenrates Ende der 1980er-Jahre eingeführt worden sind, an dem ich als Ausschussmitglied beteiligt war. Ich bin kein Anhänger des politischen Systems des Bundesstaats Victoria, geschweige denn seiner Exekutivorgane, aber das Vollzugssystem funktioniert (meiner begrenzten Erfahrung nach) ganz ordentlich. Es ist ein wichtiges Kriterium für die Bewertung einer Gesellschaft, wie sie ihre Häftlinge behandelt.

Noch ein letzter Exkurs. Als ich vor etwa 30 Jahren nicht lange nach dem Sturz des Diktators Pol Pot in Kambodscha war, fragte ich einen zynischen älteren kambodschanischen Richter, wie gut die politischen Gefangenen in seinem Land behandelt würden. »Es gibt keine politischen Gefangenen in Kambodscha«, lautete die Antwort, »weil politische Gefangene Rechte haben.« Der Richter hieß Hun Sen. Er steht bis heute an der Spitze des Landes.

Bücher und Zeitungsartikel sind in den heutigen Gefängnissen ebenfalls ein Segen der modernen Zeit – anders als in Port Arthur, wo die große Mehrheit der Häftlinge Analphabeten waren.

Einige der Lehren Christi sind hart und schwer zu befolgen, z. B. das Gebot, immer zu vergeben, das Verbot, nach einer Scheidung wieder zu heiraten, oder die Einschränkung in Bezug auf sexuelle Aktivität. Sie verlangen Opfer und machen sich für die Gesellschaft und für den Einzelnen erst langfristig bezahlt.

Allerdings bin ich seit vielen Jahrzehnten und war ganz sicher schon vor meiner Inhaftierung froh darüber, dass wir beim Jüngsten Gericht, bei der endgültigen Scheidung zwischen Schafen und Böcken (für »autonome« Säkularisten eine unerträgliche Vorstellung), danach gerichtet werden, ob wir in den Leidenden Christus erkannt haben. Und noch mehr freut es mich, dass all diejenigen, die während meiner Haft für mich gebetet, mir Briefe und Karten geschrieben und mich besucht haben, am Jüngsten Tag ihren Lohn erhalten werden (Mt 25).

Freitag, 17. Januar 2020

Als ich heute früh kurz nach acht auf den Rasen hinausgegangen bin, war die Luft frisch und rein und der Himmel wolkenlos. Ein herrlicher Morgen. Als ich dann gegen zehn Uhr in den Küchenbereich kam, war es leicht bewölkt. Es hatte eine Verschiebung im Stundenplan gegeben, weil das Gefängnis nach elf Uhr einige Stunden lang abgeriegelt werden musste. Margaret ist ans Telefon gegangen, obwohl ich nicht wie vereinbart um elf, sondern etwas früher angerufen habe. Sie war munter, aber ein bisschen vergesslich.

In vielen Teilen von New South Wales hat es stark geregnet, und es soll noch tagelang so weitergehen. Das bringt viel Gutes.

Leider habe ich vergessen, die Tobins anzurufen, die morgen nach Europa abreisen, aber ich werde bei nächster Gelegenheit versuchen, sie zu erreichen. Von Bernadette ist eine Notiz mit einem runden Dutzend Zeitungsartikeln angekommen, allesamt interessant, sie reichen von Themen wie Chinas Inselbau im Südchinesischen Meer über die Vorteile des kontrollierten Abbrennens im Busch bis hin zu dem vorgeschlagenen Gesetz zur Religionsfreiheit. Kevin Andrews meinte, der Gesetzentwurf sei so weit in Ordnung, aber die Herausforderung wird darin bestehen, ihn durch den Senat zu bringen, wo die Haltung der ALP den Ausschlag geben wird.

Als ich das MAP vor einer Woche verlassen habe, war ich im Begriff, ein paar Gedanken über Thomas Morus' *The Sadness of Christ* zusammenzutragen, seine unvollendete Betrachtung über das Leiden des Herrn, die er während seiner Haft im Tower vor seiner Hinrichtung 1535 verfasst hat. Meine Habseligkeiten sind einige Tage nach mir eingetroffen, und der Morus-Band wurde zunächst ausgeschlossen, weil er einen »festen Einband« hat.[6] Diese Schwierigkeit ist nun überwunden und ich habe mehr gebundene Bücher als je zuvor in den letzten zehn Monaten.

Als frommer Katholik hat Morus das Leiden Christi sein Leben lang verehrt, und es ist nicht weiter erstaunlich, dass diese Verehrung im Tower noch intensiver geworden ist. Als Cromwell ihn über seine Haltung zu dem neuen Gesetz befragte, das Heinrich zum Oberhaupt der Kirche erklärte, erwiderte er, dass er sich nicht mit solchen Dingen »beschäftigen« und sich in nichts dergleichen »einmischen«, sondern all sein »Sinnen und Trachten auf das Leiden Christi und meinen eigenen Übergang aus dieser Welt« richten wolle.

Ich fand das Englisch schwierig mit sehr langen, oft verschachtelten Sätzen und tröstete mich damit, dass er vor Shakespeare geschrieben hat. Allerdings hat Morus den Text auf Latein verfasst, der üblichen Sprache der Gebildeten im damaligen christlichen Europa, und die Übersetzung wurde viel später von seiner Enkelin Mary Basset angefertigt.

Verglichen mit heute war das damalige Englisch unterentwickelt, und Basset hat oft mehrere englische Wörter benutzt, um einen einzigen lateinischen Begriff wiederzugeben. Heute kann das Englische wegen seines riesigen Wortschatzes sehr präzise sein. Ich war mehrere Male auf verschiedenen römischen Synoden Mitglied des Komitees, das die Texte für die Abschlussbotschaft vorbereitete, und die englische Version war immer kürzer als ihr italienisches, französisches und spanisches Pendant. Die offizielle lateinische Version wurde in der Regel nachträglich verfasst, weil heute so wenige Synodenväter Latein können, obwohl die Vorschläge für die Abstimmungen auf Latein formuliert waren. Es stimmt schon: Als Amtssprache der Kirche sorgt das Lateinische, was Zugänglichkeit und Verständlichkeit betrifft, für nicht unerhebliche Probleme.

An der vatikanischen Kurie ist Italienisch die Arbeitssprache, obwohl wir im Wirtschaftssekretariat Englisch als zweite Arbeitssprache benutzen durften. Auf diese Weise konnten wir junge Fachleute aus vielen Ländern hinzuziehen, die uns großartige Dienste geleistet haben. Nur wenige Wirtschaftsexperten sprechen und verstehen Italienisch, wenn sie nicht selbst Italiener sind.

Der hl. Thomas Morus kannte sich selbst gut und arbeitete daran, seine Ängste zu kontrollieren und angesichts des Leidens weder wie ein Eisblock noch wie ein Verrückter zu reagieren. Er erkannte, dass es besser ist zu fliehen, als seine Kräfte zu überschätzen, nicht weil diese Welt besser wäre, sondern »damit man nicht Gefahr läuft, den Himmel zu verlieren«.

Ein einziger Bischof, der hl. John Fisher, hat sich Morus in seinem ultimativen Widerstand gegen eine Nationalkirche angeschlossen, und deshalb war es für mich zwar überraschend, aber nachvollziehbar zu lesen, wie hart Morus mit dem hl. Petrus ins Gericht gegangen ist, weil er eingeschlafen war, während unser Herr am Ölberg Todesnöte litt. Darauf, dass er die schlafenden Apostel mit trägen Bischöfen vergleicht, war ich schon eher vorbereitet, und sein harsches Urteil über die »lüsternen Beispiele nichtsnutziger Priester« und über das Sakrileg, dass »sein [des Herrn] gesegneter Leib im heiligen Sakrament von rohen, lasterhaften und höchst abscheulichen Priestern gewandelt und berührt wird«, hat mich nicht im Geringsten überrascht.

Hilary Mantles Attacken, ein Werk des Teufels, haben den Ruf des hl. Thomas Morus erneut beschädigt. Ihn selbst würde das weder überraschen noch sonderlich beunruhigen. Er glaubte, dass er als Zeuge der Wahrheit starb, und er glaubte nicht an den Primat des Gewissens, geschweige denn, dass er dafür gestorben wäre. Das Gewiss gerät oft in einen Konflikt. Toleranz ist heute die bevorzugte Lösung oder Option, aber die Toleranz bricht zusammen, wenn der Begriff der Wahrheit zerstört oder abgelehnt wird.

Ich schließe mit einem weiteren schönen Gebet des Heiligen:

Wir beten um Vergebung für das bereits Vergangene, um die Gnade, das Gegenwärtige durchzustehen, und um die Weisheit, das Künftige wachsam vorherzusehen.

Samstag, 18. Januar 2020

Heute sind keine Briefe oder Karten angekommen, aber gestern waren es 50 bis 60 und ich habe sie gestern Abend noch durchgesehen. Dabei ist mir wieder einmal bewusst geworden, wie tröstlich und wie sehr sie zu einem festen Bestandteil meines Tagesablaufs geworden sind. Ich habe immer noch einen Rückstand von etwa 100, die ans Melbourner Untersuchungsgefängnis gesandt wurden und dann eine Zeit lang in der Abteilung, die das Eigentum im *Barwon*-Hochsicherheitsgefängnis verwaltet, liegen geblieben waren.

Heute ist es wärmer, aber morgens, wenn ich um acht Uhr Sommerzeit in den Rasenbereich hinausgelassen werde, ist es immer frisch und manchmal liegt Tau auf dem Gras. In vielen Teilen von New South Wales und Queensland regnet es nach wie vor heftig, oft so viel wie seit zehn Jahren nicht mehr, und örtlich kommt es zu Überschwemmungen.

Es war recht amüsant, im Fernsehen zu sehen, wie David Attenborough der Welt erzählte, dass South East Australia in Flammen stehe, während in Wirklichkeit gerade in sämtlichen Staaten im Osten des Kontinents schwere Regenfälle niedergingen. Im *SBS* lief ein Bericht, wonach die deutsche Regierung angekündigt hat, dass sie bis 2038 sämtliche Atom- und Kohlekraftwerke abschalten will; das ist nicht weit genug entfernt, um erst einmal gar nichts zu tun. Eine spektakulär teure und dumme Entscheidung, typisch für ein Volk, das die Orientierung verloren hat. Großbritannien hat gut daran getan, eigene Wege zu gehen, auch wenn wir uns nicht sicher sein können, dass sie nicht dieselben Fehler machen; unter einer Corbyn-Regierung würden sie das ganz sicher tun.

Die Briefe kommen aus vielen Ländern und aus den meisten Teilen Australiens und enthalten unterschiedliche Botschaften der Ermutigung. Nur ein halbes Dutzend der 3500 Briefe, die ich bekommen habe, waren kritisch. Ich weiß nicht, ob einige eher unfreundliche Briefe der Zensur zum Opfer gefallen sind, auch wenn mich die Behörden eigentlich über jeden Brief informieren müssten, den sie zurückhalten. Doch manchmal hat es lange Verzögerungen gegeben, weil sich die Mitarbeiter in ihrer Beurteilung nicht einig waren. Seit ich hier angekommen bin, sind zwei große Artikelsammlungen aufgetaucht.

Ein regelmäßiger Briefschreiber ist aufrichtig um mein Wohlergehen besorgt und hat mir versichert, dass Gott über das, was hier vor sich geht, verärgert sei. Gott weiß ganz sicher, dass ich dieser Vergehen nicht schuldig bin, und er erwartet von mir, dass ich als Christ darauf reagiere. Alles andere entzieht sich meiner Kenntnis.

Aus St. Marys in Kansas, USA, schrieb mir ein 80-jähriger Urgroßvater. Er brüstet sich mit seiner blühenden Gemeinde.[7] Sie bauen gerade eine neue Kirche, um alle Gottesdienstbesucher unterzubringen. Die acht seiner Kinder, die noch leben, und ihre Familien sind allesamt Kirchgänger genauso wie seine 550 Angestellten. Aber er räumt ein, dass sie »eine Oase in der Wüste« sind, und beklagt den Rückgang seit dem II. Vatikanum – vor allem, was die Zahl der Priester und Ordensleute betrifft.

Er selbst war 1981 wegen seiner Aktivitäten als Lebensschützer siebeneinhalb Monate im Gefängnis gewesen und versprach mir, weiterhin für mich zu beten. Seiner Meinung nach würde es besser um die Kirche stehen, wenn sie zum tridentinischen Ritus zurückkehrte.

Eine Mutter aus Mount Gambier in Südaustralien hat an Weihnachten ein wunderschönes Mädchen zur Welt gebracht und ihre »schmerzhaften Wehen« für mich und die armen Seelen aufgeopfert.

Ein Bekannter von der Franziskanischen Universität in Steubenville, den ich durch das Katechese-Projekt der *School of the Annunciation* (»Mariä Verkündigung«) in Devon in Großbritannien kennengelernt hatte, erzählte mir, dass seine Tochter am 10. September letzten Jahres eine kleine Miriam Guadalupe Rose zur Welt gebracht und während der Geburt unter anderem für mich gebetet habe.

Viele Briefschreiber nehmen Bezug auf die Schwierigkeiten, die die Kirche gerade durchmacht. Eine Frau aus Arkansas glaubt, dass »der Herr seine Kirche zurückschneidet«. Sie fuhr fort: »Ein solcher Rückschnitt ist schmerzhaft, aber die Ergebnisse können fantastisch sein.«

John Burke (so hieß ein Onkel von mir) glaubt, dass die Kirchengeschichte in 500-Jahres-Zyklen verläuft. Er schreibt: »Die Kirche trägt die Quellen des Lebens und der Erneuerung in sich selbst. Wenn wir sie nutzen, können wir den nächsten 500-Jahres-Zyklus beginnen. Wenn nicht, werden die Regierungen und die Außenstehenden tun, was wir hätten tun sollen, und dann wird es wehtun. Aber Gottes Wille wird triumphieren.«

Eine Dominikanerin aus Linden in Virginia gab meinen Gedanken eine neue Richtung. Sie wies darauf hin, dass ich »großes Glück« gehabt hätte, »mit Heiligen zusammenzutreffen und zusammenzuarbeiten. Deshalb baue ich darauf, dass Ihre Erinnerungen an sie und an all die heiligen Texte, die Sie gelesen haben, auch dazu beitragen werden, Sie in Ihrem Leiden zu stärken.«

Kardinal Thuân hat mich stark inspiriert,[8] der hl. Johannes Paul der Große ist einer meiner Helden und Mutter Teresa bin ich zwar leider nie begegnet (ich habe es versucht und sie auch ein paarmal gesehen), aber ihre Biografie liegt bei Kartya und wird mir bald zugestellt werden.

Ich werde mit ein paar vernünftigen Gedanken von Ronald Reagan schließen, der ein herausragender Redner war. Seine Rede vor dem Mauerfall am Brandenburger Tor in Berlin ist ein Meisterwerk. Dort und in dem kleinen Ausschnitt, den ich gleich zitieren werde, meine ich die Handschrift von Peggy Noonan zu erkennen, Reagans bester Redenschreiberin, der ich bei einem der großartigen Abendessen bei John McCarthy, Australiens Botschafter beim Heiligen Stuhl, in Rom begegnet bin:

Wir können nicht beides haben. Wir können Gott nicht in unserem Alltag links liegen lassen, aber erwarten, dass Er uns in einer Krise beschützt. Manchmal frage ich mich, ob Er nicht darauf wartet, dass wir endlich aufwachen und ob Er nicht vielleicht die Geduld verliert.

48. Woche
Unsere besondere Situation

19. Januar bis 25. Januar 2020

Sonntag, 19. Januar 2020

Heute habe ich es wieder geschafft, ungefähr zehn Minuten vor der Ausstrahlung von *Mass for You at Home* aufzuwachen, die um sechs Uhr beginnt. Father Andrew Jekot hat wieder zelebriert. Ich weiß, dass sich die Schlaf- und Wachgewohnheiten mit der Zeit entwickeln und Frühaufsteher in der Regel pünktlich aufwachen. Mein Vater war ein Frühaufsteher, aber meine Mutter und alle ihre Burke-Schwestern sind immer nur dann früh aufgestanden, wenn es nicht anders ging. In diesem Punkt ähnele ich meiner Mutter, obwohl ich, wenn es sein musste, immer in der Lage war, früh aufzustehen, und mit den Jahren hat mich die Frühmesse vor dem Frühstück näher an das Pell-Muster herangebracht. Außerdem ist es ein Segen, dass ich (genau wie mein Vater) in den meisten Nächten und auch in unruhigen Zeiten gut schlafe, während meine Mutter immer sagte, dass sie nachts oft mehr grübelte als schlief. Ich weiß aber nicht, ob man es sich angewöhnen kann, einmal in der Woche um 5.45 Uhr aufzuwachen, wenn man sonst immer um sieben oder um 7.15 Uhr aufsteht.

Father Andrew hielt eine schlichte, kurze Predigt darüber, dass Jesus das Lamm Gottes sei, das die Sünden der Welt hinwegnehme. Als Präzedenzfall nannte er den Exodus, der durch das Opferblut an den Türpfosten ermöglicht worden war. Er erwähnte das gesetzliche Verbot von Alkohol in den USA in den 1920er- und 1930er-Jahren und die kommunistische Bewegung als zwei allerdings erfolglose Versuche, um unsere Sünden hinwegzunehmen. Ich bin mir nicht sicher, ob die beiden Beispiele so passend waren. Die Sünde reicht viel tiefer als die Trunksucht, und der Kommunismus war eine Geißel und hat Tod oder Gefangenschaft über Millionen von Menschen gebracht. Alle, die wir uns zum Heiligen Geist bekennen, sind auserwählt, sagte Andrew abschließend, und das bringt keinen Lohn, sondern Verantwortung. Das Lamm-Gottes-Thema zog sich heute durch alle Predigten.

Joseph Prince trug einen dunklen Anzug mit blauen Streifen und blauweiße Strandschuhe und verglich das alttestamentliche Lamm mit einer Kreditkarte. Der gewünschte Betrag sei erst ausgezahlt worden, nachdem der Zugang zu dem Betrag freigeschaltet worden sei, den Jesus durch sein Leiden und Sterben erworben habe. Nach dem Gesetz wurde ein Mensch unrein, wenn er einen Aussätzigen berührte, aber Jesus legte dem Aussätzigen seine Hände auf und heilte ihn.

Für Joseph kann das Christentum nie zu einer Religion werden (was immer das für ihn und seine riesige Gemeinde bedeutet); es ist eine Beziehung. Jedes Verbrechen im Leben zieht die entsprechende Strafe nach sich, doch Jesus schreitet ein, um stattdessen unsere Stelle einzunehmen.

Joel Osteen predigte über die Samariterin, auf die Jesus gewartet habe, wie er auch auf uns wartet, wenn wir in Schwierigkeiten sind, und wie der Vater des verlorenen Sohns auf die Heimkehr seines Jüngsten gewartet habe. Wir sollen niemanden tadeln oder verurteilen, sondern darauf warten, bis Jesus kommt, wie er zu Zachäus kam, nachdem er ihn gerufen hatte. Gott handelt, auch wenn wir das manchmal nicht erkennen können. Dann gab Joel seiner Gemeinde ein Versprechen, das er nicht in jedem Fall wird halten können: Sie würden es noch erleben, dass all ihre Lieben zum Herrn kommen.

Songs of Praise war eine Sendung von 2011 über *St Andrew's*, den Geburtsort des Golfsports und Standort der drittältesten britischen Universität nach Oxford und Cambridge, die 2011 ihr 600-jähriges Bestehen gefeiert hat. Wir sahen die Ruinen der alten Kathedrale, wo früher die Reliquien des hl. Andreas aufbewahrt wurden, und ein hervorragender Universitätschor sang vor vollen Bänken eine wunderbare Auswahl an Kirchenliedern. Es fasziniert mich, dass sie so oft Sendungen bringen, die schon viele Jahre alt sind.

Eine der angenehmen Überraschungen hier im *Barwon*-Gefängnis war, dass ich in unserer kleinen Trakt-3-Bücherei eine ganze Reihe guter Bücher gefunden habe. Ich habe nur ein paar Tage gebraucht, um einen erstklassigen Politthriller zu lesen, *The Aachen Memorandum* von Andrew Roberts, einem der besten in der Öffentlichkeit bekannten britischen Intellektuellen. Vor etwa 15 Jahren habe ich in Sydney einmal an einem kleinen Dinner- und Gesprächsabend teilgenommen, bei dem er der Vortragende war. Sein Thema war, dass China – und nicht die Kräfte des Islams, der dem Westen niemals überlegen sein werde – das eigentliche Problem und die aufkommende Herausforderung sei. Das führte zu einer angeregten Diskussion, wobei seiner zentralen These eigentlich kaum widersprochen wurde. Ein Teilnehmer meinte, dass ein Krieg zwischen China und den USA unvermeidlich sei. Nur einmal, während eines kurzen Geplänkels über den Republikanismus in Australien, wurde der Ton etwas schärfer. Ich kann mich nicht erinnern, wie wir auf dieses Thema gekommen sind.

In dem Roman sind die Vereinigten Staaten von Europa ein Polizeistaat mit einem flächendeckenden System der Überwachung und staatlichen Gewalt (ähnlich wie es gerade auf dem chinesischen Festland eingeführt wird). Großbritannien ist geteilt und wird von Cardiff und Edinburgh aus regional regiert. London spielt nur noch eine untergeordnete Rolle, die Mountbatten-Windsors sind fort, allerdings hat der Thronerbe überlebt und ist König von Neuseeland. Der Held, ein unsportliches, asthmatisches Mitglied des *All Souls College* in Oxford, Dr. Horatio Lestocq, kann den König, der auf Besuch ist, dazu bringen, der Welt zu verkünden, dass das britische Votum für den Beitritt zum Europäischen Staatenverbund gefälscht worden sei. Es hatte sich keine Mehrheit für den Beitritt gefunden. Welle um Welle der Gewalt treibt die Erzählung voran, in der Loyalität oft ihren Preis hat und viele Charaktere nicht sind, was sie zu sein scheinen. Es ist eine wunderbare eskapistische Lektüre, beinahe plausibel, mit einem sehr viel höheren Tempo als bei Le Carré und mit einem Schuss James Bond.

Das Buch ist 1995 erschienen und heute, so kurz nach Boris Johnsons Wahlsieg und vor Großbritanniens sicherem Austritt aus der Europäischen Union, eine faszinierende Lektüre. Es ist ein Unterhaltungsroman und dennoch hochpolitisch. Nicht nur [Nigel] Farage hat sich jahrzehntelang dafür eingesetzt, dass Großbritannien selbst über seine Zukunft entscheiden kann.

Ich fand es faszinierend, dass die Erzählung unter anderem in der katholischen Kirche der Oratorianerpatres in der Brompton Road in London, nicht weit von Harrods, spielt. Auch sie war ein

Opfer oder Beispiel der neuen Ordnung: »Jesus, der Mutter«[1], lautet die Anrufung, die der dortige Priester nach der Liturgie des Zweiten Vatikanums intoniert.

Während sich die Geschichte ihrem chaotischen, aber triumphalen Höhepunkt entgegenbewegt, betet unser Held in der Oratorianerkirche ein ähnliches Gebet wie Sir Jacob Astley vor der Schlacht von Edgehill[2] (beide Zitate waren mir bislang unbekannt):

O Herr, du weißt, wie viel mir heute aufgetragen ist. Sollte ich dich vergessen, so vergiss du mich nicht.[3]

Zurzeit würde und könnte ich dieses Gebet natürlich nicht benutzen, aber ein- oder zweimal während der Zeit meines Dienstes wäre es sicherlich hilfreich gewesen.

Montag, 20. Januar 2020

Das Wetter war heute weiterhin extrem, vom Yarra Valley her ist ein heftiger Sturm mit hohen Windgeschwindigkeiten, schweren Regenfällen und verheerendem Hagelschlag aufgezogen. Forbes und Parkes in New South Wales waren in rasch vorbeiziehende, gespenstische Staubwolken gehüllt, und die Rasenflächen vor dem Parlament in Canberra waren von einer weißen Eisschicht bedeckt. Einige Gebiete im Westen von New South Wales haben nichts abbekommen, aber in vielen Regionen fallen nach wie vor ergiebige Niederschläge. Hier in der Umgebung des *Barwon*-Gefängnisses war es kühl bis kalt und bedeckt, als ich zum Frühstücken draußen war, und jetzt – wir haben etwa halb acht am Abend – regnet es gerade, während ich hier sitze und schreibe. Die anderen drei Häftlinge in meiner Abteilung führen ihre übliche lautstarke Unterhaltung von Zelle zu Zelle. Sie sind immer noch sehr freundlich. Paolo interessiert sich für Religion. Er hat mich gefragt, warum ich Priester geworden und wie lange ich schon Priester bin. Außerdem wollte er wissen, was genau meine Aufgabe im Vatikan war. Er ist der Lauteste in der Gruppe und er liebt es, wie er sagt, die anderen beiden abends ein bisschen in Rage zu bringen – aber er meint es nicht böse.

Hier ist am Montag der Fleischpasteten-Tag, nicht am Samstag wie im MAP. Das Mittagessen wird um 11.15 Uhr ausgegeben und ich warte damit, bis ich am Mittag in den Gemeinschaftsbereich gelassen werde, wo ich die Mikrowelle benutzen und mir aus meinem Teil des Kühlschranks meine Schokolade und Coca-Cola holen kann. Das Essen ist besser als im MAP, allerdings gibt es hier kein Fruchtgelee und Obst aus der Dose mit Sahne! Man kann nicht alles haben.

Ich habe zwei große braune, sorgfältig gepackte Papiertüten voller Karten und Briefe – wahrscheinlich über 300 – an die Abteilung, die das Eigentum der Häftlinge verwaltet, geschickt, damit Kartya sie abholen kann. Sie wartet noch auf ihre Besuchsgenehmigung.

Heute waren David und Judy da. David hatte einige Tage mit einer Viruserkrankung im Bett gelegen und war ziemlich schwach gewesen, aber jetzt geht es ihm wieder besser. Und Sarah ist aus East Oakleigh gekommen, sie lebt dort und kümmert sich um Margarets Haus. Wir haben uns beide sehr gefreut, dass wir mehr Zeit zur Verfügung hatten, etwa zwei Stunden. Das ist eine enorme Verbesserung gegenüber dem Melbourner Untersuchungsgefängnis, wo allen Besuchern – sogar denen, die aus einem anderen Bundesstaat angereist waren – nur ein halbstündiger Besuch in der Kabine, getrennt durch eine Glasscheibe, gestattet gewesen war.

Im Tagebucheintrag vom vergangenen Samstag hatte ich den Brief eines 80-jährigen Mannes aus St. Marys in Kansas zitiert, der seinen Stolz über seine Pfarrgemeinde ausdrückte und sie eine »Oase in der Wüste« nannte. Zufällig hat mir Tim O'Leary einen Ausschnitt aus der Januar/Februar-Ausgabe der Zeitschrift *The Atlantic* geschickt, in dem von St. Marys berichtet wird, einer Enklave, die überwiegend aus Anhängern der Piusbruderschaft besteht![4] Mein Briefschreiber betrachtete sich ganz offensichtlich als katholisch, aber seine Beziehung zur Kirche oder zu den Schismatikern hat er nicht näher erläutert.

Mir war klar, dass einige Unterstützungsbriefe von Mitgliedern der Piusgemeinschaft kommen und das hat mich angenehm überrascht. Ich beklage diese Spaltung und habe in all den Jahren mit ihrem Klerus und einigen ihrer Bischöfe in Kontakt gestanden. Papst Franziskus soll offen für eine Wiedervereinigung sein (oder gewesen sein), aber die Experten fragen sich, ob ihre Führung in der Lage wäre, die gesamte Herde in die Gemeinschaft zurückzubringen. In St. Marys in Kansas haben sie Rod Drehers *Benedikt-Option* vorweggenommen und in einer Gemeinschaft Zuflucht gesucht, die sich in mehrfacher Hinsicht gegen die Mainstream-Kultur der USA abgrenzt. Ich werde noch darauf zurückkommen, wenn ich meine *Atlantic*-Artikel gelesen habe. Man muss zugeben, dass die kirchlichen Entwicklungen der letzten paar Jahre – insbesondere im Umkreis der Familiensynode – für die Rückkehrwilligen nicht gerade ermutigend sind.

Und die vatikanischen Finanzskandale sind auch nicht hilfreich. Eine meiner regelmäßigsten und interessantesten Briefschreiberinnen aus Dallas, Texas, hat mir erzählt, dass sie und ihr Mann wegen der nicht aufgearbeiteten Skandale beschlossen hätten, ihrer Ortskirche und dem Vatikan kein Geld mehr zu spenden. »Durchaus verständlich«, rief mein Bruder, als ich ihm die Geschichte erzählte. Das hat mich dann doch ein bisschen überrascht.

Ein aktueller Artikel von J. D. Flynn über die Vatikanfinanzen, den die katholische Nachrichtenagentur am 16. Dezember 2019 veröffentlicht hat,[5] ist wahrscheinlich der beste von all den guten und informativen englischsprachigen Beiträgen, die ich bislang gelesen habe. Der Verfasser versteht die Vorgänge, ist präzise und gründlich und scheut – trotz sehr zurückhaltender Darstellung – nicht vor Werturteilen zurück.

Eine Hausfrau aus den Vereinigten Staaten schickt mir Weihnachtsgrüße. Sie ist auf dem College zum Katholizismus konvertiert – sie war zuvor ungläubig gewesen – und war fasziniert darüber, dass in der Debatte, die ich mit Richard Dawkins über Gott geführt habe, die meisten Publikumsfragen an mich gerichtet waren. Sie gehört zu einer Gruppe von 13 Frauen, die für mich beten, und hat mir ein Zitat von »unserem sehr alten Priester« geschickt.

Er sagte: »Über die Verderbnis in der Kirche mache ich mir gar keine Sorgen. Ich bin nur gespannt, wie Christus es anstellen wird, seine Kirche trotz der ganzen Verderbnis zu retten.«

»Welch hoffnungsvolle Worte!«, lautete ihr Kommentar.

Dienstag, 21. Januar 2020

Manchmal – aber nicht allzu oft – haben mir junge Katholiken an der Universität oder am Seminar gesagt, dass sie lieber vor dem Zweiten Vatikanischen Konzil als Katholiken zur Welt gekommen wären und gelebt hätten. Ich weiß die Stärke und Treue im irischkatholischen Australien (und genau genommen in der ganzen englischsprachigen Welt) besser zu schätzen als viele, aber ich habe den jungen Leuten von heute dann regelmäßig erklärt, dass die Welt vor dem Konzil eine ganz andere war. Vieles, was uns heute selbstverständlich vorkommt, gab es damals einfach nicht. Die intensive religiöse Praxis hätte ihnen sicher gefallen, die Solidarität in der Gemeinde, die vielen Priester, Ordensfrauen und Ordensmänner, die man verehren und zuweilen auch kritisieren konnte, der Segen und (vielleicht) die Tridentinische Dialogmesse[6] usw. usw. Aber ...

Eine schöne, vor allem eine gesungene und korrekt und mit Ehrfurcht zelebrierte Tridentinische Messe mitzufeiern ist das eine, aber damals lebte man einfach in einer anderen Welt, einer Welt, in der noch jede Messe (zumal in den kleinen Vorstadt- und Landpfarreien) und alle Sakramente auf Latein gefeiert wurden, in der es keine Pfarrgemeinderäte oder Schulpflegschaften gab, in der ökumenische Zusammenarbeit nicht nur nicht gefördert wurde, sondern unter Umständen sogar verboten war, in der die Sexuallehre (vor der sexuellen Revolution der 1960er-Jahre) regelmäßig puritanisch oder jansenistisch geprägt war und unverheiratete Mütter gedrängt wurden, ihre Babys wegzugeben, und sie nicht einmal sehen, geschweige denn in den Arm nehmen durften. Man kann Äpfel nicht mit Birnen vergleichen, denn sie sind nun einmal verschieden. Dabei will ich keine Sekunde lang leugnen, was wir verloren haben oder wie viel schwächer wir heute sind.

Was den religiösen Wandel in der westlichen Welt und den Zusammenbruch des Glaubens, der Praxis und der Frömmigkeit betrifft, hat meine Generation eine Ausnahmezeit erlebt, die in der Geschichte – außer vielleicht im Frankreich der Revolution von 1789 – ohne Beispiel ist. Der Angriff der Kommunisten auf das Christentum in Russland und Osteuropa lässt sich nicht damit vergleichen. Er war zwar zuweilen verheerend, aber nirgends vollständig, und manchmal, zum Beispiel in Polen, wurden sie endgültig besiegt. Die Verhältnisse im nachreformatorischen Europa waren wieder anders, weil die Protestanten keine Ungläubigen, sondern leidenschaftliche Christen waren.

Ich habe den englischen katholischen Schriftsteller Piers Paul Read einmal gedrängt, einen Roman über unsere besondere Situation zu schreiben (was er mit *Monk Dawson* vielleicht schon bis zu einem gewissen Grad getan hat), aber er war von der Idee nicht begeistert. Die katholische Kirche in Australien unterschied sich schon vor der Erfindung der empfängnisverhütenden Pille und dem Zweiten Vatikanischen Konzil von unserer Welt. Es waren Jahrzehnte des Wandels, eine Zeit, in der mächtige Kräfte am Werk waren, die Weitergabe zwischen den Generationen nicht mehr funktionierte und Tausende Männer und Frauen dem Priester- und Ordensleben den Rücken kehrten: eine reiche Ernte für Schriftsteller, die imstande sind, die Früchte aufzulesen und zu sortieren.

Das alles kam mir in den Sinn, nachdem ich Emma Greens *Atlantic*-Artikel gelesen hatte, der in der Online-Ausgabe mit »Das christliche Rückzugsexperiment«[7] und in der Printversion mit »Zieht euch zurück, christliche Streiter« überschrieben ist.

In diesem unvoreingenommenen, keineswegs polemischen Artikel wird die Geschichte einer wachsenden Anzahl guter Familien nacherzählt, die in den letzten 40 Jahren in die Stadt St. Marys[8] gezogen sind; St. Marys liegt in Kansas, ziemlich genau in der Mitte der Vereinigten Staaten. Die meisten Einwohner gehören der Bruderschaft St. Pius X. an, die unter Erzbischof Lefebvre[9] offiziell mit der Kirche gebrochen hat, auch wenn die kirchenrechtliche Situation ihrer Laienmitglieder, was ihre Zugehörigkeit zur katholischen Kirche betrifft, undurchsichtig ist. Ich erinnere mich noch, wie ich vor 25 oder 30 Jahren eine Delegation von ihnen empfangen habe, die unbedingt hören wollten, dass sie nicht exkommuniziert seien.

In der Stadt hat sich ihre Zahl verdoppelt und sie wächst weiter, da die meisten Kinder auch als Erwachsene an ihrer Glaubenspraxis festhalten. Sie stehen für eine Art »kulturelle Abspaltung«, bilden starke Gemeinden, deren Mitglieder sich gegenseitig unterstützen, besuchen geschlechtergetrennte Schulen, die einem klassischen Lehrplan folgen, und nehmen an örtlichen Baseball- und Basketballturnieren teil. Ihre Lebensweise und Kleidung ist konservativ, aber nicht antiquiert.

Die »Townies«, also diejenigen Einwohner, die schon vor der Ankunft der Pius-Katholiken in der Stadt waren, fühlen sich dort nicht mehr so zu Hause wie früher. Die Neuankömmlinge besetzen alle gewählten Plätze im Stadtrat. Die traditionelle katholische Bußdisziplin wird penibel durchgesetzt, und für ein Kind, das – was hin und wieder vorkommt – rebelliert oder über die Stränge schlägt, ist es nicht leicht wegzugehen oder auch zurückzukommen.

Die Autorin erwähnte vereinzelte Beispiele von Antisemitismus in europäischen Gemeinden, lieferte jedoch keine Beweise für derartige Vorkommnisse in St. Marys.

Große Familien sind die Regel, die Mütter gehen keiner bezahlten außerhäuslichen Arbeit nach und unterstützen einander in tausend praktischen Dingen. Ihr pulsierendes Gemeindeleben, Kommunion- und Tauffeiern und ihr gelebtes Christentum erregen zuweilen den Neid der »Städter«, der Außenstehenden.

Die Autorin ist der Ansicht, dass der Schmelztiegel Amerika, die *E-pluribus-unum*-Demokratie[10] durch Rückzugsorte wie St. Marys und durch ihre Abgeschlossenheit geschwächt wird. Eheschließungen außerhalb der Gemeinschaft sind verpönt. Sie fragt auch nach den Konsequenzen für die katholische Kirche nicht nur im theologischen oder kirchenrechtlichen Sinne wegen der formellen Trennung, sondern weil ihr St. Marys »eher ein Hafen für diejenigen, die sich aus den Kulturkriegen zurückziehen, als ein Trainingsgelände für die Schlacht« zu sein scheint. Deshalb seien die Kreuzritter kein Indiz, sondern eher ein etwas irreführendes Maskottchen für ihre Schule.

Meiner Erfahrung nach ist eine starke Gemeinschaft von Gläubigen das beste Umfeld, um den Glauben im Leben zu realisieren und weiterzugeben. Die Familien allein können das nicht schaffen. Eine solche Gemeinschaft findet sich an vielen Orten, ganz sicher auch in einer starken Pfarrgemeinde. Ich persönlich bevorzuge das starke Gemeinschaftsleben in einer normalen Vorstadt oder ländlichen Kleinstadt im Stil des *Neokatechumenalen Weges*, der eine der besten Früchte des Zweiten Vatikanischen Konzils darstellt. Auch sie wollen kämpfen, aber nicht indem sie die Flucht ergreifen.

Ein formelles Schisma, eine Kirchenspaltung im kirchenrechtlichen Sinne, ist immer ein großer Fehler, der Schaden anrichtet. Um diesen Schaden wiedergutzumachen, sollte man nichts unversucht lassen.

Dennoch muss ich gestehen, dass der Aufbau einer Gemeinschaft von Gläubigen wie in St. Marys genau das ist, was der hl. Benedikt vor 1500 Jahren für seine Mönche vorgeschlagen hat – und sie haben über die Jahrzehnte und Jahrhunderte hinweg den Glauben in der gewohnten Umgebung bewahrt, Westeuropa bekehrt und das Christentum auf ein festes Fundament gestellt. Die Benediktinerklöster hießen nicht nur Pilger willkommen, sondern wurden zu mächtigen Zentren der Bildung, der sozialen Wohlfahrt und der Gesundheitspflege. Als Heinrich VIII. im 16. Jahrhundert die Klöster in England auflöste, zerstörte er die einzigen sozialen Wohlfahrtseinrichtungen, die es gab – mit katastrophalen Folgen für die Armen einschließlich vieler Toten. Ich weiß nicht, in welchem Umfang sich die Pius-Gemeinschaften um Menschen kümmern, die nicht zu ihnen gehören.

Wenn das vatikanische Staatssekretariat (allerdings ohne erkennbare Vorteile) ein Geheimabkommen mit dem kommunistischen China schließen kann, dann ist und bleibt auch die Wiedervereinigung mit der Priesterbruderschaft St. Pius X. zwangsläufig eine Option.

In der Zwischenzeit können wir uns alle an den Grundsatz des hl. Benedikt halten: *Ora et labora* (»Bete und arbeite«).

Mittwoch, 22. Januar 2020

Der heutige Tag hat anders angefangen als sonst. Die Wärter ließen mich gegen neun Uhr, eine Stunde später als üblich, in den Gartenbereich hinaus und gaben keine Erklärung dafür, als ich sie munter fragte, ob sie sich vielleicht im Streik befänden. Mir kam die Verspätung ganz gelegen, denn so hatte ich Zeit, mein Frühstück, bestehend aus Weetabix[11] und Toast, in meiner Zelle einzunehmen. Draußen war der Himmel bedeckt, ein starker Wind wehte und die Luft war warm und etwas feucht. Es war nicht die übliche frische Morgenluft – ich war ja auch eine Stunde hinter meinem üblichen Zeitplan – und sie war eher unangenehm.

Schwester Mary soll heute ihr neues Kniegelenk bekommen, ich hoffe und bete, dass alles gut geht. Ich vermisse ihre wöchentlichen Besuche.

Sie hat mir die Kopie einer Predigt über das Evangelium vom letzten Sonntag gesandt, in dem Johannes der Täufer Jesus als »das Lamm Gottes« bezeichnet, »das die Sünde der Welt hinwegnimmt«. Der anonyme Predigtverfasser legt dar, was Johannes der Täufer damit gemeint hat, und brachte in seiner breit angelegten und gut vorbereiteten Predigt beinahe alle Aspekte zur Sprache – bis auf die Tatsache, dass Jesus uns unsere Sünden vergeben kann, wenn wir bereuen, was die elementarste Erklärung dafür sein dürfte, dass er »unsere Sünden hinwegnimmt«.

Heute werden wir oft durch Stillschweigen dazu ermutigt, die Notwendigkeit der Reue zu ignorieren. Wenn wir unsere Sünden einfach wegreden oder nicht bedauern, sie begangen zu haben, oder nicht um Entschuldigung bitten, dann beschränken wir den lieben Gott in seinem Wirken. In manchen Fällen kann nur Gott vergeben: z. B. wenn das Opfer tot ist (in einem Mordfall) oder wenn das Opfer sich weigert, dem Täter zu vergeben.

Crispus, der Sohn des ersten christlichen römischen Kaisers Konstantin, kam unter mysteriösen Umständen ums Leben, und Konstantin wurde verdächtigt, seine Hinrichtung angeordnet zu haben. Seine heidnischen Gegner brachten das Gerücht in Umlauf, dass Konstantin Christ geworden sei, weil einem Heiden, der seinen Sohn ermordet hatte, keine Vergebung zustand. Wenn der Einfluss des Christentums auf das Denken und Empfinden weiter schwindet, wird die Gesellschaft der Zukunft in vielerlei Hinsicht immer weniger barmherzig, immer weniger vergebungsbereit sein. Das zeigt sich schon jetzt an den Kennzeichen der »woken« Generation, an der Identitätspolitik.

Die Flut der Briefe hat sich verlangsamt. In den letzten beiden Tagen habe ich jeweils 20 bis 25 Briefe erhalten und heute ist gar keine Post gekommen. Die meisten Briefe sind aus den Vereinigten Staaten angekommen und die Verfasser schreiben nicht allzu viel über Theologie oder über Kirche und Gesellschaft.

Eine Ausnahme ist ein Brief von meiner regelmäßigen Briefschreiberin aus Dallas, Texas, der wochenlang im »Noch-zu-erledigen-Stapel« lag. Sie ist schon über 60 Jahre alt und läuft immer noch Marathon. Sie macht sich die üblichen Sorgen und hat einen Text beigelegt, den sie im Februar 2016 verfasst hat, als Obama noch an der Macht war und Hillary Clintons Wahlerfolg unvermeidlich schien.

Den Einstieg bildete Francis Kardinal Georges düstere Prophezeiung über das Schicksal seiner Nachfolger. Dann schrieb sie: »Etwas hat mich aufspringen lassen: Schluss mit der *acedia,* dieser hypnotischen Trägheit, die die Welt angesichts ungeheuerlicher Ungerechtigkeiten ruhig und gefügig hält.«

Sie zitierte aus dem großartigen Gebetbuch, in dem die Erzählungen über Märtyrer aller Epochen, die »nicht heimlich von Gewaltverbrechern«, sondern von der herrschenden Klasse oder Partei ermordet wurden, versammelt sind. Sie glaubt nicht, dass unsere Gesellschaft schon so tief gesunken ist, dass solche Machenschaften zurzeit denkbar oder gar durchführbar wären. In diesem

Punkt würde ihr jeder zustimmen. Die Sorge richtet sich auf die Zukunft.

Der aktuellen Situation müssten praktische Schlüsse folgen, Schlüsse, die vom katholischen Teil der Bevölkerung, die der zwar rückläufigen, aber immer noch mehrheitlichen Gruppe der Christen angehört, gezogen werden müssten.

»Sind wir so tief gesunken?«, schreibt meine streitbare Freundin, und weiter: »An manchen Tagen fürchte ich, dass dem so ist. Aber ich bin immer mehr davon überzeugt, dass es jetzt an der Zeit ist, nicht zu kapitulieren, sondern den Kampf aufzunehmen.« Sie zitiert Steve Ray,[12] den ich nicht kenne: »Wenn ausreichend viele von uns kraftvoll genug gegen den Strom schwimmen, können wir die Richtung ändern.«

Ich bin mir nicht sicher, ob wir das können, aber ich bin sicher, dass wir es versuchen müssen, denn als Bürger haben wir immer noch das Recht auf Redefreiheit und öffentliche Aktionen, und wir haben ein Stimmrecht in einer Gesellschaft, deren Gesetze von gewählten Vertretern beschlossen werden. Und mir ist auch klar, dass, falls unsere religiösen Freiheiten verloren gehen oder ernstlich beschnitten werden sollten, dies nicht nur ein Beweis für ein tiefes spirituelles Unbehagen und einen Verlust des Glaubens, sondern auch für eine politische Unfähigkeit epischen Ausmaßes seitens der christlichen Gemeinschaft wäre, von unseren jüdischen und – ja! – muslimischen Verbündeten gar nicht zu reden.

Die Überzeugung meiner Freundin, dass wir kämpfen müssen, hat in den letzten vier Jahren nichts von ihrer Aussagekraft verloren. Kürzlich schrieb sie mir: »Im Gebet vertraue ich darauf, dass Gott mich führt und mich wissen lässt, wie ich für das Gute kämpfen kann: in mir selbst, meiner Familie und meinem Freundeskreis oder in der Öffentlichkeit.« – »Eine unserer besten Offensivstrategien«, so glaubt sie, »ist die Theologie des Leibes.[13] Die Quintessenz der Theologie des Leibes ist Freude, Wahrheit, Liebe, Glück, Gemeinschaft und Fruchtbarkeit. Alles gute Dinge. Der Teufel in der großen Stadt hat nichts von alledem.«

»Eine Generation kann eine ganze Kultur verändern«, behauptet sie. Ich nehme an, die 60er sind hierfür ein Beweis. Ich wünsche ihr alle Kraft, die nötig ist.

Zum Abschluss zitiere ich etwas, das sie mir 2016 geschrieben hat: »Wenn ein Zeitalter des Martyriums kommt, dann bete ich, dass die Kirche bereit sein wird, aber genau wie Aragorn[14] glaube ich, dass diese Zeit noch nicht gekommen ist.«

Der Tag mag kommen, da […] das Zeitalter der Menschen tosend untergeht, doch dieser Tag ist noch fern! Denn heute kämpfen wir! Bei allem, was euch teuer ist auf dieser Erde, sage ich: Haltet stand, Menschen des Westens![15]

Donnerstag, 23. Januar 2020

Heute gibt es ein paar Neuigkeiten. Als ich zu Bett ging, hat es geregnet, und ich freute mich darüber, dass ich den Regen hören und sehen konnte. Früher hätte ich mich vielleicht über den lauten Wasserfall aufgeregt, der sich aus der kaputten Dachrinne ergoss. Aber nicht nachdem ich zehn Monate lang gegen solche optischen und akustischen Wahrnehmungen abgeschottet war.

Als ich um 7.15 Uhr geweckt wurde, regnete es immer noch, und der Wärter sagte, es habe die ganze Nacht durchgeregnet, 30 Millimeter, mehr als ein Zoll. Aileen, die Seelsorgerin, die mich heute besucht hat, meinte, es hätte schon doppelt so viel geregnet wie sonst im ganzen Januar. Sie hat mir auch erzählt, dass Schwester Marys Operation erfolgreich verlaufen ist.

Ein paar der Blumentöpfe haben offenbar kein Loch, denn die Pflanzen standen einen Zoll hoch im Wasser. Ich bewies Initiative und leerte sie aus, und Derek hat mich dafür gelobt. Gestern war es so windig gewesen, dass das Brot, das er auf den Rasen geworfen hatte, heute Morgen noch dalag, aber gegen Mittag kamen schließlich die Vögel und haben alles aufgepickt.

Ich habe mich durchs Glas hindurch mit Paolo und Derek unterhalten. Wir waren uns einig, dass die Wachhabenden annehmbar und verständig sind, und Paolo meinte, dass nur die Atheisten unter ihnen schwierig und mürrisch seien. Derek war ganz seiner Meinung. Ich war angenehm überrascht, denn (so dachte ich bei mir) die Botschaft Christi wird zuallererst den Armen im Geiste angeboten, nicht den Feinsinnigen, sondern den Kämpfern.

Andererseits hat mir Aileen erzählt, dass sie einem Häftling ein Büchlein mit einfachen Lehren und Geschichten aus dem Evangelium mitgebracht habe, das die Baptisten in Geelong herausgeben haben. Er war tief beeindruckt, meinte, das Buch sei förmlich für ihn geschrieben, und beharrte dennoch darauf, dass er nicht so vergeben könne, »wie ihr das praktiziert«. In diesem Punkt war er anderer Meinung.

Heute wurden mir etwa 50 Briefe ausgehändigt und meine Besucherliste ist genehmigt worden. Das heißt, dass mich morgen Daniel Hill und seine Eltern Sue und Peter besuchen werden.

Heute habe ich ein bisschen mehr vom Gefängnis gesehen, als ich zu meinem monatlichen Kardiogramm zur Krankenstation hinüberging. Es mussten noch ein paar Schwestern hinzugerufen werden, um das Gerät zum Laufen zu bringen, aber am Ende hat es funktioniert.

Father George Rutler, der bekannte New Yorker Konvertit, Schriftsteller und Priester, hat ein Buch über Zufälle geschrieben, und nicht einmal er ist sich sicher, dass es Einstein war, der gesagt hat, der Zufall sei Gottes Art, anonym zu bleiben.

Im Licht meiner gestrigen Überlegungen über den antichristlichen Druck, den Wandel der sozialen Sitten und den Niedergang des Glaubens war es ein glücklicher Zufall, dass ich gestern einen Zeitungsbericht aus der *Herald Sun* und eine Predigt des hl. Augustinus bekommen habe, die ein anderes Licht auf unsere Situation werfen.

Es ist ein Gemeinplatz – zumindest unter uns »Oldies« –, dass wir froh sind, nicht in der heutigen Zeit aufzuwachsen. Der feindliche Druck ist so viel stärker, und das erklärt auch, weshalb die Besten unter den Jugendlichen (und zwar oft gerade in ihrer Jugend) besser sind als je zuvor und weshalb eine größere Zahl von ihnen, wie der Artikel in der *Herald Sun* berichtet, nicht nur im religiösen, sondern im menschlichen Sinne Opfer wird.

Sex unter Teenagern sei rückläufig, stand in dem auf S. 4 abgedruckten Artikel. Die jungen Leute seien um 50 Prozent weniger aktiv als ihre Eltern. Den »Sexologen« zufolge dienen Pornografie und Videospiele als Ersatz für menschlichen Kontakt. Selbst das Kondomgeschäft leidet darunter, und deswegen drängen sie die Eltern, mit ihren Kindern darüber zu reden, wie man guten Sex hat. Auf diese Weise soll vermutlich die Promiskuität der Kinder umgeleitet oder wiederbelebt werden. Die Internetpornografie hat die Landschaft verändert, nicht nur unter jungen Erwachsenen. Die Pornografiesucht lässt Ehen scheitern.

In dem Artikel wurde die erstaunliche Behauptung aufgestellt, dass 40 Prozent der jungen Erwachsenen zwischen 18 und 24 noch nie Sex gehabt hätten: nicht weil sie Christen wären und darauf warten würden, sich einander in der Ehe hinzugeben, sondern weil sie nicht dazu in der Lage seien.

Die Christen der Zukunft werden sich von vielen ihrer reichen, weltlichen Mitmenschen dadurch unterscheiden, dass sie in einem elterlichen Liebesakt ihre eigenen Kinder zeugen. Wir vergessen leicht, dass insbesondere junge Menschen ohne religiöse Bildung oder Grundsätze verletzlicher und anfälliger für Pornografie, Alkohol, Drogen, Gewalt und Einsamkeit sind als ihre religiösen Altersgenossen, vor allem, wenn diese aus liebevollen Familien stammen.

Wenn der Artikel in der *Herald Sun* und sein »Australia-Talks«-Überblick richtigliegt und sich dieser Trend nicht umkehrt, könnten sich die Christen der Zukunft auch dadurch von vielen anderen unterscheiden, dass sie in der Lage sind, die körperlichen Freuden der Liebe (zwischen Eheleuten in einer zumindest der Intention nach dauerhaften und ausschließlichen Beziehung) zu genießen.

Aus all diesen Gründen ist die Begeisterung meiner Briefschreiberin aus Dallas für die Theologie des Leibes klug und, so Gott will, prophetisch.

Der hl. Augustinus hat Gott bekanntlich darum gebeten, ihn rein zu machen, »aber nicht sofort«. Er hätte sicherlich Verständnis für unsere Zeit, und die heutige Jugend hätte sicherlich Verständnis für seine Geschichte und sein Ringen um Freiheit.

In *Sermo* 276 aus der gestrigen Lesung zum Fest des spanischen Diakons und Märtyrers Vinzenz, der um das Jahr 300 herum unter Kaiser Diokletian gestorben ist, erinnert uns Augustinus daran, dass wir uns auf Gottes Macht verlassen müssen und nicht versuchen sollen, allein und ohne Hilfe weiterzukommen. Wir brauchen uns von den Angriffen der Welt nicht überwältigen zu lassen, meint Augustinus, denn Christus eilt zu unserer Rettung. Er erklärt:

Eine doppelte Schlachtreihe stellt die Welt gegen den Soldaten Christi auf: Sie schmeichelt, um zu täuschen, und sie droht, um zu zerbrechen. Uns soll die eigene Lust nicht fesseln und fremde Grausamkeit nicht schrecken! Dann ist die Welt besiegt!

Freitag, 24. Januar 2020

Die Hills trafen frühzeitig ein und wir haben uns über zwei Stunden lang angeregt unterhalten. Sie berichteten über Neuigkeiten in der Familie und wir sprachen über die Kirchenszene in Sydney und darüber hinaus. Sue und Peter waren an beiden Tagen der Berufungsverhandlung im Gerichtssaal und sie waren über die Entscheidung erstaunt – genau wie meine Prozessgegner, die eigentlich schon geplant hatten, beim Obersten Gerichtshof Berufung einzulegen. Sue hat den merkwürdigen Menschen mit dem Plakat, das mich zur Hölle wünschte, angesprochen und ihn gefragt: »Was, wenn er unschuldig ist?« Es sind großartige Menschen, loyale Freunde und Unterstützer. Sie sind zuerst von Culburra nach Sydney gefahren und von dort aus hierhergeflogen.

Es war wieder ein kühler, frischer Tag. Tatsächlich bin ich, statt bis Mittag draußen zu bleiben, schon um halb elf wieder hereingekommen, weil mir kalt war.

Ich habe erfahren, dass ich zum Computerkurs zugelassen worden bin und auf der Warteliste stehe. Wann ich zum ersten Mal teilnehmen werde, konnten sie mir nicht sagen.

Heute sind wieder 20 Briefe aus verschiedenen Orten und großteils zu sehr unterschiedlichen Themen eingetroffen. Ein Priester der Kathedrale in Kingston, Ontario, in Kanada, hat mein Buch über das Lukasevangelium gelobt, das ihm »viel Stoff zum Nachdenken« geliefert habe, und eine ältere Dame aus North Balwyn nannte *Be Not Afraid* freundlicherweise »mein bestes spirituelles Buch« – und sie habe deren viele. Das ist tröstlich.

Eine Meditationsgruppe aus Kostelany nad Moravou in der Tschechischen Republik versicherte mir, »dass denen, die Gott lieben, alles zum Guten gereicht« (Röm 8,28). Eine Frau aus Michigan (USA) schrieb, dass Gott für jeden von uns einen Plan hat. Ihr Mann kämpft seit beinahe 20 Jahren gegen Parkinson, und es sei ihr ein Trost gewesen zu wissen, »dass es helfen kann, Seelen zu retten und Buße für die Sünden zu leisten«, wenn sie ihre Leiden und Prüfungen aufopfert.

Eine Lebensschützerin aus dem sehr viel näher gelegenen Emu Plains in New South Wales dankte mir dafür, dass ich daran beteiligt gewesen war, die *University of Notre Dame* nach Sydney zu bringen. Sie isst dort zuweilen zu Mittag, nachdem sie unweit des Campus öffentlich gegen Abtreibung gebetet hat. Während dieser

Gebetsaktionen, so schreibt sie, »habe ich den grausamen Spott, den Hohn, die Verachtung und den Hass erfahren, die sich nur deshalb gegen uns richteten, weil wir Zeugnis für die Wahrheit ablegten. Deshalb kann ich mir auch ungefähr vorstellen, was für ein Hass Ihnen entgegenschlägt.«

Ein Priester aus dem Erzbistum Detroit (USA) hat mir ein paar Auszüge aus seinen Büchern geschickt, in denen er die falschen Anschuldigungen auflistet, die im Lauf der Jahrhunderte wegen der unterschiedlichsten Vergehen gegen Heilige und führende Männer der Kirche erhoben worden sind. Das hat mich nicht überrascht, denn auch ich weiß von Vorwürfen, die gegen gute Priester vorgebracht und dann fallen gelassen wurden, weil sie falsch waren. Das ist nur der kleinere Teil des Bildes, aber er ist real und schmerzlich, wie Billy Doe in Philadelphia und Carl Beech in Großbritannien bewiesen haben.[16]

Ein Ehepaar aus Oregon in den USA schrieb: »Wenn Sie freigesprochen werden, wird dies für uns das Zeichen sein, dass die Kirche umkehrt und erneuert werden wird.« Diese kirchliche Dimension ist wichtiger als meine persönliche Geschichte, weil mein Freispruch für gute Katholiken und all diejenigen, denen der gute Ruf der australischen Rechtsprechung am Herzen liegt, eine Ermutigung sein wird. Das ist ein Makel, den die Kirche nicht verdient. Inwiefern dies zur Erneuerung beitragen wird, bleibt abzuwarten. (Und der Freispruch muss erst noch erfolgen.)

Doch selbst in diesem letzten Punkt, der Erneuerung, sind wir nicht ohne christliche Hoffnung, die etwas anderes ist als menschlicher Optimismus.

Ich werde mit einem Zitat von P. Kentenich, dem Gründer der Schönstätter Marienschwestern,[17] enden, das mir eine seiner Schwestern aus New York gesandt hat:

Wenn Gott eine Seele für seinen besonderen Dienst gebrauchen will, muss er sie zunächst in den Augen der Menschen unbrauchbar machen.

Ich erfülle diese Bedingung.

Samstag, 25. Januar 2020

Heute ist das Fest der Bekehrung des Apostels Paulus. Der hl. Paulus gehört zu den Heiligen, die ich wegen seines Eifers für das Evangelium, seiner Begeisterung und Beharrlichkeit und wegen seines intellektuellen Beitrags am meisten bewundere. Er hat die theologische Lehre formuliert, wonach Jesus das Zentrum, der Höhepunkt der Geschichte des von Gott auserwählten Volkes ist, und damit die Grundlagen dafür gelegt, dass diese Lehre in den Begriffen des westlichen – eher griechisch als römisch geprägten – Denkens erklärt werden konnte. Ich erinnere mich, dass der damalige Kardinal Ratzinger einmal darauf hingewiesen hat, wie providenziell diese Verbindung aus jüdischer Offenbarung und westlichem Denken gewesen ist und wie gut sich diese Traditionen des Platonismus und der Stoa und später des Aristotelismus für christliche Zwecke eigneten.

Die christliche Offenbarung wurzelt nicht nur wesentlich in den jüdischen oder alttestamentlichen Schriften, sondern auch die griechische Philosophie hat in unserer Tradition und in unserem Lehramt einen besonderen Platz und könnte niemals durch das Denken Konfuzius' oder Buddhas oder durch den Marxismus oder irgendeinen anderen Ismus ersetzt werden.

Für Ratzinger bedeutet Inkulturation, dass die christliche Lehre auf die jeweiligen anderen Traditionen, das heißt, auf ihren Hauptstamm aufgepfropft wird, sodass neben den alten Früchten neue wachsen können. Inkulturation heißt nicht, dass ganze Bereiche der christlichen Lehre mit fliegenden Fahnen aufgegeben und durch eine andere Überlieferung ersetzt werden. Die Interaktion zwischen dem Christentum und den asiatischen Weltanschauungen und Religionen steht noch ganz am Anfang, birgt aber immer Gefahren in sich. In Indien könnte man die Verfolgung der Christen, die unter der Modi-Regierung erschreckend schutzlos sind,[18] als nützliches Heilmittel gegen den hinduistischen Agnostizismus betrachten: die Relativierung Jesu und seiner Botschaft, die für einige indische jesuitische Denker eine große Versuchung darstellt. Dennoch ist es ein Austausch, ein Dialog, der weitergeführt werden muss und wird, da sich das Zentrum der Welt vom Atlantik in den Pazifik verlagert.

Paulus war nicht immer mein Held. Ich erinnere mich noch, als ich in der Oberstufe in der elften oder zwölften Klasse ahnungslos und großspurig von mir gab, dass Paulus mir zu prahlerisch sei. Dass er kein altmodischer zugeknöpfter Angelsachse war, ist ja klar.

Roland Rocchiccioli war ein bekannter Radiosprecher in Melbourne zu der Zeit, als ich dort Erzbischof war. Einmal bat er mich, eine Gästeliste mit zwölf Persönlichkeiten der Geschichte aufzustellen, die ich gerne zu einer Dinner-Party einladen würde. Der hl. Paulus belegte einen der vordersten Plätze (von der Heiligen Familie habe ich niemanden aufgeschrieben). Die hl. Mary MacKillop, die hl. Katharina von Siena und Maggie Thatcher waren drei meiner sechs weiblichen Gäste, auch wenn ich mir nicht sicher bin, ob der hl. Paulus gerne mit einer so heterogenen Gruppe von Personen, Winston Churchill eingeschlossen, zu Abend gegessen hätte, die nicht einmal alle religiös waren. Es wäre ein großartiger Abend geworden – immer vorausgesetzt, er wäre nicht aus dem Ruder gelaufen. Ich glaube nicht, dass ich Maria Magdalena eingeladen hätte. Paulus hätte es vielleicht als leichtfertig empfunden.

Es war ein milder und angenehmer Vormittag. Während meines halbstündigen Hofgangs – im Rahmen der zweieinhalb Stunden, die ich außerhalb meiner Zelle verbrachte – wehte kein Lüftchen, und der Himmel war von einer dünnen Wolkenschicht bedeckt. In einer kurzen Meldung in der gestrigen *Herald Sun* hieß es, dass die Drohne über dem MAP nicht nach mir gesucht hatte, ich aber trotzdem im *Barwon*-Gefängnis bleiben würde. Die Drohne hätte meinem Wohlbefinden (von der Freiheit einmal abgesehen) keinen größeren Dienst erweisen können. Laut meinen Mithäftlingen sei Trakt 3 der beste Platz in einem Gefängnis in Victoria und die Gefängnisse hier seien besser und humaner als in allen anderen australischen Bundesstaaten.

Ich habe Margaret telefonisch erreicht und sie hat mir gesagt, dass sie sich Sorgen um Davids Gesundheit mache. Ich mache mir ebenfalls Sorgen, denn der Arzt kann das Virus nicht identifizieren, und er ist bis zum 14. Februar krankgeschrieben.

Aus einem Brief von Ruth habe ich vor ein paar Tagen erfahren, dass Sir Roger Scruton verstorben ist, einer der führenden öffentlich bekannten britischen Intellektuellen und ein Verfechter der besten Traditionen unserer Kultur und der christlichen Werte. Die Nachricht traf mich überraschend und war ein Schock, denn ich hatte nichts von seiner Krebserkrankung gewusst und gedacht, er sei sehr viel jünger als ich. Ruth meint, dass ich in diesem Punkt falschliege und dass er nur wenige Jahre jünger gewesen sei. Er war ein echter Universalgelehrter und Verfasser von 50 Büchern, ein Pendant zu Andrew Bolt unter den englischsprachigen Philosophen.

Ich habe seinen Beitrag bewundert, einige seiner Werke gelesen, aber seine Arbeit aus einer gewissen Entfernung verfolgt. Ein Freund hat mir sein Buch über Wein geschenkt, das bei mir allerdings zum großen Teil vergeudet war. Seine Musik, seine Oper, mochte ich auch nicht, denn mir sind Melodien sehr wichtig. Seine Oper hätte sicher niemand für ein Werk von Puccini gehalten. Einmal habe ich bei einer der *Conversazioni*, die Prof. Claudio Véliz in Oxford veranstaltete,[19] gemeinsam mit ihm an einer Podiumsdiskussion teilgenommen, bei der er öffentlich darauf bestand, dass die Befürworter von Spätabtreibungen oder Kindstötungen gezwungen werden sollten, dem Kind vor seiner Tötung in die Augen zu sehen. Er hat vor dem Fall des Eisernen Vorhangs gute und mutige Arbeit für die intellektuelle Freiheit in der damaligen Tschechoslowakei geleistet und dort ein Untergrundnetzwerk von Dissidenten organisiert.

Ich hatte immer das Gefühl, dass Scruton mit seinen Ansichten eigentlich in die katholische Kirche gehörte, aber er blieb beim Anglikanismus. Er war zu englisch, um leichten Herzens den Tiber zu überqueren.

Er war kein hl. Paulus, aber es macht mir dennoch Freude, an einem Paulus-Fest ein paar Worte über ihn zu schreiben.

Und ich werde nicht mit einem Gebet, sondern mit ein paar Worten enden, die er über Großbritannien geschrieben hat und die auch für uns gelten:

Wir in Großbritannien treten in einen gefährlichen sozialen Zustand ein, in welchem direkte Meinungsäußerungen, die einer engen Auswahl an orthodoxen Glaubenssätzen widersprechen – oder auch nur zu widersprechen scheinen –, unverzüglich von einer Bande selbst ernannter Sittenwächter geahndet werden. Wir werden unter das elende Joch einer dubiosen Auswahl offizieller Lehren gezwungen und angewiesen, eine Weltanschauung zu übernehmen, die wir nicht hinterfragen können, weil wir befürchten müssen, von den Zensoren öffentlich gedemütigt zu werden.

49. Woche
Australische Sympathien

26. Januar bis 1. Februar 2020

Sonntag, 26. Januar 2020

Heute feiern wir den *Australia Day* [den Nationalfeiertag]: Vor 232 Jahren landete Captain Arthur Phillip mit seinen Seeleuten, Soldaten und Sträflingen in der Botany Bay und zog von dort aus gleich weiter, um Port Jackson (heute der großartige Hafen von Sydney) zu beanspruchen, ehe Lapérouses[1] französische Schiffe, die gerade angekommen waren, den Hafen entdecken und in die Versuchung geraten konnten, ihn ihrerseits in Beschlag zu nehmen. Großbritannien und Frankreich waren, wie Geoffrey Blainey es im aktuellen *Weekend Australian* darstellt, zwei Supermächte, die die damalige Welt unter sich aufteilten und die Holländer, die Portugiesen und die Spanier ausstachen, wo immer sich eine Gelegenheit dazu bot. 1788 war Großbritanniens Aufstieg weiter fortgeschritten als der des heutigen China, während die Holländer, ähnlich wie heute die Russen (abgesehen von der völlig anderen geografischen Lage), ihre »besten« kolonialen Zeiten schon hinter sich hatten.

Ironischerweise betrachten viele Länder, die im Zweiten Weltkrieg zur »Großostasiatischen Wohlstandssphäre«[2] gehörten und unter den Japanern zu leiden hatten, Japan heute als wichtiges Gegengewicht zu den chinesischen Ambitionen. Wir können nur hoffen und darauf hinarbeiten, dass Japan und China kein Bündnis schließen, wie es Japan mit Deutschland getan hat. Dass Japan die Mandschurei erobert hat, wird aus Sicht der chinesischen Bevölkerung und Führung noch jahrzehntelang dagegensprechen.

Der öffentlich-rechtliche Sender *SBS* widmet denen, die den heutigen Tag »Invasionstag« nennen, einiges an Sendezeit. Das irritiert mich ziemlich. Ich betrachte die australische Geschichte nicht aus dem Blickwinkel des *Black Armband* (der Trauerbinde),[3] sondern ich halte sie für eine großartige Errungenschaft. Dennoch müssen wir der Wahrheit und der beträchtlichen dunklen Seite der Geschichte ins Auge sehen. Die Auseinandersetzung zwischen den Briten und den Ureinwohnern war der ungleichste Kampf der Kolonialgeschichte, und auch wenn die Briten angewiesen waren, für ein friedliches und wohlwollendes Miteinander zu sorgen, waren Probleme unvermeidlich und wurden auch Verbrechen begangen. Ich bin stolz auf die Aussagen von Erzbischof John Polding, dem ersten katholischen Bischof in Australien, der sich für die Aborigines eingesetzt hat, und auf William Ullathorne und seine Arbeit – der spätere Bischof von Birmingham war eine Schlüsselfigur bei der Wiederherstellung der katholischen Hierarchie in England[4] –, der öffentliche Kritik an den Gefangenentransporten übte, auch wenn ich vermute, dass sich für die Verurteilten und ihre Nachkommen schlussendlich alles deutlich besser gefügt hat, als er es erwartet hatte. Der irisch-katholische Klerus folgte nach der Katholischen Emanzipation von 1829 im Großen und Ganzen der britischen imperialen Expansion, und ich bin einer von Millionen Menschen weltweit, die davon profitiert haben.

Die Serie von Fügungen oder Zufällen hat heute ein Ende gefunden. Ich bin um 6.28 Uhr aufgewacht, zu spät für den Fernsehgottesdienst – wenn er denn ausgestrahlt wurde: Joseph Prince und Joel Osteen mussten heute den Feierlichkeiten und Diskussionen zum *Australia Day* weichen.

In der Sendung *Compass* wurden sechs australische Holocaust-Überlebende und ihre besonderen Objekte, die sie dem Jüdischen Museum von Sydney gespendet hatten, vorgestellt. Olgas Geschichte und ihre Schenkung waren bemerkenswert und verstörend zugleich. Sie erzählte von den jungen britischen Soldaten, die sie aus Belsen[5] befreit hatten und in Ohnmacht fielen, sich übergaben oder weinten über das, was sie dort vorfanden. Es war ein grauenhafter Schock. Ihr Objekt war ein Schal, der ihr bei der Befreiung von einem der Aufseher übergeben worden war und aus menschlichem Haar bestand: jüdischem Haar. Von Jacqueline wurde ein schönes Foto gezeigt, auf dem sie mit ihren Kindern, Enkeln und Urenkeln abgebildet war. Sie erklärte schlicht: »Was auch immer Hitler vorhatte, er hat es nicht geschafft.«

Das Böse ist ein Mysterium, und die Verbrechen der Nazis wurden von Deutschen begangen, einem Volk, das viele der besten Philosophen und Wissenschaftler, hervorragende Dichter und die größten Komponisten hervorgebracht hat. Wenn in einer so gebildeten Nation etwas so Böses geschehen konnte, dann ist keine Gesellschaft dagegen gefeit.

Wir beten heute für Australien, wo sich so vieles offenkundig und noch viel mehr unter der Oberfläche und oft unbemerkt verändert. Wir beten für unsere politischen und intellektuellen Anführer, weil gerade in einer »Can do«-Gesellschaft, die die Ideen verachtet, die Ideen immer noch herrschen: in den Medien, in den sozialen Netzwerken, an den Universitäten und Schulen und in den Familien.

Gib den christlichen Denkern Weisheit und Mut, damit sie helfen, die Lücke zu füllen, die durch den Niedergang des Christentums entstanden ist, damit sie in unserer Zeit der Triggerwarnungen und geschützten Räume, der »woken« Intoleranz und Identitätspolitik die Debatte am Leben erhalten. Möge es ihnen gelingen, diejenigen in der Mitte davon zu überzeugen, dass viel auf dem Spiel steht und dass die Konsequenzen für die Gesellschaft oft unabsehbar sind.

Möge es ihnen gelingen, wie dem Verfasser des alttestamentlichen Buches der Weisheit (6,9–11), unsere Anführer darauf hinzuweisen, dass es manchmal keine einfachen Lösungen gibt:

An euch also, ihr Gewalthaber, richten sich meine Worte,
damit ihr Weisheit lernt und euch nicht verfehlt.
Wer das Heilige heilig hält, wird geheiligt,
und wer sich darin unterweisen lässt, findet Rechtfertigung.
Verlangt also nach meinen Worten,
sehnt euch danach und ihr werdet Bildung erwerben!

Montag, 27. Januar 2020

Weil der Nationalfeiertag gestern auf einen Sonntag fiel, ist der heutige Montag landesweit ein zusätzlicher freier Tag. Es war ein angenehmer Morgen, auch wenn der Tau beinahe verschwunden und der Himmel leicht bewölkt war, als ich nach draußen durfte.

Meine *Herald Sun* ist angekommen mit dem üblichen »sehr einfachen« Sudoku, das ich erfolgreich gelöst habe, und einem exzellenten Artikel von Andrew Bolt über die globale Erwärmung, der logisch, einwandfrei und sachlich korrekt war.

Er räumte ein, dass sich das Klima langsam erwärmt (zu seiner Bestürzung) und berief sich in mehreren Punkten auf Professor Andy Pitman, den Leiter des *Australian Research Council Centre of Excellence for Climate Extremes.* Der erste dieser Punkte ist, dass die Klimaforscher nicht wissen, ob der Klimawandel auch für Dürreperioden verantwortlich ist. Zweitens musste Pitman zugeben, dass Kohlendioxid das »Begrünen«, d. h. eine Steigerung der landwirtschaftlichen Erträge und des Waldwachstums verursacht. Nach Erkenntnissen der NASA ist ein Gebiet von der doppelten Fläche der USA zwischen 1982 und 2009 grüner geworden.

Außerdem erwähnte Bolt, dass die Häufigkeit von Wirbelstürmen abgenommen hat und dass nur die Hälfte der (von der *Royal Commission* nach den Bränden von 2009 empfohlenen) Fläche kontrolliert abgebrannt worden ist, eine Strategie, die die Aborigines regelmäßig angewandt haben. Joseph Banks beobachtete fünf solcher Brände, als er 1770 den Seefahrer [James] Cook auf der *Endeavour* begleitete. Ich habe vor, den Artikel meiner Nichte Rebecca zu empfehlen. Sie interessiert sich für solche Themen.

Ich wurde mit einem langen Besuch meines guten Freundes und Cousins Chris Meney, der mir im letzten Jahr eine unverzichtbare Hilfe war, und meines guten Freundes Father Brendan Purcell beschenkt, Irlands Verlust und Sydneys Gewinn. Er war mit mir an der *St Mary's Cathedral* und ist zwar streng genommen im Ruhestand, aber als der fleißigste Seelsorger der Kathedrale noch immer dort tätig. Er hat jahrzehntelang am Universiätscollege in Dublin Philosophie und Anthropologie gelehrt, sich aktiv am öffentlichen Kampf für das Leben und die Familie beteiligt und ist ein Priester der besten Sorte, immer hilfsbereit, liebenswürdig und einer der witzigsten und interessantesten Gesprächspartner, die mir je begegnet sind. Es ist symptomatisch für die irische Kirchenführung, dass sie nicht versucht haben, ihn zum Bleiben zu bewegen.

Wir haben über den Vatikan und China, Irland und Australien, das neue Buch über den Zölibat von Papst Benedikt und Kardinal Sarah (die Dinge wären ganz anders verlaufen, wenn Seine Heiligkeit nicht zurückgetreten wäre), die vatikanischen Finanzen und die Entfremdung vieler frommer Katholiken in den Vereinigten Staaten gesprochen. Brendan konnte berichten, dass Erzbischof Charles Chaput von Philadelphia mit seinem designierten Nachfolger Erzbischof Nelson Pérez sehr zufrieden sei.

Gleich nach Weihnachten hatte *First Things* einen Artikel von John Duggan, einem in England ansässigen Autor, über die Kirche in Irland veröffentlicht: »Die Welt wird jammern.« Der erste Absatz endet mit den Worten: »Das katholische Irland, wie wir es kannten, ist gefallen.« Noch nicht. Die Todesnachricht ist verfrüht. Laut Duggan hat Irland nach der Verfassung von 1937 »schon vor Jahrzehnten mit fliegenden Fahnen den Rückzug angetreten«, und er zitierte den irischen Dichter Patrick Kavanagh, der meinte, die Marginalisierung des Katholizismus hätte in den 1950er-Jahren ihren Anfang genommen.

Er nimmt Bezug auf das 1972 erschienene fiktive Buch von J. B. Keane *Letters of an Irish Parish Priest* (»Briefe eines irischen Gemeindepriesters«) und stellt die Empfängnisverhütung ins Zentrum der Handlung, die Enzyklika *Humanae vitae* Papst Pauls VI.,[6] das einfühlsame, hervorragende Antwortschreiben der irischen Bischöfe und die Berichte darüber, wie die jüngeren und älteren Geistlichen ihren Gläubigen zu helfen versuchten.

Zwei Punkte haben mich besonders beeindruckt. Heinrich Böll, der deutsche Schriftsteller und Nobelpreisträger, hat Irland geliebt und viele Jahre lang den Sommer auf Achill Island verbracht. 1967 hat er sein 1957 erschienenes *Irisches Tagebuch* um einen Epilog ergänzt. Für ihn hatte Irland inzwischen »eineinhalb Jahrhunderte übersprungen und fünf weitere eingeholt«[7], und der Grund hierfür war die Empfängnisverhütung.

Die Vorstellung, dass in Irland womöglich weniger Kinder zur Welt kommen würden, erschreckte ihn. »Nirgendwo in der Welt habe ich so viele und so hübsche und so freie Kinder gesehen«, schrieb er, »und die Aussicht, dass Ihrer Majestät THE PILL gelingen wird, was allen Majestäten Großbritanniens nicht gelang, die Anzahl der irischen Kinder zu verringern, erscheint mir keineswegs erfreulich.«[8]

Böll ist ein Außenseiter wie ich und auch er denkt, dass der Glaube Bestand haben wird. In Irland hat die katholische Gemeinschaft durch die Missbrauchskrise enormen Schaden erlitten, noch größeren als in Australien. Die Priesterberufungen sind auf einem Tiefstand und die weiblichen Ordensberufungen praktisch nicht mehr vorhanden, der Glaube vieler junger Menschen ist, insbesondere in Dublin, schwach oder erloschen, doch der sonntägliche Messbesuch liegt bei 30 bis 40 Prozent, etwa dreimal so hoch wie in Australien. In Knock[9] herrscht großer Andrang, die traditionellen Wallfahrtsorte sind nach wie vor gut besucht, viele beten, und zwar inständig. Die Kampfkraft für eine Wiederbelebung ist da. Was nottut, sind Führung, Urteilskraft und Mut.

Der Dichter Kavanagh und John Duggan sind Iren und Pessimisten, aber Duggan ist vielleicht versucht, wider alle Hoffnung zu hoffen. Er zitiert den fiktiven Father Martin O'Mora aus J. B. Keanes 1972 erschienenem Roman, einen der »alten, harschen Kerle«:

Wir sind der harte Kern, Joe, wir sind mit dem Kodex groß geworden. Es ist unser Auftrag, standhaft zu sein und festzuhalten, woran auch immer. Vielleicht sieht es so aus, als würden wir aus der Reihe tanzen, und viele würden sagen, dass die Welt solchen wie uns nie wieder Beachtung schenken wird. Sie liegen falsch, glaub mir, Joe, die Welt wird nach solchen wie uns jammern, wenn die Fülle der Zeiten gekommen ist.

Das war vor 50 Jahren. Heute jammert die Welt. Und Irland wartet.

Dienstag, 28. Januar 2020

Heute ist das Fest des hl. Thomas von Aquin, der in der süditalienischen Stadt Roccasecca als Kind einer deutsch-normannischen Familie geboren wurde. Sein Bruder hatte gegen das Papsttum gekämpft, und Thomas trat zum Entsetzen der Familie in den neu gegründeten Dominikanerorden ein. Er war ein herausragender Student, der von seinen Kommilitonen der »stumme Ochse« genannt wurde, und studierte in Monte Cassino, Neapel, Paris und schließlich in Köln beim hl. Albertus Magnus, der ebenfalls Dominikaner war. 1274 starb er auf dem Weg zum Zweiten Konzil von Lyon in Fossanova in Süditalien.

Er ist der größte Theologe des zweiten Jahrtausends und bildet einen faszinierenden Kontrast zum hl. Augustinus, dem besten Theologen des ersten Jahrtausends: der eine ein europäischer Aristokrat und der andere ein Nordafrikaner mit interkulturellen Wurzeln, beide durch einen Zeitraum von über 800 Jahren voneinander getrennt, der eine ein Mitglied des neuen Predigerordens und der andere Bischof einer kleinen afrikanischen Stadt, der eine ein Systematiker, der andere ein Pionier.

Verfasser der ersten Autobiografie des Abendlandes, Konvertit mit einer langjährigen Gefährtin, Vater eines Sohnes, selbstverliebt und doch von einer noch größeren Liebe und Faszination für den guten Gott, die uralte und immer neue Schönheit, Platoniker, nachdem er jahrelang der bizarren Lehre der Manichäer angehangen hatte. Das ist Augustinus.

Ein tatkräftiger spanischer Bischof hatte eine lateinische Übersetzung der Schriften des Aristoteles in Auftrag gegeben, die im Abendland wiederaufgetaucht waren, und der Aquinate nahm Aristoteles in die Kirche auf, indem er – z. B. in der *Summa theologica* – ein neues und umfassendes, geordnetes und unpersönliches System errichtete, das das katholische Leben über Jahrhunderte hinweg dominieren sollte, von den Protestanten abgelehnt und im späten 19. Jahrhundert von Papst Leo XIII. wiederbelebt wurde. Thomas war ein Motor des Wandels und deshalb umstritten. Der Erzbischof von Paris ließ seine Bücher öffentlich verbrennen.

Am Corpus-Christi-Seminar in Werribee, Victoria, hatten wir drei Jahre lang (1960–1963) Philosophieunterricht. Dabei hielten wir uns an die Handbücher der lateinischen Scholastik, ohne dass ein Primärtext der großen Meister Pflichtlektüre gewesen wäre. Einige von uns trafen sich, um Platos *Staat* zu lesen, aber mir tut es rückblickend leid, dass ich mir nicht mehr Zeit für die Schriften des Aquinaten genommen habe. Allerdings habe ich mich später unter der Anleitung von Erzbischof Eric D'Arcy, der an der Universität Melbourne 20 Jahre lang Philosophie-Vorlesungen gehalten hat, intensiv mit Thomas' Moralphilosophie und Theologie beschäftigt und mich fest in seiner Tradition des moralischen Realismus verankert.

Eine Dosis Metaphysik kann für einen Priester ebenfalls sehr nützlich sein. Ich erinnere mich noch an einen neuseeländischen Bischof, der sich darüber beklagte, dass seine Seminaristen so wenig Philosophie studiert hatten und kaum in der Lage waren, einen Amtsträger von einem Funktionär oder ein Amt von einer Abfolge von Funktionen zu unterscheiden – mit unseligen Folgen für den Begriff des Amtspriestertums. Zwei Jahre Philosophie sind eine Mindestanforderung, die für alle katholischen Seminare obligatorisch ist und sein muss, und diese zwei Jahre sollten eine gute Einführung in die thomistische Metaphysik und Moraltheorie beinhalten. Ein solches Philosophiestudium hilft, den gewaltigen Beitrag zu erklären, den die Priester im Lauf der Jahrhunderte geleistet haben. Es ist immer hilfreich, wenn man sagen kann, was man meint – und dass man meint, was man sagt, ist unerlässlich.

Heute habe ich meine übliche Quote von etwa 20 Briefen und ein paar große Umschläge von Tim O'Leary mit Kopien von Artikeln zu verschiedenen theologischen und kulturellen Themen erhalten. Ein Artikel des kanadischen Schriftstellers Father Raymond de Souza im Londoner *Catholic Herald* war präzise, zutreffend und niederschmetternd. Er trug den Titel »Wir dachten immer, dass Bischöfe die Wahrheit sagen. Was ist geschehen?« und listete die falschen Angaben über die Verehrung der Pachamama[10] in den Vatikanischen Gärten, über die Vatikanfinanzen, über den Fall Zanchetta[11] und insbesondere Donald Kardinal Wuerls Beteuerungen auf, nicht über das Fehlverhalten des ehemaligen Kardinals Theodore McCarrick informiert gewesen zu sein.

Ich habe mit Kardinal Wuerl in einer Reihe von Angelegenheiten gut zusammengearbeitet, seine Kompetenz und seinen klaren Verstand bewundert, und ich weiß, dass er ein besserer Mann ist, als dieser entsetzliche Fehltritt gegenüber der Öffentlichkeit, seinem Kirchenvolk und seinen Priestern vermuten lässt. Der Bericht über die McCarrick-Geschichte wird bald veröffentlicht werden. Sicher keine leichte Lektüre.

Der Tag war warm und ereignislos, wenigstens für mich. Mir wurde ohne Angabe von Gründen zum zweiten Mal in zehn Tagen Blut abgenommen, und der Justizvollzugsbeamte, der die Verlegung durchgeführt hatte, kam vorbei und wollte wissen, wie ich mich hier in Acacia eingelebt hätte und wann meine Berufungsverhandlung am Obersten Gerichtshof sei. Wir sprachen darüber, was wohl passieren würde, wenn die Berufung Erfolg hätte, und ich erklärte, dass ich keine Hilfe bei *Centrelink*[12] würde beantragen müssen. Wir sprachen auch über die Optionen, die nach einer erfolglosen Berufung bestanden.

Ich glaube, dass die Kirche in den Vereinigten Staaten die Herausforderungen des Säkularismus und der Postmoderne so gut bewältigt wie nur irgendeine Kirche in der westlichen Welt. Neben spektakulären Fehltritten gibt es dort Dynamik und Treue, und deshalb darf man nicht zulassen, dass diese Glaubwürdigkeitskrise und der Rückgang oder das Einbehalten von Spendengeldern das

Wachstum bremst und die ganze Kirche in Amerika oder ein Großteil über denselben Kamm geschoren wird.

Eine schnelle Lösung ist nicht in Sicht. Die Bischöfe werden auch weiterhin hart arbeiten, beten und dienen und die Wahrheit sagen müssen. Und die meisten Beispiele, die de Souza anführt, kommen nicht aus den USA:

Du darfst im Sturm das Schiff nicht deshalb preisgeben, weil du den Winden nicht Einhalt gebieten kannst! […] Du musst […] dich bemühen, nach besten Kräften alles recht geschickt zu behandeln, und was du nicht zum Guten wenden kannst, wenigstens vor dem Schlimmsten zu bewahren.[13]

Mittwoch, 29. Januar 2020

Einer der Vorzüge oder kleinen Segnungen meiner zehnmonatigen Haft war, dass unsere Seelsorgerin Schwester Mary O'Shannassy mich auf die Predigten von Schwester Mary McGlone aufmerksam gemacht hat. Ich würde zwar nicht sagen, dass McGlone ein zweiter Augustinus ist, aber sie bietet Woche für Woche eine gläubige Darstellung der Lehre des Evangeliums, erläutert die Botschaft und stellt Bezüge zu unserer Gedankenwelt und unserem Alltagsleben her. Sie schöpft nicht aus dem Bodensatz des Gemeindelebens, aber die Botschaft ist klug und weise.

Ihre Predigt zum zweiten Sonntag im Jahreskreis beginnt mit einem Satz von Thomas Merton. »Wenn du wissen willst, wer ich bin, frage mich nicht, wo ich lebe oder was ich gerne esse oder wie ich mir die Haare kämme, sondern frage mich, wofür ich lebe.«[14]

In meiner verbesserten Situation hier im *Barwon*-Hochsicherheitsgefängnis mit einem regelmäßigen Tagesablauf, vielen Büchern und Artikeln und ausreichend Zeit, um zu schreiben und mir einige Kricket- und Tennisspiele anzusehen, ist es sinnvoll, über die von Merton aufgeworfene Frage nachzudenken.

Im Gefängnis und vom Gefängnisessen zu leben ist nichts, womit man sich brüsten könnte. Vor ein paar Tagen hatte ich mein erstes Steak seit Februar letzten Jahres, und ich war froh, dass ich es nicht bezahlen musste. Davon abgesehen habe ich keinen Grund, mich über das Essen zu beklagen, das besser ist als am Propaganda-Fide-Seminar in Rom in den 60er-Jahren und in meinen wenigen Internatsjahren am *St Pat's College* in Ballarat in den 50er-Jahren. Was meine Haare betrifft, so könnten sie mal wieder einen Schnitt gebrauchen.

Ich bleibe meiner täglichen Gebetsroutine treu, bete allerdings nur einen und nicht zwei Rosenkränze pro Tag. Sonst ist der Tagesablauf derselbe. Und ich durchlebe auch keine dunkle Nacht der Seele, was, wie ich glaube, hauptsächlich darauf zurückzuführen ist, dass Tausende Menschen für mich beten. Ich bin spirituell und psychisch stabil. Für das alles danke ich Gott. Aber ich »fühle« mich nicht so religiös oder spirituell fokussiert wie zu der Zeit, als meine Lage noch schwieriger war. Das beweist wieder einmal, wie leicht wir uns Gott ein bisschen entgleiten lassen, wenn wir nur beschäftigt oder abgelenkt oder zufrieden genug sind.

Ich lebe nicht auf meine baldige Entlassung hin, auch wenn eine erfolglose Berufung ein schwerer Schlag wäre. Ich hoffe, dass ich lange genug leben werde, um auf dem Vorkonklave vor der Wahl des nächsten Papstes zu sprechen, dass ich im Ruhestand noch ein paar Jahre weiterarbeiten und dass ich ein bisschen Zeit mit meiner Familie und vielen loyalen Freunden verbringen kann.

Dies gut und fromm zu tun wird meine Vorbereitung auf das Leben beim Herrn im Himmel sein (so Gott will). Ich weiß nicht, wie regelmäßig ich mir das Buch der Offenbarung vornehmen werde, um über die künftigen Dinge Betrachtung zu halten. Heute habe ich im *SBS* zum zweiten Mal ein Stück von einer ungewöhnlichen Sendung gesehen: ein großes Boot, das auf den norwegischen Wasserstraßen unterwegs ist, am Ufer Gruppen von jungen und alten Menschen, die winken, viel Stille, keine Dialoge, aber in Abständen regelmäßig Musik. Ich war überrascht, dass mir dies so gut gefiel, und deshalb schaltete ich wieder zu diesem Programm zurück, da es so friedlich und idyllisch war. Und ich habe den Schluss gezogen, dass das ein kleiner Vorgeschmack auf den Himmel sein muss.

Wenn ich noch einmal bessere Zeiten erlebe, muss ich dafür sorgen, dass der gute Gott im Zentrum meines Lebens bleibt.

Es wird wieder wärmer und ich war bis Mittag draußen. Dann kam Kartya und brachte mir einige Bankunterlagen aus Rom, die ich unterschreiben sollte, und einen aktualisierten Besuchsplan. Wir sind die Liste der Friel-Artikel durchgegangen und ich habe die Teile angestrichen, die sie meiner Meinung nach lesen sollte.

Ich habe mit David gesprochen, der ein paar Stunden gearbeitet hat, und, zum ersten Mal seit drei Tagen, auch mit Margaret. Desley Walsh war bei ihr, die aus Melbourne gekommen ist. Sie ist seit Jahren eng mit Margaret befreundet. Als ich mit meinen Gebeten fertig war, habe ich den Vormittag über draußen gesessen und die Artikel gelesen, die Tim O'Leary mir geschickt hatte. Heute ist wieder ein Bündel mit gut 20 Briefen angekommen.

Die zweite Lesung im heutigen Brevier war ein Auszug aus dem Hohelied-Kommentar des hl. Bernhard. Bernhard rühmt sich, dass er das, woran es ihm selbst mangelt, vertrauensvoll aus dem mitfühlenden Herzen des Herrn schöpft. Dann fährt er fort:

Aber ich bekam einen Schlüssel, der öffnet, einen Nagel, der durchdringt, um den Willen des Herrn zu erkennen. Was sah ich durch die Öffnung? Der Nagel ruft, es ruft die Wunde: In Christus versöhnt Gott die Welt wirklich mit sich.

Donnerstag, 30. Januar 2020

Die zweite Lesung stammt heute aus dem Buch Deuteronomium. Mose drängt die Menschen, die ihm folgen, Gottes auserwähltes Volk, den Pfad der Tugend zu beschreiten, und hält ihnen vor Augen, welche unheilvollen Konsequenzen ihr Ungehorsam nach sich ziehen würde. Das Gesetz ist nicht im Himmel oder jenseits des Meeres, sondern »in deinem Mund und in deinem Herzen, du kannst es halten«.

Er stellt sie vor die Alternative: Leben und Wohlstand oder Tod und Katastrophe, und wieder lesen wir die berühmten Worte: »Leben und Tod lege ich dir vor, Segen und Fluch. Wähle also das Leben, damit du lebst, du und deine Nachkommen. Liebe den HERRN, deinen Gott, hör auf seine Stimme.«

Hat Jesus die Konsequenzen der Sünde aus der Welt geschafft? Den Juden war durchaus bewusst, dass guten Menschen üble Dinge widerfahren, und deshalb glaubten sie, dass die Vorfahren dieser Unglücklichen gesündigt haben mussten. Als der Turm am Schiloach einstürzte,[15] erklärte Jesus, dass die Opfer weder Schuld daran hatten noch die Ursache des Unglücks waren. Manchmal sind Gewalt und Unglück einfach nur Zufall, und es hat den Anschein, dass wir und viele Sünder unsere Sache in unserem

Leben gut machen, auch wenn die Erfolge wohl in Wirklichkeit nicht so groß sind, wie es den Anschein hat.

Aber die Konsequenzen der Sünde bleiben auch in der christlichen Heilsordnung Realität, häufig schon in diesem Leben und immer in der Ewigkeit, wo die Waagschalen der Gerechtigkeit wirklich ausgeglichen sind.

In der materiellen Welt verstehen wir sehr viel genauer als früher, welchen Preis wir bezahlen, wenn wir die Naturgesetze verletzen, sei es die Erosion in Australien infolge der übermäßigen Abholzung, die vergifteten Flüsse und maroden Gebäude im kommunistischen Europa, der erstickende Smog aufgrund der industriellen Luftverschmutzung in China und die Überschwemmungen in Bangladesch, die wegen des Holzeinschlags flussaufwärts immer häufiger werden. Wir wissen inzwischen, dass offene Abwasserkanäle Krankheiten verbreiten.

Ähnliche Schäden entstehen auf der moralischen Ebene, wenn natürliche Normen verletzt werden. Unsere uralte Weisheit erinnert uns an diese Wahrheiten. Die Berührung des Midas erzählt von den Folgen der Habgier, der Schäfer, der »Wolf« schreit, erzählt uns von den Folgen der Lüge, und wir wissen, dass die, die zum Schwert greifen, auch durch das Schwert umkommen. Auf einem anstößigeren und widerwärtigeren Niveau haben wir den Holocaust der Nazis, die Auslöschung von sechs Millionen Juden, die sowjetischen Gulags und die Hungersnot in der Ukraine, Maos Hungersnot beim Großen Sprung nach vorn in China mit 42 Millionen Toten und dann die Kulturrevolution und die ein oder zwei Millionen Toten unter Pol Pot im winzigen Kambodscha.

Jede Generation wird vor die Wahl gestellt: Leben oder Tod, Segen oder Fluch, und viele wandern in englischsprachige Länder aus – nicht nur weil es uns gut geht, sondern weil sich unsere Vorfahren für Gerechtigkeit und Frieden statt für Tyrannei und Gewalt eingesetzt haben. Der Blick auf die anderen hilft uns, Kurs zu halten und uns verstärkt um den Erhalt des sozialen Kapitals zu bemühen. Millionen von Abtreibungen und jetzt die Euthanasie sind jedoch keine Option für das Leben.

Kurz vor Weihnachten hat die Zeitschrift *Crisis* einen Artikel über das Oktobertreffen des St.-Georgs-Ordens in Salzburg veröffentlicht, eines europäischen Ordens des Hauses Habsburg-Lothringen. Das Treffen begann mit einer Podiumsdiskussion über die Frage *Quo vadis, Europa?* (»Wohin gehst du, Europa?«). Es ist die Frage, die der hl. Petrus dem Herrn gestellt hat, der ihm erschien, als er aus Rom fliehen wollte.

Der Orden unterstützt die Vision eines starken Europas, das sich dem blinden Nationalismus entgegenstellt, aber stolz auf seine christlichen Wurzeln und Traditionen ist. Der Prokurator des Ordens beklagte, dass das, was die Gesellschaft zusammenhält, zunehmend aufgeweicht und geschwächt und dass die Familie, die Grundlage der Gemeinschaft, unterminiert wird. Und er beklagte den Mangel an öffentlichen Führungspersönlichkeiten, die für Werte einstehen und mutig und klug genug sind, um zu wissen, worauf es ankommt. Aus Sicht des Ordens ist die Seele Europas christlich.

Die australische Gesellschaft ist ein britisches Transplantat, das sich in wesentlichen Aspekten – nicht zuletzt durch seinen Umgang mit Einwanderung und durch den (niedrigeren) Anteil der zurzeit dort ansässigen Muslime – vom kontinentalen Europa unterscheidet.

Ein Abschnitt in dem Artikel ist ungewöhnlich deutlich und scharfsinnig. Er lautet wie folgt:

> Der seelenlose Leib, zu dem sich Europa anscheinend entwickelt, wird von einer Elite beherrscht, die paradoxerweise im Wesentlichen den Ideologien des Marxismus und Konsumismus anhängt – innerlich leeren Menschen, die es offenbar kaum erwarten können, dass die Bevölkerungsentwicklung es dem islamistischen Fundamentalismus erlaubt, sie im Ganzen zu schlucken. Angesichts ihrer Kraftlosigkeit scheint es unvermeidlich, dass ebendiese nationalistischen Extremisten, gegen die sie sich so gerne abgrenzen, sie stürzen werden, falls und sobald die Angst der Europäer groß genug wird – und das hat womöglich seinen Preis, wie der alte Kontinent schon einmal erfahren musste.[16]

Mich erstaunt die Sorglosigkeit oder sogar Begeisterung der Säkularisten angesichts einer so großen Zahl an muslimischen Einwanderern. Vermutlich werden Arbeitskräfte benötigt und das wird trotz der fortschreitenden Automatisierung auch so bleiben und andere Arbeitskräfte sind nicht verfügbar, zumindest nicht in so großer Zahl. Vor dem 11. September waren etliche Säkularisten geneigt zu glauben, alle Religionen seien am Ende und die Muslime würden genau wie sie selbst nach ein paar Generationen zu Neuheiden werden. Außerdem sind Muslime antichristlich; das war ein weiterer Vorteil.

Viele muslimische Migranten sind keine Einwanderer, sondern Kolonisten, die in ihrem neuen Arbeitsumfeld ihre Heimatgesellschaft nachbauen und sich nicht an die veränderte Situation anpassen wollen.

Es ist nicht überraschend, dass die ehemaligen kommunistischen Länder diese Bedrohung deutlicher wahrnehmen als viele im Westen, weil sie nach ihren kurzen Erfahrungen mit dem Nationalsozialismus 45 Jahre unter antichristlichen Regierungen gelebt haben. Die kommunistischen Regierungen waren nicht tolerant, sondern totalitär, sie handelten nicht nach dem Grundsatz »Leben und leben lassen«. Ebenso wenig wie der Islam. Der Islam erkennt nichts an, was auf eine Trennung von Kirche und Staat hinausläuft, und unter Erdoğan[17] nähert sich selbst die ehemals laizistische Türkei ihren traditionellen Mustern an.

Boris Johnson ist nicht gerade ein begeisterter Christ, aber er kennt die Geschichte und sollte sich darüber im Klaren sein, dass die Christen immer noch ihren Beitrag leisten, um das Gute aufrechtzuerhalten.

Heute war es heiß, also war es meine Aufgabe, die jungen Pflanzen zu gießen, ehe die Hitze kam. Mein Rücken macht weiterhin Probleme, deshalb habe ich Panadol und Tiefenwärme bekommen und man hat mir versprochen, dass ich Ende Februar zur Physio gehen kann. Bis dahin könnte ich tot sein, habe ich geantwortet, woraufhin die Schwester sagte, dass wir das nicht hoffen wollen.

Zu meiner großen Enttäuschung hat Ash Barty, die australische Favoritin, das Halbfinale der *Australian Open* verloren. Die Eigenschaften, die ihrem Tennisspiel im Wege stehen, sind dieselben, die sie zu einer so angenehmen Persönlichkeit machen. Nach ihrem Ausscheiden freue ich mich umso mehr, dass ab morgen Abend wieder *Big Bash Cricket* übertragen wird.

Gott, unser Vater, wir beten für alle Gesellschaften, die der westlichen Tradition angehören, und insbesondere für ihre christlichen Gemeinschaften. Verleihe diesen Christen Weisheit, Mut und Beharrlichkeit, damit sie der Sauerteig in der Masse bleiben, immer mehr vor allem junge Menschen inspirieren und ermuntern und nicht den Tod, sondern das Leben wählen, nicht Fluch, sondern

Segen, keine kinderlose Dystopie, sondern menschliches Gedeihen, nicht die Lügen und den Hass des bösen Feindes, sondern die Liebe des Herrn.

Freitag, 31. Januar 2020

Heute Morgen war es heiß, heißer als gestern Vormittag, und die Temperaturen sind auf über 40° Celsius geklettert. Ich habe treu und brav unsere Pflänzchen gegossen. Später am Vormittag war es windig mit unangenehmen Böen, aber der Kommentator beim Tennisspiel heute Nachmittag meinte, der Umschwung habe bereits Ballarat erreicht, wo die Temperaturen auf 27° Celsius gefallen seien.

Heute Morgen hatte ich beim Aufstehen einen kleinen Unfall. Das Bett ist niedrig, den einen Fuß hatte ich auf einer dicken Decke, die gleich neben dem Bett ausgerollt war, aber wegen meiner Rückenschmerzen schaffte ich es mit meinen gebeugten Knien nicht in die aufrechte Position, und so bin ich nach rechts weggekippt und auf meinem Schlafapnoe-Gerät gelandet. Ich war nicht verletzt und meine erste Sorge war, dass ich das Gerät beschädigt hatte, aber es hat ein robustes Gehäuse und war unversehrt.

Wegen meines Rückens musste ich um Hilfe bitten, um auf die Füße zu kommen. Der Wärter, der das Frühstück austeilte, musste Verstärkung rufen. Daraufhin kamen zwei oder drei zusätzliche Wärter und zwei Krankenschwestern. Sie vergewisserten sich, dass bei mir alles in Ordnung war und dass ich keine Schmerzen hatte, da ich ja nur aus geringer Höhe zur Seite gefallen oder eher gerollt war. Mein Blutdruck war erhöht, aber am späteren Vormittag hatte sich der Wert wieder normalisiert.

Ich bekam eine riesige Tube Salbe, etwas Ähnliches wie Voltaren, und erfuhr, dass mein Besuch bei der Physio statt auf Ende Februar auf Montag der übernächsten Woche – das ist in zehn Tagen – vorverlegt wurde. Das ist ein Fortschritt. Ich bin seit drei Jahren nicht hingefallen, obwohl mein Gleichgewicht nicht das Beste ist, und ab sofort werde ich mich nur noch sehr vorsichtig von meiner Niederflurcouch erheben.

Erzbischof Barry Hickey, der emeritierte Erzbischof von Perth, kam um 11 Uhr zu unserem Treffen, das für halb eins vereinbart gewesen war. Father Jim Clarke, der jetzt Pfarrer an der Kirche

St. Mary's in Geelong ist, hatte ihn zum Gefängnis gefahren. Barry ist mit seinen 83 Jahren immer noch fit und hellwach und spielt regelmäßig Tennis. Er ist ein hervorragender Spieler und ein hervorragender Bischof.

Ich hörte die neuesten Nachrichten aus dem Erzbistum Perth, das jetzt von Erzbischof Tim Costelloe geleitet wird. Besonders erfreut war ich, von Father Christian Irdi zu hören, der mit uns am Seminar in Sydney studiert hatte, bevor er nach Rom gegangen war, wo unsere Wege sich erneut kreuzten. Barry hatte den Eindruck, dass ich in Bezug auf meine finanzielle Integrität in Rom einen guten Ruf habe, obwohl auch er über die Gesamtsituation schockiert und sich darüber im Klaren ist, dass der Vatikan Jahr für Jahr Geld verliert.

Die Anzahl der Briefe nimmt ab, gestern habe ich nur vier oder fünf bekommen, und heute waren es auch nicht mehr. Ich habe zum ersten Mal einen Unterstützerbrief aus Russland erhalten von einem Seminaristen aus Moskau. Eine Frau aus Lancaster in Nordengland schrieb, dass meine Bücher ihr gutgetan hätten. Ein junger Vater aus der Slowakei, der seinen Sohn verloren hat, meinte, er wisse, was es bedeute, an Weihnachten allein zu sein, und bat mich, »ein bisschen von Ihrem Leiden für uns arme Sünder aufzuopfern«. Das will ich gerne tun.

Schwester Mary schickt mir immer die Sonntagspredigten von Father Brian Gleeson. Neulich hat er über William Holman Hunts berühmtes Gemälde *Das Licht der Welt* gesprochen. Es zeigt den mit Dornen gekrönten Jesus, der eine Laterne in der Hand hält und an eine verschlossene Tür klopft, die keine Klinke hat. Das sei Absicht gewesen, hatte der Künstler erklärt. Die einzige Klinke der Tür befinde sich auf der Innenseite, weil nur wir selbst die Tür öffnen können, um das Licht hereinzulassen.

Ein recht anders gearteter Brief kam von einem frommen Gläubigen aus der Pfarrei Kensington in New South Wales, der vor Kurzem mit einer Gebetserhörung gesegnet worden war. Er bete inständig für mich und rechne »mit einem Wunder«.

Er habe auch nach der erfolglosen Berufung nicht aufgehört, für mich zu beten, sei aber maßlos enttäuscht gewesen. Er schrieb weiter: »Ich war so enttäuscht und wütend darüber, dass Er alle Macht im Universum hat und doch nicht eingreift und Ihnen hilft, Ihre Last abzulegen.« Er räumt ein, dass Gott auf geheimnisvolle Weise wirkt, und betet, dass das Endergebnis meines Falls »auf denkwürdige Weise zu Seiner Herrlichkeit beitragen wird«. Er sieht ein, dass seine Reaktion falsch gewesen ist. Deshalb bittet er Gott nun im Gebet »um Seine Vergebung dafür, dass ich an Ihm gezweifelt habe, und ich entschuldige mich für meine Bemerkungen, dass Er in Ihrem Fall etwas gutzumachen hätte ... Ich habe mich von meinem Zorn hinreißen lassen.«

Ich habe ein paar großartige Verbündete und fühle mich verpflichtet, mit einigen Versen aus dem 35. Psalm beim lieben Gott ein gutes Wort für meinen temperamentvollen Freund einzulegen:

Du hast es gesehen, HERR. So schweig doch nicht!
HERR, bleib mir nicht fern!
Wach auf, tritt ein für mein Recht,
erwache, mein Gott und mein HERR,
um für mich zu streiten!

Es sollen jubeln und sich freuen,
die wünschen, dass ich im Recht bin.
Sie sollen immer sagen:
Groß ist der HERR,
er hat Gefallen am Heil seines Knechts.

Samstag, 1. Februar 2020

Während ich mit diesem Eintrag beginne, kann ich es draußen regnen hören. Nach der gestrigen Hitze ist es kühler geworden. Der Regen und die Abkühlung tun gut und es ist auch gut, dass ich den Regen sehen und ihn fallen hören kann.

Anne und Tim McFarlane waren heute eine Stunde lang zu Besuch, und als ich ihnen erklärte, was hier im *Barwon*-Hochsicherheitsgefängnis besser ist als im MAP, meinte Anne, auf diese Weise lerne man die ganz elementaren Dinge zu schätzen, die man sonst für selbstverständlich hält.

Tim ist die treibende Kraft hinter der jährlichen *Red Mass*[18] zur Eröffnung des Gerichtsjahrs in Melbourne und war, trotz eines feindseligen Artikels im *Australian*, sehr erfreut über die Anzahl der Messbesucher. Er berichtete stolz, dass Erzbischof Comensoli sich wacker geschlagen habe, als er vor der Messe das Gespräch mit den etwa 25 Demonstranten suchte und ein paar Worte an den Protestler richtete, der ihn mit lautstarken Zwischenrufen bei der Predigt unterbrochen hatte. Melbourne ist nach wie vor eine streitbarere, weltlichere Stadt als Sydney ohne die Anglikaner von Sydney und mit größerer Feindseligkeit auf beiden Seiten. Leider ist die katholische Universitätsseelsorge in Melbourne trotz vieler hervorragender junger Priester nicht sehr frequentiert.

Was den Rest der Welt angeht, so halten die republikanischen Stimmen im US-Senat anscheinend stand und es sieht so aus, als ob das gescheiterte Impeachment-Verfahren gegen Präsident Trump nächste Woche zu Ende geht.

Das wichtigste Ereignis im angelsächsischen Raum war gestern, dass Großbritannien um 23 Uhr offiziell aus der Europäischen Union ausgetreten ist. Nigel Farage[19] und seine Anhänger haben vor dem Sitz des britischen Parlaments gefeiert und Farage hat voller Stolz »den Sieg der einfachen Leute gegen das Establishment« verkündet.

Boris Johnson, der britische Premierminister und Verfasser einer erstklassigen Biografie über Winston Churchill, ist ein hochgebildeter Europäer, in den griechischen und römischen Klassikern bewandert und ein hervorragender Schriftsteller (seine Bücher sind besser als seine öffentlichen Reden). Er zeigte sich der Situation gewachsen und verkündete, dass der Brexit kein Ende, sondern ein Anfang sei. »Dies ist der Moment, in dem die Morgendämmerung hereinbricht und sich der Vorhang für einen neuen Akt hebt.«

Er ist ein »One-Nation-Tory«[20] wie Disraeli und legt großen Wert darauf, seine erst kürzlich gewonnenen Sitze im Norden zu behalten. Er sprach vom »Anbruch einer neuen Ära, in der wir nicht länger akzeptieren, dass Ihre Chancen im Leben [...] davon abhängen sollten, in welchem Teil des Landes Sie aufwachsen. Dies ist der Moment, in dem wir beginnen, uns zu vereinen und uns zu verbessern.« Außerdem war er so klug, den meisten Arbeitern einen Bonus von 104 Pfund auszahlen zu lassen, um den »Brexit-Aufprall« abzufedern.

Der Londoner *Spectator* versprach, dass Großbritannien Europas bester Verbündeter sein werde, und Ursula von der Leyen, die neue europäische Kommissionspräsidentin, erklärte, dass sie im Begriff seien, ein Bündnis zu schmieden und nicht bloß aufzukündigen. Die deutsche Haltung war die des Bedauerns, nicht der Feindseligkeit, während Präsident Emmanuel

Macron in Frankreich typischerweise ein unfreundliches Verhalten zeigte – verständlich angesichts der EU-feindlichen Stimmung in Frankreich.

Natürlich suchten die Medien nach historischen Präzedenzfällen. 664 bewegte sich England auf der Synode von Whitby in die entgegengesetzte Richtung und beschloss, bei der Datierung des Osterfests der römischen Methode zu folgen und die irische Praxis aufzugeben. Heute stehen die beiden Nachbarländer England und Irland immer noch auf der jeweils anderen Seite des Zauns. Die Geschichte, insbesondere Jahrhunderte der Ungerechtigkeit und des Misstrauens, lässt sich nicht umschreiben, aber die beiden Länder sind natürliche Verbündete, wie die enorme Anzahl englisch-irischer Eheschließungen hier in Australien jahrzehntelang bewiesen hat. Heute erkennt man sie nicht mehr, weil beide Seiten sich einfach als »Australier« bezeichnen. Im Ballarat meiner Jugend, wo viele von uns englische Namen trugen, wurden wir als irische Australier (mit kleinem »i«) erzogen, doch mein italienischer Rektor am Propaganda-Fide-Kolleg in Rom, Msgr. Felice Cenci, war der Erste, der mich nach meiner Herkunft gefragt hat. Ich sagte ihm, dass ich Australier sei, und er antwortete, das sei ihm bekannt, aber er wolle wissen, woher meine Eltern stammten. In der Pfarrei in einem nördlichen Teil von Baltimore in den USA, wo ich im nordischen Sommer 1967 meine Arbeit antrat, kam es regelmäßig vor, dass sich jemand freundlich nach meinen Vorfahren erkundigte.

Für mich war klar, dass die deutlichste historische Parallele zum Brexit der Bruch mit Rom unter Heinrich VIII. war. Da ich – obwohl ich vor 45 Jahren zweimal vier Jahre lang in Italien gelebt und mich dort sehr wohlgefühlt habe – instinktiv mit den Brexit-Befürwortern sympathisiere, habe ich mich gefragt, wo meine instinktiven, das heißt nicht verstandesmäßigen und auch nicht theologischen Sympathien wohl in der ersten Hälfte des 16. Jahrhunderts gelegen hätten. Das damalige Papsttum war bestenfalls weltlich und schlimmstenfalls korrupt, und Morus und Fisher sind für dieses Papsttum gestorben, weil es ihrer Meinung nach das war, was Christus für seine Kirche wollte, auch wenn dieser Wille nur unvollkommen umgesetzt wurde.

Heinrich VIII. war ein unausstehlicher Tyrann, aber in religiösen Dingen konservativ, und er wollte seine Dynastie mit einem männlichen Erben stabilisieren. Er musste zahlreiche bewaffnete

Aufstände niederschlagen, nachdem er die *Pilgrimage of Grace*[21] mit einem Trick dazu gebracht hatte, sich aufzulösen.

Vielleicht hätte ich mich aus Furcht in die neue Ordnung der Dinge ergeben, aber obwohl die Päpste weltlich und in einigen Fällen auch inkompetent waren – wie Clemens VII., der mit seinem doppelten Spiel dazu beigetragen hat, die Plünderung Roms 1527 durch deutsche Söldner zu provozieren –, waren sie doch nicht vergleichbar mit den behindernden und kleinlichen Durchsetzungsorganen der Europäischen Kommission. Heinrich und seine Verbündeten, denen er einen Teil der Beute abgab, interessierten sich weit weniger für die Steuern der Leute als für den Reichtum der geschlossenen Klöster.

Heinrich führte in Wales das englische Recht und Verwaltungssystem ein und wurde 1541 König von Irland. Unter ihm und vor allem unter Elisabeth I. schlug das Vereinigte Königreich (damals noch ohne Schottland) neue Wege ein. Dazu gehörte auch eine unerbittliche und hartnäckige Katholikenverfolgung, die fast 250 Jahre lang andauerte und gegen die die Märtyrer und eine unbeugsame Minderheit zu Hause und an den englischen Colleges im Ausland heroisch Widerstand leisteten.

Heinrich war kein religiöser Reformer wie Luther oder Calvin oder Knox, die von Idealen der Reinheit des Evangeliums (unvollkommenen Idealen, die unvollkommen umgesetzt wurden) angetrieben wurden. Ihm ging es um den Nationalismus, nicht um die Religion.

Für Heinrichs Gegenspieler mag das Christentum im katholischen Europa inspirierend gewesen sein, doch niemand hätte aus religiösen Gründen für den Verbleib in der Europäischen Union gestimmt. Eine Mehrheit der praktizierenden Christen in Großbritannien war für den Brexit, und sämtliche Sympathien und Vorurteile meines gemischten australischen Erbes bringen mich dazu zu glauben, dass das Schlimmste, was »das perfide Albion«[22] in religiöser Hinsicht tun kann, immer noch besser ist als das Schlimmste, was ihre europäischen säkularistischen Kollegen anrichten würden.

Mein Rücken ist heute Nachmittag besser geworden, aber vielleicht lag das auch nur am Panadol.

Heute Morgen hat Kartya mir eine Kopie des Dokuments mitgebracht, das die Staatsanwaltschaft gestern beim Obersten Gerichtshof eingereicht hat. In der heutigen Ausgabe des *Austra-*

lian wird ein Artikel veröffentlicht mit dem Titel »Pell's Team ignoriert die Beweislage, sagt der Generalstaatsanwalt«. Darin wurde der Inhalt seines Schriftsatzes in Teilen skizziert, aber nicht analysiert. Mich hat dieser Schriftsatz wenig beeindruckt. Kartya und Ruth waren nicht überrascht, allenfalls von den Auslassungen, so war z. B. nicht die Rede von den Proben.[23] Dazu später mehr.

Der hl. Thomas Morus ist in den Sog der gewaltsamen und chaotischen Ereignisse geraten, die Heinrich VIII. ausgelöst hatte. Als er 1534 vor seiner Hinrichtung im Tower in London inhaftiert war, hat er das folgende Gebet verfasst, und wir schließen mit seinen berühmten Worten auf dem Schafott:

Hege weder Groll noch bösen Willen gegen irgendeinen lebenden Menschen. Denn entweder ist der Mensch gut oder böse. Ist er gut, und ich hasse ihn, so bin ich nichtswürdig. Ist er aber böse, wird er sich entweder bessern und gut sterben und zu Gott einkehren, oder schlecht bleiben und schlecht sterben und zum Teufel gehen […], [so]dass ich mich für einen totgrausamen Schuft halten muss, wenn mir dann seine Pein nicht viel mehr leidtäte, als dass ich ihn anfeindete.[24]

Auf dem Schafott, am 6. Juli 1535:

Ich sterbe als des Königs guter Diener, doch Gottes Diener zuerst.

50. Woche
Ströme zum Guten und Bösen

2. Februar bis 8. Februar 2020

Sonntag, 2. Februar 2020

Heute ist Mariä Lichtmess, das Fest der Darstellung des Herrn im Tempel, das selten an einem Sonntag gefeiert wird.

Ich bin mir sicher, dass diese Zeremonie, bei der ein jüdisches Kind Gott aufgeopfert wird, in aller Regel ein fröhlicher Anlass war – so fröhlich wie eine Taufe für viele von uns. Mit den Jahren habe ich Simeons Prophezeiung an Unsere Liebe Frau – dass Jesus Widerspruch und Spaltung hervorrufen und dass ihr ein Schwert durch das Herz dringen werde – tendenziell etwas zu stark gewichtet. Bestimmt war das eine Entmutigung, aber Simeon war hocherfreut, dass er dem seit Jahrhunderten verheißenen Licht und Heil begegnen und miterleben durfte, wie Jesus feierlich als Mitglied seines eigenen, auserwählten Volkes anerkannt wurde.

Ich bin kurz nach sechs aufgewacht und habe noch den Schluss der Predigt von Father John Corrigan aus dem Bistum Ballarat gehört. Er ist der beste Prediger im Team der regelmäßigen Zelebranten und er sprach über das Licht, das in der Finsternis leuchtet, und über die Kerzen, die sich völlig verzehren, während sie Licht und Wärme spenden. Sie erinnern uns an unser Leben und Sterben und sind ein gutes Symbol für das christliche Leben und insbesondere für den priesterlichen Dienst.

Heute ist es viel kühler und ich musste mir meine zweite langärmelige kardinalrote Trainingsjacke überziehen, um mich warm zu halten, während ich zum Frühstücken draußen war. Der Tau lag schwer auf dem Gras, die Pflänzchen sprießen, und Paolo erzählte mir, dass er eine der winzigen Frühlingszwiebeln herausgezogen und gegessen hat. Sie hat ihm gut geschmeckt.

Joseph Prince hat über die Emmaus-Geschichte gepredigt – in einer anderen, etwas kleineren Versammlungshalle, wie mir schien. Er hatte sein Haar nicht gegelt und trug nur zwei Ringe, keine Krawatte, ein dunkles Jackett mit Verzierung und einer Kette an der oberen Tasche und dunkle Jeans. Die Predigt war gut und sorgfältig vorbereitet, aber er hat ein bisschen zu laut gesprochen.

Jesus erklärte den Jüngern auf dem Weg nach Emmaus, inwiefern die Schrift auf ihn Bezug nimmt, und Joseph erklärte, dass die beiden Männer eine falsche Vorstellung vom Messias gehabt hätten. Wir nehmen uns unseren Segen nicht einfach, sondern wir empfangen ihn, genauso wie wir das Abendmahl empfangen, fügte er hinzu.

Die ersten Bibelstellen, an denen von Brot und Wein die Rede ist, seien nicht sehr vielversprechend, denn nach dem Sündenfall habe sich der Mensch sein Brot im Schweiße seines Angesichts verdienen müssen und der Wein werde zum ersten Mal im Zusammenhang mit Noachs Trunkenheit erwähnt. Den New-Age-Anhängern warf Joseph vor, Jesus unwürdig zu empfangen, ohne das Blut der Sündenvergebung zu trinken.

Joel Osteen lobte Naomi und Ruth und forderte uns auf, uns von den Enttäuschungen zu verabschieden, weil Gott immer noch alles unter Kontrolle hat. Wir sollen mit unserer Vergangenheit Frieden schließen, ganz gleich, ob sie gut, schlecht oder mittelmäßig war, und abschütteln, was uns belastet. Wir sollen uns vor Menschen, die unseren Frieden rauben und unsere Träume zerstören, in Acht nehmen und lieber die Menschen als Gott enttäuschen. Aber er hat Wiedergutmachung in diesem Leben versprochen.

Sowohl die *Compass*-Folge über das Kolleg der *Christian Brothers* in Fremantle und das dortige Kursangebot zur Einführung ins Erwachsenenleben als auch *Songs of Praise* waren Wiederholungen.

Ich habe den größten Teil des Tages damit zugebracht, zehn Seiten mit Notizen zum neuesten Beitrag der Staatsanwaltschaft zu verfassen. Jetzt werde ich mir wenigstens noch etwas vom Tennisfinale der Männer bei den *Australian Open* ansehen. Die alte Garde hat sich durchgesetzt und der Serbe Novak Djokovic hat den jungen Österreicher Dominic Thiem besiegt und seinen achten australischen Titel gewonnen, ein Rekord. Er ist ein großartiger Spieler, kein Publikumsliebling, aber ich finde ihn sympathisch, auch deshalb, weil er offen über seinen christlichen Glauben spricht – er ist serbisch-orthodox.

Gott, unser Vater, wir danken dir für den Segen des internationalen Sports. Gib, dass wir ihn nie zu ernst nehmen, aber dankbar sind für das, was wir haben.

Montag, 3. Februar 2020

Nach den Maßstäben, die im Gefängnis anzusetzen sind, war heute ein ereignisreicher Tag – aber nicht weil wir das Fest des hl. Blasius gefeiert haben, der Anfang des 4. Jahrhunderts gelebt hat und Bischof in Armenien war, dem ersten Königreich der Welt, das sich für christlich erklärte. Konstantin hat den Menschen im Römischen Reich 313 mit dem Edikt von Mailand religiöse Toleranz zugesichert; zur Staatsreligion wurde das Christentum aber erst später.

Wir römischen Katholiken der westlichen Welt wissen nur sehr wenig über die Geschichte des Christentums außerhalb der Grenzen des römischen Imperiums. Im Osten des Römischen Reichs gab es hoch entwickelte und missionarische Kirchen, und Edessa war ein theologisches Zentrum, das sich mit Antiochia und Alexandria messen konnte. Ein Großteil der (alt-)syrischen Theologie ist bis heute nicht ins Englische übersetzt – vielleicht eine Aufgabe für einige unserer jungen australischen Priester aus nahöstlichen Familien.

Auch das Königreich Äthiopien, dem damals die meisten Regionen südlich und östlich von Ägypten angehörten, ist schon sehr früh christlich geworden: irgendwann vor 341, denn ab diesem Jahr trugen die Münzen von König Ezana das Zeichen des Kreuzes. Der erste Bischof war der hl. Frumentius, der in Palästina gefangen genommen und als Sklave an den äthiopischen Hof gebracht worden war. Damit hätte um das Jahr 300 herum, als die römischen Verfolgungen unter Diokletian ihren Höhepunkt erreicht hatten, wohl niemand gerechnet. Und wir heute können genauso wenig in die Zukunft schauen! Keiner der Experten hat vorhergesagt, dass Trump die Wahlen gewinnen, geschweige denn, dass er beim letzten Marsch für das Leben in Washington dabei sein und eine Rede halten würde. Das hat vor ihm noch kein Präsident getan.

Das erklärt aber nicht meine Verehrung für den hl. Blasius. In meiner Jugend litt ich häufig an Halsbeschwerden und musste wegen einer Geschwulst einige Jahre lang regelmäßig ins Krankenhaus. Meine Mutter wusste von irgendwoher, dass der hl. Blasius der Schutzpatron gegen Halsleiden ist, also riefen wir ihn regelmäßig um Hilfe an. Ich wurde wieder vollständig gesund.

Mein Arzt, dem meine Mutter voll und ganz vertraute, war John Greening, der in unserer Stadt geboren, genau wie ich aufs *St Pat's* gegangen und einer der ersten katholischen Ärzte im protestantischen Ballarat geworden war. Er hatte geholfen, mich auf die Welt zu bringen, und es war mir eine Ehre, seine Exequien zu feiern und seine Seele in die Hände unseres guten Gottes zu empfehlen.

Heute Morgen war es kalt, unangenehm kalt, also fragte ich nach der Thermojacke, die mir von Rechts wegen zusteht, und bekam am Ende zwei: eine dünnere und eine dickere, die mir beide gut passen.

Am späten Vormittag wurde ich zu Dr. Said, dem Gefängnisarzt, gerufen. Ich erzählte ihm von meinen Rückenschmerzen und er sagte mir, ich solle weiterhin meine Übungen machen und er werde mich an den Physiotherapeuten überweisen. Ich habe nicht danach gefragt, wann der Termin sein wird.

Katrina Lee ist aus Sydney hergekommen, und das Gefängnis hat uns zwei Stunden gegönnt, die wir auf sinnvolle und angenehme Weise genutzt haben, um über den neuesten Schriftsatz der Staatsanwaltschaft, unsere nächste Erwiderung und darüber zu sprechen, was ich wohl sagen und tun werde, wenn meine Berufung Erfolg hat. Ich wiederholte, dass ich zunächst Margaret und David in Bendigo und anschließend ein paar Freunde in Melbourne besuchen und dann nach Sydney ziehen wolle. Sie fühlte sich nicht ganz wohl, sah aber gut aus. Sie ist vollkommen loyal und überaus kompetent und wird sich weiterhin für mich um die Medien kümmern.

Nach einem ruhigen Wochenende sind heute 30 Briefe angekommen, und die Abteilung, die das Eigentum der Häftlinge verwaltet, hat drei Taschenbücher gesandt: die Biografie von Mutter Teresa, um die ich gebeten hatte, außerdem Andy Roberts' Churchill-Biografie, ein Geschenk von Father Brendan Purcell, und Diarmaid MacCullochs Biografie über Thomas Cromwell – beide haben ausgezeichnete Kritiken erhalten, auch wenn ich etwas misstrauisch geworden bin, seit Hilary Mantels Cromwell-Buch exzellente Kritiken erhalten hat. Mary Eberstadts *Primal Screams* ist nicht angekommen, vermutlich, weil es einen festen Einband hat! So oder so bin ich deutlich über meiner offiziellen Grenze von sechs Büchern.

In der Geschäftswelt, aber auch in der Kirche können wir oft nicht erkennen, wo die mächtigen Ströme zum Guten und Bösen unterhalb der Oberfläche fließen. Der kürzlich heiliggesprochene John Henry Newman war sich dessen bewusst:

Dieses aber ist das Gesetz unseres Kampfes: Wir rücken vor, indem wir weichen; wir erheben uns, indem wir fallen; wir siegen, indem wir leiden; wir überzeugen, indem wir schweigen; wir werden reich durch Freigebigkeit; wir nehmen das Land in Besitz durch Sanftmut, wir erhalten Trost durch Trauer; wir verdienen die Herrlichkeit durch Buße und Gebet.[1]

Dienstag, 4. Februar 2020

Heute war das Wetter schön, zumindest für meine Zwecke. Für den Strand war es nicht ganz so perfekt, denn um acht Uhr lag immer noch ein bisschen Tau auf dem Gras, aber die Luft war frisch und klar, beinahe wie ein Herbst in Victoria, der die beste Jahreszeit hier im Südosten ist, nicht so feucht wie im Norden und nicht so kalt wie im Winter. Ich habe (als ich aus dem Rasenbereich zurück war) zum ersten Mal eine Stunde draußen in meinem persönlichen Bewegungsbereich gesessen und angefangen, mich durch die Biografie von Mutter Teresa – der hl. Teresa von Kalkutta, wie sie inzwischen heißt – hindurchzuarbeiten, die auf ihren geistlichen Tagebüchern fußt.

Ich war überrascht – und viele waren schockiert – zu erfahren, dass sie seit ihrem mystischen Erlebnis, das sie veranlasst hatte, die Missionarinnen der Nächstenliebe zu gründen und mit den Ärmsten der Armen zu arbeiten, in der »dunklen Nacht der Seele« lebte und sich von Gott verlassen fühlte. Dennoch bewahrte sie sich ihre fröhliche Art und betonte, dass man in der Lage sein müsse zu leiden und gleichzeitig zu lachen. Ich hatte das Buch, das 2007 erschienen war, 2009 gekauft, aber nur in Teilen gelesen. Meiner Ansicht nach waren sie und der hl. Johannes Paul der Große die leuchtenden katholischen Vorbilder in der Welt des ausgehenden 20. Jahrhunderts und daher kam ich zu dem Schluss, dass das Gefängnis ein guter Ort ist, um zu Ende zu lesen, was ich vor Jahren begonnen hatte und schon damals hätte beenden sollen.

Das erinnert mich daran, dass mein einziger regelmäßiger Briefschreiber aus Singapur mich darüber informiert hat, dass um Weihnachten herum eine Gruppe aus der vietnamesischen katholischen Gemeinde in Melbourne – eingedenk der Tatsache, dass Kardinal Van Thuân neun Jahre in strengster Einzelhaft verbracht hatte – um das Melbourner Untersuchungsgefängnis herumgegangen ist und den Rosenkranz gebetet hat. Dass sie da waren, hatte ich möglicherweise erfahren, aber diese Einzelheiten waren mir ganz sicher nicht bekannt.

Meine Hauptaufgabe heute war, meine zehn Seiten mit Notizen zum Schriftsatz der Staatsanwaltschaft an Kartya zu faxen. Nachdem ich gleich nach Mittag mit ihr gesprochen hatte, erfuhr ich, dass alles angekommen war außer der Seite 4, die ich daraufhin ein weiteres Mal in Auftrag gab.

Der Schriftsatz der Staatsanwaltschaft ist wieder so ein mittelmäßiges Dokument. Darin werden die Fakten nicht klar dargestellt, Verwirrung wird gestiftet, Dinge werden behauptet, für die sich in den Beweismitteln oder in den Akten keinerlei Belege finden, und mit langatmigen Erklärungen, z. B. über die Nichtbefragung von Father Egan[2], wird vom Thema abgelenkt, und durch ein unvollständiges und irreführendes Zitat, was Richter Weinberg über die angeblich zur Seite geschlagene Albe[3] zu sagen hatte, wird die Sachlage verzerrt. Weil der Kläger außerstande war, irgendeinen erhärtenden Beweis zu liefern, beriefen sich die Geschworenen und die Mehrheitsrichter auf seine Glaubwürdigkeit. Deshalb ist es meiner Ansicht nach notwendig, auf die vielen Änderungen in seiner Geschichte und auch darauf hinzuweisen, dass er unmöglich an zwei Orten gleichzeitig gewesen sein kann. Die Staatsanwaltschaft ist hinsichtlich der zeitlichen Einordnung der »Lücke« – der sechs oder mehr Minuten, die für die angeblichen Aktivitäten und widerwärtigen Verbrechen in der Sakristei nötig gewesen wären – zu einem anderen Ergebnis gekommen als die Mehrheitsrichter. Entstand sie vor der Ankunft der Messdiener oder nachdem sie angekommen waren und die Sakristei anschließend aus unerfindlichen Gründen sechs Minuten lang wieder verlassen hatten, um im Sakristei-Arbeitsraum oder auf dem Korridor wer weiß was zu erledigen? Selbst die vom Kläger behauptete Chronologie der Verbrechen – innerhalb ein und desselben Chorjahres 1996 in einem Abstand von etwa einem Monat – lässt sich nicht mit der Tatsache vereinbaren, dass der Erzbischof 1996 lediglich zweimal, nämlich am 15.

und am 22. Dezember, in der Kathedrale das Hochamt am Sonntag zelebriert hat. Und so weiter. Ruth und Kartya arbeiten hart und gehen das Dokument Satz für Satz durch.

Heute sind etwa ein Dutzend Briefe und die Januar/Februar-Ausgabe des *Quadrant* mit vielen interessanten Beiträgen angekommen. An Lesestoff mangelt es mir jedenfalls nicht.

Im *SBS* lief die erste Folge von Michael Portillos Dokumentation »Tolle australische Eisenbahnreisen«, und auf *Channel 9* wurde ein langes Interview mit Thomas Markle, dem Vater der Herzogin von Sussex, gebracht. Eine traurige Geschichte, die wahrscheinlich nicht besser wird. Er hatte vermutlich recht mit seiner Bemerkung, die Ex-Royals seien wie »verlorene Kinder«. Besonders um Harry mache ich mir Sorgen.

Ein Großvater aus Toowoomba hat mir geschrieben. Er fragt, ob ich wohl für zwei seiner Enkel (einer der beiden ist krank) beten könne, und verspricht mir, auch weiterhin für mich zu beten. Er hat ein Gedicht von Schwester Mary Ada mitgeschickt (ich weiß genauso wenig wie er, wer sie ist oder woher sie kommt). Es handelt von den Menschen des Alten Testaments, die im Limbus darauf warten, dass der gekreuzigte und auferstandene Christus kommt und sie befreit. Er hat ihre Situation mit meiner verglichen. Würden David oder die drei Jünglinge im Feuerofen ihr Loblied singen? Dann aber erschien Jesus, »herrlich und schön wie die Morgensonne«, und …

No Canticle at all was sung,
None toned a psalm, or raised a greeting song.
A silent man alone
Of all that throng
Found tongue–
Not any other.

Close to His heart
When the embrace was done,
Old Joseph said,
»How is Your Mother,
how is Your Mother, Son?«

Kein Gesang erhob sich,
niemand stimmte einen Psalm an oder sang ein Lied zur Begrüßung.

nur einer in der ganzen Schar,
ein stiller Mann,
fand seine Stimme.
Keiner sonst.

Dicht an seinem Herzen,
nach der Umarmung,
sagte der alte Josef:
»Wie geht es deiner Mutter?
Wie geht es deiner Mutter, mein Sohn?«

Mittwoch, 5. Februar 2020

Ich habe um die Mittagszeit herum einige Stunden damit zugebracht, die Post der vergangenen drei Tage durchzusehen. Father John Andersen, der einzige Missionspriester aus Sydney und ein regelmäßiger Briefschreiber, sandte Weihnachtsgrüße und berichtete, dass sein Bischof, Miguel Olaortúa Laspra OSA, mit 56 Jahren unerwartet verstorben sei. Das wäre für jedes Bistum ein Schock, aber ganz besonders für ein kleines Missionsbistum in der Amazonas-Region im Nordosten von Peru. Der Bischof hatte sich während der Amazonas-Synode in Rom schon nicht wohlgefühlt und war zurückgekehrt, um sich untersuchen zu lassen. Anschließend sollte er zu weiteren Untersuchungen nach Lima reisen, »doch Schwester Tod war schneller«. Father John schreibt weiter: »Kardinal George, die Umstände von Bischof Miguels Tod haben mich sehr erschüttert und mir geht vieles durch den Kopf und durch meine Seele. Am Ende sind wir alle in den Händen des Herrn.« Ja, das sind wir, und wir wissen nie, wie viel Zeit uns noch bleibt. *Carpe diem*,[4] wie man früher gesagt hat. Die jüngste und letzte Priesterweihe, die der Bischof gespendet hat, die von Father Juan Anderson Perez Ramirez, der offenbar aus Father Johns Gemeinde kommt, ist ein wunderbares Zeichen des Segens, den er in den Jahrzehnten seines missionarischen Diensts gespendet hat. *Ad multos annos*[5] für den Neupriester und den Australier, der ihn getauft hat!

Ein zweiter Brief unterschied sich von diesem auf andere Weise: anonym und unterzeichnet von »irgendeinem unscheinbaren *Sandgroper*[6] aus Queensland«. Er war empört darüber, dass ich

»in ein Hochsicherheitsgefängnis verfrachtet« worden sei, und sah darin einen Versuch, mich zu zerstören, ähnlich wie im Fall eines orthodoxen Priesters in Rumänien, von dem er gelesen hatte und der von den Kommunisten gefoltert worden war. »Dass die Slawen es immer so übertreiben müssen, dachte ich vor zehn Jahren. Nie hätte ich es für möglich gehalten, dass so etwas bei uns passiert.«

Der Grund meiner Verlegung ist und bleibt ein Rätsel. Woher wollen die Behörden gewusst haben, dass die Drohne Fotos von mir schießen sollte, obwohl ich doch nur zweimal in der Woche für ein paar Stunden draußen im Garten war? Wie dem auch sei, meine Lebensumstände und mein Tagesablauf sind hier im *Barwon*-Hochsicherheitsgefängnis eindeutig besser.

Ein weiterer Brief kam von einer kleinen griechisch-katholischen Gebetsgruppe in Bukarest in Rumänien, die »wie viele orthodoxe Christen« und Gruppen in Polen, den USA und Argentinien für mich beten.

Sie schrieben weiter: »Wir erkennen in den heutigen Christenverfolgungen dasselbe Muster wieder. Es besteht eine frappierende Ähnlichkeit zwischen der Art und Weise, wie die Gerichte hier bei uns in den 1950er-Jahren und wie sie in Ihrem Fall gearbeitet haben!«

Die rumänische Gruppe sandte mir das Foto einer Ikone der sieben rumänischen griechisch-katholischen Märtyrerbischöfe, die am 2. Juni 2019 seliggesprochen worden sind. Sie schrieben, dass sie zu ihnen beten würden, damit sie für mich und andere katholische Bischöfe Fürsprache einlegen.

Unterzeichnet war der Brief u. a. von Dr. Anca-Maria Cernea, die 2015 auf der zweiten Familiensynode in Rom war, an der ich als Mitglied teilgenommen hatte. Sie hat eine Kopie ihrer auf der Synode gehaltenen Rede beigelegt. Als Ärztin wies sie darauf hin, dass die Krise in der Familie nicht durch materielle Armut oder Konsumismus oder Einkommensungleichheit oder den Klimawandel verursacht sei. Ihrer Ansicht nach ist »die eigentliche Ursache der sexuellen und kulturellen Revolution ideologisch«. Das Böse kommt durch die Sünde. Die eigentliche Ursache sei der kulturelle Marxismus, und sie zeichnet die Entwicklung nach von Lenins sexueller Revolution über Gramsci[7] und die Frankfurter Schule[8] bis hin zu den Schwulenrechten und der Gender-Ideologie der heutigen Zeit.

Eine Reihe australischer Autoren, Kevin Donnelly zum Beispiel, sagt ähnliche Dinge über den kulturellen Marxismus, der viele geisteswissenschaftliche Fakultäten an unseren australischen Universitäten beherrscht. Eine weitere Gemeinsamkeit mit dem politischen und gewalttätigen klassischen Marxismus aus der Zeit vor 1989 ist die rücksichtslose Art, wie sie mit Andersdenkenden umgehen, die sie durch Mobbing und Ausgrenzung zum Schweigen zu bringen versuchen.

Am Ende ihrer Rede auf der Synode zitierte Dr. Cernea einige orthodoxe Gläubige (mir ist von anglikanischen Bischöfen schon Ähnliches gesagt worden): »Wenn die katholische Kirche dem Geist dieser Welt nachgibt, wird es für alle anderen Christen sehr schwer werden, ihm zu widerstehen.«

Heute war es bedeckt, nicht so schön wie gestern, aber im Tagesverlauf ist es besser geworden. Ich hatte ein kurzes, aber entspanntes Treffen mit dem Geistlichen der *Uniting Church*, Reverend Tevita, der in den 1980er-Jahren aus Tonga hierhergekommen ist. Es ist mir gelungen, mit Margaret zu sprechen und später mit Bernadette Tobin, die gerade aus Rom und New York zurückgekehrt ist und auch einige Zeit in London war.

Von den heutigen Frauenorden fühle ich mich den *Michigan Mercies* [den Barmherzigen Schwestern von Alma] und den Dominikanerinnen aus Nashville am engsten verbunden, die auf meine Einladung hin eine Niederlassung im Erzbistum Sydney gegründet haben; beide haben ihr ursprüngliches Charisma reformiert. Die Dominikanerinnen von Ganmain sind auch sehr loyal, sie schreiben mir fast jede Woche.

Diese Woche haben sie in ihrem Brief aus dem Kapitel »Die Tränen Gottes«[9] von Pater Gerald Vann OP zitiert:

Das Böse bringt seine unvermeidlichen Konsequenzen hervor, und die Welt ist von Schmerz durchtränkt, aber an jedem Punkt in Zeit und Raum, wo der Schmerz regiert, sind auch die Tränen Gottes, und früher oder später wird die Seele der Welt durch die Tränen erneuert.

Donnerstag, 6. Februar 2020

Wir feiern heute das Fest des hl. Paul Miki und der anderen japanischen Märtyrer, zwölf Männer und vier Jungen, die 1597 in Nagasaki durch Lanzenstöße hingerichtet wurden. In der Anfangszeit hatten die jesuitischen Missionare frei predigen dürfen und ich habe gelesen, dass im frühen 16. Jahrhundert ein Drittel der japanischen Bevölkerung katholisch gewesen sei, denn wenn das Oberhaupt konvertierte, folgte der ganze Clan. Andere halten diese Zahlen für sehr übertrieben. Nach der Überlieferung soll ein stolzer spanischer Kapitän zur See eine Landkarte genommen und gezeigt haben, wie viele Weltgegenden damals unter spanischer Herrschaft standen. Das habe die Japaner in ihren Befürchtungen bestärkt, dass die Missionare die Vorboten der Eroberung waren. Daraufhin brach eine brutale Verfolgung los, die andauerte, bis Japan schließlich im 19. Jahrhundert wieder weltoffener wurde. Der große japanische Schriftsteller Shūsaku Endō,[10] der japanische Graham Greene, hat uns in Romanen wie *Schweigen* diesen gnadenlosen Kampf und die täglichen Konsequenzen von Heldentum und Schwäche vor Augen geführt.

1997 habe ich die australische katholische Kirche bei den 400-Jahr-Feierlichkeitenn in Nagasaki vertreten. Päpstlicher Legat war der amerikanische Kardinal Ted McCarrick, der, wie mir die Einheimischen versicherten, eine bessere japanische Aussprache hatte als Papst Johannes Paul II. McCarrick wurde laisiert, nachdem sein Doppelleben, mit dem er der Kirchenführung in den USA immensen Schaden zugefügt hat, ans Licht gekommen war.

Die katholische Kirche in Japan ist in Schwierigkeiten, sie haben nur wenige Berufungen, eine durch und durch liberale, beinahe protestantische Agenda und wahrscheinlich sinkende Mitgliederzahlen. Symptomatisch für diesen Ansatz und ihre Schwäche ist, dass die japanische Bischofskonferenz den *Neokatechumenalen Weg* an der Fortsetzung seiner Arbeit in Japan gehindert und sein Seminar geschlossen hat.

Diese traurige Geschichte passt zu zwei Vorfällen, die ich selbst erlebt habe. In Japan bin ich einem australischen Missionspriester wiederbegegnet, den ich noch aus seiner Zeit am Seminar kannte. Er war ein guter und angenehmer Mensch, setzte sich jedoch in keiner Weise für die Evangelisierung ein, obwohl er betete und – davon gehe ich aus – auch die Messe feierte. Ich will damit nicht sagen, dass sein pastoraler Ansatz typisch gewesen wäre, denn die Messen an der Kirche der Sophia-Universität waren immer gut besucht und es herrschte dort eine gläubige und ehrfurchtsvolle Atmosphäre.

Mein zweites Beispiel ist noch beunruhigender – und noch weiter über den Vorwurf erhaben, ein irreführendes oder ungenaues Bild dieser Minderheitskirche zu vermitteln. Ich habe einmal an einem wunderbaren Seminar über Wissenschaft und Religion an der Stanford-Universität in Kalifornien teilgenommen. Einer der wenigen Teilnehmer war ein japanischer Astronom mit buddhistischem Hintergrund, der uns von seiner Liebe zum Universum erzählte. Außerdem sagte er, dass die katholische Kirche in jedem Land, das er besucht habe, sich für die Armen einsetze – außer in seinem eigenen Land. Er fragte mich, warum das so sei. Ich konnte seine Frage nicht beantworten und war auch nicht ausreichend informiert, um ihm zu widersprechen.

Japan ist wohlhabend, auch wenn die Wirtschaft seit einigen Jahrzehnten ins Stocken geraten ist. Es ist hoch entwickelt und technologisch fortschrittlich. Und es ist jetzt, da Russland laut Putin nicht länger um die Unfruchtbarkeitskrone kämpft, das erste und spektakulärste Beispiel des Bevölkerungsschwunds. Ettore Gotti Tedeschi stand an der Spitze des IOR, der Vatikanbank, einer der Reformer, die sehr zu Unrecht aus dem Amt gedrängt wurden. Das war vor meiner Zeit. Er ist ein gebildeter Mann und ein unorthodoxer Denker, und er hat ausführlich und zwingend dargelegt, dass zwischen einem durch niedrige Geburtenzahlen bedingten Bevölkerungsschwund und der wirtschaftlichen Stagnation – also der Unfähigkeit, ökonomisches Wachstum anzuregen – ein Zusammenhang besteht. Außerdem ist Japan einwanderungsfeindlich. Ich habe mich nicht wirklich mit dem Thema befasst, aber ich wäre nicht überrascht, wenn das eine Kausalität und kein bloß zufälliges Zusammentreffen wäre.

Heute sind rund ein Dutzend Briefe angekommen. Als ich draußen war, war es bedeckt. Aileen, die katholische Seelsorgerin, hat mir die Kommunion gebracht, und ich konnte ihr ein Exemplar der Februarausgabe des *Magnificat*[11] mitgeben, weil mir sowohl Eugene als auch mein Briefschreiber aus Singapur ein Heft geschickt hatten.

Ich habe mit meinen Anwälten gesprochen, die gestern eine Anfrage vom Obersten Gerichtshof betreffend den Fall M erhalten haben, darüber, ob Berufungsgerichte verpflichtet sein sollten, nicht nur die Protokolle der vorangegangenen Verhandlungen durchzuarbeiten, sondern sich auch die Aufnahmen anzusehen. Wahrscheinlich wird weder die Anfrage noch irgendeine diesbezügliche Regelung für meine Berufung eine Rolle spielen.

Ein Arzt aus Bronxville, New York, hat mir geschrieben, dass ich in die Gebetsanliegen der nationalen Wallfahrtsstätte zum hl. Judas aufgenommen worden sei, der der Patron der Hoffnung in schwieriger Lage sei. Diese Beschreibung gefällt mir besser als »Patron für die hoffnungslosen Fälle«. Ich schließe mit einem Gebet zum hl. Judas:

Heiliger Apostel Judas, treuer Diener und Freund Jesu [...].
Bitte für mich.
Nutze das besondere Vorrecht, das dir zuteilgeworden ist,
dort Hoffnung, Trost und Hilfe zu bringen,
wo sie am nötigsten gebraucht werden. [...]
Segne mich mit Glauben und Hoffnung, die aus einem Herzen kommen,
das offen ist für dich und für alles, was Gott schenkt,
in Liebe und Dankbarkeit. Amen.

Freitag, 7. Februar 2020

Wenn man die Abläufe erst einmal kennt und seinen Platz gefunden hat, geschieht im Gefängnis nur selten etwas Unerwartetes oder Ungewöhnliches. Trotzdem gab es heute gleich ein paar ungewöhnliche Vorfälle.

Tim O'Leary ist von Melbourne hergefahren, um mich, wie angekündigt, um halb eins zu besuchen, aber nach etwa 50 Minuten sagten uns die Wachhabenden, sie hätten einen »Aqua-Alarm«, das heißt, das Gefängnis werde abgeriegelt und ich müsse in meine Zelle zurückkehren und das könne 20 Minuten dauern oder zwei Stunden oder ...? Jetzt, um 18 Uhr, bin ich mir immer noch nicht sicher, ob alles vorbei ist, auch wenn wir wie üblich am späten Nachmittag unser Essen bekommen haben. Das bedeutete natürlich, dass Tim wieder zurückgefahren ist zu seiner Arbeit. Er hat mir erzählt, dass Linda, die Frau von Dr. John H. Weigel in Port Republic, Maryland, an Krebs gestorben sei. Möge sie in Frieden ruhen. Ich wusste, dass sie krank war, aber ihr Tod kam für mich unerwartet. Mit dieser Möglichkeit hatte ich nicht gerechnet. John, Georges jüngerer Bruder, war mir ein guter Freund, seit ich 1967 an der neuen Kathedralpfarre Maria Königin in Baltimore, Maryland, tätig gewesen war.

Von meinem Bruder David hatte ich gehört, dass einer meiner ältesten Freunde aus Ballarat, Les Dickinson, schwer krank in Melbourne im Krankenhaus liegt. Wir waren an der Schule in Ballarat im selben Jahrgang und ich war beinahe 50 Jahre lang regelmäßig bei ihm zu Gast gewesen. Er und Trudie, eine großartige Ehefrau und Mutter, sind loyale Unterstützer. Solche Nachrichten werden mit der Zeit häufiger – vorausgesetzt, wir leben lange genug.

Ich habe in den 50 Jahren meines Priesterlebens etliche Beerdigungen gehalten, und die Trauer der Verwandten, der Freunde und der Gemeinde ist grundverschieden, je nachdem, ob sie an ein Leben nach dem Tod glauben oder nicht. Und zwar unabhängig davon, ob ein Tod tragisch war oder zur rechten Zeit gekommen ist, ob der Verstorbene alt oder jung, ob es ein rascher Abschied war oder ihm ein langes Leiden vorausgegangen ist. Die christliche Hoffnung ist eine mächtige menschliche Stütze und basiert auf der Überzeugung, dass unser Gott, der einzige Gott, gut ist. Wenn in den Zeiten des Glaubens ein Mensch gestorben war, der ein sündiges Leben geführt hatte, dann beteten seine Angehörigen, dass er in letzter Minute seine Sünden bereut haben und Gott ihm dieselbe Gunst erweisen möge wie dem guten Schächer am Kreuz. Wer nicht an ein Leben nach dem Tod glaubt oder die Vorstellung von einem Richtergott ablehnt, hofft, dass der Tod Auslöschung bedeutet. Diese Alternativen spiegeln sich in der Trauer der Hinterbliebenen. Das Begräbnis eines gläubigen Katholiken, der ein produktives Leben gelebt hat und nicht vor der Zeit gehen musste, ist oft eine großartige Feier.

Tim hat noch irgendetwas über einen Bericht von George Weigel erzählt, wonach ein Nuntius von irgendwoher gesagt haben soll, dass ich nach einem Freispruch vielleicht in die Schweiz gehen würde. Da wir unterbrochen wurden, konnte ich ihn nicht bitten, sich noch einmal genauer zu erkundigen. Das werde ich morgen telefonisch nachholen. Diese Nachricht ist in jeder Hinsicht spannend und ich habe dazu keine Hypothese.

Während der Abriegelung gegen halb vier kamen vier Wachhabende an meine Zellentür, um mir zu sagen, dass meine Anwältin mich am Telefon sprechen wolle und dass mir der Gefängnisdirektor fünf Minuten genehmigt hätte. Ich nahm nicht an, dass es um die fehlende Seite 4 ging, die am Mittag immer noch nicht bei Kartya angekommen war.

Kartya informierte mich, dass die fehlende Seite 4 gerade angekommen sei. »Per E-Mail«, hat sie gesagt, wenn ich mich recht erinnere.

In der Nähe von Port Hedland in Western Australia ist ein Zyklon übers Land gezogen, und in großen Teilen von Queensland sowie im Norden und in der Mitte von New South Wales sind enorme Regenmengen niedergegangen, mancherorts über 200 mm [8 Zoll]. Die größte Neuigkeit von draußen war die Ausbreitung des Coronavirus. Obwohl in Australien erst 15 Fälle aktenkundig sind, hat die *Monash University* den Semesterbeginn verschoben und chinesischen Studierenden wird die Einreise verweigert. Der Arzt aus Wuhan, der das Virus entdeckt hat und von den Behörden gemaßregelt worden ist, ist gestorben, und die internationalen Gesundheitsbehörden beklagen den Mangel an verlässlichen Informationen aus China.

An meiner Brille – damit sind wir am anderen Ende der Wichtigkeitsskala angekommen – ist ein Bügel abgebrochen. Vor einigen Tagen ist sie mir auf den Boden gefallen und ich habe, während ich im Sessel saß, versehentlich meinen großen linken Fuß darauf abgestellt. Dabei ist das linke Glas herausgefallen. Es gelang mir, es wieder einzusetzen, aber als ich die Brille dann auf der Nase hatte, musste ich feststellen, dass die rechte Seite sich in einer spektakulären Schieflage befand. Meine wiederholten schwachen Versuche, das Gestell wieder in seine Normalform zurückzubiegen, führten schließlich dazu, dass der rechte Bügel den Dienst quittierte. Dafür sind die Gläser aber wieder ungefähr auf gleicher Höhe. Ich habe die zuständige Stelle über mein Dilemma informiert. Wenn der Optiker das nächste Mal (wann das wohl sein wird?) ins Gefängnis kommt, wird er den Schaden beheben.

Das Gefängnisleben war ganz anders, als ich nur mein Brevier lesen konnte und sonst keine Bücher hatte, und es wäre erneut anders, wenn ich gar nicht lesen könnte, weil ich keine Brille mehr hätte. Ansonsten bin ich einigermaßen ausgeglichen, kann beten und Betrachtung halten, auch wenn mich das Näherrücken des Termins am Obersten Gerichtshof allmählich ein bisschen nervös macht. Ich freue mich darauf, den Entwurf für unsere abschließende Darstellung in Augenschein zu nehmen, und Paul und Kartya finden es ermutigend, dass der Oberste Gerichtshof in Bezug auf meine Berufung ganz offensichtlich aktiv wird.

Eine jüdische Dame und ihr Ehemann, der für den *Quadrant* schreibt, haben mir schon mehrere Briefe gesandt und mir versichert, dass mir auch Nichtkatholiken Liebe, Bewunderung und Respekt entgegenbringen. Sie war erfreut zu hören, dass ich schreibe, und hat Ralph Waldo Emerson zitiert:

Ich bin nicht einsam, wenn ich lese und schreibe, obwohl dann niemand bei mir ist.

Samstag, 8. Februar 2020

Heute war ein unauffälliger Tag, am Morgen war es bedeckt und nur ein bisschen feucht, sodass ich mir für meinen halbstündigen Spaziergang keine Jacke überziehen musste. Ich habe angefangen, auf der schmalen Betoneinfassung des Rasens zu balancieren, um meinen Gleichgewichtssinn zu trainieren. Da ist noch viel Luft nach oben, aber ich habe herausgefunden, dass es besser geht, wenn ich die Füße nach außen stelle. Auf diese Weise habe ich einmal rund zehn Meter geschafft, ehe ich das Gleichgewicht verlor. Im Tagesverlauf ist die Sonne herausgekommen, begleitet von ein paar heftigen Windböen, und nach meiner Rückkehr aus dem Rasenbereich habe ich in meinem eigenen Bewegungsbereich gesessen und den *Weekend Australian* gelesen – ein Segen und eine Wohltat.

Greg Sheridan hat einen glänzenden Artikel über Trump verfasst und erklärt, nach dem Freispruch könne Trumps Wiederwahl nur noch von Trump selbst verhindert werden. Dass er zwei Beamte gefeuert hat, die gegen ihn ausgesagt haben, ist ziemlich furchtbar und zeigt, was möglich ist. Boris Johnson hat mich enttäuscht, weil er öffentlich eingeräumt hat, dass uns eine Wolke aus Kohlendioxid einhüllt. Außerdem hat er Elektroautos angekündigt und gesagt, Großbritannien müsse in dieser Ära des Klimawandels eine führende Rolle übernehmen. Für den Moment hat er mit dem »Zeitgeist« angebändelt, aber ich hoffe, dass er der Pseudowissenschaft, die dahintersteht, nicht auf den Leim gegangen ist. Es ist paradox, dass ein Mann wie Trump in dieser

Frage näher an der Wahrheit ist als der hochgebildete Boris. Hoffentlich irrt er sich nicht mehr allzu oft, was die großen Fragen angeht. Es wäre (ganz gleich, wie intensiv er sich mit der Problematik befasst hat) gefährlicher, wenn er wirklich an die von den Panikmachern aufgestellten Theorien glauben würde, als wenn er einfach nur auf den populistischen Zug aufgesprungen wäre. Bis 2035 ist es noch lang, vor allem für einen Premierminister, denn in der Politik ist schon eine Woche eine lange Zeit.

Ich habe einige meiner Wochenendanrufe erledigt und Anne McFarlane gebeten, Teresa Pietraviva – ich vermute, sie war mitverantwortlich für den Leitartikel im *Australian* über Teamsport für Jungen und Mädchen ohne Bewertung der Leistung und ohne Wettbewerb – von mir auszurichten, dass es für junge Menschen wichtig ist zu lernen, wie man mit Würde und ohne Jammern verliert. Dieses fromme Lied haben schon viele angestimmt. Aber es ist genauso wichtig für Jugendliche und vor allem für arme Kinder, dass man sie ermutigt, sich anzustrengen und gewinnen zu wollen. Ich erinnere mich noch gut, wie die Frau eines erfolgreichen Anwalts (sie und ihr Mann waren aufrechte, gläubige Katholiken) einmal zu mir gesagt hat, sie heiße den sportlichen Wettkampf nicht für gut – dabei wusste ich, dass ihr Mann damals gerade ein Auswahl- und Beurteilungsverfahren für die frisch examinierten Juristen vorbereitete, die in seiner Kanzlei arbeiten wollten. Ungehobeltes, »unsportliches« Benehmen ist ein ernst zu nehmendes Problem im Jugendsport, nicht nur unter den Sportlern, sondern auch unter den Fans und den Eltern. Das heißt aber nicht, dass man den Wettbewerbsinstinkt unterdrücken, sondern dass man ihn kanalisieren und kontrollieren soll, damit kleine Siege mit Zurückhaltung gefeiert werden können und eine Niederlage kein Weltuntergang und auch kein Grund für einen Wutausbruch ist.

Mussolini hat die britischen Leistungen unter anderem auf den Mannschaftssport zurückgeführt und diesen in Italien gefördert. Für die politisch Korrekten, die sich für die »Verweichlichung« des Sports einsetzen, ist es natürlich ein gefundenes Fressen und eine gefühlte Bestätigung ihrer Argumentation, dass ich den Faschistenführer gegen ihren Standpunkt ins Feld führe. Trotzdem habe ich den Verdacht, dass Benito in diesem und in ganz wenigen anderen Punkten auf der richtigen Spur gewesen ist (er hat übrigens auch dafür gesorgt, dass die italienischen Züge pünktlich kamen). Eine Tatsache, die ebenfalls nur selten anerkannt wird, ist, dass die Zustände an den gewohnheitsmäßig undisziplinierten englischen Schulen sich im 19. Jahrhundert durch die Einführung des Leistungssports zum Besseren verändert haben.

Ich habe Michael Casey gebeten, er solle sich bemühen, das Argument der sich in meinem Fall aus den Faktoren ergebenden Unwahrscheinlichkeit verbal oder mathematisch noch genauer auszuführen, damit es auch für einen »Bedauernswerten« wie mich klar und umfassend verständlich wird. Er konnte auch ein wenig Licht in die Geschichte bringen, dass ich womöglich in die Schweiz gehen würde. Offenbar ist der Vorschlag vor einigen Monaten nicht von einem Nuntius, sondern von irgendeinem Mitglied eines Ritterordens geäußert worden. Das ist zwar immer noch rätselhaft, aber schon einen Hauch weniger seltsam.

Vor über 20 Jahren, als ich Erzbischof von Melbourne war, traf ich einen südamerikanischen Pater von den Steyler Missionaren, der seit etwa einem Jahr in Australien war und in einer der wohlhabenden östlichen Vorstädte als Schulseelsorger an einer weiterführenden katholischen Jungenschule arbeitete. Er sagte mir, die Religion der Jungen sei nicht der Katholizismus, sondern der Sport. Ich war ziemlich vor den Kopf gestoßen, denn zu meiner Zeit gab es an meiner Schule der *Christian Brothers* keine Alternative für die große Mehrheit von uns, als Sport zu betreiben und gleichzeitig treue und fromme Katholiken zu sein. Damals war der Glaube stark und allgegenwärtig.

Natürlich haben sich die Zeiten in den vergangenen 70 Jahren geändert. Viele der Migrantenkinder sind nicht so sportbegeistert wie die Angelsachsen, aber der Glaube verliert immer mehr an Bedeutung, und es ist nicht verwunderlich, dass der Sport diese Lücke gefüllt hat. Jungen lieben es, zu einem Stamm zu gehören, besonders wenn es um Ziele und Ideale geht und gelegentlich »Krieg« geführt wird. Sport ist wie Geld: ein nützlicher Diener, aber ein unbefriedigender Herr, wenn auch weniger zerstörerisch als Geld. Ich danke Gott oft, dass ich mein Leben nicht dem Sport gewidmet habe, obwohl ich immer noch gerne zusehe.

William Cowpers *Exhortation to Prayer* (»Mahnung zum Gebet«) weist uns die Richtung:

Prayer makes the darken'd cloud withdraw,
Prayer climbs the ladder Jacob saw,

Gives exercise to faith and love,
Brings every blessing from above ...

Were half the breath thus vainly spent
To heaven in supplication sent,
Your cheerful song would oftener be
»Hear what the Lord has done for me.«

Das Gebet verscheucht die dunkle Wolke,
das Gebet erklimmt die Leiter, die Jakob sah,
es übt den Glauben und die Liebe
und bringt allen Segen von oben ...

Hättest du nur die Hälfte des Atems, den du so eitel vergeudet hast,
flehend zum Himmel gesandt,
würdest du öfter freudig singen:
»Hört, was der Herr für mich getan.«

51. Woche
Optimismus, aber keine Gewissheit

9. Februar bis 15. Februar 2020

Sonntag, 9. Februar 2020

Einer meiner Briefschreiber hat gemutmaßt, dass ich jetzt, da der Termin für die Verhandlung immer näher rückt, meine Gebete für eine erfolgreiche Berufung »verdopple«. Das tue ich nicht, aber ich halte natürlich an meinem täglichen Gebetsrhythmus fest. Unser Herr hat uns davor gewarnt, beim Beten zu plappern wie die Heiden, weil er ja schon weiß, was wir brauchen. Und doch hat er gelegentlich die ganze Nacht hindurch gebetet.

Es gibt viele andere wichtigere Themen als meine Freilassung, auch wenn ich, mehr um der Kirche als um meiner selbst willen, wirklich sehr gerne freikommen möchte. »Die Strafe sollte dem Verbrechen angemessen sein«, wie Gilbert geschrieben hat,[1] und in diesem Fall gibt es kein Verbrechen, das man mir oder der Kirche anlasten könnte.

Das Coronavirus breitet sich weiter aus, inzwischen sind es 811 Todesfälle (obwohl einem Bericht zufolge nur drei Prozent der Infizierten ernstlich krank werden). In Zentralthailand hat ein wahnsinniger Soldat 26 Menschen getötet. Und ich habe eine tragische Geschichte über einen Asiaten gehört, der in Victoria im Gefängnis sitzt. Das Crystal Meth hat ihn zerstört und er leidet unter Psychosen und nun droht ihm die Abschiebung, weil er seine Frau in einer arrangierten Ehe, eine weitere Frau und zwei Mädchen mit HIV infiziert hat. Jetzt ist er voller Wut und Selbstmitleid und ist auch schon in eine Gefängnisschlägerei hineingeraten, hat um sich geschlagen und gebissen, bis Blut floss. Und – um das Ganze noch schlimmer zu machen – wenn er nach Hause zurückkehrt, will seine Familie ihn töten, weil er Schande über sie gebracht hat. Möge der gute Gott seinen Opfern helfen, möge er selbst davor bewahrt bleiben, weitere Menschen zu infizieren, und möge er in seinem Hass und Zorn, in seiner Blindheit ein wenig Licht sehen.

Gott hat keine Hände außer unseren und einige gute Menschen versuchen dem armen Kerl zu helfen, aber die Aussichten auf Besserung sind, optimistisch ausgedrückt, gering. Solche Tragödien helfen mir, meine eigenen Probleme zu relativieren, wenn ich versucht bin, in Selbstmitleid zu verfallen. Also halte ich an meinen Gebeten fest, die durchaus nicht nur Fürbittgebete sind, und bete für alle, die mir nahestehen und die ich lieb habe, und für jene, die in viel größeren Schwierigkeiten sind als ich selbst.

Ich bin rechtzeitig für die *Mass for You at Home* um sechs Uhr aufgewacht, die wieder von Father John Corrigan zelebriert wurde. Aus irgendeinem Grund schoss mir zu Beginn der Sendung der Gedanke durch den Kopf, wie furchtbar es wäre, wenn meine Haft verlängert würde und ich beinahe vier Jahre lang keine Messe zelebrieren könnte. Ein Jahr ist schlimm genug, auch wenn ich ursprünglich optimistisch war und damit gerechnet hatte, dass ich nach drei oder vier Monaten wieder draußen sein würde. Optimismus hat seine Vorteile – selbst dann, wenn er sich als unbegründet erweist.

Die Predigt handelte von Christus, dem Salz der Erde und dem Licht der Welt. John erläuterte die verschiedenen Verwendungsarten von Salz zur Zeit Jesu: als Konservierungsmittel, als Kriegswaffe – z. B. in Karthago –, als Speisewürze und sogar als Zahlungsmittel, und erklärte, dass die Lehre Jesu oft zweideutig gewesen sei und er es uns überlassen habe, unsere Schlüsse zu ziehen.

In Australien ist es ein Kompliment, wenn man jemanden als das Salz der Erde bezeichnet. Die Menschen, die er selbst so nenne, meinte John, seien zwar alle sehr unterschiedlich, hätten aber alle gemeinsam, dass sie Gott lieben und ihren Mitmenschen Mut machen. Die Predigt wurde der guten Note, die ich ihm letzten Sonntag gegeben hatte, voll und ganz gerecht.

Joseph Prince war, wie zuletzt immer, unauffällig gekleidet. Er trug ein dunkles Jackett, Jeans und T-Shirt. Er sprach über das Dasein als Jungfrau, als verheiratete Frau und als Mutter. Er benutzte das hebräische Alphabet und die hebräische Sprache, um über Mann und Frau zu sprechen und sagte, dass *husband* und *wife* englische Wörter seien. Frauen seien für ihre Intuition und ihre Klugheit bekannt, und ein Mann, der seine Frau schlecht behandelt, werde keinen Erfolg haben. »Geh zurück zu deiner Frau, geh zurück zu deinem Mann und sage: ›Frau, du bist meine Frau‹ … Und die Frau, was sagt sie? ›Du bist mein Mann.‹ Und all die ledigen Damen, was sagen sie? ›Amen.‹ Nur einen, okay?« Mit nicht binären Geschlechtsidentitäten hat Joseph ganz sicher nichts am Hut.

Joel Osteen sagte, dass wir zufrieden sein sollen mit dem, was wir haben, weil jeder von uns ein Meisterwerk und nach dem Bild Gottes geschaffen ist. Wir sollten nicht neidisch auf andere sein, weil wir das, was sie haben, nicht brauchen. Wir bräuchten nur das Wohlwollen Gottes, nicht den Beifall der anderen. Außerdem sei das, was wir brauchen, für Gott immer in Reichweite. Gott schreite ein, wenn wir am Ende unserer Möglichkeiten seien. Wir müssten alles vorbereiten für Gottes glorreichen Tag. Das ist sein immergleiches Szenario und ich sehe nicht, wie er vor diesem Hintergrund das Leiden und den Kreuzestod Jesu erklären will.

In *Songs of Praise* drehte sich heute alles um die Halbfinals des Jugendchorwettbewerbs in Großbritannien. Die Lieder waren gut vorgetragen, und ich denke, es war die Wiederholung einer Sendung, die ich vor elf Monaten oder so schon einmal gesehen habe.

Das Wetter war gut, als ich um acht Uhr draußen war, und nach dem Mittagessen ist es wärmer und windiger geworden. Die sintflutartigen Regenfälle in Queensland und New South Wales haben noch immer nicht aufgehört.

Gott, unser Vater, wir wissen, dass deine Liebe die ganze Schöpfung trägt, die geheimnisvoll und schön, aber manchmal auch schlimm und tragisch ist. Doch wir wenden uns dir zu in christlicher Hoffnung, die etwas ganz anderes ist als menschlicher Optimismus, und in der Gewissheit, dass du in der Finsternis bei uns bist und dass du uns ein anderes Leben in Licht, Liebe, Frieden und Gerechtigkeit verheißen hast.

Montag, 10. Februar 2020

Es ist etwa halb neun am Abend, und während ich hier sitze und den heutigen Tagebucheintrag schreibe, kann ich draußen eine Gruppe Vögel fröhlich zwitschern hören. Das ist beruhigend und sehr angenehm nach zehn Monaten, in denen ich außer dem Neujahrsfeuerwerk fast gar keine Geräusche von draußen hören konnte.

Ich freue mich immer noch über die Verbesserungen gegenüber dem MAP, aber für meine Gefährten ist das alles nicht mehr neu. Paolo ist seit zwei Jahren in dieser Abteilung und kann es kaum erwarten, auf Bewährung entlassen zu werden. Ihm ist der Rasenbereich zu eng, wo unsere Pflänzchen wachsen. Ein paar Pflanzen in den Töpfen haben allerdings gelbe Blätter. Ich vermute, dass es sich um eine Krankheit handelt.

Der Jüngste von uns geht überhaupt nicht raus und verschläft den ganzen Vormittag. Er kommt regelmäßig an mein kleines Zellenfenster, um ein paar Worte zu wechseln, und ich habe ihm vorgeschlagen, dass er sich ein bisschen sportlich betätigen sollte. Daraufhin hat er das Thema gewechselt und gesagt, dass der Psychologe ihm helfen will, eine Verlegung zu beantragen. Er spricht sehr laut, wenn er telefoniert, und manchmal bringen ihn seine Anrufer in Rage.

Derek hatte man gesagt, dass er um 10.30 Uhr vor Gericht erscheinen solle, wo seine Familie und die Presse auf ihn warteten. Irgendwann nach neun Uhr wurde er informiert, dass es erst am Nachmittag losgehen würde. Solche unerwarteten Dinge geschehen im Gefängnis.

Ich glaube ihm seine Geschichte, dass man ihn zu Unrecht eines Mordes beschuldigt hat und er 19 Jahre unschuldig in Haft war. Ich habe gehört, dass Ron Iddles[2] in seinem Fall ermittelt hatte. Er war zu dem Ergebnis gekommen, dass Derek in eine Falle gelockt worden war, und hatte einen entsprechenden Bericht verfasst, der aber von einem höher gestellten Polizeibeamten ignoriert worden war.

Themawechsel. Ich habe den Artikel zwar nicht selbst gelesen, aber Berichten zufolge hat der Generalstaatsanwalt die Polizei öffentlich kritisiert, weil sie im Fall von *Lawyer X* nicht voll und ganz mit der *Royal Commission* zusammengearbeitet habe.[3]

Diese beiden Tatsachen bestätigen mich in meiner Überzeugung, dass es im öffentlichen Leben des Bundesstaats Victoria ein Korruptionsgeflecht gibt. Die Frage ist nur, wie lang und breit und tief es ist, wie weit es nach oben reicht und welche Kanäle es benutzt.

Höhepunkt des Tages war der Besuch meines Neffen Nicholas. Sie haben uns fast ein drei viertel Stunden zugestanden und wir haben die meiste Zeit über meinen Fall, den Nick genau verfolgt hat, und über Social Media diskutiert.

Er brachte die gute Nachricht mit, dass Les Dickinson operiert und schon wieder aus dem Krankenhaus entlassen worden ist. Er ist für die Organisation des Bezirks zuständig und wird wahrscheinlich in regelmäßigen Abständen zur Nachsorge nach Melbourne zurückkommen.

Meine Schwester Margaret ist wieder im Krankenhaus, sie hat eine Entzündung in den Beinen. Hoffentlich ist die Sache bald unter Kontrolle.

Die allerseltsamste Nachricht, die Nick mitbrachte, ist die, dass die Obrigkeiten in Rom Father Robbie und Father McCulloch daran gehindert haben, meine römische Wohnung aufzulösen und meine dortigen Habseligkeiten nach Australien zu schicken. Weiß der Himmel, was da wieder dahintersteckt, aber es ist nicht ganz so absonderlich wie die Vorstellung, dass ich in die Schweiz geschickt werden soll!

Nick sah so gut aus wie in den letzten drei Jahren nicht. Er führt die Verbesserung darauf zurück, dass er es sich abgewöhnt hat, nach einem ganzen Tag schwerer körperlicher Arbeit abends auch noch mit Gewichten zu trainieren.

Eigentlich hatte ich damit gerechnet, dass ich heute zum Physiotherapeuten gehen würde, aber dann stellte sich heraus, dass ich einen unerwarteten Termin bei der Fußpflege hatte. Das war eine Erleichterung, denn ich hatte schon befürchtet, dass es schwierig werden würde, hier vor Ort jemanden zu bekommen, der sich um meine Füße kümmert. Doch es war dieselbe Frau, die mich auch im MAP behandelt hat. Sie hat sich an ihren Terminplan gehalten und wie immer hervorragende Arbeit geleistet. Meine Zehennägel waren recht unterschiedlich lang geworden, aber keiner ist eingewachsen und sie hat mir kein einziges Mal in die Zehen geschnitten: nach meiner Erfahrung eine Seltenheit! Die medizinische Versorgung war in beiden Gefängnissen gut, ein bisschen langsam vielleicht und manchmal übereifrig.

Ich hatte die dritte Blutuntersuchung, seit ich hierher verlegt worden bin. Sie wollen sichergehen, dass mein Blut nicht zu dickflüssig ist und dass das Warfarin wirkt, wie es wirken soll. Ich habe angemerkt, dass eine Untersuchung pro Monat genügen würde.

Als ich auf dem Rückweg von der Fußpflege an der einen Seite eines großen Bewegungsbereichs entlangging, standen gegenüber im Fertigungsbetrieb in 100 Meter Entfernung ein paar Arbeiter. Sie haben mich offenbar erkannt, denn ich hörte, wie sie einander meinen Namen zuriefen. Zum Glück konnte ich nicht verstehen, was sie sagten. Es klang zwar nicht allzu böse, aber ich glaube dennoch nicht, dass es übermäßig freundlich gewesen sein wird. Meine Einzelhaft dient meinem Schutz und Seelenfrieden.

Ich habe im Lauf meines bisherigen Lebens viele Rosenkränze gebetet, aber erst in den letzten paar Jahren mit dem täglichen Rosenkranzgebet begonnen. Bei Mutter Teresa war das anders. Ich lese das Buch mit ihren Tagebuchnotizen und es gefällt mir sehr gut. Ich bin gerade an der Stelle angekommen, an der sie und ihre neuen Gefährtinnen mit der Arbeit in den Slums in Kalkutta beginnen: Es war Ende 1948 nach dem Krieg, der schweren Hungersnot mit zwei Millionen Todesopfern 1942–1943 in Bengalen und den gewalttätigen Auseinandersetzungen zwischen Muslimen und Hindus. Sie und ihre Schwestern nahmen immer erst dann »auf den Straßen und in den dunklen Löchern der Slums« ihre Arbeit auf, wenn sie »den Lobpreis Mariens gebetet«[4] hatten. Mutter Teresa sagte:

Haltet euch am Rosenkranz fest wie Efeu am Baum – ohne Unsere Liebe Frau können wir nicht stehen.[5]

Dienstag, 11. Februar 2020

Heute in einem Monat beginnt meine Berufungsverhandlung am Obersten Gerichtshof, die ich nicht am Ort des Geschehens werde verfolgen können. Ich bin mir nicht sicher, wie es mir in den kommenden Wochen gehen wird, aber ich habe die Vorbereitungsphase vor den wichtigen Prozesstagen auch früher schon überstanden und bin davon überzeugt, dass es entscheidend sein wird, an den üblichen Abläufen festzuhalten und mich auf jeden einzelnen Tag zu fokussieren. Diese Berufung ist in zweierlei Hinsicht anders. Es ist meine letzte Chance auf einen Freispruch und ich habe bessere Gründe, optimistisch zu sein – wenn auch keine Gewissheit. Wie ich heute an einen der jungen Priester in Sydney geschrieben habe: Durch die Hände der Richter bin ich in Gottes Händen.

Friel publiziert in meinem Fall offenbar weiterhin Artikel *ad rem* (»zur Sache«) und das *Council of Trent*[6] leitet sie an unsere Anwälte weiter. Seltsamerweise habe ich sie in dieser Woche nicht sprechen können. Heute habe ich meine beiden Anfragen noch einmal durchgegeben, aber nur bei der Sekretärin, damit Bret und Ruth sich während ihres heutigen Treffens in Sydney damit befassen. Wie wollen sie die Sache mit der sich aus den Faktoren ergebenden Unwahrscheinlichkeit angehen? Ist es von Bedeutung, dass der Kläger nicht erkannt hat, welche Veränderungen nach 1996 im Bereich der Sakristeischränke vorgenommen worden waren? Ich habe darum gebeten, dass mir der endgültige Entwurf rechtzeitig vorgelegt wird, damit gegebenenfalls noch etwas daran geändert werden kann. Terry Tobin hat mir berichtet, dass Greg Smith in puncto der sich aus den Faktoren ergebenden Unwahrscheinlichkeit gute Arbeit geleistet und Präzedenzfälle ausfindig gemacht hat usw.

Hier an der Heimatfront hat Derek heute den zweiten seiner drei angekündigten Gerichtstage hinter sich gebracht, und Paolo hat erfahren, dass die Beamtin, die im vergangenen Dezember seine Bewährung prüfen sollte, noch immer keine Empfehlung ausgesprochen hat. Er war sehr aufgebracht und ich habe ihm gut zugeredet, jetzt keinen Fehler zu machen, den sie vielleicht dazu benutzen könnten, seine Entlassung noch weiter aufzuschieben. Er darf wegen dieses Rückschlags nicht den Mut verlieren. Ich weiß nicht, was er über meinen Rat denkt.

Wir bekommen hier jeden Tag einen Fragebogen, den wir morgens abgeben. Ich habe mich nach meinem Physiotherapie-Termin erkundigt, der mir für gestern versprochen worden war, als aber (wie schon berichtet) unerwarteterweise die Podologin kam. Beide Wörter beginnen mit P. Sie meinten, die Physiotherapeutin sei heute im Haus, aber ich habe sie nicht zu Gesicht bekommen. Vielleicht hat sie nicht all ihre Termine geschafft. Ich werde morgen wieder nachfragen, und irgendwann werde ich ihnen sagen, dass sie mich bitte nicht mit nutzlosen Halbinformationen hinhalten sollen. Es ist unmöglich zu unterscheiden, ob man es mit Unwissenheit oder Inkompetenz oder mit einer kleinen Prise Gemeinheit zu tun hat. Und in meinem Fall ist es keine große Sache!

Ich habe mir die Fragestunde im Repräsentantenhaus angesehen: Es war weder unterhaltsam noch informativ noch beeindruckend. Keiner der Redner schien wirklich aufrichtig – mit Ausnahme des Sprechers, der sich als respektabler Vorsitzender profilieren konnte. Ansonsten wirkte die Veranstaltung reichlich übertrieben – wie eine schlechte Schulaufführung.

In den Nachrichten wurde gemeldet, dass schon 1000 Menschen – die meisten von ihnen in China – am Coronavirus gestorben und 32 000 Menschen infiziert seien. Bisher haben sich nur 15 Australier angesteckt. Xi Jinping hat dem Krankenhaus in Peking einen Besuch abgestattet und zwei hochrangige Beamte wurden entlassen, weil in China kritische Stimmen über die Reaktion der Regierung laut werden.

Gestern Abend habe ich mir eine Sendung über eine kleine britische Expedition in die riesigen Wälder von Zentralborneo angesehen, ein Gebiet halb so groß wie Belgien und weitgehend unberührt von menschlichen Aktivitäten. In zwei Höhlen wurden uralte Wandmalereien entdeckt, die dunkelbraunen sollen 20 000 und die roten 40 000 Jahre alt sein, angeblich die ältesten weltweit und in der letzten Eiszeit entstanden, die vor rund 12 000 Jahren endete. Seit es ihn gibt, war der Planet Erde die meiste Zeit über von Eis bedeckt außer in den Warmzeiten, die mit 10 000 bis 15 000 Jahren vergleichsweise kurz waren. Nach gewissen Normen wäre die nächste Eiszeit bereits überfällig, aber eine Studie ist zu dem Ergebnis gekommen, dass wir es aufgrund bestimmter Voraussetzungen noch etwa 30 000 Jahre lang warm haben werden. Die meisten der Malereien in Borneo zeigten die Umrisse von Händen, auf einer war so etwas wie ein Stier oder ein Ochse zu erkennen. Wenn sie echt sind, verbessert das die Chancen, dass die UNESCO die landwirtschaftliche Nutzung dieses Gebiets untersagt.

Ich bin sehr misstrauisch und werde mir ein Urteil untersagen, bis die Sache genauer erforscht ist. Ich wittere eine Wiederholung der gefälschten Tagebücher über Hitlers letzte Tage.[7] Vielleicht sind wir bald klüger.

Wahr ist jedenfalls, dass wir es mit Zehntausenden Jahren Geschichte zu tun haben. Wie alt ist die Menschheitsgeschichte? Wie weit reichen Adam und Eva zurück? Gott ist unendlich geduldig und hat sich – inmitten so großer Reiche wie des alten Ägypten, Assyrien, Babylon, Persien und später Griechenland und Rom – ausgerechnet einer so kleinen und ungewöhnlichen Stammesgruppe wie des jüdischen Volkes bedienen wollen. Das chinesische Reich, der indische Subkontinent und die amerikanischen Zivilisationen blieben außen vor, wenn wir einmal von den späteren Aktivitäten der christlichen Missionare absehen. Gut und Böse sind überall, aber Gottes besonderer Plan ist einem seltsamen Pfad gefolgt: gewunden, langsam und oft etwas spät dran.

Ich weiß nicht, ob die unvorstellbare Größe des Universums ein größeres Mysterium ist als die langsam verlaufende Geschichte der menschlichen Entwicklung, weil wir von keinen anderen Lebewesen mit freiem Willen im Universum wissen. Wenn wir die Engel in ihrer eigenen, anderen Welt einmal beiseitelassen, dann ist die Menschheit der Höhepunkt von Gottes Werk.

Doch im Weltall hat Gott sich noch reichlich Bewegungsspielraum gelassen. Wenn der neue Himmel und die neue Erde, die mit der Auferstehung des Leibes nach dem Tag des Jüngsten Gerichts in der Fülle der Zeiten einhergehen werden, irgendwie mit unserer Daseinsebene zusammenhängen, wird der Himmel, selbst wenn die meisten Menschen hineinkommen, nicht überfüllt sein. Und wir hoffen und beten, dass auch die Hölle nicht überfüllt ist, obwohl uns Jesus gesagt hat, dass die Straße, die ins Verderben führt, breit ist. Ein Jesuit, mit dem ich befreundet bin, ein guter Jesuit, meint, dass der Niedergang, den der Katholizismus seit den 1960er-Jahren im Westen erlebt, vor allem darauf zurückzuführen ist, dass die Menschen sich kaum oder gar nicht mehr vor der Hölle fürchten.

In den Evangelien ist oft von diesen Themen die Rede. Zum Beispiel an der folgenden Stelle aus dem Lukasevangelium (Lk 13,23–24):

Da fragte ihn einer: Herr, sind es nur wenige, die gerettet werden? Er sagte zu ihnen: Bemüht euch mit allen Kräften, durch die enge Tür zu gelangen; denn viele, sage ich euch, werden versuchen hineinzukommen, aber es wird ihnen nicht gelingen.

Mittwoch, 12. Februar 2020

Heute wurde mein Ablauf durcheinandergebracht, weil sie eine Einschluss-Übung für das Management veranstaltet haben. Das bedeutete, dass jeder Häftling in seiner Zelle bleiben musste, während das Gefängnis zwischen 11.30 und 14 Uhr – das ist die Zeit, die ich normalerweise im großen Gemeinschafts- und Küchenbereich verbringe – »abgeriegelt« wurde. Paolo war so großzügig, freiwillig in seiner Zelle zu bleiben, sodass ich eine Stunde im inneren Bereich (mit Zugang zu Telefon und Kühlschrank) und eine weitere Stunde im Rasenbereich verbringen konnte. Derek stand wieder vor Gericht.

Über Nacht sind ein paar Regenschauer niedergegangen, sodass der Rasen nass war, als ich nach draußen ging, obwohl die Luft nur leicht feucht war. Leicht feucht nach den in Sydney geltenden Maßstäben. In Queensland würde man so etwas überhaupt nicht als Feuchtigkeit bezeichnen.

Der Gefängnisdirektor hat mich besucht und meine Brille mit dem abgebrochenen Bügel begutachtet. Ich betonte, dass ich damit immer noch sehen könne. Später am Tag bat man mich, das Formular für den Optiker auszufüllen, aber von meinem Termin bei der Physiotherapie war überhaupt keine Rede mehr.

Gestern Abend habe ich Grantlee Kiezas Biografie über Lachlan Macquarie ausgelesen, den fünften Gouverneur der britischen Kolonie New South Wales, nachdem Gouverneur William Bligh durch einen örtlichen Aufstand vertrieben worden war. Macquarie wurde 1809 ernannt und blieb bis 1821 im Amt und unter seiner Führung konnte die Kolonie ein spektakuläres Wachstum verzeichnen: von einer kleinen Strafkolonie mit 11 590 zu einer blühenden Siedlung mit beinahe 39 000 Einwohnern, die 100 000 Stück Vieh und 290 000 Schafe versorgten und 12 000 Hektar Land bestellten. Eine Vervierfachung.

Ich habe jeden Abend nach dem Zubettgehen einen Abschnitt gelesen, of hat sich die Lesezeit über das Vernünftige hinaus verlängert. Ich bin mir nicht sicher, ob es viele Themen gibt, die mehr als 250 Seiten verdienen, aber die 570 Seiten über Macquarie habe ich mit Vergnügen gelesen, eine Hommage an Macquarie und seinen Biografen. Hobbes' *Leviathan* habe ich irgendwann aus der Hand gelegt, aber diese Geschichte hat meine Ausdauer nicht überstrapaziert.

Ich würde gerne einmal das Mausoleum in Schottland besuchen, wo der Gouverneur mit seiner Frau Elizabeth und zwei Kindern begraben liegt. Die Grabinschrift lautet: »Der Vater Australiens«. Den Titel hat er verdient. Er war unser erster großer Held, ein Visionär und ein Optimist – trotz der beharrlichen Opposition vor Ort und seinen Kritikern zu Hause in England, die schockiert waren, weil er so viel Geld ausgab, und vor allem, weil er entschlossen war, ehemalige Sträflinge z. B. als Richter und Amtspersonen an der Verwaltung der Kolonien zu beteiligen. Bis heute zeichnet sich Australien durch seine soziale Mobilität aus, und es wird immer eine Herausforderung sein, dies in den nachfolgenden Generationen so gut hinzubekommen wie Macquarie.

Macquarie war kein Heiliger, aber er war ein erfahrener Soldat der britischen Armee, der in Nordamerika, auf den Westindischen Inseln und 20 Jahre lang in Britisch-Indien gedient hatte. Seine Karriere bestand aus unspektakulären, aber soliden militärischen Leistungen, und darüber hinaus war er ein effizienter »Netzwerker« mit einem gewissen gesellschaftlichen Ansehen, das er seiner forschen, cleveren Art sowie der Tatsache verdankte, dass er einer schottischen Adelsfamilie entstammte, die jedoch alles andere als wohlhabend war. In seiner Jugend hatte er sich mit Syphilis infiziert und war dabei ertappt worden, dass er das System ausbeutete, indem er Verwandte, die noch viel zu jung für den Militärdienst waren, als Teilzeit-Offiziere in die Lohnlisten eintrug.

Er war ein zäher und zurückhaltender Mann, der den Anglikanismus, das Familienleben, den öffentlichen Anstand und Recht und Ordnung förderte und die Nachfolger des *Rum Corps*[8] daran hinderte, die Kolonie zu beherrschen. Obwohl er sich nach Kräften dafür einsetzte, den Aborigines zu helfen, genehmigte er eine brutale Strafexpedition, nachdem es Opfer unter den Siedlern gegeben hatte. Es ist ihm hoch anzurechnen, dass er ein Gegner von Reverend Samuel Marsden war, einem harten Mann und erbitterten Gegner der *Emancipists*[9]. Father Jeremiah O'Flynn, einen katholischen Priester aus Irland, der ohne Genehmigung in die Kolonie gekommen war, zwang er, das Land zu verlassen, hieß dafür aber Father John Therry willkommen, einen schwierigen Mann, der in und um Sydney herum heroische Arbeit leistete. Der Gouverneur legte den Grundstein für den Bau der *St Mary's Cathedral.*

Es gehört zu meinen stolzen Momenten als Erzbischof von Sydney, dass ich in der Basilika St. Paul vor den Mauern vor sieben- oder achttausend Pilgern predigen durfte, die 2010 zur Heiligsprechung von Mary MacKillop nach Rom gekommen waren. Die Basilika St. Paul hat seit vielen Jahrhunderten eine besondere Verbindung zur englischsprachigen Welt: Bis zur Reformation war der König von England dort Ehrenkanonikus, und in der zweiten Hälfte des 19. Jahrhunderts brachte Bischof Salvado aus New Norcia in Westaustralien zwei junge Aborigines als Benediktinernovizen nach St. Paul. Ihre Gesundheit hat das nicht verkraftet: Beide starben jung, einer von ihnen in Italien.

Obwohl ich mir große Mühe gegeben hatte, eine Predigt vorzubereiten, die einem so wichtigen Anlass in religiöser Hinsicht angemessen war, war ich doch überrascht, wie gut sie aufgenommen wurde. Unter anderem sprach ich darüber, dass Macquarie die australische Gesellschaft geöffnet hatte, sodass fähige Leute – selbst wenn sie in der Vergangenheit große Fehler begangen hatten oder aus armen und weniger gebildeten Familien stammten – aufsteigen und ihren Beitrag leisten konnten. Und, so fügte ich hinzu, es sei Menschen wie der hl. Mary MacKillop und ihren Josefsschwestern zu verdanken, dass Kinder aus solchen Familien von den menschlichen Vorzügen eines gläubigen katholischen Lebens profitieren und die Chancen nutzen konnten, die Macquarie und gleichgesinnte Führungskräfte ihnen im australischen Leben eröffnet hatten. Den Kindern der heutigen Migranten werden an katholischen Schulen ähnliche Chancen geboten. Die Pilger waren überwältigend fromm und vor allem am religiösen Beitrag der Nonnen interessiert, aber sie sahen auch ein, wie wichtig die menschliche Entwicklung war, die die Schwestern in den Schulen förderten. Meine australische Gemeinde hatte die weite Reise auf sich genommen, um die hl. Maria vom Kreuz zu feiern, aber sie waren auch dankbar für die Traditionen, die Macquarie geschaffen hatte. Vor ihm war es in der Kolonie – abgesehen von einer kurzen Phase unter Gouverneur Philip King – nicht möglich gewesen, öffentlich die heilige Messe zu feiern.

Die Menge der Briefe hat abgenommen, in der letzten Woche waren es etwa 60. Eine unschöne Nachricht war, dass eine Anwaltskanzlei in Rhode Island in den Vereinigten Staaten eine Sammelklage gegen die Bischöfe wegen irreführender Werbung für den Peterspfennig eingereicht hat.[10] Hoffentlich finden sie nicht allzu viel Unterstützung, zumal die US-Bischöfe noch gar nicht entschieden haben, wie der Peterspfennig verwendet werden soll. Jedenfalls ist das ein weiteres Beispiel für den Lohn der Sünde, der in diesem Fall von jemand anderem bezahlt wird.

Zum Schluss noch etwas Positiveres: Ein Briefschreiber erwähnt die Rede, die ich 1996 anlässlich meiner Ernennung zum Erzbischof von Melbourne in der Camberwell Town Hall gehalten habe, und zitiert aus *Campion's Brag*, dem großartigen Pamphlet, das der hl. Edmund Campion, ein jesuitischer Märtyrer, im elisabethanischen England veröffentlichte, als es verboten war, den Glauben zu praktizieren:

Meine Aufgabe ist es, unentgeltlich das Evangelium zu predigen, die Sakramente zu spenden, die Einfältigen zu belehren, die Sünder zu bessern, Irrtümer zu widerlegen – kurzum: geistlichen Alarm zu schlagen gegen das üble Laster und stolze Nichtwissen, mit dem viele meiner lieben Landsleute gepeinigt werden.

Donnerstag, 13. Februar 2020

Am frühen Nachmittag kam der jüngere muslimische Häftling an meine Tür, um mir zu erzählen, dass Papst Franziskus an der Disziplin des priesterlichen Zölibats festhalte. Er fand das gut, denn er ist der Meinung, dass jede Religion ihre Traditionen aufrechterhalten soll. Meine erste Reaktion war Überraschung und Erleichterung, auch wenn mir nach einem Moment des Nachdenkens klar wurde, dass es höchstwahrscheinlich auf eine weltweite Bestätigung der Praxis des lateinischen Ritus und eine Ausnahmeregelung für das Amazonas-Gebiet hinauslaufen würde. Ich werde versuchen, in den Abendnachrichten Genaueres zu erfahren.

In einem Brief von Mark Withoos, den ich heute erhalten habe, deutet er ein Dokument an, das eine Änderung der Ordnung für den Amazonas erlauben wird. Dazu später mehr, wenn ich mehr Informationen habe.

Am Vormittag war es bedeckt, ziemlich grau und ein bisschen feucht, aber gegen Mittag hat sich der Himmel aufgeheitert und es ist wärmer geworden.

Aileen, die Seelsorgerin, kam vorbei, um mir die heilige Kommunion zu bringen. Schwester Mary ist auf dem Weg der Besserung, sie hat das Krankenhaus verlassen und ist jetzt in der Reha. Dann hatte ich noch ein kurzes Treffen mit dem Vollzugs- und Verwaltungsdienst, einem Gremium, das für die Strafanstalten in Victoria zuständig ist und das die Unterbringung beaufsichtigt. Ich habe ihnen gesagt, dass ich keinen Grund zur Klage hätte. Sie haben sich auch nach dem Prozedere im Fall einer erfolgreichen Berufungsverhandlung erkundigt, und ich habe ihnen erklärt, dass ich nicht wüsste, wann ich aus der Haft entlassen werden würde, d. h., ob am 12. März oder später.

Der Briefschreiber aus Oran Park in New South Wales, der mir vorhergesagt hatte, dass ich freikommen würde, hat wieder geschrieben. Er trifft nicht nur Vorhersagen, sondern behauptet auch, dass sie sich regelmäßig – genauer gesagt immer – bewahrheiten.

Er weiß nichts über den genauen Zeitpunkt, hält aber März für am wahrscheinlichsten. Er glaubt, dass man mich in einem Atemzug mit Lindy Chamberlain nennen und dass mein Fall große und positive Auswirkungen auf die Kirche haben und der Welt als »eine wichtige Lektion über Hass und Verunglimpfung« dienen wird. Die aufkommende Lynchmob-Mentalität müsse unter Kontrolle gebracht werden, fügte er hinzu.

Schon die bloße Erwähnung seiner Vorhersagen bereitet mir wieder ein ungutes Gefühl, denn sein Selbstverständnis und seine Gewissheit sind deutliche Gegenanzeichen. Andererseits wirkt er in jeder Hinsicht aufrichtig und ist offensichtlich ein intelligenter Mensch, der die Ereignisse korrekt interpretiert und kommende Entwicklungen im Großen und Ganzen vernünftig einzuschätzen weiß. Es ist beruhigend, wenn die Vermutungen kluger Beobachter günstig ausfallen und mit den eigenen übereinstimmen. Und Vorhersagen, die gute Zeiten ankündigen (so unbegründet sie auch sein mögen), lesen sich auf jeden Fall leichter als Jeremias Untergangsprophezeiungen.

Die Briefe kommen nach wie vor aus vielen verschiedenen Gegenden. Der Direktor eines italienischen Gefängnisses in der Nähe von Padua hat mir geschrieben, dass er zu mir hält und entsetzt ist über die Vorgänge bei Gericht. Lorena, die jetzt zum Leitungsrat der *Fraternas*[11] in Peru gehört und früher mit ihrer Pioniergruppe herausragende apostolische Arbeit in Sydney geleistet hat, verspricht, weiter für mich zu beten. Ein jüngerer Freund aus Sunbury hier in Victoria fühlt sich wie in einer Schlacht: »Wir haben heftigen Gegenwind und stehen mit dem Rücken zur Wand, das erinnert mich an die Schlachtenszenen am Ende von *Narnia* und *Herr der Ringe*, wo unsere letzte und einzige Hoffnung von oben kommt. Halten Sie es für möglich, dass wir bei der letzten Schlacht angekommen oder kurz davor sind?«

Eigentlich glaube ich nicht, dass die letzte Schlacht begonnen hat oder kurz bevorsteht. Aber uns stehen härtere Zeiten bevor und wir waren verwöhnt mit einem Papst wie dem hl. Johannes Paul dem Großen, der uns so viele Jahre lang geführt hat. Im Anschluss beklagt sich mein Briefschreiber über unklare Signale.

Der Vater einer Familie mit sieben Töchtern aus Calgary in Kanada will mich trösten und schreibt, dass ich der Kirche auch im Gefängnis diene und dass eine seiner Töchter mich beim letzten Konklave im Rahmen einer Online-Initiative als den Kardinal gezogen habe, für den sie in jenen Tagen besonders beten sollte.

Ein weiterer Gentleman aus Toronto, Kanada, glaubt, dass ich Gottes Werkzeug sein und helfen werde, »viele zu Christus und seiner Kirche zurückzuführen«. Er schreibt, dass er noch nie im Gefängnis war, aber beschuldigt und ausgegrenzt worden sei, weil er nicht bereit war, als »nützlicher Idiot für [...] unmoralische Zwecke« herzuhalten.

Die Abendnachrichten haben bestätigt, dass mein junger muslimischer Gefährte recht hatte. Papst Franziskus hat der Idee, in Sachen Priesterzölibat für die Amazonas-Region eine Ausnahme zuzulassen, eine Absage erteilt. Ich war hocherfreut. Ich halte das für die richtige Entscheidung. Alles andere hätte zu Destabilisierung und Spaltung geführt. Das ändert zwar nichts am religiösen Niedergang des Westens, aber die Entscheidung ist ein nützliches Beispiel für die Ausübung der päpstlichen Autorität gegen diejenigen, die die Kirche einem föderalistischen Modell aus Kontinental- oder Nationalkirchen entgegenführen wollen, und erinnert mich an die Bestätigung des Verbots der künstlichen Empfängnisverhütung durch Paul VI. *Deo gratias*.

Elizabeth Lev ist Kunsthistorikerin, lebt in Rom und arbeitet dort als Fremdenführerin. Dass das Verfahren gegen mich 2017 am Hochfest Peter und Paul eingeleitet wurde, hat sie von der Bösartigkeit meiner Ankläger überzeugt. Sie schreibt, um mir von Anne de Montmorency zu erzählen, der 1493 zur Welt kam, Großmeister von Frankreich wurde und als Feldherr auf katholischer Seite gegen die Protestanten kämpfte. Seinen für einen Mann doch recht seltsamen Vornamen erhielt er, weil er von Königin Anne de Bretagne[12] über das Taufbecken gehalten worden war. Er wuchs gemeinsam mit dem späteren König Franz I. auf, fiel jedoch bei Heinrich II. und Katharina von Medici in Ungnade und wurde eine Zeit lang verbannt, ehe er im Alter von 77 Jahren wieder auf der Bildfläche erschien, um Paris gegen die protestantischen Aufständischen zu verteidigen. In der Verbannung betete er in seiner Kapelle häufig das folgende Gebet zum hl. Christophorus:

Heiliger Christophorus, du edler Gottesmann, ich bitte dich [...], dass du dich vor Gott und seiner heiligen Mutter meiner erbarmen mögest, der ich dein Diener und ein Sünder bin, damit ich durch deine fromme Fürsprache alle überwinden kann, die schlecht von mir gedacht haben, und bei jener leichten Bürde, Christus, den du auf deinen Schultern über den Fluss tragen durftest, bitte ich dich, dass du mir die Gunst gewähren mögest, meine gegenwärtige Not zu lindern. […] Auf dass ich, wenn mein Leben weitergeht und meine Ehre gerettet ist, mich für alle Zeiten mit dir zu freuen vermag. Amen.

Freitag, 14. Februar 2020

Als ich heute Morgen draußen war, war es neblig und bedeckt, später klarte es auf und war leicht bewölkt. Nach dem Mittagessen hatten wir fast eine Stunde lang starken Regen, Sydney-Regen, und aus dem kaputten Fallrohr in meinem Bewegungsbereich ergossen sich ganze Sturzbäche von Wasser. Annähernd zwei Drittel des Rasenbereichs waren von einer riesigen Pfütze bedeckt. Wir werden wohl über einen Zentimeter Regen abbekommen haben.

Ich habe Father Mark Withoos zurückgeschrieben und anschließend die Briefe von drei Häftlingen beantwortet. Terry und Bernadette Tobin kamen um kurz vor halb eins nach einer kleinen Schrecksekunde: Am Vormittag hatte ich der Wärterin gegenüber erwähnt, dass ich heute Besuch erwarte, und sie hatte entgegnet, sie hätte niemanden auf ihrer Liste. Da ich meine Termine schon mehrmals durcheinandergebracht hatte, habe ich es mir inzwischen angewöhnt, die betreffenden Unterlagen aufzubewahren, wenn ich an der Liste der zehn genehmigten Besucher etwas verändere oder wenn besondere Besuche genehmigt werden. Also suchte ich die Unterlagen heraus und ließ es widerstrebend geschehen, dass sie sie mitnahm, um die Angelegenheit zu klären. Ich war recht zuversichtlich, dass alles gut gehen würde, und hätte mich wirklich aufgeregt, wenn sie extra aus New South Wales angereist und nicht hereingelassen worden wären.

Die Tobins kümmern sich darum, dass die Tagebuchbände abgetippt werden, ihre Tochter Caitie, Michael Casey und Margaret O'Reilly helfen ihnen dabei. Caitie hatte sich darüber amüsiert, dass ich nach einem ihrer Besuche geschrieben hatte, sie hätten nicht viel Neues zu erzählen gehabt. Heute hatten sie jede Menge Neuigkeiten mitgebracht.

Kardinal Barbarin ist vollständig entlastet worden und ich habe sie gebeten, ihm über Jean-Baptiste de Franssu meine Glückwünsche ausrichten zu lassen. Leider war Christoph Kardinal Schönborn aus Wien sehr krank, fühlt sich aber schon wieder viel besser.

Sie haben ein bisschen Licht in die Sache mit dem Dokument zur Amazonas-Synode gebracht: Die Antwort des Heiligen Vaters auf die Frage nach der möglichen Weihe von *Viri probati*[13] bestand darin, dass er das Thema überhaupt nicht angeschnitten hat. Das wirft ein anderes Licht auf die Situation, aber für die nahe Zukunft steht wohl nicht zu erwarten, dass der Heilige Vater einer Änderung zustimmen wird. Möglicherweise wäre die Sache ohne das vereinte Eingreifen von Papst Benedikt und Kardinal Sarah anders ausgegangen. Es kann aber auch sein, dass man Papst Franziskus und sein Engagement für den priesterlichen Zölibat unterschätzt hat.

Bernadette hat ein paar Nachrichten von Sir Michael Hintze aus London mitgebracht. Er sagt, dass man im Vereinigten Königreich inzwischen in sämtlichen ideologischen Lagern begriffen habe, dass ich Opfer eines abgekarteten Spiels geworden sei. In einer anderen Nachricht von ihm heißt es, dass die ganze Kurie in Aufruhr sei und Sturm laufe gegen die Entscheidung des Papstes, wonach künftig sämtliche Investitionen über den IOR getätigt werden sollen. Terry war überrascht von dieser heftigen Reaktion und wollte sie schon abtun, aber ich habe ihm erklärt, dass der Heilige Vater mit diesem Schritt *Tabula rasa* macht: Diese Maßnahme ist grundlegend, weil sie die Möglichkeiten für Günstlingswirtschaft und Korruption beseitigt, die über (ich weiß nicht, wie viele) Jahrzehnte hinweg aufgebaut und von Kriminellen so gewinnbringend genutzt worden sind. Die Kräfte der Korruption haben eine schwere Schlappe erlitten, aber sie werden hartnäckig oder sogar fanatisch kämpfen, so einfallsreich und arglistig wie eh und je, und versuchen, den guten Ruf der Reformer in den Schmutz zu ziehen. Papst Franziskus wird all seinen eisernen Willen und seine Beharrlichkeit brauchen, damit diese Initiative Erfolg hat, und er wird durch den Mangel an kompetentem Führungspersonal, das die Veränderungen durchsetzen soll, behindert sein, obwohl der IOR-Vorstand vielleicht über die nötigen Mitarbeiter verfügt. Gebe Gott, dass er bei dieser Gelegenheit die Hand am Pflug behält.

Die Konsequenzen, um die es hier geht, sind enorm. Der Vatikan hat Probleme, für seine eigenen Kosten aufzukommen, und er hat vor allem in den Vereinigten Staaten wichtige Geldgeber verprellt. Ein Baustein einer erfolgreichen Wende muss darin bestehen, dass dort mit den Investitionen finanziell und ethisch vertretbare Einkünfte erzielt werden. Ein kleiner Staat wie der Vatikan kann es sich nicht leisten, alle 40 oder 50 Jahre 400 bis 500 Millionen Euro [500 bis 600 Millionen Dollar] zu verlieren.

Der Heilige Vater oder einer seiner Nachfolger wird sich mit der Tatsache auseinandersetzen müssen, dass der Vatikan es sich nicht erlauben kann, seine Stellenbesetzung auf dem aktuellen Niveau zu halten. Das einzig Richtige, um hier Abhilfe zu schaffen, ist eine großzügige Vorruhestandsregelung – in der Hoffnung, dass ein Großteil derer, die eigentlich gehen müssten, dies vielleicht freiwillig tun würde. Das würde allerdings kurzfristig viel Geld kosten.

Die Immobilien-Portfolios müssen ebenfalls überarbeitet und effizient verwaltet werden. Jede Immobilie mit einem Marktwert, der nicht realisiert werden kann, muss renoviert werden, damit sie angemessene Einkünfte erzielt, oder sie muss verkauft und der Erlös dazu verwendet werden, andere Immobilien markttauglich zu machen. Das Wichtigste ist, dass man sich redlich an die Grundregeln hält. Es ist nichts Kompliziertes nötig, um hier etwas zum Besseren zu verändern.

Nach so vielen Rückschlägen und Enttäuschungen ist diese Aufregung über die Investitionen die beste Nachricht seit mehreren Jahren. Die Schlacht ist im Gang, aber noch nicht gewonnen.

Unsere kleine Welt in Trakt 3 im *Barwon*-Gefängnis kehrt zu ihren normalen Abläufen zurück, denn Derek ist nach seinen Gerichtstagen wieder da und sehr froh über den Verlauf. Der jüngere Häftling war heute vor Gericht, er hat sein Urteil bekommen und wirkt ebenfalls recht zufrieden. Er hatte Angst vor der Urteilsbegründung, weil er sich schämt für das, was er unter Drogeneinfluss getan hat. Paolo war heute Nachmittag nicht da, deshalb weiß ich nicht, ob sich an seiner Situation irgendetwas gebessert hat.

Wegen meiner Besucher habe ich heute meine Zeit im inneren Gemeinschaftsraum verpasst. Derek ist freiwillig im äußeren Bereich geblieben, sodass ich mich dennoch 40 Minuten dort aufhalten konnte. Eine freundliche Geste, für die ich ihm dankbar war. Derek hat eine katholische Schule besucht, aber ich bin mir nicht sicher, ob er je von der Reue des guten Schächers am Kreuz und seiner Belohnung gehört hat oder sich daran erinnert.

Samstag, 15. Februar 2020

Höhepunkt des Tages war der Besuch von Erzbischof Peter Comensoli aus Melbourne, der schon zum zweiten Mal gekommen ist, um mich zu sehen. Das weiß ich vor allem deshalb zu schätzen, weil er wegen seines ersten Besuchs öffentlich kritisiert worden war. Ich hatte Gelegenheit, ihm dafür zu gratulieren, dass er bei der »Roten Messe« mit den Demonstranten gesprochen hat. Seine Leute waren stolz auf ihn. Er hat das Gefühl, dass seine Position gefestigter ist, dass er die Lage besser im Griff hat, besonders seit der neue Mitarbeiterstab seine Arbeit aufgenommen hat. Der finanzielle Druck auf das Erzbistum lässt auch allmählich nach. Ich habe ihm Mut gemacht und ihm gesagt, dass die Defizite des Erzbistums nicht so schlimm sind wie die des Vatikans.

Er hat Papst Franziskus' nachsynodales Schreiben über Amazonien mit seiner stillschweigenden Weigerung, Änderungen am Priesterzölibat zuzustimmen, gelesen. Auch dem Frauendiakonat hat der Heilige Vater nicht zugestimmt, weil er keine Klerikalisierung des Laienstandes will. Peter hat das Schreiben in den höchsten Tönen gelobt. Es sei in Teilen ein wirklich schöner Text, der uns dazu aufrufe, uns auf die Evangelisierungsarbeit zu konzentrieren.

Schwester Mary ist noch in der Reha. Sie war ernstlich krank mit schweren Komplikationen, die aber nichts mit ihrer erfolgreichen Knieoperation zu tun hatten. Ich habe angeregt, dass ihre 25-jährige seelsorgliche Arbeit durch eine päpstliche Auszeichnung gewürdigt werden solle, und zu meiner Freude erfahren, dass die Sache schon in die Wege geleitet ist und sich der Erzbischof außerdem um eine Anerkennung seitens der australischen Regierung bemüht.[14] Ich habe ihm auch erzählt, dass einer ihrer Bewunderer unter den Häftlingen, der seit etwa drei Jahrzehnten einsitzt, ihr eine Genesungskarte geschrieben hat. Er bewundert sie unendlich und hat ein bisschen Angst vor ihr. Sie ist irisch-australischer Abstammung und kommt aus dem guten *Western District!*[15]

Der *Weekend Australian* kam erst zum zweiten Mal und ich habe ihn zunächst beiseitegelegt, bis ich einen Großteil meiner Gebete verrichtet hatte. Die langjährige Erfahrung hat mich gelehrt, dass jede Alternative zum frühen Gebet sehr leicht viele andere Alternativen und dann das hektische Bemühen nach sich ziehen kann, spät am Tag oder sogar erst am Abend wenigstens das Minimum zu erfüllen.

Ein paar gute Artikel über die Chinesen, die ihre Macht und ihren Einfluss nicht nur in Asien, sondern auch in Papua-Neuguinea und auf den Pazifikinseln immer weiter ausbreiten.

Inzwischen sind 1500 Menschen, unter ihnen auch etliche Ärzte und Krankenschwestern, am Coronavirus gestorben und 66 000 Menschen sind infiziert, die meisten von ihnen in China. Die gesamte Bevölkerung von Wuhan, elf Millionen Einwohner, steht unter Quarantäne und darf das Haus nicht verlassen. In Wuhan gründete Bischof Galvin[16] von Hanyang die Missionsgesellschaft vom heiligen Columban. 1989, wenige Monate nach dem Massaker auf dem Platz des Himmlischen Friedens in Peking, lernte ich in Hanyang zwei chinesische Ordensfrauen kennen, die in der Nähe der Kathedrale ihren Ruhestand verlebten. Nach der Machtübernahme durch die Kommunisten waren sie aus ihrem Kloster vertrieben und gezwungen worden, 40 Jahre lang in verschiedenen Fabriken zu arbeiten. Als sich die Gesamtsituation entspannte, nahmen sie den Turnus ihrer täglichen Gebete und Pflichten als De-facto-Nonnen wieder auf. Dies ist eines von vielen inspirierenden Beispielen der Treue. Jetzt scheint es, als wären die Zeiten der feindlichen Druckausübung auf die Katholiken zurückgekehrt und als hätte die jüngste Übereinkunft des Vatikans mit der chinesischen Regierung ihre Situation in keiner Weise verbessert. Das ist ein schwerer Rückschlag für meinen Traum von einem chinesischen Konstantin.

In der letzten Ausgabe der *Annals* im Dezember 2019 habe ich William H. Overholts Buch *China's Crisis of Success* besprochen. Mein lieber Freund, Father Paul Stenhouse, der Herausgeber der Zeitschrift, hat kurz vor seinem Tod noch dafür gesorgt, dass die Rezension veröffentlicht wurde. Sie war zu umfangreich geraten und in einem Abschnitt, der weggelassen wurde, ging es um Overholts Einschätzung, dass vor [Präsident] Xi Jinping noch kein Herrscher in der Geschichte Chinas beschlossen hatte, sich so vielen inneren und äußeren feindlichen Kräften gleichzeitig entgegenzustellen. Damit will Overholt sagen, dass das ein beispielloser Vorgang ist. So etwas hat noch kein anderer Herrscher getan. Anders als unsere jungen Fernsehjournalisten, die über den Klimawandel sprechen, wird Overholt wohl wissen, was »beispiellos« bedeutet. Er sagt also, dass so etwas in mehr als 2000 Jahren Geschichte noch nie vorgekommen ist.

In einer derart belasteten Situation könnte das Coronavirus, wenn es nicht rasch unter Kontrolle gebracht wird, völlig unabsehbare Folgen haben. Selbst hier in Australien sind wir betroffen, da viele unserer hunderttausend chinesischen Hochschulstudenten nicht ins Land kommen dürfen und für chinesische Touristen gibt es ein Einreiseverbot. China braucht ein jährliches Wirtschaftswachstum von fünf bis sechs Prozent, um die dreihundert Millionen Chinesen, die von dem Wachstum nicht profitieren, weiterhin erfolgreich aufzufangen. Keine andere Wirtschaft in der Geschichte ist so lange ununterbrochen gewachsen. Es steht viel auf dem Spiel, auch in den nicht vom Wachstum erfassten Gebieten.

Das Magazin *The Weekend Australian* – das ist jetzt ein ganz anderes Thema – hat einen Artikel darüber gebracht, wie die einzigen hundert ausgewachsenen Wollemi-Kiefern (in vier kleinen Wäldchen in den Blauen Bergen rund 200 Kilometer vom Zentrum von Sydney entfernt) vor den letzten Buschbränden gerettet worden sind. Die Wollemi-Kiefern, die eine eigene Spezies bilden, wachsen seit etwa 200 Millionen Jahren auf dieser Erde und haben sich seit 100 Millionen Jahren nicht mehr verändert. Sie sind überall sonst auf dem Planeten seit Jahrmillionen verschwunden. Die Geschichte der Planung und Durchführung ihrer Rettung – bei der Flugzeuge und Hubschrauber zum Einsatz kamen, Brandhemmer und Wasserbomben abgeworfen und simple, aber wirkungsvolle Pumpen installiert wurden – ist inspirierend. Am Ende half nur noch menschlicher Wagemut: Steve Cathcart, Bereichsleiter bei der Nationalparkverwaltung, wurde mittels einer Winde in den Rauch und die Asche hinabgelassen, um zwischen umgestürzten Bäumen und einzelnen Brandherden die Pumpen wieder in Gang zu setzen, glühende Kohlestücke von den Stämmen wegzutreten und brennende Zweige von den Bäumen herunterzuschlagen. Er und die ganze Operation waren erfolgreich. Eine wunderbare Geschichte.

Obwohl mittlerweile weltweit Zehntausende von Wollemi-Kiefern gepflanzt worden sind – auch im Botanischen Garten von Sydney haben ich vor Jahren zwei Exemplare entdeckt –, ist und bleibt es ein Wunder, dass sie es immer wieder schaffen, trotz unserer Buschbrände in ihrem angestammten Habitat zu überleben.

In den Psalmen wird häufig die Herrlichkeit von Gottes Schöpfung besungen, wie wir es in Psalm 19 hören können:

Die Himmel erzählen die Herrlichkeit Gottes
und das Firmament kündet das Werk seiner Hände.
Ein Tag sagt es dem andern,
eine Nacht tut es der andern kund [...].

Am einen Ende des Himmels geht sie [die Sonne] auf
und läuft bis ans andere Ende;
nichts kann sich vor ihrer Glut verbergen.

52. Woche
Eine vernichtende Argumentation

16. Februar bis 22. Februar 2020

Sonntag, 16. Februar 2020

Draußen, nicht weit von meiner Zelle entfernt, muss irgendwo ein Nest sein, denn ich höre jeden Abend und regelmäßig in den frühen Morgenstunden Vögel zwitschern. Es ist eigentlich nicht meine Art, dass ich schon wieder über Vögel rede, aber wenn man diese kleinen Segnungen eine Zeit lang entbehren musste, genießt man sie danach umso bewusster und dankbarer. Im MAP waren Vögel eine Seltenheit. Selbst im Garten hat man die Spatzen häufiger gehört als gesehen, aber hier auf dem Land höre und sehe ich regelmäßig Elstern und manchmal auch Krähen, und einer meiner Briefschreiber hier im Gefängnis, der sich stets um verletzte Spatzen kümmert, erzählt mir Geschichten von marodierenden Falken und sogar einem Adler, der sich hin und wieder blicken lässt. Offenbar fliegen auch Kormorane umher. Ich wusste nicht, wie Kormorane aussehen, deshalb hat er mir ein Foto geschickt. Ich sah es mir an und war mir danach immer noch nicht sicher, ob ich solche Vögel überhaupt schon einmal gesehen habe, deshalb habe ich ihn gebeten, mir zu sagen, wie groß sie sind. Dieser Langzeithäftling ist ein Franziskus von Assisi, wenn es um verletzte Vögel geht. Er kümmert sich gewohnheitsmäßig um sie und ich habe mir sagen lassen, es sei nichts Ungewöhnliches, dass sich Häftlinge auf diese Weise um Vögel und sogar um Mäuse kümmern.

In Melbourne war mir aufgefallen, dass ich die Häftlinge und auch die Wärter nur ganz selten habe fluchen hören, und hier ist es genauso. Aileen, die Seelsorgerin, hat ähnliche Erfahrungen gemacht. Allerdings habe ich viele Streitereien mitbekommen, manche davon waren gefährlich und oft waren sie unsinnig, aber die meisten waren nicht ganz ernst gemeint und es ging nur darum, ein bisschen Dampf abzulassen. Die Schimpfwörter sind im Allgemeinen grob und nicht sehr einfallsreich, oft haben sie mit Ratten und Hunden usw. zu tun, und ein Adjektiv – ich meine nicht »verdammt« – kommt so häufig zum Einsatz, dass es schon wieder langweilig ist.

Paolo hat mir einen Eimer mit heißem Wasser und einen Wischer vor die Zellentür stellen lassen, damit ich den Boden wischen konnte (was ich auch getan habe). Und er hat mir gesagt, ich solle den Eimer einfach wieder vor die Tür stellen und nicht selbst ausleeren, weil das für meinen Rücken zu viel wäre! Er werde dafür sorgen, dass Abdullah, der jüngere Häftling, ihn ausleert.

Auf den ersten Blick befindet sich Paolo in einer unglücklichen Lage. Er sollte schon letzten September gegen Kaution entlassen werden und seine Eltern waren extra aus Europa hergeflogen, um ihn zu sehen. Doch er ist immer noch hier. Eigentlich hatte er mit seiner baldigen Entlassung gerechnet und nur auf den genauen Termin gewartet, doch jetzt hat man ihm gesagt, dass er zuerst noch einen drei- bis sechsmonatigen Anti-Gewalt-Kurs absolvieren müsse. Das hat er natürlich nicht gut aufgenommen. Ich weiß nicht, was er verbrochen oder ob er sich im Gefängnis schlecht benommen hat, aber dass sie seit September nichts über diesen Kurs gesagt haben, riecht doch ein bisschen nach Willkür oder Schikane. Er hätte ihn wahrscheinlich noch vor Weihnachten abschließen können. Mein Bekanntheitsgrad bringt mir gegenüber den Behörden einen gewissen Schutz. Man braucht zwar, wenn man eine höhere Position bekleidet, dieselben Überlebenstechniken wie jemand, der buchstäblich machtlos ist, aber man muss sie auf eine ganz andere Art einsetzen.

Juristischer Aktivismus ist bei englischsprachigen Konservativen nicht gerne gesehen. Sie sind davon überzeugt, dass das Parlament für unsere Gesetze zuständig ist. Das hat den Vorteil, dass das Volk die Gesetzgeber abwählen kann, wenn eine Mehrheit nicht mit ihrer Arbeit einverstanden ist. Die Entscheidung des Obersten Gerichtshofes der Vereinigten Staaten, aus dem Recht auf Privatsphäre ein Recht auf Abtreibung abzuleiten, ist das eklatanteste Beispiel für diesen Aktivismus.

Die Oberste Richterin am Obersten Gerichtshof des Bundesstaats Victoria – sie gehörte zu der Mehrheit, die meine Berufung abgewiesen hat – war auf andere Weise aktiv. Sie hat ihre Richterkollegen kürzlich per Brief gedrängt, vor einem eventuellen Besuch der von Katholiken geförderten »Roten Messe« ihre Entscheidungsfreiheit sorgfältig zu prüfen, und ihnen nahegelegt, im Falle einer Teilnahme auf das Tragen ihrer Roben zu verzichten. Das ist auch ein klassisches Beispiel für Identitätspolitik. Die anderen religiösen Zeremonien zum Beginn des neuen Gerichtsjahres wurden keiner solchen Kommentare oder Bedenken für würdig befunden.

Ich bin rechtzeitig für die *Mass for You at Home* aufgewacht, die von Bischof Mark Edwards zelebriert wurde. Er hat eine kurze, rätselhafte Predigt gehalten. Zuerst brachte er seine Überzeugung zum Ausdruck, dass viele Pharisäer gute Menschen gewesen seien, und fragte sich, was Jesus wohl an ihnen verurteilt habe. Dann kam er auf eine Frau zu sprechen, die ohne eine entsprechende Eingebung des Heiligen Geistes nicht in der Lage war, ihre schwer kranke Freundin zu besuchen. Irgendetwas muss ich wohl verpasst haben.

Joseph Prince war getreu seiner neuen Gewohnheit konservativ gekleidet und hat über unser Stativ, den »Dreifuß«, die drei Säulen unseres religiösen Lebens, gepredigt: Jesus Christus, Israel und die Ortskirche. Er hat ausdrücklich gesagt, dass es so etwas wie die Weltkirche nicht gibt. Ich frage mich, was das für eine Ortskirche gewesen sein soll, die auf den hl. Petrus, auf diesen menschlichen Felsen, gegründet wurde.

Joel Osteen ist in seinen Predigten zuletzt Woche für Woche um dasselbe Thema gekreist. Er richtet sich nicht nach dem Kirchenjahr oder nach einem Jahreskreis der Fest- und Gedenktage, weil er keine Liturgie hat. Er hat uns aufgerufen, »groß zu glauben«, damit wir »groß empfangen« können. Sein Thema war: »Es ist nur eine Frage der Zeit.« Wenn wir Gott im Gebet um irgendetwas bitten, dann beginnt Gott unter der Oberfläche sofort zu wirken, auch wenn wir vielleicht keine Veränderung wahrnehmen. Wir sollen unsere Bittgebete nicht ständig wiederholen, wenn Gott sie scheinbar nicht erhört, sondern Gott lieber dafür danken, dass wir geheilt worden sind.

Compass war heute eine Wiederholung über die polnischen Priester und Ordensfrauen im Hochland und im Sepik-Gebiet von Papua-Neuguinea mit ihrer »urtümlichen« missionarischen Arbeit und ihrem humanitären Beitrag. Helden des Alltags.

In *Songs of Praise* wurde das zweite Halbfinale der Sekundarschulchöre übertragen. Beeindruckend wie immer mit einem nordirischen Chor, der eine schöne Interpretation von »Be Still My Soul« vorgetragen hat.

Der hl. Ephräm hat in seinem Kommentar zum *Diatessaron* manches Gute zu sagen. Ich bin mir nicht sicher, was Joel davon halten würde:

Der Dürstende freut sich beim Trinken und trauert nicht darüber, dass er die Quelle nicht austrinken kann. […]

Danke für das, was du erhieltest, und betrübe dich nicht wegen des Reichtums, der übrig blieb. […] Versuche nicht fälschlicherweise mit einem einzigen Schluck zu nehmen, was man nicht auf einmal schlucken kann. Aber höre auch nicht aus Feigheit auf, von dem zu nehmen, was du nur nach und nach empfangen kannst.

Montag, 17. Februar 2020

Karl Morris' Besuch wäre beinahe schiefgegangen. Er war für halb eins angesetzt. Als ich bis 12.40 Uhr noch nichts gehört hatte, rief ich in der Zentrale an, um zu fragen, ob ein Besucher für mich angekommen sei. »Nein«, lautete die Antwort. Rund zehn Minuten später kamen zwei Wärter, um mir zu sagen, dass ein Besucher gekommen, aber wieder weggeschickt worden sei, weil er nicht auf meiner Liste stand. Ich widersprach energisch und sagte, ich würde die Belege aus meiner Zelle holen und nachweisen, dass alles seine Richtigkeit hätte. Ich bewahre inzwischen alle Belege sorgfältig auf, weil Tim O'Leary und Father Victor Martinez jeweils schon zweimal abgewiesen wurden, was allerdings zweimal mein Fehler war. Karls Name stand auf der Liste und ich hatte ein unterschriebenes Formular, auf dem der heutige Besuch genehmigt wurde. Wieder gab ich den Beleg nur widerwillig aus der Hand, damit der Wärter ihn in das Büro, das für die Besuche zuständig ist, mitnehmen konnte.

Es folgte eine zehn- bis fünfzehnminütige Pause, in der ich Kartya (meine Anwältin) anrief, mit ihr hatte Karl bereits Kontakt aufgenommen. Ich teilte ihr mit, dass ich mich an sämtliche Formalitäten gehalten hätte. Ich war stinksauer, denn Karl war extra aus

Brisbane hergeflogen und ich konnte nur hoffen, dass er noch auf dem Parkplatz war. Das war er auch. Er hatte (wie ich später erfuhr) seine Frau Louise angerufen und sie hatte ihm dringend geraten zu bleiben. Die Wärter kamen zurück, um mir mitzuteilen, dass der Besuch genehmigt sei, und verschwanden wieder. Danach dauerte es noch einmal gut zehn Minuten, bis ein anderer Wärter hinter der Absperrung erschien und mich durchwinkte. Ich fragte nach dem Grund für diese weitere Verzögerung: Sie waren mit der Überstellung eines anderen Häftlings beschäftigt gewesen.

Nachdem ich selbst so in Rage geraten war, konnte ich nur hoffen, dass Karl nicht die Fassung verloren und seine Emotionen allzu deutlich zum Ausdruck gebracht hatte. Doch meine Befürchtungen waren meiner eigenen Enttäuschung entsprungen und vollkommen unbegründet. Karl lächelte entspannt, als wir uns durch die Glasscheibe begrüßten, und erklärte, dass die Leute im Büro sehr höflich und hilfsbereit gewesen seien.

Mit den Belegen konfrontiert erklärte der Wärter, es habe sich um ein Versehen gehandelt. Ich weiß nicht, was ich davon halten soll, denn es war schon die zweite Panne in Folge, aber ich werde auf jeden Fall besondere Vorsichtsmaßnahmen treffen, um meinen künftigen Besuchern ein solches Hin und Her zu ersparen.

Karl hatte Grüße und Neuigkeiten von seiner Familie und von guten Freunden wie James Power in Brisbane im Gepäck. Er hatte einen Tag mit John Howard[1] verbracht, der mir seine besten Wünsche ausrichten ließ. Ich bin nach wie vor dankbar für Johns öffentliche Unterstützung. Karl teilte mir mit, die australischen Behörden seien besorgt, dass die offiziellen chinesischen Statistiken womöglich eine größere Ausbreitung des Coronavirus verschleiern, auch wenn die Australische Katholische Universität, bei der Karl inzwischen dem Senat angehört, nur wenige chinesische Studenten aus Übersee hat – anders als die Universität Sydney: Dort sind es zehntausend. An der Universität von New South Wales und an der *Monash University* in Melbourne sind die Zahlen ähnlich oder noch höher.

Die Australische Katholische Universität sucht nach einem neuen Campus in Rom, denn das Gelände auf dem Gianicolo, das sie bisher gepachtet hatte, steht für sie nicht zum Kauf zur Verfügung, denn der Vatikan hat entschieden, dass es von einem Frauenorden genutzt oder an diesen verkauft werden soll. Ich habe Karl erneut gesagt, dass ich es sehr begrüßen würde, wenn der Kauf eines Objekts abgeschlossen werden könnte, solange Greg Craven Vizekanzler ist, und angeregt, dass Father Robert McCulloch, der Bevollmächtigte der Columbanpatres in Rom, ein nützlicher Kontakt für die Universität sein könnte.

Karl war ein geschätztes Mitglied im Finanzrat des Erzbistums Sydney und hat dem Bistum zu meiner Zeit gute Dienste geleistet. Ich hatte dem Rat zugesichert, dass ich in finanziellen Dingen nie gegen seine mehrheitliche Empfehlung agieren würde. John Phillips, früher stellvertretender Direktor der (australischen) Zentralbank, war ein weiterer Schlüsselmann, und Danny Casey war Finanzvorstand. Sie haben großartige Arbeit geleistet und unter anderem die Organisation des Weltjugendtages 2008 in Sydney, die Gründung der *Domus Australia*[2] in Rom und die Einrichtung des Zentrums »Benedikt XVI.« im ländlichen Grose Vale geleitet.

Irgendwann war ich mit der Rendite des Wertpapier-Portfolios der Diözese Sydney unzufrieden, und es stand die nur halb ernst gemeinte Idee im Raum, dass Karl und ich die Kontrolle über die Hälfte des Investitionsvermögens übernehmen sollten. Zu meiner Überraschung legte John Phillips nicht sofort sein Veto ein, aber wir verfolgten den Gedanken dennoch nicht weiter. Stattdessen spendete Karl 50 000 Doller an den Fonds für Ruhestandsgeistliche und wir entschieden gemeinsam, wie wir das Geld anlegen wollten. Am erfolgreichsten waren die Aktien, die Karl ausgesucht hatte, während ich auf Nummer sicher gegangen war und mich für *Blue Chips* entschieden hatte. Die Idee war, dass wir sehen wollten, wie sich der Fonds im Lauf der Jahre im Vergleich zu den Diözesanfonds entwickeln würde. Das muss vor etwa zehn Jahren gewesen sein. In den paar Jahren, in denen ich die Sache im Auge behalten habe, waren unsere Gewinne größer als die der Diözese, deren Geld aber nach wie vor gut angelegt ist. Heute sagte mir Karl, »unser« Fonds laufe noch immer sehr gut und hätte sich im Wert mindestens verdoppelt.

Noch zwei Gedanken. Manchmal hatte ich Bedenken, dass mir meine Arbeit mit den Finanzen vielleicht zu sehr gefallen hat. Sie war faszinierend und verführerisch. Und die geordneten Verhältnisse in Melbourne und Sydney machen das Entsetzen und die Enttäuschung, die ich angesichts des chaotischen Zustands vieler vatikanischer Investitionen empfand, ein Stück weit verständlich. Wobei einige natürlich wirklich vernünftig waren, weil Papst Pius XI. oder jemand aus seiner Kurie[3] wusste, wie man Langzeitinvestitionen tätigt. Es gibt auch »Stimmen«, die behaupten, dass Francis Kardinal Spellman aus New York Papst Pius XII. unverzichtbare Dienste geleistet haben soll, als es darum ging, die Finanzsituation nach dem Zweiten Weltkrieg neu zu ordnen.

Der Sommer war – nicht zuletzt wegen der Mischung aus Buschbränden und Überschwemmungen – ungewöhnlich, aber nicht beispiellos. Der Februar war bisher kühl, anders als die »normalen« heißen Februartage, wenn die Schule wieder anfängt. Der heutige Morgen war großartig, kühl und frisch mit ein wenig leichter Bewölkung. Am Nachmittag war es deutlich wärmer, aber nicht heiß.

In der heutigen Lesung aus dem Buch der Sprichwörter findet sich ein guter Ratschlag für die, die beruflich mit Geld zu tun haben:

Selig der Mensch, der Weisheit gefunden,
der Mensch, der Einsicht gewonnen hat.
Denn sie zu erwerben ist besser als Silber,
sie zu gewinnen ist besser als Gold.

Dienstag, 18. Februar 2020

Das Typische an meinem Leben im Gefängnis war, dass es sich – von meinem desaströsen Urteil am Berufungsgericht und meinem erfolgreichen Berufungsantrag beim Obersten Gerichtshof einmal abgesehen – ruhig und ereignislos gestaltete. Im Gefängnis hatte ich es mir zur Gewohnheit gemacht, gegen 17 Uhr zu duschen, ein Höhepunkt am Nachmittag vor den Nachrichten. Der Vormittag wurde von Gebeten beherrscht und strukturiert. Das Leben ist immer noch ruhig. Aber nicht heute.

Die erste Überraschung erlebte ich, als kurz vor Ende meiner halbstündigen Runde im Rasenbereich eine Wärterin zu mir kam, um mir zu sagen, dass sie gute Neuigkeiten hätte. Ich dürfe heute einen Ausflug machen, weil eine Untersuchung bei einem Spezialisten anstehe. Ich gab zurück, dass ich davon nichts wüsste, obwohl ich erst gestern beim Arzt gewesen sei, und dass ich – weil Kartya mir heute den Schriftsatz für den Obersten Gerichtshof vorbeibringen wollte – lieber dableiben und ihn entgegennehmen als aus irgendeinem unbekannten Grund zum Arzt gehen wollte. Manchmal nehmen unsere Gedanken eine seltsame Richtung. Hatte der gestrige Lungentest irgendwelche Anzeichen für Krebs ergeben? Ich erlaubte der Wärterin, nach dem Grund des Arztbesuchs zu fragen, und erhielt zur Antwort, dass mein Herzschrittmacher überprüft werden müsse. Also beschloss ich mitzugehen, zumal ich ja wusste, dass Kartya mir das Schriftstück dalassen würde.

Ich ging davon aus, dass wir zum *St Vincent's*-Krankenhaus nach Melbourne fahren würden, und nahm daher mein Brevier mit, weil ich mit längeren Wartezeiten rechnete. Stattdessen fuhren wir zur *St John's*-Abteilung am Krankenhaus des nur 45 Minuten entfernten Gefängnisses Port Phillip in der Nähe von Deer Park. Ich kam sofort an die Reihe, und die Untersuchung ergab, dass das Gerät tadellos funktionierte und gut und gerne noch elf Jahre halten würde (womöglich länger als ich) und dass sich am Zustand meines Herzens nichts verändert hatte.

Ich fuhr in einem modernen dreisitzigen Gefangenentransport und trug auf beiden Strecken Handschellen. Meine Fußgelenke waren diesmal nicht gefesselt worden. Ich musste insgesamt drei Leibesvisitationen über mich ergehen lassen, bei denen man nackt ausgezogen wird. Die letzte war besonders irritierend. Sie wurde von einem jüngeren Beamten durchgeführt, der mich unter anderem aufforderte, meine Ober- und meine Unterlippe nach vorn zu ziehen – vermutlich um sicherzugehen, dass dort nichts versteckt war. Ich lobte ihn als »sehr gründlich«. Daraufhin entgegnete sein Kollege, dass diese Durchsuchungen das Schlimmste an ihrer Arbeit seien. Ich musste für die Fahrt meine kardinalrot Bekleidung ablegen und die übliche grüne Gefängnisuniform aus Trainingshose und T-Shirt anziehen. Wie viele andere bin ich der Meinung, dass die Handschellen und Leibesvisitationen der rituellen Demütigung dienen und ansonsten keinen praktischen Zweck erfüllen. Aber ich muss gestehen, dass der Rest des Gefängnislebens beinahe schon komfortabel ist.

Kurz vor ein Uhr konnte ich meine Schwester telefonisch erreichen. Um 13 Uhr sollten Chris Meney und Erzbischof Anthony Fisher zu Besuch kommen, was problemlos gelang. Zum ersten Mal lief alles auf Anhieb glatt. Ich fragte den Erzbischof, ob die Entscheidung des Heiligen Vaters, am priesterlichen Zölibat festzuhalten und den Frauendiakonat nicht zu unterstützen, sein Verdienst sei. Er wehrte ab, betonte jedoch, dass er vielen Menschen klar gesagt habe, was er über diese Fragen denke.

Den Nachmittag verbrachte ich damit, die Entwürfe der beiden Schriftsätze zu studieren, die an den Obersten Gerichtshof gesandt werden sollen. Sie sind hervorragend, und meine Möglichkeiten, noch etwas beizutragen, sind begrenzt. Mir ist ein Vergleich in den Sinn gekommen. Beim *Australian Football* werden Heim- und Auswärtsspiele, was die Fertigkeiten und die Intensität betrifft, auf einem gewissen Niveau gespielt. Bei den Endspielen ist dieses Niveau höher, und im großen Finale sind ganz besondere Fertigkeiten gefordert. Es kann also sein, dass jemand, der bei den Heim- und Auswärtsspielen hin und wieder einige Schüsse landen konnte, im großen Finale kaum zum Zug kommt. Das ist meine Situation. Ich habe meinen Beitrag in den vorherigen Runden geleistet.

Gestern und heute sind etwa 20 Briefe angekommen. Ich werde mit einem Zitat aus dem gestrigen Bündel enden. Tom und Clare waren ein junges Ehepaar mit einem starken Glauben, und 1990 brachte Clare im *Mercy Hospital* in Melbourne einen kleinen Jungen zur Welt. Man hatte sie sehr gedrängt, eine Abtreibung vornehmen zu lassen, weil das Kind aufgrund massiver Hirnschädigungen nicht einmal eine kurzfristige Überlebenschance hatte. Sie blieben standhaft, der kleine Junge kam zur Welt, und ich habe die drei im Krankenhaus besucht, ehe das Kind starb. Eine Tragödie. Inzwischen haben sie noch vier gesunde Kinder bekommen. Tom hat einen schönen Brief geschrieben, um mich zu unterstützen, der mit folgenden Worten endet:

Wir, Clare und ich und die Familie, wir beten alle für Sie, und ich werde meinem verstorbenen Sohn, Thomas Walter Ryan, den Sie besucht haben, einen Hinweis geben, damit er ebenfalls für Sie betet.

Mittwoch, 19. Februar 2020

Die Zeit vergeht wie im Flug und ich bin weder aufgeregt noch plagt mich die Ungeduld heftiger als sonst.

Gestern und heute hatten wir tagsüber immer wieder Regenschauer, gestern waren sie stark, aber heute Morgen nur noch leicht, und gegen Abend hat es aufgeklart. Es war immer noch ungewöhnlich kühl für die Jahreszeit. Um zehn Uhr wurde ich zu einer unerwarteten Videoschaltung mit meinen Anwälten gerufen.

Ich hatte gedacht, dass das Treffen morgen stattfinden würde, weil das Dokument bis Freitag, den 21., eingereicht werden muss. Außer Ruth Shann, der Assessorin, die den Entwurf abgefasst hatte, nahmen der Kollege, der ihr zuarbeitet, Kartya Gracer und Paul Galbally daran teil.

Ruth gab eine kurze Einführung, und anschließend brachte ich die Punkte aus meinen seitenlangen Notizen zur Sprache, die ich eigentlich heute Morgen ins Reine hatte schreiben wollen, damit sie per Fax oder E-Mail an die Kanzlei geschickt werden konnten. Dass das Treffen früher stattfand, hat mir ein paar Stunden Schreibarbeit erspart.

Zunächst bedankte ich mich bei Ruth und Kartya für den erstklassigen Schriftsatz. Es war im Stil des Obersten Gerichtshofes abgefasst, aber schließlich sind es ja die Richter, die überzeugt werden müssen.

Wenn die Argumentation auf Präzedenzfälle Bezug nahm, konnte ich natürlich höchstens ansatzweise folgen, und in einigen Fällen ließ ich mir die wichtigsten Fakten erklären, um die Argumente besser zu verstehen.

In dem Dokument wurde zunächst festgestellt, dass die Staatsanwaltschaft in ihrem Schriftsatz nicht auf unsere Argumente reagiert, sondern die Fehler der beiden Mehrheitsrichter in der entscheidenden Frage der Beweislast und des Beweismaßes de facto ausgeweitet habe, und ging dann dazu über, diese Feststellung zu belegen. Ein wesentlicher Punkt war, dass »eine Bewertung der übrigen Beweise auf der Grundlage der angenommenen Glaubwürdigkeit des Klägers einen unzulässigen Zirkelschluss darstellt und der Beweislast sowie dem Beweismaß zuwiderläuft«.

Wir diskutierten recht ausführlich über das Argument der sich aus den Faktoren ergebenden Unwahrscheinlichkeit und ich bat darum, im Text noch detaillierter darauf einzugehen. Zuvor war die Bemerkung gefallen, dass das, was die Staatsanwaltschaft in einem Punkt behauptet hatte, »schlichtweg keine Antwort« gewesen sei. Ein solcher Satz, erklärte ich, löse in mir geradezu reflexartig die Forderung nach einer stringenten Beweisführung aus, weil ich aus meiner Predigterfahrung nur allzu gut weiß, dass wir versucht sind, gerade dort laut zu sprechen, wo die Argumentation eher schwach ist. Ich wies noch einmal darauf hin, dass das Argument der sich aus den Faktoren ergebenden Unwahrscheinlichkeit nicht voraussetzt, dass jedes einzelne Element unwahrscheinlich oder von den anderen Elementen völlig unabhängig ist. Für mich geht es immer noch um die Frage, ob es eine sinnvolle Möglichkeit gibt, anhand dieser Variablen und ihrer Wechselwirkung die Wahrscheinlichkeit des Ganzen zu berechnen. Diese Arbeit muss noch getan werden (wenn sie denn getan werden kann), und Ruth meinte, dies könne (und werde) im mündlichen Vortrag erläutert werden.

Ich fand unser Argument stichhaltig, wonach die Staatsanwaltschaft sich nicht in einem Punkt – z. B. im Hinblick darauf, wo am 15. und am 22. Dezember das Ankleiden stattgefunden hatte – auf Portellis Aussagen stützen, andererseits aber seine Angabe, dass er die ganze Zeit über bei mir gewesen sei, als »unglaubwürdig« verwerfen konnte. Die Begründungen zu den Alibis waren gut gemacht.

Was den zweiten Aspekt – den Zeitpunkt der Lücke – betrifft, wählte die Staatsanwaltschaft eine andere Option als die Mehrheitsrichter. Die Mehrheitsrichter gingen davon aus, dass die Übergriffe stattgefunden hätten, ehe die Messdiener nach der Messe in der Sakristei ankamen. Nicht einmal ein glaubwürdiger Zeuge kann an zwei Orten gleichzeitig sein, d. h. (wie er selbst behauptet hat) mit der Auszugsprozession mitgehen und zur gleichen Zeit vergewaltigt werden.

Die Staatsanwaltschaft entschied sich für die zweite Alternative: dass die Vorfälle stattgefunden hätten, nachdem die Messdiener in der Sakristei angekommen waren und sich dann aus unerfindlichen Gründen wieder zurückgezogen und im Arbeitsraum gewartet hätten, bis die Straftat begangen war. Das steht in direktem Widerspruch zu der Aussage der beiden dienstälteren Ministranten McGlone und Connor,[4] und der Staatsanwalt hat das sogar zugegeben und wörtlich gesagt: »Hierfür gibt es natürlich keine Beweise.«

Der Oberste Gerichtshof hat die Genehmigung erteilt, dass wir die zwei Seiten aus dem Gerichtsprotokoll mit Ruths Frage und der entlarvenden Antwort des Staatsanwalts als Anlage zu unserem Schriftsatz hinzufügen können. Der Entwurf muss gekürzt werden, denn er ist etwas mehr als eine halbe Seite über dem Limit.

Sieg, Niederlage oder Unentschieden, jedenfalls ist diese Berufungserwiderung gut begründet, genauer gesagt sie ist vernichtend. Ich habe gerne meinen Beitrag geleistet und dabei geholfen, noch ein bisschen am vorletzten Entwurf zu feilen.

Den Nachmittag habe ich damit zugebracht, die 40 oder 50 Briefe zu öffnen, die in den letzten zwei Tagen angekommen sind.

Die heutige Stelle aus dem Buch der Sprichwörter erinnert uns daran, das Wesentliche nicht aus den Augen zu verlieren:

Anfang der Weisheit ist die Furcht des HERRN,
die Kenntnis des Heiligen ist Einsicht.

Donnerstag, 20. Februar 2020

Heute war ein guter Tag: aus mehreren Gründen, aber vor allem, weil Aileen den inzwischen 82-jährigen Father John McCarthy mitbrachte, damit er die Messe für mich feierte. Ich habe im Stillen konzelebriert.

Es hat mir ein bisschen zu denken gegeben, dass ich mich an dieser Messfeier mehr »erfreuen« konnte als an den beiden Messen im MAP. Offenbar hängt eine ganze Menge davon ab, in welcher »religiösen« Stimmung man gerade ist: trocken oder eher empfänglich für Trost und besser in der Lage, die spirituelle Bedeutung unseres Tuns zu begreifen oder zu spüren. Das alles spielt eine Rolle, aber heute lag es vor allem daran, dass wir in unserem isolierten kleinen Raum waren und um uns herum Stille herrschte, was für die Ehrfurcht förderlich ist. Im MAP hatte Father Jerome die Messe mitten im Gemeinschaftsraum gefeiert, wo um uns herum die drei Wärter ihrer Arbeit nachgingen und die Häftlinge nur wenige Meter entfernt hinter den Türen ihrer Einzelzellen eingeschlossen waren.

Zu Beginn der Messfeier musste ich wieder daran denken, wie schrecklich es wäre, wenn ich auch weiterhin keine Möglichkeit hätte, die Messe zu feiern oder zu besuchen – ein Jahr ist schlimm genug –, oder mich womöglich noch Schlimmeres erwartete.

Das uralte Ritual, dessen zentrale Elemente auf unseren Herrn Jesus Christus selbst zurückgehen, ist mehr wert als tausend Predigten und absolut wichtig. Es ist der Schwerpunkt, der durch die Wort-Gottes-Lesungen lediglich unterstützt wird. Der römische Ritus, nach dem wir zelebriert haben, ist wahrscheinlich mehr als 1500 Jahre alt, und ich freue mich wieder einmal darüber, dass 80 Prozent der Gebete, die wir mit solcher Mühe in ein treffendes und schönes Englisch übersetzt haben, ursprünglich lateinische Gebete waren und über tausend Jahre alt sind. Wie die hl. Maria vom Kreuz zu sagen pflegte: »Vergiss nicht, dass wir hienieden nur Reisende sind.«[5]

Das Evangelium handelte davon, dass wir unseren Feinden vergeben und Böses mit Gutem vergelten sollen, und Aileen erzählte uns, dass es früher am Tag und in einem anderen Raum bereits den Häftlingen vorgelesen worden sei und heftige Diskussionen ausgelöst habe.

Father John war Präfekt der Rhetoriker gewesen, als ich 1960 in das Corpus-Christi-Seminar in Werribee eintrat. Die verantwortlichen Jesuiten überließen es uns, unser Gemeinschaftsleben selbst zu organisieren (wir waren etwa 120 Seminaristen, auf vier Jahrgänge verteilt). Die Präfekten wurden vom Rektor ernannt, und im ersten Seminarjahr war es John, der unser Miteinander im Erdgeschoss des neuen Flügels organisierte und, so gut es ging, beaufsichtigte. Er war stets ein Gentleman, ein Mann des Glaubens und der Güte, und das ist er auch heute noch – nur noch mehr als vor 60 Jahren. Es ist keine Überraschung, dass er mit seinen 82 noch immer in den Gefängnissen rund um Geelong die Messe feiert.

1960 stellten wir seine Geduld gelegentlich auf die Probe, und er gestand, dass wir hin und wieder »etwas schwierig« gewesen seien. Ich erinnere mich noch, wie er uns einmal als Gruppe zurechtwies: Wir sollten gefälligst nicht vergessen, dass »wir hier in einem verflixten Seminar« seien.

Jetzt, im Gefängnis, waren unsere Autoritätsrollen als Bischof und Priester vertauscht und John meinte, das erinnere ihn an unsere »Rhetoriker«-Tage – so wurde der erste Jahrgang genannt, für den er verantwortlich war. Wir sprachen über ein paar Männer aus seinem Jahrgang, vor allem über Father Michael Shadbolt, einen klugen Mann, der lange Jahre Pfarrer war, dann sieben Jahre lang als Missionar nach Südamerika ging, in Psychologie promoviert hat und noch immer als Exorzist tätig ist. Einmal saß er bei mir in einer Vorlesung über frühe Kirchengeschichte am *Catholic Theological College*, und die Abhandlung, die er mir übergab, war besser als mein Vortrag. Ich bewahrte sie auf, um dadurch meinen Kurs in den darauffolgenden Jahren zu verbessern.

Father Des Panton war im Seminar uns beiden voraus. Er war eine Persönlichkeit, ein Mann des Klerus, der sich sehr für die Priester am Corpus Christi eingesetzt und gelegentlich auch manches Schwierige (was uns, die Rhetoriker, betraf) für seine Bischöfe erledigt hat. Ich war tief bewegt, als John mir erzählte, dass Des jeden Abend für mich bete.

Als ich in meine Zelle zurückging, sagte ich der diensthabenden Wärterin, die mich begleitete, dass das Leben an meinem vorkonziliaren Seminar mit seiner Stille und Abschottung eine gute Vorbereitung auf das Gefängnis gewesen sei. Sie konnte sich mit diesem Gedanken gar nicht anfreunden.

Ich hatte diesen Punkt schon bei einigen Leuten angesprochen, zuletzt bei Daniel Hill, dem ehemaligen Koordinator der Universitätsseelsorge, als er mich besuchte. Er hat mir ein Zitat aus Evelyn Waughs *Verfall und Untergang* gesandt, das ich vor Kurzem gelesen habe: »Wer eine englische Privatschule besucht hat, wird sich im Gefängnis vergleichsweise wohlfühlen. Nach Pauls Erfahrung empfanden nur die Menschen, die in den fröhlich-heimeligen Slums aufgewachsen waren, die Haft als seelenzermürbend.«[6]

Das Zitat stammt aus einer Zeit, als das Wort *gay* (»fröhlich«) noch nicht von einer bestimmten Gruppe vereinnahmt worden war. Eine englische Privatschule ist etwas anderes als ein australisches Internat und ein Priesterseminar ist wieder etwas anderes, aber die Zeilen erklären zumindest zum Teil, warum einige angehende Priester das Seminarleben vor den Reformen schwierig fanden, auch wenn die Loyalität der Gemeinschaft sowohl an den Priesterseminaren als auch in den australischen Internaten sehr ausgeprägt ist. Die Engländer unterscheiden sich je nach Region und Klasse, aber die Anglo-Iren in Australien haben inzwischen mehr mit den Briten als z. B. mit den Iren gemeinsam. Das war eine Überraschung für mich, doch die schroffe, sarkastische Direktheit des Klischee-Australiers ist in Irland nicht häufig zu finden – wohl aber im Norden von England und im östlichen Teil von London.

Ich habe Erzbischof Anthony [Fisher] vier oder fünf Seiten mit Gedanken zu den künftigen Möglichkeiten für *Domus Australia* und die Australische Katholische Universität geschickt.

Mit Paolo, meinem muslimischen Mithäftling, dessen Bewährung um ein halbes Jahr verlängert wird, habe ich mich kurz unterhalten. Er hat sich inzwischen beruhigt. Wir waren uns einig, dass der gute Gott über uns wacht – aber, so fügte ich hinzu, Gott bewegt sich manchmal langsam.

Die Worte des 44. Psalms sind heute eine Hilfe:

Wach auf! Warum schläfst du, Herr?
Erwache, verstoß nicht für immer!
Warum verbirgst du dein Angesicht,
vergisst unser Elend und unsre Bedrückung?
[…]
Steh auf, uns zur Hilfe!
In deiner Huld erlöse uns!

Freitag, 21. Februar 2020

Das Wetter ist nach wie vor für die Jahreszeit untypisch. Als ich heute Morgen draußen war, war es kalt, und gestern war es regnerisch. Aus China wurden weitere Corona-Todesfälle gemeldet, obwohl die dortigen Behörden behaupten, dass die Zahl der täglichen Neuerkrankungen kontinuierlich sinken würde. Ein oder zwei Skeptiker fragen sich, ob das damit zu tun haben könnte, dass sie ihr Klassifizierungssystem geändert haben, da die Zahl der Verdachtsfälle weiterhin steigt. Die chinesischen Studenten dürfen noch immer nicht nach Australien einreisen. Die Folgen für die australischen Universitäten und für den Tourismus werden beträchtlich sein.

Heute wurde ich überraschend zum Zahnarzt gebracht, allerdings hatte ich vor Monaten erwähnt, dass ich oben rechts hin und wieder Zahnschmerzen habe. Mit kräftigem Putzen und großzügiger Verwendung von Zahnpasta habe ich den stechenden Zahnschmerz großenteils wegbekommen. Neuerdings tut mir jedoch ein vor langer Zeit abgebrochener Zahn weh. Zu meiner Überraschung stellte der Zahnarzt fest, dass ich keine Löcher habe und dass man für die Überreste des abgebrochenen Zahns nichts tun könne, außer den Zahn zu ziehen. Oben rechts hingegen war das Zahnfleisch in einem schlechten Zustand und die Zähne waren mit Plaque umgeben. Der Zahnarzt hat die Plaque rasch entfernt und alle Zähne stehen lassen, um vielleicht später gezogen zu werden. Da ich keine Löcher habe und der Zahnbelag entfernt worden ist, sollten die Schmerzen jedenfalls nicht schlimmer werden. Ich habe mich darüber beschwert, dass man die Zähne mit unseren kleinen Bürsten nicht gründlich putzen kann, aber eine größere Version ist nicht erlaubt.

Bischof Peter Elliott, ein emeritierter Weihbischof aus Melbourne und seit 50 Jahren mein Freund, ist zu Besuch gekommen, und sie haben uns zwei Stunden Zeit zugestanden. Er ist der Sohn eines anglikanischen Vikars, und als ich ihn kennenlernte, studierte er am *St Stephen's College* in Oxford (Hochkirche), um anglikanischer Priester zu werden. Etwa um dieselbe Zeit wurde er von Father Michael Hollings, dem Universitätsseelsorger, in die katholische Kirche aufgenommen. Er war »über den Tiber geschwommen«, obwohl seine anglikanischen Freunde ihm wegen seiner Nähe zu Rom schon vorher den Spitznamen *Naples* (»Neapel«) verpasst hatten. Am Tag darauf habe ich in der Marienkapelle der *Campion Hall* – sie ist mit Gemälden von Charles Mahoney geschmückt, die mit einer Spende aus dem Erlös von Evelyn Waughs Biografie über Edmund Campion finanziert wurden – die Messe für ihn gefeiert, und als Peter wenig später gefirmt wurde, war ich sein Pate. Als ich ihn auf meinem kleinen 50-ccm-Motorrad aus Boars Hill (wo der Bischof die Firmung gefeiert hatte) zurückbrachte, hat er es irgendwie geschafft, sich an dem Motorrad das Bein aufzuschlitzen. Aber er hat es überlebt und weitergekämpft.

Nach seiner Priesterweihe durch James Kardinal Knox hat er als Sekretär für Bischof John Kelly gearbeitet. Später dann war er in Rom im Rat für die Familie tätig, ehe er als mein Beauftragter für Religionserziehung und Herausgeber der neuen katechetischen Reihe *To Know, Worship and Love*[7], die immer noch in Gebrauch ist, zurück nach Melbourne kam. Außerdem war er Leiter des Melbourner Instituts Johannes-Paul-II. für Studien zu Ehe und Familie, das vor einigen Jahren angeblich aus finanziellen Gründen aufgelöst wurde.

Er war und ist ein treuer, lieber Freund, der nach meiner Verurteilung im Fernsehen öffentlich für mich Partei ergriffen hat. Er ist ein hervorragender Schriftsteller, der über Dogmatik, Liturgie und Geschichte publiziert hat. Sein Porträt mit seiner Katze hat es ins Finale der Archibald-Preisverleihung[8] geschafft, was mir nie gelungen ist. Wir haben über viele Probleme Australiens und der katholischen Welt gesprochen, auch wenn ich vermute, dass wir nicht allzu viele davon gelöst haben. Er ist übrigens auch ein erstklassiger Karikaturist und hat oft die Schwächen unserer sich verändernden Kirche aufs Korn genommen. Am deutlichsten erinnere ich mich an eine Karikatur mit einer jungen, dynamischen und attraktiven Nonne, die zu einer erschöpften und besorgten Mutter mittleren Alters sagt: »Sie bereiten die Kinder auf die Erstkommunion vor und ich übernehme die Sexualerziehung.« Das waren noch Zeiten.

Nach wie vor erhalte ich rund 20 Briefe täglich, und heute kamen außerdem drei große Umschläge mit Kopien von Artikeln von Tim O'Leary und Father Brendan Purcell.

Aus der Online-Ausgabe des *Quadrant* sind drei neue Artikel über meinen Fall angekommen, zwei davon, »The Crown Prosecutor's Retraction«[9] und »The Crown Prosecutor's Bent Trump Card«[10], stammen von Keith Windschuttle, dem Chefredakteur. Sie sind auf derselben Linie wie unser letzter Schriftsatz an den Obersten Gerichtshof.

Die Staatsanwaltschaft hat sich der Meinung der Mehrheitsrichter, wonach die Straftat in den fünf oder sechs Minuten nach der Sonntagsmesse begangen worden sei, in ihrer Gegenerklärung an den Obersten Gerichtshof aus gutem Grund nicht angeschlossen, weil nämlich der Kläger für den Großteil der fraglichen Zeit in der Auszugsprozession mitgegangen war. Stattdessen haben sie sich für eine zweite Lücke entschieden, eine zweite sechsminütige Pause, in der sich die Ministranten nach dem Einzug in die Sakristei irgendwohin zurückgezogen und gewartet haben sollen, bis die Straftat begangen war. Das lässt etliche Fragen offen, denn für die zweite Lücke gibt es keinerlei Beweise und sie widerspricht der ausdrücklichen Aussage zweier erwachsener Ministranten, was der Staatsanwalt während der Verhandlung auch schon bestätigt hatte, und jetzt wird diese längst widerlegte Hypothese vor dem Obersten Gerichtshof ein weiteres Mal präsentiert!

Windschuttles zweiter Artikel endete wie folgt: »Das war eine dreiste Manipulation der Beweislage, aber Gibson[11] hat es zuwege gebracht.« Trotz seines Rückziehers konnte er zunächst die Geschworenen und dann zwei Richter davon überzeugen, »sich eine verzerrte Sicht der Beweislage zu eigen zu machen«. »Gibson«, so Windschuttles Fazit, »muss sehr glücklich und wahrscheinlich sehr überrascht gewesen sein, dass er damit durchgekommen ist.«

Christopher Akehurst hat ebenfalls einen sehr leidenschaftlichen Artikel verfasst, der Titel lautete: »Kardinal George Pell, Australiens Dreyfus«.

Heute ist das Fest des Kardinals und Heiligen Petrus Damiani (1007–1072), einer beeindruckenden Persönlichkeit. Er setzte sich in Italien für Reformen ein und half, eine Situation zu verbessern, in der das Papsttum noch korrupter war, als es zur Zeit der Renaissance werden sollte. Ich besitze ein Exemplar seines Buches über die Hölle, das ich durchgeblättert, aber nicht wirklich durchgelesen habe. Er war in Sachen Allerlösung offenbar anderer Meinung als Origenes. Einmal – die Geschichte ist berühmt – musste er einen mächtigen Mailänder Erzbischof tadeln, weil er am Ostersonntagmorgen auf die Jagd gegangen war! Demnach wäre dieser hochrangige Kirchenmann nicht einmal ein W-und-O-Katholik gewesen (Weihnachten und Ostern).

Die Lesung im heutigen Brevier ist ein Auszug aus einem seiner Briefe:

Lieber Bruder, keine Hoffnungslosigkeit soll deinen Geist bedrücken, wenn du gegeißelt wirst und Schläge heiliger Zucht dich treffen. Kein Klagen und Murren komme über deine Lippen. Betrübnis und Trauer sollen dich nicht überwältigen, und Kleinmut mache dich nicht ungeduldig. Vielmehr strahle dein Gesicht frohen Mut aus. Heiterkeit herrsche in deinem Gemüt und aus deinem Mund erklinge Dankgesang. Die Hoffnung richte dich auf und erfreue dich, die Liebe entzünde ihre Glut, damit der Geist in heiliger Trunkenheit vergisst, was er im Äußeren leidet, und damit sein Wachsen und Streben auf das gerichtet ist, was er im Inneren schaut. […] Gerade die Züchtigung durch Gott ist seinen Auserwählten ein Trost. Denn die augenblickliche Geißel, die sie ertragen müssen, macht sie stark für den Weg einer Hoffnung auf den Glanz der überirdischen Seligkeit.

Samstag, 22. Februar 2020

Heute ist das Fest Petri Stuhlfeier, das in meinem Brevier allerdings Kathedra Petri heißt, was im Prinzip dasselbe bedeutet.

Im Petersdom in Rom gibt es eine antike Bronzestatue des hl. Petrus auf seinem Stuhl, kurz bevor man den von Berninis Baldachin gekrönten Altarraum unter der Kuppel betritt. Der Baldachin ist ebenfalls aus Bronze, die angeblich aus dem vorchristlichen römischen Pantheon-Tempel stammt, und stellt den Schleier dar, der bei einer jüdischen Hochzeit über das Brautpaar gehalten wird. So ist die Eucharistie auch ein Sinnbild für die Vermählung zwischen Christus und seiner Kirche.

Doch zurück zum hl. Petrus. Der massive Stuhl mit Rücken- und Armlehnen ist dem Lehrstuhl der antiken griechischen Philosophen nachempfunden, der so aufgestellt wurde, dass ihre Schüler sich um sie herum versammeln konnten. In hierarchischeren Zeiten wird er den Gläubigen sicherlich wie ein Königsthron vorgekommen sein. Die Nachfolger des hl. Petrus haben mehr als 1000 Jahre lang über den Kirchenstaat in Mittelitalien geherrscht. Die Bronzezehen der Statue sind durch die unzähligen Küsse, mit denen die Pilger sie seit Jahrhunderten bedacht haben, schon ganz abgenutzt.

Das Wort »Kathedrale« kommt vom griechischen Wort »kathedra«, Stuhl, und bezeichnet die Hauptkirche des Ortsbischofs, an der er seinen Lehrstuhl hat, um zu lehren, wie Christus gelehrt hat, um die Einheit seiner Herde und die Einheit aller Kirchen zu wahren, die sich um den Nachfolger des hl. Petrus scharen. Auch wenn sich der Petersdom über dem Grab des hl. Petrus und in der Nähe des Neronischen Zirkus erhebt, wo Petrus hingerichtet wurde, ist Sankt Peter nicht die Kathedrale des Bischofs von Rom. Dieser Titel gebührt der Kirche Sankt Johannes im Lateran. Sie wurde auf dem Land der Familie der Laterani erbaut, das der Kirche Anfang des 4. Jahrhunderts von Konstantin, dem ersten christlichen Kaiser, geschenkt worden war.

Auf die gleiche Weise wie der Papst die Lehr- und Leitungsvollmacht innehat, an der die anderen Bischöfe nicht gleichermaßen beteiligt sind, so hat auch jeder Ortsbischof die Aufgabe, die apostolische Tradition zu verkünden und zu verteidigen und in der Frage, welche Lehre wirklich auf Christus und die Apostel zurückgeht, das letzte Wort zu sprechen – eine Befugnis, die über die der Priester und Ordensleute oder auch der Laien hinausgeht.

Mein Freund und Mentor Erzbischof Eric D'Arcy aus Hobart, der 20 Jahre lang an der Universität Melbourne Philosophie gelehrt hat, war ein gebildeter Mann und nahm es mit theologischen Gebräuchen, die er für weniger wichtig hielt, zuweilen nicht ganz so genau. Als er noch Bischof von Sale war, äußerte er mir gegenüber einmal die Idee, seine Priester beim Hochamt in der Kathedrale abwechlungsweise von seinem Bischofsstuhl aus den Vorsitz führen zu lassen. Ich war entsetzt und erklärte ihm, dass dieses Symbol unangemessen sei, weil der Bischof der erste Lehrer, Priester und Leiter – ebenso wie Diener – seines Kirchenvolks und seiner Priester sei. Es ist mir im Laufe der Jahre nicht oft gelungen, ihn von etwas zu überzeugen, aber in diesem Fall räumte er ein, dass ich die Logik und Tradition auf meiner Seite hätte.

Der Papst als Nachfolger des hl. Petrus hat die Schlüsselgewalt zu binden und zu lösen, aber das ist nicht der Kern des heutigen Festes.

Der Papst ist, wenn er allein oder gemeinsam mit dem von ihm einberufenen und geleiteten Bischofskollegium handelt, die höchste Verkörperung des Lehramts. »Der pastorale Auftrag des Lehramtes ist es, zu wachen, daß das Gottesvolk in der befreienden Wahrheit bleibt« (*Katechismus der katholischen Kirche*, 890). Der Stuhl des hl. Petrus stellt sicher, dass die Weltkirche »nicht scheitert, weil sie auf einen Felsen gegründet ist, von dem der hl. Petrus seinen Namen erhalten hat [...], denn der Fels war Christus (1 Kor 10,4), und auf diesem Untergrund wurde auch Petrus selbst erbaut« (Augustinus).

Der Vatikan hat wie jede menschliche Einrichtung eine wechselvolle Geschichte, und seine Schätze werden stets in zerbrechlichen Gefäßen aufbewahrt. Päpste kommen und gehen und jeder hat andere Gaben, aber seit 40 oder 50 Jahren werden der Vatikan und die römische Kurie immer wieder von Finanzskandalen heimgesucht.

Letzte Woche oder so hat die vatikanische Polizei das Büro von Msgr. Alberto Perlasca[12] im Vatikan durchsucht und Dokumente, Computer usw. beschlagnahmt. Ich bin immer noch überrascht, dass er so lange unbehelligt geblieben ist, denn die finanziellen Transaktionen des vatikanischen Staatssekretariats (das für den Kauf der größeren der beiden Londoner Immobilien verantwortlich war) haben unter seiner Leitung stattgefunden. Er war ein fanatischer Gegner jedweder externen Prüfung der Finanzen des Staatssekretariats. Mir ist auch zu Ohren gekommen (das ist von offizieller Seite noch nicht bestätigt), dass in der Immobilie in der Sloane Avenue in Chelsea, London, die sie gekauft haben, ein hochklassiges internationales Bordell betrieben wurde. Natürlich habe ich nicht damit gerechnet, dass sie so unachtsam sein würden, aber inzwischen kann mich nur noch wenig überraschen, denn die Partner, mit denen sie im Lauf der Jahrzehnte regelmäßig Geschäfte gemacht haben, waren oft zwielichtig und hatten höchstwahrscheinlich kein Problem mit der Existenz eines Bordells in einer Immobilie, die sie über Marktwert an die Kirche verkaufen konnten. Wenn Msgr. Perlasca die Karten auf den Tisch legt, wird die Geschichte noch interessanter werden.

Papst Franziskus, unser Nachfolger des hl. Petrus, braucht unsere Gebete, und dasselbe gilt für seine Bediensteten, die römische Kurie.

Ich schließe mit einigen Versen aus dem Hymnus im heutigen Morgengebet:

Jesus, sole Ruler in the Church, your kingdom,
Yours are the keys that open David's city!
Yet till your coming Peter is your viceroy,
Keys in his keeping

Jesus, we thank you for the Church, your Body!
Keep us all one with you and with each other,
One with our bishop, one with your chief shepherd,
Peter's successor!

Jesus, einziger Herrscher in der Kirche, deinem Reich,
dein sind die Schlüssel, die Davids Stadt aufschließen!
Doch bis du kommst, ist Petrus dein Stellvertreter
und er hat die Schlüsselgewalt!

Jesus, wir danken dir für die Kirche, deinen Leib!
Bewahre uns alle in der Einheit mit dir und miteinander,
in der Einheit mit unserem Bischof, in der Einheit mit deinem obersten Hirten,
dem Nachfolger Petri!

53. Woche
Und wieder Fastenzeit

23. Februar bis 29. Februar 2020

Sonntag, 23. Februar 2020

Die *Mass for You at Home* um sechs Uhr wurde wieder von Bischof Mark Edwards OMI zelebriert, und ich glaube, es waren seine Eltern, die als Ministranten fungierten und die Messkännchen zum Altar brachten. Diesmal hat er eine gute Predigt über die Vergebung gehalten, darüber, Böses mit Gutem zu vergelten und unsere Feinde und Verfolger zu lieben. Für mich ist das ein passender Denkanstoß, denn ich bin manchmal versucht, rückfällig zu werden und Groll zu hegen, weniger gegen meinen Ankläger als gegen die Richter und die Staatsanwaltschaft. Das ist (zumindest in dem Maß, in dem ich dem nachgebe) nicht nur nicht christlich, sondern auch nur teilweise vernünftig. Natürlich sollten sie sich besser mit dem Gesetz auskennen als die Geschworenen (die den Standpunkt des Klägers unangetastet lassen), aber sowohl die Richter als auch die Staatsanwaltschaft befinden in einer Situation, die sie nicht selbst herbeigeführt haben – auch wenn das keine Entschuldigung für grobe Fehler ist.

Der Bischof machte deutlich, was für eine Herausforderung das Evangelium darstellt, und sprach, ausgehend von der Leitfrage »Wie verwirklichen wir in unserem Leben, worum Jesus uns bittet?« über Jesus im Garten Getsemani und über Maria unter dem Kreuz. Am Kreuz nahm Jesus das Böse auf sich, um es mit Gutem zu vergelten. Wir sollen uns genauso verhalten und nicht einfach reagieren, sondern zurückgeben, was Gott schenkt. Wir sollen wie Christus sein und wie ein Trafo agieren, der die Spannung des Stroms umwandelt, der durch ihn hindurchfließt.

Mutter Teresa ist in dieser Hinsicht noch einen Schritt weiter gegangen, wie ich in ihrer Biografie gelesen habe, und ihre Worte haben mich überrascht und verstört. Sie schrieb: »Durch seine Menschwerdung wurde Jesus uns in allem, außer der Sünde, gleich; doch zur Zeit der Passion wurde Er Sünde. Er nahm unsere Sünden auf sich [...]. Ich glaube, dass dies das größte aller Leiden war, die er zu ertragen hatte, und das, wovor Er sich am meisten fürchtete in Seiner Agonie im Garten.«[1]

Wir stehen vor dem tiefsten aller Geheimnisse, und eine Mystikerin wie die hl. Teresa von Kalkutta ist so viel besser in der Lage, über solche Dinge zu reden als ich, und doch würde ich nicht schreiben, dass Jesus zur Sünde geworden ist.[2]

Joseph Prince ließ sich davon nicht beunruhigen. Er hielt heute aus keinem besonderen Grund eine Weihnachtspredigt und sprach über Adam und Eva, und seine Tochter hatte ein Rentiergeweih aufgesetzt. Joseph trug einen neuen dunklen Anzug und darunter kein Hemd, sondern einen Rollkragenpullover, und er erinnerte uns daran, dass wir einen freien Willen haben. Gott habe keine Roboter, sondern Menschen wie Adam und Eva erschaffen, denen es verboten war, vom Baum der Erkenntnis von Gut und Böse zu essen.

Joel Osteens Predigt enthielt eine Menge guter Ratschläge für Christen, die sich mit Schuldgefühlen plagen, solche, deren Reue gesund und berechtigt ist, und solche, die aus einer Mücke einen Elefanten machen oder nicht glauben können, dass Gott ihnen vergeben hat.

Er begann mit der Behauptung, dass Gott uns immer hört, aber nicht immer zuhört – vor allem dann, wenn wir uns selbst quälen. Dann erzählte er die Geschichte vom verlorenen Sohn, dessen Vater ihm vergab und ihn so sehr liebte, dass er seinem Schuldbekenntnis nicht einmal zugehört habe. Gottes Barmherzigkeit ist größer als meine Sünden, und deshalb dürfen wir voll Zuversicht hinzutreten zum Thron der Gnade.[3]

Nur der Ankläger, der Teufel, habe eine Liste mit all unseren Missetaten. Hat Jesus nicht all unsere Sünden am Kreuz gesühnt? Wir sollen, sagt Joel, die richtigen Entscheidungen treffen und uns auf den Weg zum Haus unseres Vaters machen, wo wir nicht verurteilt und nicht gerichtet werden, sondern nur Barmherzigkeit finden.

Dann erzählte er die Geschichte von dem Jungen, der aus Versehen die Ente seiner Großmutter mit einer Steinschleuder getötet hatte. Er begrub das Tier und sagte zu niemandem ein Wort, doch seine Schwester hatte die feige Tat mitangesehen und behauptete nun, er habe sich freiwillig erboten, all ihre Haushaltspflichten zu übernehmen. Nachdem er sich so ein paar Tage zur Arbeit hatte nötigen lassen, beschloss er, reinen Tisch zu machen und seiner Großmutter alles zu beichten. »Ich weiß Bescheid«, lautete ihre Antwort, »und wollte nur mal sehen, wie lange du dich von deiner Schwester schikanieren lässt.« Vielleicht hätte Joel die Notwendigkeit der Reue etwas stärker betonen können, aber die Lehre des Evangeliums über die Sünde und insbesondere über die Vergebung war ohne Weiteres zu erkennen.

In *Songs of Praise* haben sie heute das Finale der Jugend- und Erwachsenenchöre gezeigt: sechs großartige Darbietungen.

Father Anthony Robbie, der in Rom mein Sekretär gewesen war, ist für eine Woche aus Rom hergeflogen und heute zu Besuch gekommen. Eigentlich hatte er morgen kommen wollen, aber für morgen ist eine »Abriegelung« angesetzt. Er brachte die willkommene Nachricht, dass er auf Anweisung der römischen Behörden damit aufgehört hatte, meine Habseligkeiten aus meiner römischen Wohnung zusammenzupacken. Man hatte ihm gesagt, dass ich gerne zurückkehren und in Rom bleiben dürfe. Dahinter steht eine politische Entscheidung auf höchster Ebene, eine willkommene Neuigkeit. Er erzählte mir, dass sich die Leute, wann immer er in katholischen Kreisen verkehre, mitfühlend nach meinem Wohlergehen erkundigten. Bei der Nuntiatur[4] in Madrid seien 3000 Unterstützungsbotschaften für mich eingegangen.

Wir besprachen die neuesten Nachrichten über den Londoner Finanzskandal des Vatikans und er berichtete mir, dass ein gemeinsamer Freund und Verbündeter einige Stunden lang mit der Vatikanpolizei gesprochen und ihnen geholfen habe, die vielen verschiedenen Teilinformationen, die ihnen bereits vorlagen, zusammenzufügen. Wir haben in dieser Sache noch einen langen Weg vor uns, auch wenn der Heilige Vater drängt, dass sie endlich zum Kern vorstoßen. Wir werden sehen.

Ich habe meine monatliche Evaluation unterschrieben, die eine Zusatzklausel über die Vorbereitung auf eine mögliche Entlassung enthielt. Ansonsten habe ich nur angemerkt, dass ich es schade fände, dass man draußen kein Brot mehr für die Vögel liegen lassen dürfe. Die offizielle Erklärung, wonach die Vögel den Hof verschmutzen, klang konstruiert. Ich bin vermutlich nicht der einzige Häftling, der es als eine gute Therapie betrachtet, die Vögel zu füttern.

Das Wetter ist warm und klar geworden, einfach schön, also habe ich mich draußen in meinem Bewegungsbereich hingesetzt, um den *Australian* zu lesen. Der *Weekend Australian* hat mir in dieser Woche einen ordentlichen Auftrieb gegeben.

Wir schließen mit einem weiteren Auszug aus einem Text des hl. Petrus Damiani:

Gott erniedrigt, um aufzurichten. Er schneidet, um zu heilen. Er wirft zu Boden, um zu erheben. Also, lieber Freund, stärke deinen Geist, um mit der Hilfe dieser und anderer Zusicherungen aus der Schrift geduldig zu sein. Warte froh auf die Freude, die der Trauer folgt.

Montag, 24. Februar 2020

Heute Morgen kam die Sonne nur langsam durch. Wir hatten eine Mischung aus Nebel und Dunst und eine tief hängende Wolkendecke. Es war zwar nicht kalt, aber weder typisches Sommerwetter (das haben wir seit Wochen nicht gehabt) noch einer dieser wunderbaren klaren Herbsttage. Jetzt am Abend, während ich dies schreibe – nachdem ich im Fernsehen verfolgt habe, wie ein dreiköpfiges britisches Team zum ersten Mal überhaupt den höchsten Gipfel der Arktis bestiegen hat –, fällt draußen steter Regen, der recht laut zu hören ist, weil ein großer Teil des Fallrohrs fehlt. Ich habe vorgeschlagen, dass sie das fehlende Stück ersetzen, damit das Gebäude besser geschützt ist.

Die heutige »Abriegelung« bedeutete, dass zwischen elf und halb zwei alle Häftlinge in ihre Zellen eingeschlossen, Besuche gestrichen wurden usw. Ich konnte noch zweieinhalb Stunden draußen und 45 Minuten im inneren Gemeinschaftsbereich verbringen, was mir die Möglichkeit gab, ein paar Telefonate zu erledigen, z. B. mit Terry Tobin über unseren Schriftsatz zu diskutieren und Tim O'Leary zu bitten, dass er sich mit Chris Friel in Verbindung setzt und ihn fragt, mit welchem mathematischen Verfahren er die sich aus den Faktoren ergebende Unwahrscheinlichkeit in meinem Fall ausgerechnet hat und zu dem Ergebnis gekommen ist, dass selbst bei Anwendung der konservativsten

Kriterien die Wahrscheinlichkeit für diese »Kombination aus Ereignissen irgendwo bei 1000:1 läge« und »die zahlreichen anderen Seltsamkeiten in diesem Fall ... [astronomische] Quoten erbringen würden«.

Südkorea hat nach China, dem Iran und Italien die höchsten Opferzahlen und hat strenge Maßnahmen gegen die Ausbreitung des Coronavirus ergriffen, weil einige meinen, dass die Krankheit pandemisch werden und sich über viele Länder hinweg ausbreiten könne, obwohl China eine täglich sinkende Anzahl von Neuerkrankungen vermeldet. Wuhan befindet sich immer noch im Lockdown, die Straßen sind menschenleer.

Tim O'Leary hat mir einige Artikel von Christopher Friel in Wales mit schlüssigen Argumenten zu meinem Fall geschickt und mir heute außerdem berichtet, dass Friel am letzten Wochenende drei weitere Artikel veröffentlicht hat! Drei Aufsätze, in denen er das Beweismaterial detailliert und Schritt für Schritt analysiert, sind sicher keine leichte Lektüre – aber ungewöhnlich aufschlussreich, weil sie systematisch alle Informationen umfassen.

Es ist kaum zu glauben, dass der Verfasser kein Jurist ist, aber ich vermute, dass sein Ansatz unter anderem von Bernard Lonergans Erkenntnistheorie geprägt sein könnte. Pater Lonergan war ein jesuitischer Gelehrter und Dozent an der Gregoriana in Rom. Er hat viele Bücher geschrieben. Besonders bekannt wurde er durch sein Buch *Insight*, das ich nur sehr flüchtig gelesen habe, und durch sein leichter zugängliches Werk *Method in Theology.* Ich weiß Friels Schützenhilfe vom anderen Ende der Welt sehr zu schätzen, zumal er seinen Enthusiasmus zuletzt darauf ausgerichtet hat, Jeremy Corbyn, den linksgerichteten Vorsitzenden der britischen *Labour Party*, gegen Antisemitismus-Vorwürfe zu verteidigen. Ich ziehe in Betracht, dass sein wunderbarer Beitrag durch die göttliche Vorsehung bewirkt wurde. Manche schreiben vielleicht mehr über meinen Fall, aber was die Qualität angeht, ist das, was er schreibt, unübertroffen. Einige Artikel sind kürzer und leichter zugänglich, aber darum ist es ihm nie gegangen.

Auch wenn wir nicht die ganze Geschichte kennen, hat Friel in der Entwicklung der Version des Klägers etliche Aspekte – einschließlich der Gemeinsamkeiten mit dem Billy-Doe-Betrug in Philadelphia – herausgestellt. Angesprochen werden unter anderem die Rolle seiner Anwältin [Vivian] Waller, das rätselhafte Phantom Farlow[5], der Autor Milligan, [Doug] Smith, der kürzlich pensionierte Leiter der Polizei-Operation »Sano«, [Andrew] La Greca und [Bernard] Barrett von der Opfervereinigung *Broken Rites*. Der Fall hat sich durch die Konfrontation mit der Realität nach und nach entwickelt und verändert, und der Kläger hat seine Version der Geschichte in seinen Aussagen 24-mal verändert. Ursprünglich war gar nicht von einer Sonntagsmesse oder einer Prozession die Rede. Friel denkt ganz unverhohlen darüber nach, ob im Laufe der Zeit so etwas wie ein Coaching stattgefunden hat.

Die Staatsanwaltschaft muss aufgrund des Tathergangs argumentieren, auch wenn es ihr vermutlich lieber wäre, sich mehrere Optionen offenzuhalten oder die Sache im Unklaren zu belassen. Der Kläger hat gesagt, er sei im Chorjahr 1996 im Abstand von einem Monat zweimal nach der Messe in der Kathedrale missbraucht worden. Es ist unstrittig bewiesen, dass ich 1996 nur zwei Sonntagsmessen in der Kathedrale gefeiert habe: am 15. und am 22. Dezember.

Die Mehrheitsrichter haben sich für die Version entschieden, wonach die Übergriffe in der ersten »Lücke«, den fünf oder sechs Minuten nach der Messe, geschehen seien. Das ist buchstäblich unmöglich, weil der Kläger und sein Gefährte während dieser Zeit in der Auszugsprozession mitgegangen sind und – ich wiederhole mich – nicht einmal ein glaubwürdiger Zeuge an zwei Orten gleichzeitig sein kann. Friel, Windschuttle, Bolt und die Verteidigung haben darauf hingewiesen, dass das unmöglich sei.

Die Staatsanwaltschaft hat sich in ihrer Gegenerklärung an den Obersten Gerichtshof für eine zweite »Lücke« oder einen zweiten Zeitraum entschieden. Demnach sollen die Straftaten begangen worden sein, nachdem die Messdiener und Konzelebranten in die Sakristei zurückgekehrt waren. Diese Erfindung der Staatsanwaltschaft, die durch kein einziges Beweismittel gestützt wird, widerspricht den ausdrücklichen Aussagen zweier der erwachsenen Messdiener, und Staatsanwalt Gibson hatte diese ursprünglich vor Richter Kidd getroffene Behauptung schon während der Verhandlung am Obersten Gericht zurücknehmen müssen. Friel hat das großartig herausgearbeitet und auch mein Alibi sehr wirkungsvoll verteidigt: dass ich in der fraglichen Zeit mit Portelli und Potter auf den Stufen vor der Kathedrale gestanden und mit McGlones Mutter gesprochen habe und dass McGlone und Connor, ein weiterer Ministrant, ausdrücklich ausgesagt haben, dass die Aufräumarbeiten im Altarraum unmittelbar nach dem Einzug in die Sakristei und der Verneigung vor dem Kreuz begonnen hätten. Friel hat sehr klug darauf hingewiesen, dass es bei dieser zweiten Lücke um den Altarraum und nie um die Sakristei gegangen sei und dass die Konzelebranten nach der Ankunft der Prozession in der Sakristei geblieben seien.

Friels Abschnitt über die sich aus den Faktoren ergebende Unwahrscheinlichkeit ist ausgefeilter als alles, was ich gelesen habe, und besonders hilfreich, wenn es darum geht, die Unstimmigkeiten in der Aussage des Klägers über die Sakristei im Detail aufzuzeigen.

Friels Beitrag ist so, als hätte ich in meinem Verfahren einen zweiten *Queen's Counsel*[6], einen zweiten Terry Tobin. Er weist nach, wie sich die Aussagen verändert haben und neu erfunden worden sind und denkt laut über eine Verschwörung nach. Ich bin inzwischen selbst zu dem Schluss gekommen, dass die Berufung nur noch in einem Schauprozess nach sowjetischem Muster abgewiesen werden könnte. Das ist eine große Behauptung, aber ich habe gründlich darüber nachgedacht.

Einige Zeilen des hl. Augustinus (aus der vierten Predigt über den ersten Johannesbrief) sind ein geeignetes Schlusswort zu diesen Überlegungen:

Mit Honig will Gott dich füllen. Wenn du voller Essig bist, wohin willst du den Honig geben? Ausgießen muss man, was in dem Gefäß sich befand. Und reinigen muss man das Gefäß selbst; reinigen, und wenngleich unter Mühe und Plage, damit es sich eigne für die vorgesehene Sache […]: Gold, oder Wein – was wir auch sagen, nicht kann gesagt werden, was wir doch sagen wollen: Gott wird es genannt.

Dienstag, 25. Februar 2020

Die heutige Lesung im Brevier ist dem berühmten dritten Kapitel aus dem Buch Kohelet entnommen:

Alles hat seine Stunde. […]
[Es gibt] eine Zeit zum Gebären
und eine Zeit zum Sterben,

eine Zeit zum Pflanzen
und eine Zeit zum Ausreißen der Pflanzen,
eine Zeit zum Töten
und eine Zeit zum Heilen […].

Bei der Beerdigung meiner Mutter habe ich ein Stück aus diesem Kapitel als Lesung benutzt, denn obwohl ihr Tod ein herzzerreißender Verlust war, wusste ich, dass es für sie Zeit war zu gehen, genauso wie die Zeit für mich auch heute viel näher ist als noch vor 20 Jahren. Als meine Mutter starb, fragte ich Richard Morrish, der am *Aquinas College*, an dem ich damals arbeitete, Vorlesungen in Psychologie hielt, was für die meisten Menschen schlimmer sei, der Tod der Mutter oder der Tod des Ehepartners. Ich hatte halb damit gerechnet, dass er der Frage ausweichen würde, aber mit etlichen Vorbehalten meinte er, dass in den meisten Fällen der Tod der Mutter schwieriger sei. Im Gegensatz zu mir war er verheiratet, und zwar glücklich.

Ich habe oft die Bemerkung angebracht, dass die Weisheitsliteratur im Allgemeinen und das Buch Kohelet im Besonderen das »heidnischste« der gesamten Bibel ist und wahrscheinlich mithilfe der göttlichen Inspiration nur knapp in die Liste oder den Kanon der alttestamentlichen Bücher aufgenommen wurde.

Ein Heide ist in meinen Augen jemand, der die Existenz des einen und wahren Gottes nicht anerkennt, und nach diesem Maßstab ist dieses dritte Kapitel ganz sicher nicht heidnisch, denn Gott wird vorbehaltlos anerkannt. Speise, Trank und Glück sind Geschenke Gottes. »Alles, was Gott tut, geschieht in Ewigkeit. Man kann nichts hinzufügen und nichts abschneiden und Gott hat bewirkt, dass die Menschen ihn fürchten.« Viele Bewohner der westlichen Welt halten dies nicht mehr für wahr. Zwar sind die Ungläubigen – außer z. B. in der [ehemaligen] DDR – in den meisten Gegenden noch in der Minderheit, aber ihre Zahl wächst stetig. Doch viele Neuheiden fürchten sich vor etwas, das an sie persönlich zu große Ansprüche stellt. An die Stelle eines Atomkriegs ist die Hypothese von einem verheerenden Klimawandel getreten. Es spielt offenbar keine Rolle, dass wir in Australien – selbst wenn wir die klimatischen Ursache-Wirkungs-Zusammenhänge bis ins Letzte entschlüsselt hätten – nichts tun könnten, um am Endergebnis irgendetwas zu ändern.

Der Verfasser des Buches Kohelet ist der Welt überdrüssig; der Mensch verhält sich seinen Mitmenschen gegenüber wie ein unvernünftiges Tier, und wo Recht gesprochen werden müsste, geschieht Unrecht. »Einen Vorteil des Menschen gegenüber dem Tier gibt es da nicht. Denn beide sind Windhauch.« Was das Leben nach dem Tod angeht, ist er ein radikaler Agnostiker. »Wer weiß, ob der Atem der einzelnen Menschen wirklich nach oben steigt, während der Atem der Tiere ins Erdreich hinabsinkt?« Düster, aber schön.

Reden wir von etwas Erfreulicherem: Der heutige Tag hielt eine absolute Überraschung für mich bereit. Am 2. Dezember hatte ich ein Radio mit CD-Player und zehn CDs bestellt, um dann zu erfahren, dass man nur eine CD pro Monat kaufen darf. Daraufhin hatte ich versucht, eine vom *SBS* zusammengestellte CD mit Pavarottis Lieblingsarien zu bestellen, und anschließend – abgesehen davon, dass von meinem Konto 90 Dollar abgebucht wurden – nichts mehr von der Sache gehört. Ich fragte nach, hörte wieder nichts und wurde dann am 10. Januar hierher verlegt. Vorher hatte ich mich noch erkundigt, ob ich vielleicht ein bisschen Weihnachtsmusik bekommen könnte, doch auch das blieb ohne Erfolg. Alles braucht seine Zeit, doch das Endergebnis verbuche ich auf der Habenseite: Nach fast drei Monaten sind sowohl das Gerät als auch die CDs angekommen.

Die Qualität der Aufnahme ist nicht gerade brillant (es ist nicht die des *SBS*-Senders), und bisher habe ich keinen der guten Musiksender hereinbekommen, denn ich bin hier auf dem Land und obendrein von dicken Ziegelwänden umgeben. Und doch ist es ein Segen, und es war wunderbar, Verdi, Puccini und Donizetti zu hören.

Ich bin natürlich ein besonderer Anhänger von Pavarotti, und ich bin froh darüber, dass Joan Sutherland seiner Karriere auf die Sprünge geholfen und in den Anfängen mit ihm gesungen hat. Als ich 1963 nach Italien fuhr, um im Seminar zu studieren, nahm ich zwei Aufnahmen mit: Joan Sutherland in *Lucia di Lammermoor* und Churchills Kriegsreden! Ich liebe die Melodien immer noch, das Wogen der Emotionen und die ganze Dramatik der italienischen Oper, auch wenn die Rahmenerzählungen zur Musik fragwürdig oder sogar ein bisschen lächerlich sind. Verdi und Puccini gehören zu dem Italien, das ich liebe, sind Teil der italienischen Genialität – genau wie Dante, Michelangelo, da Vinci – und Machiavelli.

Vielleicht hat die zwölfmonatige Einzelhaft meine kritischen Sinne getrübt und meine Neigung, in Superlativen zu reden, verstärkt. Aber Damian Thompsons Artikel über Beethoven war ein »Bottler« – das war in meiner Jugend das höchste Lob, das man jemandem zollen konnte. Er ist in der Januarausgabe des *Spectator* zu Beethovens 250. Geburtstag erschienen.

Das Redaktionsteam des *Spectator* gehört zu den besten und Thompson gehört zu den Allerbesten, gemeinsam mit Bruce Anderson, der alle zwei Wochen über Wein schreibt. Ich weiß so gut wie nichts über europäische Weine, aber ich lese jeden seiner Artikel, weil seine Sprache so elegant ist. Sie erinnert an Evelyn Waugh.

Thompson schreibt, dass er Beethoven seit seinem achten Lebensjahr verehre und dass nur Mozart und Bach ihm gleichkämen. Ich bin anderer Meinung: Ich glaube nicht, dass einer der beiden an den Umfang von Beethovens musikalischer Leistung heranreicht.

Mein Musikgeschmack hat sich im Laufe der Jahre verändert und verbessert. Die eine oder andere Begeisterung – etwa für Mario Lanza – rangiert inzwischen weiter unten und Mozart verstehe ich heute besser als früher. Aber Beethoven habe ich schon als Teenager geliebt, und diese Bewunderung ist mir bis heute geblieben. Ich begann *Für Elise* auf dem Klavier zu spielen, das mir mehr oder weniger gelang, und entdeckte dann meine Liebe zu den Klaviersonaten (z. B. der *Mondscheinsonate*), seinem einzigen Violinkonzert, der fünften und der neunten Symphonie und dem 5. Klavierkonzert. Zu einigen seiner Klavierquartette finde ich allerdings bis heute keinen richtigen Zugang.

Beethovens Taubheit ist allgemein bekannt, aber ich habe viele Jahre lang nicht gewusst, dass er außerdem Alkoholiker war. Thompson schreibt sehr einfühlsam über dieses Leiden in Beethovens Leben und meint, er habe »für sein Verhalten musikalische Wiedergutmachung« geleistet.

Beethoven hat täglich gebetet, hatte einen starken Glauben und hat sich auf seinem Sterbebett mit der katholischen Kirche ausgesöhnt. Thompson glaubt nicht, dass er ohne seine Leiden, seine Taubheit in der Lage gewesen wäre, »jenen Ort der Ruhe« zu erreichen, »der die Vorstellung jedes anderen Komponisten übersteigt«. Dem stimme ich zu. Thompson schreibt auch, seine Musik habe »die Fesseln der Erde abgestreift, um das Antlitz Gottes zu berühren«,[7] eine großartige Würdigung eines Verehrers.

Der hl. Gregor von Nyssa schreibt in seiner Homilie über das Buch Kohelet:

Auch ich wünsche mir, dass ich zur rechten Zeit geboren werde und zur rechten Zeit sterbe. Niemand sollte sagen, Kohelet meine hier die der freien Entscheidung entzogene Geburt und das naturhafte Sterben, und das erkläre er als eine Tat der Tugend. […] Was aber nicht in unserer Macht steht, das kann man weder gut noch böse nennen.

Aschermittwoch, 26. Februar 2020

Heute beginnt die vorösterliche Bußzeit, meine zweite Fastenzeit im Gefängnis. Meine letzte, so Gott will. Heute früh war ich ein bisschen niedergeschlagen, obwohl es dazu eigentlich keinen Grund gab. Ich war enttäuscht, weil mein Brevier für die Fastenzeit nicht angekommen war, obwohl ich mich seit zwei oder drei Wochen darum bemüht habe. Außerdem gingen mir – insbesondere nach der letzten nicht einstimmigen Entscheidung in Sachen australische Nationalität – ein paar düstere Gedanken über die Richter am Obersten Gerichtshof durch den Kopf.[8] Dieser Fall ist ganz anders gelagert als meiner und mir ist völlig klar, dass dieser Pessimismus, diese Zweifel wahrscheinlich von niemand anderem als dem bösen Feind genährt werden. Und gegen diese Gedanken sollte man klugerweise Widerstand leisten.

Die McFarlanes hatten mein Brevier für die Fastenzeit in ihrem Strandhaus in Torquay aufgestöbert, das ich »Hyannis Port« genannt habe nach dem Strandhaus der Kennedys in Massachusetts. Ihr Sohn Tim, der jetzt im Finanzsektor in San Francisco arbeitet, ist ein Fan der Kennedy-Familie, wie ich es war und immer noch bin trotz allem, was wir heute über ihre persönlichen Schwächen wissen. Ich denke nach wie vor gerne daran zurück, wie ich Bobby[9] im Sommer 1967, als ich in North Baltimore tätig war, auf dem Kapitol getroffen habe. Er war der Inbegriff des irisch-amerikanischen Charmes, wahrscheinlich der beste von ihnen und unter den Männern zweifellos der frömmste. Es ist eine Tragödie, dass die Demokraten inzwischen so gegen den Schutz des Lebens und die Familie eingestellt sind.

Aber zurück zum Brevier. Die McFarlanes hatten mir am Telefon gesagt, dass sie es am Sonntag auf dem Rückweg nach Melbourne vorbeibringen würden. Also schrieb ich eine erklärende Notiz für die zuständige Stelle, damit die Sache gelingen konnte, obwohl Anne und Tim momentan nicht auf meiner Besucherliste standen. Der Wachhabende weigerte sich, das Schreiben anzunehmen und weiterzuleiten. Er sagte, dass dies nicht nötig sei, weil sie ohnehin verpflichtet seien, solche Hinterlegungen anzunehmen. Ich würde allerdings die Genehmigung der Gefängnisleitung brauchen, um die Plätze auf meiner Besucherliste zu tauschen. Nichts kam an.

Heute Mittag habe ich Anne angerufen und erfahren, wie sich das Ganze zugetragen hatte. Als sie am Sonntag angekommen waren, war das Gefängnis schon geschlossen gewesen; so war Anne am Montag von Melbourne hergefahren, um das Brevier persönlich abzugeben. Bei der zuständigen Stelle hatten sie sich geweigert, es anzunehmen, und als sie erfuhren, dass es sich um ein religiöses Buch handelte, hatten sie ihr gesagt, dass solche Bücher verboten seien.

Natürlich war ich aufgebracht, dass sie den ganzen Weg hergefahren war, nur um abgewiesen zu werden. So schrieb ich dann einen Beschwerdebrief über die Abteilung, die das Eigentum der Gefangenen verwahrt, und adressierte ihn an den Leiter des Gefängisses. Was immer die Vorschriften sagen (in meiner Zelle gibt es etliche religiöse Bücher, und einige davon sind mit der Post gekommen, die immer zensiert wird): Der gesunde Menschenverstand hätte siegen und Annes Großzügigkeit hätte belohnt werden müssen! Schließlich ist das hier kein sowjetischer Gulag.

Eigentlich ist meine Beschwerde ja ein Kompliment für das Gefängnis, denn wenn das meine größte Sorge ist, kann das Leben nicht allzu schlimm sein. Und das ist es auch nicht.

Gestern hatte ich nach drei- oder vierwöchiger Wartezeit einen Termin beim Physiotherapeuten. Mein unterer Rückenbereich ist viel besser geworden, und er hat an der betreffenden Stelle und am oberen Ende meiner Wirbelsäule gute Arbeit geleistet. Als er mir versprach, in sechs bis acht Wochen wiederzukommen, sagte ich ihm, dass ich am 11./12. März eine Berufungsverhandlung am Obersten Gerichtshof hätte und dann hoffentlich nicht mehr hier sein würde.

Es kann kaum mehr als zwei Wochen her sein, dass ich um die Reparatur meiner Brille gebeten habe, aber heute kam der Optiker zu seinem monatlichen Besuch. Er hat einen Sehtest mit mir gemacht – meine Sehkraft hat ein bisschen nachgelassen – und mir eine neue Brille bestellt. Ich bestand darauf, meine deformierte Brille mit einem Bügel zu behalten, weil ich sie brauche, um mein Brevier zu beten, zu lesen und zu schreiben. Dafür hatte er Verständnis. Er hieß Christopher, aber ich habe ihn nicht gefragt, woher dieser Name stammt.

Mein Tagesablauf ist beinahe unverändert, auch wenn ich nur zwei Sudokus pro Woche löse – die sehr einfachen aus der *Herald Sun*. Heute war ich, wie meistens, erfolgreich, aber am Montag musste ich mich geschlagen geben, weil ich nicht die Charakterstärke oder die Ausdauer hatte, meinen Fehler zurückzuverfolgen.

Bevor ich mit meinem Eintrag zum Ende komme, werde ich noch einmal Pavarotti hören.

Die Aktienkurse sind heute den dritten Tag in Folge gefallen, weil die Angst vor einer Pandemie zunimmt. Der iranische Gesundheitsminister hat sich mit dem Virus infiziert und der Iran, Südkorea und Italien stehen nun im Mittelpunkt des öffentlichen Interesses.

Das alles hat nicht viel mit der Fastenzeit zu tun, in der wir uns bemühen, unsere Herzen ein bisschen weiter zu öffnen, um Gott mehr Raum zu geben. Selbst im Gefängnis ist es möglich, die meiste Zeit über mit anderen Dingen beschäftigt zu sein. In der Fastenzeit denken wir öfter als sonst daran, dass wir nur Staub sind und zum Staub zurückkehren werden.

Das *Magnificat*-Büchlein war mir ein nützliches Hilfsmittel bei meinen Betrachtungen über die Fastenzeit, weil ich nicht das richtige Brevier habe. In den Fürbitten bitten wir um Erneuerung für all diejenigen, deren Leben durch die Sünde ausgetrocknet, und um Erquickung für all diejenigen, deren Geist ausgedörrt ist, weil sie nicht beten.

Ich mache mir folgendes Gebet aus dem 90. Psalm zu eigen:

Unsere Tage zu zählen, lehre uns! Dann gewinnen wir ein weises Herz.
Kehre doch um, HERR! – Wie lange noch? Um deiner Knechte willen lass es dich reuen!

Donnerstag, 27. Februar 2020

Mit dem heutigen Tag bin ich ein volles Jahr für eine Straftat im Gefängnis, die ich nicht begangen habe. Das ist keine Kleinigkeit, ganz gleich aus welchem Blickwinkel man es betrachtet. In jedem Rechtssystem werden Entscheidungen getroffen, die nicht auf der Wahrheit beruhen. Das ist unvermeidlich, aber sehr bedauerlich. Mein Mitgefühl mit denen, die unschuldig im Gefängnis sind, ist jetzt noch stärker als früher, vor allem, wenn sie nicht das Geld oder die nötigen Beziehungen haben, um ihre Sache zu verfechten. Meine Anwälte meinen, dass mein Mithäftling Derek fast zwei Jahrzehnte für einen Mord im Gefängnis war, den er nicht begangen hat. Anscheinend hat man ihn reingelegt. Das ist eine Schande!

Ich weiß nicht, wie viele der Häftlinge, die die Straftaten, für die sie im Gefängnis sind, nicht begangen haben wollen, wirklich unschuldig sind. Ich vermute, dass sich sogar in einem gesetzestreuen Land wie Australien einige – zu viele – in dieser Situation befinden, und ich denke, wir sollten unser Möglichstes tun, um ihnen zu helfen.

Gestern Abend habe ich sieben Seiten über meinen Fall geschrieben, »Die Grundlage für eine Schilderung«, als Gedächtnisstütze für Kartya und meinen Beraterstab, wenn sie meine Version der Geschichte darstellen. Ich hatte veranlasst, dass das Dokument per Fax an meine Anwälte geschickt wird, dann aber festgestellt, dass sie heute Nachmittag sowieso vorbeikommen, sodass ich es ihnen hoffentlich persönlich übergeben kann.

Als ich heute Morgen draußen war, war es so kalt wie seit Wochen oder sogar Monaten nicht, und deshalb war ich doppelt froh, als ich gerufen wurde, um Kevin, den stellvertretenden Seelsorger, zu treffen. Aileen ist gerade auf einer Tagung. Es stellte sich heraus, dass Kevin der Ehemann von Jenny Griffiths ist, die während meiner Zeit am *Aquinas* eine hervorragende Schülerin und später Rektorin an mindestens zwei katholischen Grundschulen war. Ich habe die heilige Kommunion empfangen und eine Kopie der Predigt von Father Brian Gleeson bekommen. Tim hat ein Exemplar des Fastenzeitbreviers im Büro der Abteilung, die für das Eigentum der Häftlinge zuständig ist, abgegeben und eine ungewöhnlich schnelle und positive Antwort auf sein Anliegen erhalten.

Paul und Kartya kamen kurz nach halb drei, als ich schon begonnen hatte, mich zu fragen, ob sie heute vielleicht doch nicht kommen würden. Kartya hatte mein Brevier, das Tim McFarlane ihnen gebracht hat, und vier Ausgaben des *Spectator* dabei. Außerdem brachten sie mir die Dokumente mit, die an den Obersten Gerichtshof gesandt worden waren, nachdem wir gemeinsam an den vorletzten Entwürfen gearbeitet hatten. Die Endversion ist besser (auch wenn zwei Drittel bis drei Viertel unverändert geblieben sind): Der Teil, in dem auf die Präzedenzfälle eingegangen wird, ist klarer, und die Vorwürfe und einige Behauptungen sind etwas differenzierter (obwohl die Substanz dieselbe geblieben ist) und nicht ganz so aggressiv. Der eigentliche Vorwurf, dass die Staatsanwaltschaft ein Argument, das ihr Vertreter im vorangegangenen Verfahren hatte zurücknehmen müssen, erneut vorgebracht hat, ist und bleibt stark, wird aber erst dann ganz klar, wenn man, wie es mir möglich war, auf die betreffenden Dokumente zugreifen kann.

Paul hatte mit Kartya darüber spekuliert, was ich im Falle eines Freispruchs wohl sagen würde. Ich gab zur Antwort, dass ich dasselbe sagen würde, was ich vor dem desaströsen Ergebnis am Berufungsgericht vorgeschlagen hatte mit einer ergänzenden einleitenden Bemerkung: dass mein Fall kein Referendum über die katholische Kirche in Australien sei. Sie sollten sich keine Sorgen machen, dass ich eine Menge kontroverse Dinge äußern würde, weil ich seit zwölf Monaten nicht am öffentlichen Leben teilgenommen habe und, was noch wichtiger ist, ich werde in Freiheit ein neues Gleichgewicht finden müssen, um an das Gleichgewicht anzuknüpfen, das ich – vor allem dank der Gebete und der Unterstützung so vieler Menschen – hier im Gefängnis gefunden habe.

Meine drei Mithäftlinge sind nach wie vor freundlich zu mir. Abdul, der jüngere muslimische Häftling, hat mir gezeigt, wie ich über mein Fernsehgerät etliche Radiosender empfangen kann, und er hat mir auch gesagt, auf welchem Sendeplatz ich den *ABC*-Klassiksender finden kann. Es funktioniert! Mit der Pavarotti-CD und der Möglichkeit, regelmäßig klassische Musik zu hören, haben sich meine Fastenzeitaussichten entschieden verbessert. Ich werde mir als Gegenleistung für dieses Glück eine kleine Buße einfallen lassen.

Inzwischen sind zwei Breviere bei der Abteilung, die das Eigentum der Häftlinge verwaltet, eingegangen, doch es bleibt abzuwarten, wann eines davon oder beide an mich weitergeleitet werden. Im Melbourner Untersuchungsgefängnis hatte der Verantwortliche für unseren Trakt für eine rasche Aushändigung gesorgt, sobald er begriffen hatte, dass das Brevier ein Gebetbuch und für die tägliche Benutzung vorgesehen ist. Dort habe ich die vorgesehenen Gebete an keinem einzigen Tag versäumt. Hier habe ich kein so großes Glück.

Die zweite Lesung, die ich heute verwendet habe, stammt aus der *Ersten Unterweisung über den Glauben* des hl. Columban (540–615), eines irischen Missionars und Mönchs, der Klöster in Frankreich und im norditalienischen Bobbio gegründet hat.

Sein Thema ist Gott, Vater, Sohn und Geist, der uns nicht fern, sondern nahe ist und dennoch unsagbar, unfassbar und unaussprechlich bleibt, der nicht zu entdecken und unergründlich ist. Die Argumentation ist stringent und theologisch ausgefeilt, aber weil die Dreifaltigkeit ebenso unergründlich ist wie die Tiefen des Meeres, drängt Columban:

Sucht die höchste Weisheit nicht durch den Streit der Worte, sondern durch die Vollkommenheit eines guten Lebens, nicht mit der Zunge, sondern mit dem Glauben ... denn Gott muss unsichtbar, wie er ist, geglaubt werden, obwohl das reine Herz ihn in Teilen zu sehen vermag.

Die höchste Weisheit wird nicht »aus den Mutmaßungen einer gebildeten Irreligiosität gewonnen«.

Freitag, 28. Februar 2020

Heute hat mein Bruder David Geburtstag und er, seine Frau Judy und meine Nichte Sarah sind zu Besuch gekommen. Sie haben uns mehr als zwei Stunden Zeit zugestanden, was hochwillkommen war, und die Leibesvisitationen waren nicht ganz so übergriffig. Sie sind vor und nach Kontaktbesuchen, aber nicht bei Kabinenbesuchen vorgeschrieben, wenn man durch eine dicke Glasscheibe von seinem Besucher getrennt ist. Die Kontaktbesuche in meinem Acacia-Flügel finden in einem kleinen privaten Raum statt, und ich habe nicht das Gefühl, dass sie abgehört werden. Jedenfalls hatten wir zwei wunderbare Stunden miteinander.

Heute haben sie mir Blut abgenommen, vor allem wegen der Gerinnungs- und Triglyceridwerte. Weil ich außer freitags täglich eine Portion Schokolade esse, bin ich gespannt, ob mein Blutzuckerwert gestiegen ist.

Das Wetter ist nach wie vor mild, nicht wirklich sommerlich, aber es war nicht so kalt wie gestern.

Beim Weckruf heute Morgen gegen 7.15 Uhr habe ich nichts zu essen bekommen, weil ich wegen meiner Blutuntersuchung seit Mitternacht hatte nüchtern bleiben müssen. Ich beschloss, im Hintergrund den *ABC*-Klassiksender laufen zu lassen, und zu meiner Freude war das erste Stück, das ich hörte, Beethovens *Für Elise*, mein ultimatives Glanzstück am Klavier. Wenn ich als junger Priester gefragt wurde, ob ich Klavier spiele, prahlte ich für gewöhnlich damit, dass ich *Für Elise* spielen könne, aber die Noten nicht bei mir hätte. Bis eine Familie am Luftwaffenstützpunkt in Crowley (glaube ich) oder Upper Heyford, wo ich für den dortigen Militärgeistlichen eingesprungen war und die Sonntagsmesse gefeiert hatte, daraufhin sagte, sie hätten die Noten. Meine Fingerfertigkeit war schon immer begrenzt und ich hatte nicht geübt, sodass es recht katastrophal und ganz sicher peinlich war, wie ich mich durch das Stück hindurchmühte. Nach diesem Debakel habe ich nie wieder den Vorwand benutzt, dass ich meine Noten nicht bei mir hätte. Der Pianist heute Morgen spielte mit einer verhaltenen, lyrischen Eleganz, die ich nie auch nur annähernd erreicht habe, auch wenn mir als Teenager immerhin ein Stück weit bewusst war, woran es fehlte.

Diese Woche habe ich ungefähr 70 Briefe bekommen, und heute Nachmittag ist das Brevier aus Geelong eingetroffen. Mein eigenes Brevier und die vier Ausgaben des *Spectator*, die meine Anwälte mitgebracht hatten, sind noch »in Bearbeitung« und sollen am Montag kommen.

Die Briefschreiber bitten mich oft um Gebete und erzählen zuweilen traurige oder tragische Geschichten. Ich bete immer ein *Memorare*, wenn sie ein besonderes Anliegen haben.

Ein Brief kam von einer Dame aus Atlanta, Georgia, der Mutter eines Opfers von klerikalem Missbrauch. Sie begeht jeden Donnerstag einen Fast- und Wiedergutmachungstag für die Priester. Sie versicherte mir, dass Tausende Menschen für mich beteten. Sie selbst betet täglich ein *Ave Maria* für mich und war erfreut, dass ich guter Dinge bin.

Die Geschichten ähneln sich häufig: Gute Eltern, die regelmäßig in die Kirche gehen, sehen mit an, wie die Welt ihre Kinder auf andere Wege führt, die durch den Niedergang der Ehe noch vielfältiger geworden sind.

Eine Mutter zitiert die Botschaft Unserer Lieben Frau an Don Gobbi[10] vom Dezember 1984, wo sie davon spricht, dass viele Jugendliche sich »mit Leere betrinken« und »mit so vielen Nichtigkeiten vergnügen«. Natürlich können die jungen Menschen nur in der Welt leben, die die älteren Generationen ihnen hinterlassen haben.

Die Frau selbst hat eine Scheidung hinter sich und ist Lehrerin gewesen, hat aber den Eindruck, dass »es uns als Lehrern« an den katholischen Schulen »nicht gelungen ist, den Kindern unseren Glauben und unsere Regeln zu vermitteln«. Ihr ältestes Kind wird bald heiraten, nachdem es acht Jahre lang mit seinem Partner zusammengelebt hat. Eine Tochter bezeichnet sich selbst als pansexuell, ein drittes Kind ist fromm und arbeitet für die Kirche und das jüngste ist suchtkrank. Natürlich werde ich ihrer Bitte nachkommen und für ihre Kinder beten. Leider ist ihre Familiengeschichte mit der einen oder anderen Variation alles andere als ungewöhnlich. Sie ist eine treue Unterstützerin.

Eine Frau, die mir besonders regelmäßig anregende Briefe schreibt, kommt aus Plano in Texas. Sie war hocherfreut, dass Trump beim »Marsch für das Leben« mitgegangen ist und eine glänzende Rede gehalten hat, genau wie in Polen in Mitteleuropa. Sie gibt zu, dass er keine Manieren und zuweilen ein loses Mundwerk hat und »ein bisschen großspurig« ist, aber er führt einen Straßenkampf, und sie glaubt, dass er Amerika »davor bewahrt, ausgeraubt und stranguliert zu werden«. Er ist ganz sicher besser als sein wichtigster Gegenspieler, und der Standpunkt der Sozialkonservativen und der Christen ist so umkämpft, dass wir es uns nicht leisten können, mit unseren Verbündeten, die aus welchen Gründen auch immer den guten Kampf kämpfen wollen, allzu wählerisch zu sein. Trump ist in vielerlei Hinsicht ungewöhnlich – auch deshalb, weil er die meisten seiner Versprechen hält.

Meine Freundin hat einen Großteil der westlichen Gesellschaft treffend beschrieben. »Diese Kultur ist schlichtweg zu entwürdigend, zu zerstörerisch und zu demoralisierend, als dass sie versuchen könnte, ohne Gottes Hilfe auf dem rechten Pfad zu bleiben. Es tut mir so leid für die Kinder, die in ihr aufwachsen. Meine Generation war vermutlich die letzte, für die es normal war, dass die Eltern zu zweit und miteinander verheiratet waren, dass es in den gesellschaftlichen Strukturen einen Moralkodex gab, dass man einen sicheren Platz zum Spielen und Lernen hatte und dass Film und Fernsehen sich ein Mindestmaß an Zurückhaltung auferlegten. Jetzt, ohne Gott, bringt die Kultur die Kinder in Situationen, die ihnen ihre Menschlichkeit nehmen.«

Die große Frage ist Lenins Frage: »Was ist zu tun?« Was können wir unter diesen veränderten Umständen tun – außer beten?

Auch wir wandern durch eine trockene Wüste der Sittenlosigkeit wie das jüdische Volk, das auf seinem Weg ins Gelobte Land 40 Jahre lang durch unwirtliche Wildnis zog. Psalm 78 nimmt Bezug auf seine Untreue:

Immer wieder stellten sie ihn auf die Probe,
sie reizten den Heiligen Israels.
Sie dachten nicht mehr an seine Hand,
an den Tag, als er sie vom Gegner befreite […].

Samstag, 29. Februar 2020

Als ich zum zweiten Mal in die Besucherkabine geführt wurde, meinte einer der Wärter: »Sie haben heute einen anstrengenden Tag.« – »Ja«, gab ich zurück, »ich habe alle Hände voll zu tun.« Es war gut, ein paar angenehme Ablenkungen zu haben.

Die erste war ein dienstlicher Besuch von Patrick Santamaria, Anwalt in der Kanzlei Galbally & O'Bryan, dessen Einsatz ich es zu verdanken hatte, dass einer der Versuche, mich gerichtlich zu belangen, völlig erfolglos blieb. Er brachte mir die unterschriebenen Papiere mit, die dies bestätigten, und informierte mich über den zweiten Fall, in dem mir unterstellt wurde, dass ich seinerzeit in Ballarat der Vorgesetzte von Bruder X (der als Priester bezeichnet wurde) gewesen sei und Jahrzehnte später seine Versetzung nach Melbourne, wo er sich dann an jemandem verging, irgendwie hätte verhindern müssen. Ursprünglich war die Anklage gegen das Erzbistum Melbourne gerichtet gewesen, aber jetzt beantragen sie die Erlaubnis, stattdessen gegen den Orden der *Christian Brothers* zu klagen, der eigentlich zuständig ist. Die Anklage wird vermutlich fallen gelassen, weil der Fall schon einmal ordnungsgemäß und fristgerecht verhandelt worden ist. Wahrscheinlich kann er nicht noch einmal aufgerollt werden und meine angebliche Beteiligung – ohne dass ich überhaupt zuständig war – wird in jedem Fall noch irrelevanter.

Natürlich sprachen wir über mein Berufungsverfahren und die allgemeine Situation. Die wichtigste private Nachricht war, dass Patricks Vater hinter dem Haus eine große Voliere baut. Ich schöpfte aus meiner eigenen umfangreichen Erfahrung mit Bischof O'Collins und riet ihm sicherzugehen, dass der Maschendraht tief in den Boden eingelassen wird, damit die Füchse sich nicht unter dem Zaun hindurchgraben können. Er machte sich eine Notiz, um es nicht zu vergessen.

Ich hatte bei dem Bischof gewohnt, der sich bereits im Ruhestand befand, als die Diözese das große Stück Land neben dem Haus bis hinunter zum See verkaufte. Nancy, die Haushälterin, und ich sahen mit Vergnügen zu, wie die Arbeiter voller Tatendrang anrückten, um die Voliere abzureißen, und dann frustriert und verärgert feststellen mussten, wie solide sie gebaut war und dass diese Arbeit sie etliche Stunden kosten würde. Nancy war mit dem Landverkauf (der durchaus sinnvoll war) nicht einverstanden und versetzte nachts immer die Pflöcke, die die Grenze markierten, damit uns ein bisschen mehr Land übrig blieb. Ich vermute, sie haben die Grenzziehung morgens immer wieder korrigiert.

Mein zweiter Besucher war Tassilo Wanner aus der Nähe von München, früher einer der »jungen Wilden« bei McKinsey & Co., die uns bei der Arbeit mit den Vatikanfinanzen unterstützten. Ralph Heck, Seniorpartner und Katholik, hatte die Mitglieder dieser Gruppe gut ausgesucht. Die meisten waren Katholiken, aber nicht alle. Tassilo ist mit einer Frau, einem kleinen Sohn und zwei Töchtern gesegnet, die ältere ist gerade das erste Mal zur Beichte gegangen. Er ist extra hergeflogen, um mich zu besuchen, was mich zutiefst gerührt hat.

Er arbeitet bei einem deutschen Start-up-Unternehmen, das einen kleinen elektrischen Senkrechtstarter mit einer Reichweite von 200 bis 300 Kilometern produziert, der Personen über kurze Strecken – z. B. von einem Hauptgeschäftszentrum zum Flughafen – befördern soll. Er wird in ein paar Jahren marktfähig sein und schließlich ohne Piloten fliegen.

Natürlich haben wir auch über die Situation der Kirche, das Papsttum, den Vatikan und den aufkommenden synodalen Prozess in Deutschland gesprochen. Es handelt sich nicht um eine Synode, sondern um eine Initiative, die die für Synoden geltenden kirchenrechtlichen Beschränkungen umgehen will.

Er war überrascht und erfreut, dass Papst Franziskus sich in seinem Schreiben zur Amazonas-Synode nicht für eine Veränderung am Priesterzölibat ausgesprochen hat. Ich nahm die Gelegenheit wahr und fragte ihn, weshalb die »rechtgläubigen«, dogmatisch konservativen Kräfte in Deutschland so viel weniger sichtbar und vermutlich auch viel weniger zahlreich sind als in Frankreich. Er verwies auf die deutsche Vorliebe für Disziplin und Ordnung und meinte, die Franzosen seien zumindest auch ein mediterranes Volk. Der Hauptgrund war seiner Meinung nach, dass den neoprotestantischen katholischen Kräften Milliarden von Euro aus der Kirchensteuer zur Verfügung stünden, während die anderen sich weitgehend selbst finanzieren müssten. Er stimmte mir zu, als ich einwarf, es sei eine Schande, dass eine Person, die [die Kirchensteuer] nicht bezahlt, exkommuniziert wird und weder kirchlich heiraten noch getauft oder beerdigt werden kann.

Andererseits erhält die Kirche in Frankreich bei ihrer tagtäglichen Arbeit keinerlei staatliche Unterstützung und ist oft arm, während der traditionelle, »rechtgläubige« Flügel oft auf die Spenden wohlhabender Geldgeber zurückgreifen kann. Das gilt insbesondere für die Piusbruderschaft, auch wenn das nicht die ganze Geschichte und vielleicht nicht einmal der Hauptgrund für den Unterschied zu Deutschland, sondern zum Teil ebenso sehr Folge wie Ursache ist.

Ich war entsetzt, bestätigt zu bekommen, dass Erzbischof Heiner Koch, einer der Sprecher der Rebellion, derselbe Prälat Koch ist, mit dem wir beim Weltjugendtag so gut zusammengearbeitet hatten, als er noch Generalvikar bei Joachim Kardinal Meisner in Köln war. Offenbar haben sich die Ansichten einer Reihe deutscher Bischöfe nach der Beförderung in eine enttäuschende Richtung entwickelt.

Wir waren beide überrascht, dass Reinhard Kardinal Marx nicht mehr für das Amt des Vorsitzenden der Deutschen Bischofskonferenz kandidieren wird. Vielleicht war das ein Vorschlag von Papst Franziskus. Außerdem hat Tassilo mir erzählt, dass das riesige Erzbistum München in diesem Jahr nur einen Neueintritt im Priesterseminar hatte, während die beiden Seminare mit der größten Anzahl deutscher Priesteramtsanwärter außerhalb von Deutschland liegen: das Stift Heiligenkreuz in Österreich und das Seminar der *Communauté Saint-Martin* in Frankreich.

Tassilo erwähnte auch, dass eine amerikanische Vereinigung oder Webseite Friels Artikel über die »zweite Lücke« veröffentlicht habe, und lobte den Text als ein Muster an Klarheit. Abgesehen von Friels Artikel im *Quadrant* kannte keiner von uns beiden irgendeine Organisation oder Zeitung, die sein Material verwendet hatte.

Der *Weekend Australian* und der Klassiksender sind willkommene Neuerungen in meinem Tagesablauf.

Etliche meiner Briefschreiber haben die drei Bücher von Kardinal Sarah gelesen;[11] das neueste, *Herr bleibe bei uns, denn es will Abend werden*, ist mir erst kürzlich zugesandt worden.

Er schreibt darin mit prophetischer Dringlichkeit: »In meinem letzten Buch habe ich zur Stille aufgerufen. Doch ich kann nicht mehr schweigen. Ich darf nicht länger schweigen. Viele Christen haben die Orientierung verloren.«[12]

Er glaubt, dass unsere Zeit vom Geheimnis des Judas überschattet ist:

Überall hat sich das Übel des auf Effizienz ausgerichteten Aktivismus eingeschlichen. Wir versuchen, die Organisation großer Unternehmen nachzuahmen, und vergessen dabei, dass allein das Gebet das Blut ist, welches durch die Adern der Kirche fließt. […] Wer nicht mehr betet, hat schon Verrat begangen. Er ist schon zu sämtlichen Kompromissen mit der Welt bereit: unterwegs in den Spuren des Judas.[13]

54. Woche
Der Weg der Vergebung

1. März bis 7. März 2020

Sonntag, 1. März 2020

Heute ist Herbstbeginn – und, nach einem trägen Kaltstart, der wärmste Tag seit Langem. Nach dem Mittagessen habe ich draußen in meinem kleinen Hof gesessen, wo ich den Himmel sehen kann, und weiter meine Briefe geöffnet.

Die wichtigste Nachricht von draußen ist, dass die Coronapandemie inzwischen auf weitere Länder übergegriffen hat. In China haben sich inzwischen 85 000 Menschen mit dem Virus angesteckt, und 2900 sind gestorben, obwohl China ungefähr vor einem Tag nur vier Neuerkrankungen gemeldet hat. Reiseverbote wurden verhängt, aus dem Iran darf niemand mehr nach Australien einreisen. Jane Meney, Chris' Tochter, die an einer weiterführenden Schule in Sydney Musiklehrerin ist, hatte für ihre Schüler eine Musikreise nach Mitteleuropa organisiert, die in ein paar Monaten stattfinden sollte. Sie ist abgesagt worden.

Wenn der Lockdown in China, der sich zurzeit auf die Provinz Hubei beschränkt, ausgeweitet werden muss, könnte das für die Menschen dort und für die ganze Welt furchtbare wirtschaftliche Konsequenzen haben. Ihre immense Staatsverschuldung – 300 Prozent des BIP, und vieles davon bei dubiosen Quellen – ist eine Gefahr, die im Hintergrund lauert und ihre Reaktionsmöglichkeiten einschränkt. Es wird bereits über ein Einreiseverbot für ganz Italien, nicht nur für den Norden, spekuliert. Das hätte drastische Auswirkungen auf den Vatikan, dessen finanzielle Lage jetzt schon prekär ist, weil er von den (nach dortigen Maßstäben) enormen Einnahmen aus den Vatikanischen Museen abhängig ist.

Die *Mass for You at Home* wurde von Father Michael Kalka zelebriert. Er begann mit dem Kreuzzeichen der Ostkirche, bei dem man zuerst die rechte Schulter berührt.

Er hat über den Sinn der Fastenzeit als einer Zeit der Vorbereitung auf das Osterfest gepredigt, in der wir uns bemühen, unser Verhalten zu ändern und uns spirituell neu auszurichten, damit wir auf ewig bei Gott sein können. Wir sollen beten, fasten und Werke der Barmherzigkeit tun, die auch äußere und soziale Aktivitäten umfassen. Er nannte ein paar gute Beispiele für Dinge, die man in Altenheimen oder Krankenhäusern tun kann. Die Predigt war gut aufgebaut und der Altar nicht mit Blumen, sondern nur mit violettem Tuch geschmückt.

Dass sie keinen liturgischen Kalender und keine Feste und wiederkehrende Themen haben, ist das größte Manko bei den evangelikalen Predigern wie Joseph Prince. Ich dachte, er sei anders gekleidet, aber die Sendung war eine Wiederholung von 2009, die sie vermutlich ausgewählt haben, weil er das Grippevirus erwähnte und einige Gemeindemitglieder Masken trugen (es war ein kleinerer Raum). Trotzdem hat er ziemlich laut gesprochen und sein Thema war die heilende Macht der Gerechtigkeit Gottes. Er sprach über die blutflüssige Frau, die geheilt wurde, als sie Jesus berührte, der uns das Antlitz Gottes geoffenbart hat, während Gott in alttestamentlichen Zeiten nur von hinten erblickt werden konnte. Joseph erzählte die Geschichte der blauen Fäden in den jüdischen Tüchern. Die Formel für die Herstellung dieses Blautons war offenbar verloren gegangen, als Titus und Vespasian 70 n. Chr. den Tempel zerstörten, und 2009 gerade erst wiederentdeckt worden.

Joel Osteen betonte, dass bald etwas Gutes geschehen werde, weil Gott in Kürze einschreiten werde. Er wache über uns und führe seine Pläne aus. Damit hatte Joel wieder einmal eine gute Botschaft für mich, denn bis zur Berufungsverhandlung sind es nur noch neun Tage. Ich bezweifle nicht, dass Gott auf mich aufpasst, und ich weiß, dass meine Chancen auf einen Freispruch besser sind denn je, aber ich bin inzwischen sehr vorsichtig geworden. Deshalb hat es mir gutgetan, von Joel zu hören, dass Gott zu meiner Verteidigung eilen und rasch Hilfe bringen wird. Auch ich brauche Glauben.

Hilfreich war auch sein Hinweis, dass wir Gott nicht ständig belästigen, sondern ihm immer danken sollen. Das ist ebenfalls ein guter Rat.

Songs of Praise kam heute aus dem *Royal Hospital* für die *Chelsea Pensioners*, Veteranen aus dem Vereinigten Königreich, und die Auswahl von traditionellen Liedern aus Kirchen im ganzen Land war ein Genuss und reichte von Charles Wesleys »And Can It Be«, dem Lieblingslied des Erzbischofs von Canterbury, Dr. Welby, bis hin zu »Dear Lord and Father of Mankind«.

Heute Abend wurde in den Nachrichten gemeldet, dass der erste Mann am Coronavirus gestorben sei, ein 78-jähriger Mann aus Westaustralien, der Passagier auf dem Schiff *Ruby Princess* gewesen war.

Psalm 3 hat eine Botschaft für mich:

HERR, wie viele sind meine Bedränger;
viele stehen gegen mich auf.
Viele gibt es, die von mir sagen:
Er findet keine Hilfe bei Gott.
Du aber, HERR, bist ein Schild für mich,
du bist meine Ehre und erhebst mein Haupt.

Montag, 2. März 2020

In den letzten beiden Tagen war ich meiner Zeit voraus. Mir war zwar bewusst, dass der Februar in diesem Schaltjahr 29 Tage hat, aber ich hatte mich, was das Datum anging, auf meine Gefängnisuhr verlassen, was ich häufig tue, da ich einer jener Unglückseligen bin, die gelegentlich nicht wissen, welchen Tag wir gerade haben. Die Uhr weiß zwar eine ganze Menge, doch das Schaltjahr hatte sie nicht berücksichtigt, was mich aber nicht sehr gestört hat, denn ich war mir immer sicher, wann Samstag und Sonntag war! Ich musste nur bei den letzten beiden Tagebucheinträgen das Datum ändern.

Das erinnert mich an den alten Witz über den Schotten, der nach dem schottischen Sommer gefragt wurde. »Der war großartig«, antwortete er, »der beste Tag des ganzen Jahres.«

Ich hatte damit gerechnet, dass es heute warm werden würde, aber dann war es doch so kalt, dass ich lieber eine halbe Stunde früher den Hof verließ und hineinging. Gestern war der schöne Tag, angeblich mit Temperaturen von bis zu 30° Celsius. Ich bezweifle aber, dass wir diese Temperatur hier erreichten.

Heute hat mich der Arzt einbestellt, um mir die Ergebnisse meiner Blutuntersuchung zu verkünden. Er klang beinahe enttäuscht, als er mir mitteilte, dass meine Werte (bei acht Tabletten pro Tag) nichts zu wünschen übrig ließen. Das erfreulichste Resultat war, dass meine tägliche Portion Schokolade – außer an Freitagen – meinem Blutzuckerwert nicht geschadet hat.

Peter und Fiona Tellefson sind vorbeigekommen. Sie hatten sich freigenommen, um noch einen Tag länger in ihrem Strandhaus in Aireys Inlet verbringen zu können, wo die Genehmigungen für ihr neues Haus sie erreicht haben. Es soll Weihnachten 2021 fertig sein. Unsere Zeit war – vermutlich, weil noch weitere Besucher folgen sollten – auf 75 Minuten begrenzt. Wir tauschten Familienneuigkeiten aus und sie wollten wissen, wie es mit meinem Fall voranging.

Einer der vielen Briefe war für mich als Priester, der auf das zurückblickt, was er hat erreichen wollen, besonders interessant und tröstlich.

Der Verfasser, Ruheständler, gebürtiger Australier und Physiker, der in Melbourne studiert hat, hatte mir ein schönes Foto geschickt, eine Weihnachtskarte für Wissenschaftler, die ich immer noch hier auf dem Regal in meiner neuen, größeren Zelle stehen habe. Sie zeigt einen Säugling im *Rotorua Redwoods Forest* und das Licht, das zwischen den Bäumen hindurchscheint. Genau wie Graeme Putt, mein Briefschreiber, der seine Interpretation des Fotos gleich mitgeschickt hatte, sehe ich darin ein Sinnbild der Dreifaltigkeit: Das Kind ist Christus, die Lichtstrahlen symbolisieren den Heiligen Geist, und der unsichtbare Fotograf ist der Vater. Der Schreiber ist ein energischer Verfechter meiner Sache. Er hält die gegen mich gesprochenen Urteile für absurd und pervers und fühlt sich an Arthur Millers *Hexenjagd* erinnert. Er räumt ein, dass meine Gegner in mir einen Krieger sehen, »der keine Gefangenen macht, immer angreift und sich nie verteidigt«, das Größte, was Sydney seit Plugger Lockett[1] getroffen hat, während er selbst die Rolle, die ich bei der Verteidigung Gottes und der Kirche spiele, positiver bewertet. Das große Thema unserer Zeit ist seiner Meinung nach nicht die Erderwärmung, sondern »die Schlacht um den Erhalt einer vom Glauben an Gott getragenen moralischen Ökologie unter den Menschen«.

Zu meiner Freude bezeichnete er es als meine »größte beständige Stärke«, dass ich »ein Wortführer des Glaubens an Gott« sei. Unabhängig von der wichtigen Frage, wie gut mir das gelungen ist,

ist es jedenfalls ermutigend, dass ein angesehener Akademiker das, was ich nach wie vor zu leisten versuche, anerkennt und gutheißt.

Gestern am Telefon habe ich gegenüber Michael Casey, meinem ehemaligen Sekretär, Graeme Putts Urteil über *God and Caesar*,[2] das Michael für mich herausgegeben hat, zitiert: »Ein klassisches wissenschaftliches Werk, auf das sich alle Gläubigen mit unsicherer Überzeugung stützen können. Und ich denke, es wird noch bestehen, wenn wir beide diesen Planeten schon längst verlassen haben.« Michael war genau wie ich erfreut, das zu hören.

Es besteht kein Zweifel, dass unsere Gegner ganz unverhohlen darauf hinarbeiten, die jüdisch-christlichen Rechtsgrundlagen der öffentlichen Weltanschauung zu zerstören und zu ersetzen, die im Westen seit mindestens 1500 Jahren vorherrschend war – nämlich seit der Zeit, als Konstantins Toleranzedikt von 313 im Jahr des Herrn 520 unter Kaiser Justinian zu einem im engeren Sinne christlichen Rahmenwerk weiterentwickelt wurde. Die Sozialkonservativen sind sich der Angriffe auf die moralische Ordnung durchaus bewusst, aber es scheint, dass nur wenige die Glaubenskrise, die dem zugrunde liegt, und die Notwendigkeit erkennen, Gott in der öffentlichen Debatte weiter aktuell zu halten und die Welt an unsere unverhohlene Behauptung zu erinnern, dass der gute Gott am Ende unseres Lebens jeden von uns richten wird, um uns für das Fehlen oder Vorhandensein des Glaubens und der Liebe, die sich in unserem täglichen Leben ausdrücken, zu bestrafen oder zu belohnen. Wir haben uns in dem Versuch, eine gemeinsame Basis zu finden, zu lange nach unseren Gegnern gerichtet und Gott aus der Diskussion ausgeschlossen. Und ich habe festgestellt, dass ich bei zu vielen Menschen, die sich für den christlichen Glauben einsetzen, nur sehr wenig Gehör finde, wenn ich sie auf diese Sache mit Gott anspreche.

Der hl. Gregor von Nazianz, ein griechischer Theologe des späten 4. Jahrhunderts, hatte eine andere Mentalität als wir heute, aber er war ein erstklassiger Theologe (und ein umstrittener Bischof), der schöne Dinge über Gott geschrieben hat (14. Rede):

Wer gab dir die Schönheit des Sternenhimmels zu sehen, den Lauf der Sonne und den Kreis des Mondes, die Schar der Gestirne und zwischen all diesen die Ordnung und Harmonie wie den Klang einer wohlgestimmten Leier?

[…]

War es nicht Gott, der jetzt von dir vor allem und für alle Güte fordert? [...] Obwohl er Gott und Herr ist, scheut er sich nicht, sich von uns »Vater« nennen zu lassen.

Dienstag, 3. März 2020

Ein eher ereignisloser Tag mit ein paar erfreulichen Entwicklungen, einer unerfreulichen (aber nicht allzu schlimmen) Überraschung und einer interessanten Diskussion im *SBS*-Sender über Tötung auf Verlangen in Victoria, in der diese Option recht unmissverständlich befürwortet wurde, aber zwei Lebensschützer zu Wort kamen, die stringent und empathisch die Auffassung vertraten, dass Ärzte niemals beabsichtigen sollten zu töten. Die Diskussion war höflich und respektvoll.

Als ich von draußen wieder hereinkam – bei dieser Gelegenheit musste ich der Gefängnisseelsorge das Brevier zurückgeben, damit ich (einige Stunden später) mein eigenes in Empfang nehmen konnte –, teilte man mir mit, dass ich Besuch hätte. Ich dachte zuerst, dass meine Anwälte unerwartet gekommen seien, aber es war Schwester Mary, die Seelsorgerin, die aus Melbourne angereist war, um mich zu besuchen. Es war der erste Tag, an dem sie wieder selbst Auto fahren durfte, nachdem ihr rechts ein künstliches Kniegelenk eingesetzt worden war. Auf meine Bitte hin ging sie ein bisschen herum, um mir zu beweisen, dass sie besser gehen konnte als vor der Operation. Sie sah gut aus, gesund und frisch, und ich war gerührt über ihre Freundlichkeit, den weiten Weg auf sich zu nehmen, um mir Mut zuzusprechen.

Die unerfreuliche Nachricht war, dass irgendein Verrückter unsere Anwälte angerufen und mir physische Gewalt – Prügel oder eine Bombe – angedroht hatte. Ich sagte Kartya, dass ich hier in der Einzelhaft im *Barwon*-Gefängnis so sicher sei, wie ich in Australien nur sein könne. Das Gefängnis und die Polizei sind alarmiert worden, und ich bin gespannt, ob über die Polizei etwas durchsickert.

Als ich von 1980 bis 1983 bei dem emeritierten Bischof O'Collins im alten bischöflichen Palais in Ballarat wohnte, einem riesigen zweigeschossigen Gebäude aus blauem Naturstein, rief jemand an und drohte, in unserem Keller eine Bombe zu zünden. Das war insofern beruhigend, als das Palais gar keinen Keller hatte, und ich sagte zu Nancy, der Haushälterin, einer lieben Freundin und recht kräftigen Dame, dass es »eine riesengroße Bombe bräuchte, um uns beide in die Luft zu jagen«. Das hat sie aufgemuntert und sie war beruhigt.

Mein Bruder hat mir eine Kopie des Artikels geschickt, den Chris Friel am 26. Februar veröffentlicht hat und der den Titel trägt »Wenn der Alben-Schrank im Weg steht, müssen ihn die Geschworenen freisprechen«, der die gegen mich erhobenen Anschuldigungen betrifft. Ich denke, es ist ein guter Artikel, aber ich brauche die Einschätzung eines Juristen, um sicherzugehen, ob die Fakten, die er präsentiert, seine Schlussfolgerung rechtfertigen. Deshalb habe ich Kartya angerufen und darum gebeten, dass das Team den Text liest und mir sagt, was damit nicht stimmt.

Der Artikel beginnt mit der Feststellung, dass die Chorsänger, die sich vom Rest der Auszugsprozession getrennt hatten, entweder (trotz der zusätzlichen Entfernung, die der Kläger zurücklegen musste) unmittelbar vor den Messdienern oder nach den Messdienern in der Sakristei angekommen sein müssen, als dort bereits reges Treiben herrschte. Das sind die beiden unmöglichen Alternativen.

Da der verstorbene zweite Chorsänger erklärt hatte, er sei niemals angegriffen worden, musste, wie Friel eindrücklich geltend machte, entweder er oder der Kläger gelogen haben.

Friels zentrales Argument war, dass die Aussage des Klägers und das, was vor Gericht über die Gegebenheiten in der Sakristei – den Platz, an dem der Wein stand, und den Platz, wo die Übergriffe stattgefunden haben sollen – behauptet worden war, von dem abwich, was die Polizei in Rom zu Protokoll genommen hatte. Ursprünglich sagten sie, dass der Wein gleich links neben der Tür und die Chorsänger mitten im Raum gestanden hätten, doch vor Gericht behaupteten sie, dass der Wein in einer Mauernische aufbewahrt worden sei und in derselben Ecke auch die Übergriffe stattgefunden hätten.

Die Sakristei ist allerdings 2003 oder 2004 renoviert worden und 1996 wurden in dem Bereich links neben der Tür die Alben aufgehängt, sodass dies unmöglich der Ort gewesen sein kann, wo der Wein aufbewahrt wurde. In der alten Sakristei hatte es keine Spülbecken gegeben und der Wein war in der Ecke mit der Mauernische aufbewahrt worden. Der Kläger hatte in seiner Darstellung der Szene den jetzigen Zustand irrtümlich auf die Gegebenheiten von 1996 übertragen.

Friels Schlussfolgerung aus diesen Unterschieden zwischen der Version aus der Befragung in Rom und den Aussagen vor Gericht ist drastisch: »Es ist, als hätte Azarias[3] Strickjäckchen uns die ganze Zeit über angestarrt.«

Die Sendung über Tötung (nicht »Sterben«, wie es in der offiziellen Beschreibung hieß) auf Verlangen bestärkte mich in meiner immer tieferen Überzeugung, dass wir in unserer Katechese und Evangelisierung mehr über das christliche Verständnis des Leidens sprechen und die Forderungen Gottes in die Diskussion einbringen müssen, nicht weil sie die einzige Basis für unseren Standpunkt, sondern weil sie für die Mehrheit der Australier, die an Gott glaubt, ein wichtiger Denkanstoß sind.

Psalm 2 weist uns die Richtung:

Nun denn, ihr Könige, kommt zur Einsicht,
lasst euch warnen, ihr Richter der Erde!
Mit Furcht dient dem HERRN, jubelt ihm zu mit Beben,
küsst den Sohn, damit er nicht zürnt und euer Weg sich nicht verliert.

Mittwoch, 4. März 2020

Als ich heute Morgen draußen war, schien für eine Weile die Sonne und ich freute mich schon auf einen schönen, klaren Herbsttag. Doch es kam anders: Schon bald zog sich der Himmel wieder zu und danach war es den ganzen Tag über kühl und bedeckt, allerdings ohne dass es regnete. Als ich mit Terry Tobin in Sydney telefonierte, fragte er, ob es bei uns geregnet hätte, denn es sah so aus, als ob der Zyklon Esther von Broome aus südostwärts über den Kontinent ziehen, sich weiter ausbreiten und dadurch womöglich zehn Zoll Regen über dem Murray-Darling-Becken niedergehen würden. Wir werden sehen.

Um die Mittagszeit habe ich mit meinem Bruder David telefoniert und wir haben darüber gesprochen, wo ich leben werde, falls meine Berufungsverhandlung am Obersten Gerichtshof Erfolg haben wird. Zu meiner Überraschung erklärte er, dass die Familie es begrüßen würde, wenn ich eine Zeit lang nach Rom ginge. Dem lag die Überlegung zugrunde, dass die öffentliche Meinung insbesondere in Victoria sehr feindselig sei und eine offizielle Rückberufung nach Rom durch den Heiligen Vater auch helfen würde, die australische Öffentlichkeit zu beschwichtigen.

Nachdem ich so viele Unterstützerbriefe erhalten habe, laufe ich Gefahr, den Grad der Feindseligkeit zu unterschätzen, obwohl ich mir über die Haltung der Andrews-Regierung und des linken Establishments in Victoria nie Illusionen gemacht habe.

Ein Freund, den ich seit fast zwei Jahrzehnten kenne, ist inzwischen Gefängnisseelsorger und schreibt mir regelmäßig. Er erwähnte, dass es für viele Häftlinge eines der schwersten Kreuze sei, vergessen, »auf offensive Weise vergessen« zu werden. Dieses Kreuz bleibt mir erspart, und meine Freunde und ihre Gebete und Spenden sind Zeichen der göttlichen Vorsehung.

Er hat bestätigt, dass man mich nicht vergessen hat, und führt das auf »Leute« zurück, »die deinen Charakter kennen«. Der nächste Satz ist konkreter auf unseren Kontext bezogen: »Das halbe Land stellt dir ein Empfehlungsschreiben aus.« Bleibt immer noch die andere Hälfte, und auch wenn ich nicht davon ausgehe, dass halb Australien mir feindlich gesinnt ist, und gerne glauben möchte, dass die öffentliche Meinung sich zu meinen Gunsten verändert hat, seit der Oberste Gerichtshof von Australien meine Berufung akzeptiert hat und z. B. Andrew Bolt (und viele andere Autoren) sich für mich eingesetzt haben, ist der Zorn auf die Kirche und ihre Würdenträger und Institutionen in Victoria doch sehr viel größer als zu Beginn des Jahrtausends.

Da ich seit drei Jahren wieder in Australien bin und meine Arbeit in Rom beendet ist, hatte ich mich darauf gefreut, mich in Sydney – fürs Erste im dortigen Priesterseminar – niederzulassen. Die Vorstellung, für ein halbes oder ganzes Jahr oder länger nach Rom zurückzukehren, hat für mich keinen Reiz. Das könnte ein einsames Leben sein, wenn man nichts daran ändert.

Ich werde sehen, was die *alta autorità*[4] im Vatikan denkt, und die Meinung der Erzbischöfe von Sydney und Melbourne einholen. Eine Möglichkeit wäre, mir eine Aufgabe in Rom zu suchen, keine Vollzeitstelle, aber z. B. eine Rückkehr in den K9[5] (inzwischen nur noch K6) oder einen Posten in einer vatikanischen Kongregation (solange es nicht die Kongregation für die Heilig- und Seligsprechungsprozesse ist), um der Behauptung zu begegnen, dass ich zu Hause in Australien nicht erwünscht und in Rom nur gerade so eben geduldet sei. Da ich das offizielle Ruhestandsalter von 75 Jahren längst erreicht habe, erscheint das Gerede über eine kurzfristige Beschäftigung in einem anderen Licht, als eine entfernte Möglichkeit.

Das alles setzt natürlich voraus, dass ich die Berufungsverhandlung gewinne, und ich sage es immer wieder: Ich bin schon mehr als zweimal grausam enttäuscht worden und deshalb wäre es dumm, wenn ich irgendetwas als selbstverständlich betrachten würde. Also gehen wir es langsam an, sprechen ein paar Gebete, reden vielleicht noch mit ein oder zwei Leuten und warten dann ab, was sich entwickelt. Es ist erfreulich zu hören, dass man in der römischen Kurie einhellig von meiner Unschuld überzeugt ist. Die Priester vom ACCC[6] wollen am Abend vor der Verhandlung extra eine Gebetsvigil halten und einige – vielleicht sogar viele – Menschen haben begonnen, Novenen zu beten, damit die Sache ein gutes Ende nimmt.

In China hat sich den Statistiken zufolge die Ausbreitung des Coronavirus verlangsamt. Die drei anderen Länder, in denen die Lage besonders schlimm ist, sind der Iran, der für seine mangelhaften Statistiken bekannt ist, Japan, wo es nach den Worten eines Arztes Tausende nicht registrierte Opfer geben soll, und Italien, wo die Touristenzahlen mancherorts um 80 Prozent gesunken sind.

Als Seminarist habe ich Romano Guardinis Buch über Jesus mit dem Titel *Der Herr* gelesen. Es ist ein Klassiker. Im Editorial der März-Ausgabe von *Magnificat* wird ein Abschnitt daraus zitiert:

Und nicht durch Magie überwindet Er, nicht durch »Geisteskraft«; sondern dadurch, dass Er der ist, der Er ist: unversehrt bis in die Wurzel. Lebendig durchaus.

Donnerstag, 5. März 2020

Es hat fast die ganze Nacht hindurch geregnet. Also sind die Ausläufer des Zyklons Esther nach Südwesten und bis nach Tasmanien gezogen und haben weiter nördlich, im Murray-Darling-Becken und darüber hinaus, für ergiebige Regenfälle gesorgt. Eine willkommene Entwicklung, aber eine Überraschung – wenn nicht gar Enttäuschung – für die Klima-Unheilspropheten.

Mit meinem Neffen Nicholas habe ich verabredet, dass er am Montag, 16. März, kurz vor dem *St Patrick's Day*, zu Besuch kommt und mir die Haare schneidet. Sein Vater David meinte, er freue sich auf die Herausforderung.

Ein befreundeter Priester hat mir die März-Ausgabe des *Magnificat* für die täglichen Messen geschickt und die Hoffnung geäußert, dass dies das letzte Mal sein wird, dass ich sie brauche. Wenn die ACCC-Priester am nächsten Dienstag zu ihrer Abendandacht zusammenkommen, um für meine Sache zu beten, wird ein Mitglied über Papst Pius VII. predigen, der von Napoleon gefangen genommen worden war und Bonapartes Familie später, nach dessen endgültiger Niederlage 1815 in Waterloo, im Vatikan Asyl gewährte.

»Das ist das Ende der Kirche«, soll der spätere Kaiser der Legende nach in prahlerischem Ton zu einem italienischen Prälaten gesagt haben, nachdem Papst Pius VI. in französischer Gefangenschaft gestorben war. »Sire«, sagte der Bischof, »uns Priestern ist es in 1800 Jahren nicht gelungen, die Kirche zu zerstören. Sie werden das ganz sicher auch nicht schaffen.« Und er hat recht behalten.

Pius VII. wurde im Kloster San Giorgio in Venedig von den Kardinälen gewählt, und als ich dort war, habe ich den Stuhl ausfindig gemacht, auf dem der Kardinalherzog von York, der Letzte der Stuarts, der am Konklave teilnahm, höchstwahrscheinlich gesessen hat, und einen Augenblick dort Platz genommen. Papst Pius VII. (der nicht heiliggesprochen worden ist) ist der inoffizielle Schutzpatron der Häftlinge, und der Priester wird in seiner Predigt darauf hinweisen, dass Napoleons Beispiel in diesem Punkt seine Nachahmer gefunden hat – insbesondere in Victoria.

Aileen, die Seelsorgerin, ist nach einwöchiger Abwesenheit von ihrer Tagung zurückgekehrt und hat ein weiteres Mal John McCarthy mitgebracht, damit er die Messe feierte. Die heutige Messintention war meine Freilassung. Uns wurde ein kleiner Raum zugewiesen, der näher am Zentralbüro lag, und an einem Punkt wurde die Feier durch eine laute, aber gutmütige Schimpftirade unterbrochen. Jesus ist in einem Stall zur Welt gekommen. Er hätte sicher Verständnis dafür gehabt. Nach der Messe konnte ich mich nicht zurückhalten und rief aus, dass die Messe so viel besser und tiefer ist als eine halbstündige Predigt. Daraufhin meinte John trocken, ich sei so katholisch wie eh und je!

Eine meiner früheren Schülerinnen am *Aquinas*, Susan, hat mir einen 14-seitigen Brief geschrieben. Sie hat sowohl an katholischen als auch an staatlichen Schulen mit beträchtlichem Erfolg als Lehrerin gearbeitet, ihre Tätigkeit aber inzwischen aus gesundheitlichen Gründen aufgeben müssen.

Sie hatte viele gute Vorschläge für meine Anwälte, die aber mit einer Ausnahme alle bereits geprüft worden sind. Susans Bemerkung, dass die Behauptung, ich hätte mich darüber empört, dass die jungen Chorsänger Wein getrunken hätten, und wäre dann in der unterstellten Weise vorgegangen, für jeden, der mich am *Aquinas* gekannt hat, völlig abwegig sei, werde ich an mein Juristenteam weitergeben. Sie hat recht, denn es ging nicht um ein Sakrileg, und es haben seit unvordenklichen Zeiten schon unzählige Messdiener am Messwein genippt. Das ist natürlich nicht in Ordnung, aber es ist auch kein Kapitalverbrechen. Das ist ein weiterer, wenn auch weniger wichtiger Aspekt, der zeigt, wie unglaubwürdig die Vorwürfe sind. Schließlich habe ich als Teenager in einem Hotel gelebt und an der Bar gearbeitet!

Unglücklicherweise und zum Entsetzen ihrer italienischen Eltern hat sich Susan 1990 den *Wiedergeborenen Christen* angeschlossen. Deshalb macht sie einige harsche Bemerkungen über den sexuellen Missbrauch in der Kirche (die berechtigt sind) und über den Reichtum der Kirche, die Anzahl der Immobilien und die Fähigkeit der Kirche, den Opfern Entschädigungen zu zahlen, die ich für fehlgeleitet und übertrieben halte.

Sie und ihr Freundeskreis sind von meiner Unschuld überzeugt. Sie betet jeden Abend für mich, und einmal, so meint sie, habe der Heilige Geist zu ihr gesagt: »Mach dir keine Sorgen, bei der nächsten Gerichtsverhandlung wird er freigesprochen werden.« Göttlich inspiriert oder nicht: Diese Nachricht ist auf jeden Fall ermutigend.

Außerdem vermutet sie, dass korrupte Kräfte im Vatikan in meine Schwierigkeiten verwickelt waren und der Kläger vielleicht durch Hypnose dazu gebracht worden sei, an seine Geschichte zu glauben. Sie riecht, »dass da etwas faul ist«, glaubt, dass man mich hereingelegt hat, und drängt meine Anwälte, dort zu suchen, »wo das Geld ist«. Susan meint, ich sei freundlich zu ihr gewesen, als sie Schülerin war, und es hat gutgetan, dass sie mir ein Vielfaches dieser Freundlichkeit vergolten hat. Aber Möglichkeiten sind keine Beweise.

Das Coronavirus breitet sich weiter aus. Besucher aus Südkorea dürfen nicht mehr nach Australien einreisen, und diejenigen, die aus Italien ankommen, müssen für zwei Wochen in Quarantäne. Papst Franziskus war krank und nicht in der Lage, an den Exerzitien der Kurie teilzunehmen, aber sie sagen, er habe sich nicht mit dem Coronavirus infiziert.

In Melbourne hat es letzte Nacht so viel geregnet wie sonst in einem ganzen Monat.

Die Lesung der heutigen Messe stammt aus dem Matthäusevangelium (7,9–11):

Oder ist einer unter euch, der seinem Sohn einen Stein gibt, wenn er um Brot bittet, oder eine Schlange, wenn er um einen Fisch bittet? Wenn nun ihr, die ihr böse seid, euren Kindern gute Gaben zu geben wisst, wie viel mehr wird euer Vater im Himmel denen Gutes geben, die ihn bitten.

Freitag, 6. März 2020

Ich bin wie üblich zum Weckruf um viertel nach sieben aufgestanden, obwohl ich anders als sonst schon um vier Uhr aufgewacht und nicht sofort wieder eingeschlafen war. Ich hatte meinen Rosenkranz nicht griffbereit. Wenn ich den Rosenkranz bete, schlafe ich fast immer wieder ein.

In den 1960er-Jahren bin ich bei der Universitätsseelsorge in Oxford einmal Auberon Waugh begegnet, der damals gerade in seiner katholischen Phase war. Er ist einer von Evelyns Söhnen und ebenfalls ein guter Schriftsteller (wenn auch nicht in derselben Liga wie sein Vater). Damals war er Parlamentsreporter und erklärte, er sei für diese Aufgabe vollkommen ungeeignet, weil er immer sofort einschlafe, wenn ein Politiker aufstehe, um eine Rede zu halten. Dieser Pawlow'sche Reflex, behauptete er weiter, sei dadurch bedingt, dass er als Kind und als Jugendlicher so viele katholische Predigten gehört habe.

Heute war es kühl, aber nicht kalt, und hin und wieder hat sich die Sonne durch die Wolken gekämpft. Die Krankenschwester brachte mir meine neue Brille und legte mir nahe, den Erhalt erst zu quittieren, nachdem ich sie eine Zeit lang ausprobiert hätte. Das war jedoch gar nicht nötig: Ich bat sie, mir eine Seite der Verordnung zu geben, die ich ohne Probleme lesen konnte. Die Fassung war auch perfekt. Der Preis beträgt 245 Dollar. Wahrscheinlich muss ich Kartya bitten, mir den Betrag in bar von meinem monatlichen Taschengeld auszuzahlen. Ich hatte eines der verfügbaren Gestelle ausgewählt, das aus dünnem schwarzem Metall besteht und mein gelassenes Erscheinungsbild vermutlich ein bisschen strenger wirken lässt. Ich habe mich seit fast zwei Monaten nicht gewogen, aber da ich nicht zunehme, bin ich wahrscheinlich immer noch 12–14 kg leichter als vor meiner Haft.

Professor Greg Craven, Vizekanzler der Australischen Katholischen Universität, hat mich zum zweiten Mal besucht und wir hatten über zwei Stunden zur Verfügung, um Neuigkeiten auszutauschen. Er hat sich einen Muskelfaserriss zugezogen. Als er das Vogelhaus neben seinem Landhaus in Wollombi inspizieren wollte – wo gerade sieben Zoll Regen gefallen sind –, ist er auf eine Braunschlange getreten, hat sich rasch umgedreht, um wegzulaufen, und da ist es passiert. Er sagte, die Schlange habe ihn recht gemächlich verfolgt, als ob sich der Aufwand nicht lohne.

Greg fand auch, dass die Farbe meiner Gefängnisuniform Kardinalspurpur ist, und er war optimistisch, was meine Erfolgsaussichten bei der Verhandlung nächste Woche betraf. Ich stellte ihm eine Frage, die ich meinen Anwälten vorlegen will: War ihm irgendein Fall bekannt, der am Obersten Gerichtshof verhandelt und bei dem ein Beweismittel, das bereits abgelehnt und dessen Ablehnung von einer der Parteien anerkannt worden war, erneut zugelassen wurde?

Er war nicht der Meinung, dass es solche Fehler häufig gegeben hat.

Wir sprachen über eine mögliche Kooperation zwischen der Australischen Katholischen Universität (ACU) und *Domus Australia* in Rom und er war offen für die Idee einer Partnerschaft. Außerdem sprachen wir in einvernehmlicher Unwissenheit über die realen oder angeblichen finanziellen Engpässe der Erzbistümer Sydney und Melbourne und die realen Schwierigkeiten in den kleineren ländlichen Diözesen, die mit der Bevölkerungsabwanderung und der rückläufigen Glaubenspraxis zu kämpfen haben.

Er hat sich konsequent dafür eingesetzt, die Katholizität der ACU durch strategische Besetzungen der höheren Posten zu stärken, und berichtete voller Stolz, dass ein leitender Mitarbeiter seinen Glauben wieder praktiziert, seit er bei der Universität beschäftigt ist.

Leider haben die beiden Videokonferenzen mit meinen Anwälten, die für diese Woche angesetzt gewesen waren, nicht stattgefunden. Sicherlich waren sie damit beschäftigt, die Dokumente für das Gericht vorzubereiten und unerwartete Anfragen vonseiten des Gerichts zu beantworten. Ich habe eine Liste mit Diskussionspunkten vorbereitet.

Als Erstes werde ich fragen, ob es ihnen gelungen ist, das Argument der sich aus den Faktoren ergebenden Unwahrscheinlichkeit der angeblichen Übergriffe mathematisch oder sprachlich auszuführen. Haben wir Fotos von der »alten« Sakristei vor den Renovierungsmaßnahmen 2003/2004? Haben sie noch etwas zu meinem Dokument »Die Grundlage für eine Schilderung« anzumerken, ehe ich es an Katrina und das Team übergebe? Ich kann diese Fragen am Montag auch telefonisch stellen, wenn es am Wochenende keinen Kontakt gibt. Heute waren Paul und Kartya in der Zeit, als ich telefonieren konnte, in einem Gedenkgottesdienst. Ich habe Margaret angerufen und kurz mit ihr gesprochen, aber sie hat sich die ganze Zeit über beklagt, dass sie mich nicht verstehen könne.

Es ist müßig, darüber nachzudenken, wie viele Extragebete ich sprechen sollte, während der Berufungstermin näher rückt. Der gute Gott weiß, wie sehr ich mich nach Gerechtigkeit sehne, und Jesus hat uns gesagt, dass wir nicht plappern sollen wie die Heiden. Aber manchmal hat der Herr selbst nächtelang gebetet! Der gute Gott weiß auch, wie sehr eine günstige Entscheidung der Kirche helfen würde. Ich muss gestehen, dass ich einige Leute gebeten habe weiterzubeten und den Druck auf Gott aufrechtzuerhalten. Ich muss also auf seine Toleranz und sein Verständnis hoffen.

In Psalm 35 stehen ein paar Verse, die ich gebrauchen kann:

Streite, HERR, gegen alle, die gegen mich streiten,
bekämpfe alle, die mich bekämpfen!
Ergreife Schild und Waffen;
steh auf, um mir zu helfen! [...]
Sag zu mir: Ich bin deine Hilfe!

Samstag, 7. März 2020

Heute feiern wir das Fest der hl. Perpetua und Felicitas, die um das Jahr 203 unter dem römischen Kaiser Septimius Severus das Martyrium in Karthago erlitten haben. Die Lesung für die Laudes stammt aus dem Römerbrief des hl. Paulus und beginnt so: »Segnet eure Verfolger; segnet sie, verflucht sie nicht! Vergeltet niemandem Böses mit Bösem! Seid allen Menschen gegenüber auf Gutes bedacht!« (12,14.17). Das Evangelium stammt aus Matthäus:

»Ich aber sage euch: Liebt eure Feinde und betet für die, die euch verfolgen, damit ihr Kinder eures Vaters im Himmel werdet« (5,44–45).

Ich habe schon bei vielen Gelegenheiten, wenn auch in einem anderen Zusammenhang, darauf hingewiesen, dass keine Errungenschaft vollständig und von Dauer ist, und das gilt auch für die Fähigkeit zu vergeben. Das ist mir bewusst geworden, als ich einmal einem französischen Mitglied der Gemeinschaft Emmanuel zuhörte, das regelmäßig nach Ruanda reiste, um dort mit den Überlebenden des Hutu-Tutsi-Pogroms zu arbeiten, bei dem Hunderttausende Menschen abgeschlachtet wurden. An den Tötungen waren auch Kleriker und Ordensleute beteiligt, und ein Ordensmann hat traurige Berühmtheit erlangt, als er sagte, Vergebung sei ein westliches Konzept (und mithin in Afrika irrelevant)!

Immer wieder kam es vor, dass Opfer, die geliebte Angehörige verloren, sich aber mithilfe der Gnade für die Vergebung entschieden hatten, später die Erfahrung machten, dass Wogen von Hass in ihnen aufstiegen, sie zu übermannen drohten und mit aller Kraft bekämpft und unterdrückt werden mussten.

Im Vergleich zu den Nachwehen dieser grauenerregenden Massenmorde sind meine Probleme klein, aber wenn der Oberste Gerichtshof sein Urteil gesprochen hat, wird meine Situation eine andere sein.

Wenn die Berufungsverhandlung Erfolg hat, gerate ich möglicherweise erneut in Versuchung, mich selbstgerecht über gewisse Anwälte und Richter und – viel mehr als über den Kläger selbst – über diejenigen zu empören, die ihn (wenn es denn so war) zu seiner Klage angestiftet haben. Und wenn meine Berufung keinen Erfolg hat, gibt es mindestens vier weitere Richter, gegen die ich eine Abneigung hegen und die ich verurteilen kann.

Die christliche Lehre ist, was das angeht, völlig klar und unmissverständlich. Feinden und Gegnern muss vergeben werden: den echten genauso wie den vermeintlichen, den böswilligen ebenso wie den irregeleiteten. Diese Entscheidung habe ich getroffen und muss ich immer wieder treffen, auch wenn die Emotionen dagegen aufbegehren. Ich vergebe.

Manche Iren stehen in dem Ruf, große Hasser zu sein, und durch meine Adern fließt keine kleine Portion – großenteils katholisches und zu einem kleinen Teil protestantisches – irisches Blut. Doch ich habe auch gesehen, wie der Hass die Menschen verzehren, ihre Herzen austrocknen und verbittern und das Glück zerstören kann. Mit der Gnade Gottes und der Hilfe vieler Gebete werde ich auch weiterhin den Pfad der Vergebung beschreiten. Und ich muss zugeben, dass der Kampf die meiste Zeit über nicht allzu schwierig gewesen ist.

Im heutigen *Weekend Australian* war ein langer Beitrag von John Ferguson: »Pell startet einen letzten Versuch für die Freiheit.« Seine Hauptpunkte waren, dass niemand im Vorfeld wissen könne, wie der Oberste Gerichtshof entscheiden werde, und dass einem Artikel in der juristischen Fachzeitschrift *Sydney Law Review* zufolge »viele unabhängige Stimmen argwöhnen, Pells Verurteilung könne ein Irrtum gewesen sein«. Die Argumente, die er anführt, sprechen entschieden zu meinen Gunsten, was nicht weiter erstaunlich ist, wenn man bedenkt, dass die Darstellung des Klägers außer durch seine eigene Aussage durch kein einziges Beweismittel bestätigt wird. Es besteht ein gewisses Ungleichgewicht zwischen Fergusons Argumentation und seinen Schlussfolgerungen, aber mehr kann man von einem »unparteiischen« Autor nicht erwarten, der es sich mit der gut vernetzten Anklagebehörde nicht verscherzen will.

Als ich heute mit den Tobins telefoniert habe, habe ich einiges an Neuigkeiten erfahren. Bei einem Teilnehmer des letzten Treffens der Akademie für das Leben in Rom, an dem auch Erzbischof Anthony Fisher und Bernadette teilgenommen hatten, ist das Coronavirus nachgewiesen worden. Es ist also eher unwahrscheinlich, dass Anthony am Montag von Sydney herkommen und mich besuchen kann.

Terry konnte mir auch berichten, dass meine Anwälte Paul und Kartya mich morgen besuchen werden. Sie hatten sich zweimal mit den Gefängnisbehörden ins Benehmen gesetzt, um ein Videomeeting zu arrangieren, doch man hatte ihnen nur gesagt, dass dafür nicht genug Personal zur Verfügung stehe. Eine Telefonkonferenz war ebenfalls nicht durchführbar. Kartya hat zwei Beschwerdebriefe geschrieben.

Allem Anschein nach gibt es unter den Wachhabenden die Erbsünde, auch wenn ich es mir früher schlimmer vorgestellt hatte. Die meisten sind sehr entgegenkommend, alle sind korrekt und höflich, aber in der Abteilung, die die Besuche und Kontakte koordiniert, scheint es doch noch einen oder zwei schwierigere Fälle zu geben. So ist das Leben.

Weltweit wurden inzwischen 100 000 Coronavirus-Erkrankungen in 90 Ländern gemeldet. Die meisten Patienten leben in China, und insgesamt sind 3496 Menschen gestorben.

Während des Zweiten Vatikanischen Konzils (1962–1965) war die Kirche mit einer großen Gruppe herausragender europäischer Theologen gesegnet. Die bekanntesten von ihnen waren der deutsche Jesuit Karl Rahner, die französischen Dominikaner Yves Congar und Marie-Dominique Chenu, der Jesuit Henri de Lubac, ebenfalls aus Frankreich, Hans Urs von Balthasar aus der Schweiz und der junge Deutsche Joseph Ratzinger. Umstrittenere Autoren waren Hans Küng, der kürzlich erklärt hat, dass Sterbehilfe für ihn eine Option ist, und der niederländische Dominikaner Edward Schillebeeckx.

Bischof Bernard Stewart war Bischof von Sandhurst in Victoria und ein leidenschaftlicher Konservativer. Einmal habe ich ihm gegenüber eine wunderbare Geschichte zum Besten gegeben, die man sich damals über ihn erzählte. Er habe seine zukünftigen Seminaristen den Namen Schillebeeckx buchstabieren lassen und dann jeden abgelehnt, der es konnte. »Das ist keine Geschichte«, gab er zurück, »das ist die reine Wahrheit.«

Jean Kardinal Daniélou, ein französischer Jesuit und Experte für Patristik – die Schriften der Väter oder frühkirchlichen Schriftsteller –, gehörte ebenfalls zu dieser erlesenen Gruppe und war einer meiner Favoriten.

Im *Magnificat* wird aus einer seiner Schriften zitiert:

Zur Messe zu gehen, wenn wir nichts für Gott empfinden, hat überhaupt nichts mit Heuchelei zu tun – es ist Glauben. […] Die Emotionen zum Gradmesser der Religion zu machen, würde viele Abirrungen nach sich ziehen. […] Gott zu lieben heißt zu wissen, dass wir auf Gott zählen können und dass Gott trotz unserer emotionalen Verstrickungen auf uns zählen kann.

55. Woche
Eine letzte Berufung

8. März bis 14. März 2020

Sonntag, 8. März 2020

Der Tag hat nicht gut begonnen: Ich habe bis 6.35 Uhr durchgeschlafen und die *Mass for You at Home*, die immer um sechs Uhr beginnt, war schon vorbei. Meine innere Uhr war heute ausgeschaltet.

Daraufhin habe ich mich beeilt – geduscht, mich aber nicht rasiert –, um Pastor Joseph Prince hören zu können. Joseph hat heute über das Thema »Glaube das Rechte und erkenne das Gute« gepredigt, also über die Erlösung, wenn man es biblisch formuliert. Wo im Übermaß gesündigt wird, ist das Übermaß der Gnade noch größer, weil Jesus für unsere Sünden gestorben ist, die ihm angelastet wurden.

Wir dürften nicht zulassen, betonte Joseph, dass die Sünde uns durch Zorn oder Wollust tyrannisiert. Selbst wenn wir Zorn oder Wollust empfinden und unreine Träume haben, seien wir in Gottes Augen noch immer gerecht, weil wir aus dem Glauben leben.

Am Ende seiner wöchentlichen Predigtgottesdienste lädt er die Gemeinde und die Zuschauer immer ein, mit ihm zu beten, was ich tue, solange die Worte nicht theologisch falsch oder fragwürdig sind. Heute habe ich den größten Teil seines Gebets mitgesprochen.

Father John McCarthy, der Seelsorger des *Barwon*-Gefängnisses, der letzte Woche für mich die Messe gefeiert hat, nimmt Joel Osteens Predigt jede Woche auf, nicht so sehr wegen des theologischen Inhalts, sondern weil er die lustige Geschichte, mit der Joel immer beginnt, vielleicht für seine eigene Predigt gebrauchen kann.

Seine heutige Geschichte über einen Papst und einen Anwalt, die in den Himmel kommen (der Anwalt bekommt das größere Haus, weil es im Himmel so wenig Anwälte gibt), war nicht schlecht, aber Johns Lieblingsgeschichte war die von dem kleinen Mädchen, das seine Mutter fragt, wo sie, die Tochter, eigentlich hergekommen sei. Daraufhin erzählt ihr die Mutter die schöne Geschichte von Adam und Eva und den nachfolgenden Generationen. Danach geht das Mädchen mit derselben Frage zu seinem Vater und der erklärt ihr die wichtigsten Zusammenhänge der Evolution und dass unsere Vorfahren Affen, Paviane oder Gorillas waren. Das Mädchen ist natürlich verwirrt und geht mit den beiden Theorien wieder zu seiner Mutter, die eine sehr einfache Erklärung parat hat. Sie habe von ihrer Seite der Familie und der Vater von seinen Vorfahren gesprochen.

Das erinnert mich an einen angeblichen Schlagabtausch zwischen Bischof Samuel Wilberforce und Thomas Huxley 1860 in der *Oxford Union*[1], wo der Bischof von Oxford Huxley gefragt haben soll, ob er mütterlicher- oder väterlicherseits von den Affen abstamme. Tatsächlich verfügte Wilberforce auch in den Naturwissenschaften über eine fundierte akademische Bildung und hat sich in der Debatte gut geschlagen. Sein Vater engagierte sich in der Sklavenbefreiung.[2]

Joel hat heute über die Zeiten der Stille gesprochen: jene Phasen, in denen Gott nicht so auf unsere Gebete antwortet, wie wir es gerne hätten. Dann arbeite Gott an uns, und er führe seine besten Arbeiten unerkannt aus.

David hat viele langweilige Jahre als Hirte verbracht, ehe er König wurde, und der Prophet Elija war dreieinhalb Jahre in der Wüste, nachdem er König Ahab getadelt hatte. In aller Stille haben diese beiden großen Gestalten des Alten Testaments wie Joels blattlose Eichen im Winter Kräfte für den Sommer gesammelt. Gott erschafft uns nicht, damit wir wir sind, sondern damit wir in Gottes Augen besser und größer werden. Sein Wohlwollen ist das, was zählt.

Songs of Praise brachte ein bunt gemischtes Programm. Es reichte von US-amerikanischen Kirchenliedern von Fanny Crosby, die ich nicht kannte, bis hin zu »Tell Out My Soul«, dieser wunderbaren Version des Magnifikat.

Paul und Kartya, meine Anwälte, kamen um die Mittagszeit an und wir konnten eineinhalb Stunden zusammen sein. Ich bin meine Punkteliste durchgegangen – zu unser aller Zufriedenheit –, und ich war erfreut zu hören, dass Ruth sämtliche relevanten Teile der

Friel-Materialien gelesen und durchgearbeitet hatte. Ich habe erneut auf die Qualität und die gewaltige Menge an Arbeit hingewiesen, die in seinen über 70 Artikeln steckt. Die Briefe, die ich bekommen hatte, und zwei Bände meines Tagebuchs lagen am Haupteingang bereit, damit Kartya sie mitnehmen konnte. Unsere juristische Vorbereitung ist absolut gründlich und von höchster Qualität. Wir könnten nicht besser vorbereitet sein. Ich sollte zu Maria, Unserer Lieben Frau vom Sieg, beten, wie ich es bei dem Konklave getan habe, bei dem Papst Benedikt XVI. gewählt wurde.

Der Heilige Vater, Papst Franziskus, hat alle öffentlichen Versammlungen im Vatikan abgesagt, um dem Coronavirus Einhalt zu gebieten. Er selbst hat eine Erkältung.

Der Hebräerbrief erläutert unsere Pflichten gegenüber Jesus, unserem Erlöser:

Ihr seid […] hinzugetreten […] zum Mittler eines neuen Bundes, Jesus […]. Gebt Acht, dass ihr den nicht ablehnt, der redet! Denn wenn schon die nicht entronnen sind, die ihn abgelehnt haben, als er auf Erden seine Gebote verkündete, um wie viel mehr gilt dies für uns, wenn wir uns von dem abwenden, der jetzt vom Himmel her spricht.

Montag, 9. März 2020

Am Morgen war es so schön, ein klarer Himmel mit einigen wenigen Wolken, und während ich draußen in der Nähe des Rasens saß, ging im Osten die Sonne auf, sodass ich bis gegen 11.40 Uhr draußen blieb. Eigentlich hätte ich bis Mittag dort bleiben dürfen, aber mein Besucher, Chris Meney, kam mehr als eine Stunde zu früh. Obwohl der Coronatest von Erzbischof Anthony Fisher heute negativ war, hat man ihm geraten, weitere fünf Tage zu Hause zu bleiben. Also ließ er sich entschuldigen und seine besten Wünsche ausrichten.

Noch eine Neuigkeit von gestern: Kartya hat sich schriftlich darüber beschwert, dass sie das Gefängnispersonal in der letzten Woche vergeblich darum gebeten hatte, eine Videokonferenz zu organisieren. Sie hatte die Antwort erhalten, dass die Videoschaltung sehr ausgiebig genutzt würde und man nicht ausreichend Personal habe. Sie war gerne bereit zu kooperieren. Damit erscheint das Problem jetzt in einem freundlicheren Licht, als ich zunächst vermutet hatte.

Als Paul bei mir war, habe ich ihm die Frage gestellt, die ich eigentlich für Bret vorbereitet hatte: ob er meine, dass es am Obersten Gerichtshof schon häufiger vorgekommen sei, dass der höchsten gerichtlichen Instanz des Landes Beweismittel vorgelegt wurden, die zuvor bereits abgewiesen oder entkräftet worden waren? Zu meiner Überraschung hielt Paul es für möglich, dass eine verzweifelte Staatsanwaltschaft diese Taktik bereits bei anderen Gelegenheiten angewandt habe. Für uns ist es jedenfalls eine *felix culpa* – eine »glückliche Schuld« [ein Glücksfall].

Weil Chris Meney in allen entscheidenden Momenten der vergangenen drei Jahre bei mir war, sprachen wir darüber, was im Fall eines Freispruchs geschehen könnte. Katrina und die Anwälte meinen, dass ich mich für mindestens ein oder zwei Tage an einem sicheren Ort aufhalten sollte, ehe ich zu den McFarlanes übersiedelte. Ich bin nicht geneigt, Melbourne sofort zu verlassen, sondern würde lieber noch ein paar Tage dort bleiben, um mich mit meinen engsten Unterstützern zu treffen, ehe ich – über Bendigo, um Margaret, David, Judy und die Familie zu besuchen – nach Sydney zurückfahren würde. Niemand weiß so recht, welche Formen die ideologische Konfrontation annehmen wird, wenn ich freikomme, aber alle, mit denen ich gesprochen habe, gehen davon aus, dass die Reaktionen auf beiden Seiten heftig sein werden.

Chris steuerte noch eine weitere nützliche Information bei. In Australien braucht man, um öffentlich die Messe zu zelebrieren, eine Karte und eine Nummer, die aber in der Regel erst einige Wochen oder Monate nach einem Freispruch neu ausgefertigt werden. Das stellt die Frage, was ich in den Monaten unmittelbar nach einem »Nichtschuldig«-Urteil tun könnte, in einen anderen Kontext.

Sechs Monate oder ein Jahr in Rom zu verbringen, bleibt eine Option, die umgesetzt werden könnte oder auch nicht: Die Wohnung steht noch zur Verfügung, die Schwestern sind noch dort, und ein Priester aus Sydney wird vielleicht in Rom promovieren und könnte bei mir wohnen.

Terry hat mir erzählt, dass Peter O'Callaghan, der Direktor, der *Melbourne Response*[3] für den Umgang mit sexuellem Missbrauch gegründet hat, nach Jahren schwerer Krankheit verstorben ist. Er hat in einem schwierigen Bereich hervorragende Arbeit geleistet und war in vielerlei Hinsicht Teil dieser bahnbrechenden Operation. Ich habe heute Abend für ihn gebetet. *Requiescat in pace.*[4]

Herr, unser Gott, du bist das Licht der Glaubenden und das Leben der Heiligen. Du hast uns durch den Tod und die Auferstehung deines Sohnes erlöst. Sei deinem Diener Peter gnädig, der das Geheimnis unserer Auferstehung gläubig bekannt hat, und lass ihn auf ewig deine Herrlichkeit schauen.

Dienstag, 10. März 2020

Morgen verhandelt der Oberste Gerichtshof meine Berufung, und deshalb gerate ich heute Abend vielleicht in die Versuchung, allzu angespannt und ernst zu werden. Damit das nicht geschieht, werde ich Mrs O'Brien aus Kilanerin, County Wexford, Irland, zitieren, die mir zunächst – ganz konventionell und ein bisschen düster – dafür gedankt hat, »dass Sie für die Familie und den richtigen synodalen Prozess eintreten«, und sich sogar fragt, ob »wir eher apokalyptischen Zeiten entgegengehen«. Doch dann hat sie sich gefangen und einen fröhlicheren Ton angeschlagen: »Unsere Priester hier vor Ort haben alle einen Seufzer der Erleichterung ausgestoßen, weil sie nun doch nicht heiraten müssen.«

Eine der größten Überraschungen meines Gefängnisjahres war die Menge der Briefe, die ich erhalten habe: Inzwischen sind es über 3500. Sie haben mich immer mit Dankbarkeit erfüllt, aber auch zum Nachdenken und Beten angeregt. Einige davon waren sehr freundlich und manchmal mit ihrem Dank oder Lob allzu überschwänglich. Ein paar habe ich immer wieder einmal in meinen Tagebucheinträgen erwähnt, und ich habe mich gefragt, ob es nur meine Eitelkeit war, die mich dazu »ermutigt« hat. Ich bin von den Mainstream-Medien und den sozialen Netzwerken recht grob behandelt worden und da ist es eine Wohltat, sich bewusst zu machen, wie viele Menschen die andere Seite des Bildes in anderen Farben betrachten.

Wenn ich nicht im Gefängnis gewesen wäre, hätte ich niemals so viele »Dankeschön« gehört und so viel Lob bekommen. Es ist immer tröstlich, wenn einem jemand den Rücken stärkt.

Im Lauf der Jahrzehnte ist mir das eine oder andere gelungen, aber manchmal habe ich mich gefragt, wie oft es mir wohl gelungen ist, auch in spiritueller Hinsicht Früchte zu bringen. Meine Briefe haben mich in diesem Punkt beruhigt.

Ich weiß, dass gute Priester sich zuweilen fragen, wie viel Gnade durch sie in unsere Welt, die weitgehend taub, gleichgültig und inzwischen zunehmend feindselig geworden ist, geleitet oder gebracht wird. Wenn ein spirituell mittelmäßiger Mensch wie ich durch eine kleine Freundlichkeit oder ein paar Worte in einer Predigt oder einem Artikel Dankbarkeit oder Glauben hervorrufen kann, dann sollte mein Beispiel die Priester daran erinnern, dass auch sie – selbst wenn sie das nicht sehen und ihnen niemand dafür dankt – regelmäßig Frucht hervorbringen. Vor 30 oder 40 Jahren beschloss ein irischstämmiger Priester in einer kleinen Landgemeinde in Victoria, sein Priesteramt aufzugeben. An seinem letzten Sonntag erklärte er seiner Gemeinde in der Predigt, warum er sich zu diesem Schritt entschieden hatte. Er war überwältigt von der Zahl und der Tiefe der Danksagungen und bemerkte daraufhin – wie es nur ein Ire kann –, dass er vielleicht nicht gegangen wäre, wenn er diese Anerkennung schon früher bekommen hätte.

Deshalb war es schön zu erfahren, dass eine Gebetsgruppe in Aurora, Ontario, Kanada, mir einen geistlichen Blumenstrauß schickt, bestehend aus 448 Messen, 482 Rosenkränzen usw.

Eine Mutter aus Michigan, USA, schreibt, dass sie beim Homeschooling mit ihren Teenagern mein Buch *Issues of Faith and Morals*[5] verwendet hat. Das hat ein bisschen geholfen, die Ansichten aufzuwiegen, die ein australischer Jesuit in *La Croix International* vertritt.

Ein Ire, Minorit, der gerade an der *Blackfriars Hall* in Oxford studiert, tröstet mich mit seiner Aussage, dass eine Predigt über den hl. Augustinus, die ich beim Weltjugendtag 2013 in Rio de Janeiro gehalten habe, »mitten in einer Wallfahrt, die mir ansonsten unfruchtbar und chaotisch erschien, eine tiefe Wirkung auf mich hatte«.

Etliche Briefschreiber erzählen von ihren Problemen, und es tut mir leid, dass ich keine Messe für sie feiern kann, wie ich es unter anderen Umständen für gewöhnlich tun würde. Ein Häftling, der sich verloren und in der Dunkelheit fühlte, bat mich, ihm ein Buch zu empfehlen. Ich schlug ihm vor, mit dem ersten Johannesbrief zu beginnen und dann das Lukasevangelium zu lesen.

Ein Briefschreiber aus Melbourne erzählt, dass bei seiner Schwester kürzlich ein Gehirntumor diagnostiziert worden sei, was ihn dazu gebracht habe, das Leiden Jesu zu betrachten (Joh 19,1–6). Er schließt mit den Worten: »Ich liebe es, wie Gott für ein höheres Gut alles neu mischt und immer gewinnt, auch wenn es nicht so läuft, wie wir denken oder erwarten würden.«

Eine ganze Reihe von Menschen hat sich zusammengetan und Novenen gebetet, die heute Abend enden, unter ihnen auch Ed Pentin in Rom, ein mutiger und fähiger *Vaticanista*, und der Melbourner Senatus der *Legio Mariae*. Der Katholische Frauenbund hat mir die letzten beiden Ausgaben seiner Zeitschrift *Horizon* gesandt und mich um Unterstützung für seine Kampagne gebeten, mehr junge Mitglieder zu gewinnen.

Abschließend will ich dann doch noch auf das zu sprechen kommen, was morgen ansteht, indem ich Unsere Liebe Frau vom Sieg um ihre Fürsprache bitte und den 143. Psalm zitiere:

Entreiß mich meinen Feinden,
HERR, zu dir nehme ich meine Zuflucht!
Lehre mich tun, was dir gefällt,
denn du bist mein Gott!
Dein guter Geist leite mich auf ebenem Land.
Um deines Namens willen, HERR,
wirst du mich am Leben erhalten,
wirst du mich herausführen in deiner Gerechtigkeit
aus der Drangsal meiner Seele.

Mittwoch, 11. März 2020

Ich habe den gestrigen Abend ungewöhnlich ruhig beendet und heute bis 5.45 Uhr durchgeschlafen. Ich hatte es so eingerichtet, dass ich gestern nach den *SBS*-Nachrichten und der Vesper [Abendgebet der Kirche], die ich gleichzeitig mit den Melbourner Priestern gebetet habe, meinen Tagebucheintrag schrieb. Das fokussiert den Geist und verhindert ein nutzloses Abschweifen. Außerdem habe ich bei Kamillentee und Schokolade ein paar Briefe (hauptsächlich von Häftlingen) beantwortet. *ABC* brachte eine ihrer regulären Sendungen zu Beethovens 250. Geburtstag, und ich konnte mir seine ersten Violinquartette anhören. Sie sind zauberhaft und stark von Haydn beeinflusst. Das Beten und die Musik haben meinen aufgewühlten Geist beruhigt.

Terry Tobin hatte gestern gefragt, ob für den Fall, dass morgen eine Entscheidung fällt, irgendetwas geplant sei. Ich habe nichts vorbereitet, aber als ich mich erkundigte, versicherte mir das Team, dass sämtliche Vorkehrungen getroffen seien. Terry ist klug und vorsichtig. Er hätte diese Möglichkeit nicht erwähnt, wenn sie weit hergeholt wäre.

Kartya setzte sich wie vereinbart um halb neun von Canberra aus per Videoschaltung mit mir in Verbindung. Ich konnte sie allerdings nur hören und nicht sehen. Wie erwartet, hatte sie keine bahnbrechenden Neuigkeiten, erzählte aber, dass Bret meinte, wir seien vielleicht sogar zu gut vorbereitet. Das fand ich ebenfalls tröstlich. Die Melbourner *Herald Sun* brachte einen recht wohlwollenden Artikel, in dem es hieß, dass ich optimistisch sei und dass viele Rechtsexperten diesen Optimismus für begründet hielten.

Aus dem Morgen wurde schließlich ein schöner Tag und ich saß eine Stunde lang in meinem eigenen Bewegungsbereich draußen, bis das Gefängnis um halb zwölf abgeriegelt wurde. Die Erlaubnis, mich zwischen 13 und 14 Uhr im Gemeinschaftsbereich aufzuhalten, blieb jedoch bestehen, sodass Terry mich über die Ereignisse des Vormittags informieren konnte. Wie schon Bret in der morgendlichen Pause war er zufrieden mit der Entwicklung und mit der Aufmerksamkeit und den Fragen der Richter. Sechs von sieben hatten sich zu Wort gemeldet.

Bret hatte argumentiert, dass ein Zeuge nicht nur glaubwürdig auftreten, sondern seine Glaubwürdigkeit auch beweisen müsse und dass Glaubwürdigkeit im Licht der Beweise bewertet werde. Einige Zeit war mit Diskussionen über die Frage vergangen, ob Videoaufzeichnungen und Protokolle der Aussagen zulässig seien, und ein zentrales Thema war gewesen, dass es gar keine Gelegenheit gegeben hatte, die Straftat zu begehen. Danny Casey bestätigte, dass Greg Smith, ehemaliger Generalstaatsanwalt von New South Wales und jetzt Kronanwalt, den Eindruck hatte, dass der Vormittag gut verlaufen sei.

Die *ABC*-Mittagsnachrichten waren erfreulich wohlwollend, indem die mangelnde Gelegenheit betont wurde, während in den Abendnachrichten der Schwerpunkt darauf gelegt wurde, dass der Kläger keine Beweise hatte, um seine Aussage zu erhärten. Vor dem Obersten Gerichtshof kam es zu einem Handgemenge zwischen meinen Anhängern – viele von der Universität Sydney und auch einige Vietnamesen – und einem Mann samt einigen Verbündeten, die mich zur Hölle wünschten. Da wir Häftlinge um halb vier eingeschlossen werden und unsere Zellen nicht mehr verlassen können, muss ich bis morgen um halb neun warten, ehe ich das nächste Update von meinem Team bekomme.

Tim O'Learys drei große Umschläge mit Fotokopien von ein paar Artikeln über meinen Fall von Keith Windschuttle, dem *Quadrant*-Autor, und weiteren 13 Artikeln von Chris Friel aus Wales, die ich noch nicht gelesen hatte (er hat bislang 75 Beiträge verfasst), haben mich den Nachmittag über und bis in den Abend hinein beschäftigt. Friel ist in seiner Ablehnung der Vorgehensweise der Staatsanwaltschaft inzwischen sehr unverblümt und wirft ihnen wegen ihres Versuchs, sich für eine zeitliche Lücke zu entscheiden und sie dann unter den Tisch fallen zu lassen, Prinzipienlosigkeit vor. Er erklärt, dass »die Krone[6] bei der Ausarbeitung des Falles keinen Platz mehr hat, um sich zu verstecken – wie ein König, der im Schach steht und vor dem unvermeidlichen und zwangsläufigen Schachmatt von einem Feld zum nächsten zieht«. Die Art, wie sie ihre Sache vertreten haben, ist für ihn eine *Reductio ad absurdum*.[7]

Er hat noch einen zweiten und sehr ausgeklügelten Artikel über die Mathematik der sich aus den Faktoren ergebenden Wahrscheinlichkeit verfasst. Er akzeptiert Robert Richters Liste von zehn Dingen, die in einem Zeitraum von fünf Minuten geschehen sein müssten, und wenn es für jedes einzelne Ereignis eine 50:50-Chance gibt, dann steht die Wahrscheinlichkeit, dass sie alle geschehen sind, bei 1000:1.

Allerdings erhöht sich die Unwahrscheinlichkeit – dass Portelli Pell an der vorderen Treppe aus den Augen verliert, dass die beiden Chorsänger unbemerkt aus der Prozession ausscheren und dass die Sakristei nach der Messe fünf Minuten lang leer steht – mit jeder weiteren Hypothese um das 15- bis 25-Fache oder sogar noch mehr, und damit liegt die Wahrscheinlichkeit, dass alle drei Dinge zusammengekommen sind, bei 5 000 000:1. Friel fasst zusammen: »Was Richter und Walker mit ihrem Argument der sich aus den Faktoren ergebenden Wahrscheinlichkeit sagen wollen, ist, dass das Szenario absolut und unfassbar absurd wäre.«

Seit vier Wochen suche ich nach einem Platz für ein paar Zeilen über die Mutter-Teresa-Biografie, die auf ihren privaten Notizen beruht. Jetzt ergreife ich die Gelegenheit, obwohl ich mein tägliches Wortkontingent eigentlich schon erfüllt habe.

Die hl. Teresa von Kalkutta und die Missionarinnen der Nächstenliebe, die sie 1948, nachdem sie die Loretoschwestern verlassen hatte, gegründet hat, damit sie wie die Ärmsten der Armen leben und mit ihnen arbeiten, sind heute für die meisten Katholiken ein Begriff. 1975 hatten die Missionarinnen der Nächstenliebe 1000 Schwestern in 85 Gemeinschaften in 15 Ländern. Malcolm Muggeridge war der Erste, der ihre Arbeit in der Welt bekannt gemacht hat. Das war auch für ihn ein Wendepunkt: Er wurde schließlich katholisch und ein apologetischer Schriftsteller, dessen Einsatz für Christus und die Kirche seinesgleichen sucht.

Erst jetzt erfahren wir nach und nach, dass Mutter Teresas außerordentlicher persönlicher Weg sie durch 50 Jahre Dunkelheit, eine entsetzliche Leere und Einsamkeit und einen eiskalten und blinden Glauben ohne jedes Bewusstsein der Gegenwart Gottes hindurchführte. Das Motto der Schwestern, »Mich dürstet«, das den Schrei des gekreuzigten Christus aufgreift, erhält damit eine neue Bedeutung, auch wenn sie selbst betont, dass sie niemals Zweifel hatte. Nur einmal soll sie gesagt haben: »Jesus verlangt ein bisschen zu viel.«

Der hl. Paul vom Kreuz[8] ist der Einzige, von dem wir wissen, dass er eine ähnlich lange dunkle Nacht der Seele durchlebt hat. Ihre Theorie, dass Unser Herr die Zeit seines öffentlichen Wirkens oder viele Jahre in ähnlicher Bedrängnis verbracht hat, hat mich verstört. Ich hoffe, dem war nicht so, denn es wäre mir lieber, wenn der Sohn Gottes eine geraume Zeit glücklich unter uns gelebt hätte. Im Garten am Ölberg und in seinem letzten Kampf am Kreuz hat er natürlich Todesängste ausgestanden, aber mehr können wir eigentlich nicht wissen.

Selbst die Schwestern aus ihrem engsten Umfeld wussten nicht, dass Mutter Teresa diese Prüfung durchlitt, denn so wichtig es ihrer Überzeugung nach war zu wissen, wie man leidet, so sehr betonte sie auch, dass wir fähig sein müssen zu lachen. Immer wieder forderte sie die Menschen zum Lächeln auf. »Das Leiden ist der Kuss des gekreuzigten Jesus auf unserer Seele.«[9]

Ich bin der Heiligen zwar nie begegnet, obwohl ich es ein- oder zweimal versucht habe, aber ich habe sie einige Male von Weitem gesehen, das letzte Mal, als sie und der hl. Johannes Paul der Große einander im Petersdom umarmten. Sie wirkte nicht verdrossen oder bemitleidenswert, sondern heiter, stark und beeindruckend. Immerhin habe ich dafür gesorgt, dass in der schönen

Kapelle der *Domus Australia* in Rom zwei großartige Porträts der beiden von Paul Newton[10] aufgehängt wurden und dass eines der Glasfenster in der renovierten Kapelle des Priesterseminars vom Guten Hirten in Sydney sie und die hl. Mary MacKillop zeigt. Der eine oder andere hat etwas gemurrt, weil damals noch keiner der drei heiliggesprochen war, doch das ist inzwischen richtiggestellt worden.

Es gibt die unterschiedlichsten Heiligen aus aller Herren Länder, und ich bin mir sicher, dass manche von ihnen Gott näherstehen als andere. Mutter Teresa steht sicherlich ganz vorn, nicht zuletzt weil sie so mutig für »unkorrekte« Anliegen eingetreten ist und sich zum Beispiel so energisch gegen die Abtreibung zur Wehr gesetzt hat.

Ich habe ihre Schwestern in zahlreichen Ländern besucht und war überall von ihrem Glauben und ihrer Heiterkeit, von der Einfachheit ihrer Lebensumstände und von den schönen Gärten beeindruckt, die sie immer haben, selbst in den bescheidensten Niederlassungen. Es tröstet mich, dass sie für mich beten.

Der heutige Betrachtungstext im *Magnificat* stammt von der hl. Teresa von Kalkutta:

Versucht […] eure Kenntnisse dieses Mysteriums der Erlösung zu erweitern. – Diese Erkenntnis wird euch zum Lieben führen – und die Liebe wird euch ermöglichen, durch eure Opfer an der Passion Christi Anteil zu haben. […] Ohne unsere Leiden wäre unser Arbeiten nur Sozialarbeit, zwar sehr gut und hilfreich, doch wäre es nicht das Werk Jesu Christi, es wäre nicht Teil der Erlösung.

Donnerstag, 12. März 2020

Das Coronavirus ist zur Pandemie erklärt worden. Präsident Trump hat persönliche Reisen aus den USA nach Europa (außer nach Großbritannien) – aber nicht den Handel – untersagt und gestern wurden sämtliche Reisen nach Italien verboten. Das ganze Land ist nun völlig isoliert und die finanziellen Konsequenzen werden verheerend sein, denn ihre Wirtschaft ist zu einem Großteil vom Tourismus abhängig. Das sind auch für den Vatikan schlechte Neuigkeiten und es verschärft sein strukturelles Defizit, das durch die Einkünfte aus den Vatikanischen Museen abgemildert wird.

Ich habe wieder gut geschlafen und bin kurz nach sechs Uhr aufgewacht.

Während ich hier sitze und schreibe, laufen die Nachrichten auf *Channel 7* und ich höre zu meinem Schrecken, dass der Oberste Gerichtshof darüber nachdenkt, meinen Fall für eine weitere Verhandlung mit anderen Richtern an das Berufungsgericht zurückzuverweisen. Bret hat sich erhoben und erklärt, dass seine Partei die Angelegenheit »vor diesem Gericht«, dem Obersten Gerichtshof [von Australien], entschieden wissen will. Das ist eine Möglichkeit, an die ich noch gar nicht gedacht hatte.

Um die Mittagszeit habe ich mit Terry und Bernadette gesprochen, die auf dem Rückweg nach Sydney waren. Bernadette hat an ihrer letzten Sitzung als Vorsitzende des Universitätsrates des *St John's College* der Universität Sydney teilgenommen. Terry meinte, der Vormittag hätte nicht besser verlaufen können und die Staatsanwaltschaft habe eine wenig beeindruckende Vorstellung abgeliefert. Es sei ausgiebig darüber diskutiert worden, wie lange ich nach der Messe auf der vorderen Treppe gestanden hätte, und die Richter hätten den Argumenten, die vorgebracht wurden, allem Anschein nach aufmerksam zugehört.

Ich frage mich, ob während der Verhandlung heute Nachmittag irgendetwas geschehen sein könnte, das die Fortschritte des Vormittags, die Terry so begrüßt hatte, zunichtegemacht oder geschmälert hat.

Heute Morgen hatte ich um halb neun eine halbstündige Videoschaltung mit Kartya, die die Einschätzungen der Anwälte zum Vortag für mich zusammenfasste. Die Richter waren aufmerksam, stellten die richtigen Fragen und interessierten sich für die zeitliche Abfolge der Ereignisse und das rege Treiben [nach Beendigung der Messe].

Paul riet davon ab, schon für heute ein Urteil zu erwarten, und meinte, nach der morgendlichen Sitzung wüssten wir genauer, wo wir stehen. Bret versprach, bei seinem Schlussplädoyer den »Killerinstinkt-Modus« einzuschalten.

In Brunswick – als wäre die Situation nicht schon aufregend genug – ist jemand verhaftet worden, weil er gedroht hat, mich umzubringen. Ironischerweise könnte ich nirgends sicherer sein als hier im Gefängnis. Was für ein Theater!

Was mich ein klein bisschen tröstet, ist, dass die Oberste Richterin es als unmöglich bezeichnet hat, den Fall an das Oberste

Gericht von Victoria zurückzuverweisen. Ihr muss bewusst gewesen sein, welche Verwunderung und Empörung das auslösen würde. Ein fünftes Verfahren!

Ich schreibe dies am Abend, nachdem ich im *SBS* eine Sendung über den britischen Geheimdienst MI6 angesehen habe, die interessant war, aber nicht allzu viel Neues enthielt. Auf den anderen Nachrichtensendern war von einer Zurückverweisung an das Oberste Gericht von Victoria oder von Brets Einspruch keine Rede. Ich muss zuerst genau herausfinden, was von wem am Ende der Sitzung gesagt wurde. Dann können wir Mutmaßungen anstellen. Aber es wird interessant sein, versuchsweise zu schätzen, wie viele der Richter uns unterstützen, auch wenn unsere Erfahrung mit Maxwell am Gericht in Victoria zeigt, wie schwierig eine solche Übung sein kann.

Wo ist Gott bei alledem? Ich kenne nicht einmal die Fakten der Situation, geschweige denn, dass ich mir vorstellen könnte, wie Gott sie sich zunutze machen will. Aber Gott ist da und ich hoffe, dass es mir nicht bestimmt ist, noch einmal annähernd drei Jahre im Gefängnis zu verbringen. Gott ist geduldig. Denken wir nur an die Zeit, die das Universum seit seinem Beginn – dem Urknall oder etwas anderem – gebraucht hat, um sich zu entwickeln. Denken wir an die Heilsgeschichte, in der Gott über Jahrtausende hinweg zunächst durch die Juden, ein kleines, auserwähltes Volk, und dann durch die winzige, jedoch allmählich sich ausbreitende christliche Minderheit (gemessen an der Weltbevölkerung) gewirkt hat.

Ich bin von Natur aus nicht geduldig und freue mich, wenn ich morgen durch die *Herald Sun*, das eine oder andere Telefonat und durch den Besuch von Michael und Ruth Casey, der für halb eins geplant ist, genauere Informationen erhalte.

Robert Herrick[11] hat ein bekanntes Gedicht geschrieben, es heißt *To keep a true lent* (»Eine Fastenzeit richtig einhalten«):

It is to fast from strife
and old debate,
and hate;
to circumcise thy life.

To show a heart grief-rent;
to starve thy sin,
not bin;
and that's to keep thy Lent.

55. Woche

Es heißt, dem Streit zu entsagen,
dem alten Zank,
dem Hass;
dein Leben durch sie zu beschneiden.

Ein Herz zu zeigen, vom Kummer zerrissen,
deine Sünde auszuhungern,
nicht zu behalten,
das heißt Fastenzeit halten.

Freitag, 13. März 2020

Ich habe zwar bis Viertel nach fünf geschlafen, aber es hat mich Mühe gekostet, das Gedankenkarussell zu stoppen und mich nicht ständig zu fragen, was wohl gestern Nachmittag bei Gericht geschehen ist und was das für meine Zeit im Gefängnis bedeuten könnte.

Meine erste Reaktion war durch einen irreführenden Bericht auf *Channel 7* ausgelöst worden, den ich vielleicht missverstanden hatte. Später wurde mir klar, dass ich genauere Informationen über die Vorgänge bei Gericht benötige. Dass in den Abendmeldungen nicht feindselig über meinen Fall berichtet wurde, bedeutet jedenfalls, dass sich mein Schicksal nicht abrupt gewendet hat.

Freitags bekomme ich keine Zeitung, aber kurz nachdem ich meinen Spaziergang rund um den Rasen begonnen hatte, winkte mir Derek, dass ich zur Tür kommen solle, wo man sich besser unterhalten könne. Dort sagte er mir, dass alles gut sei, und zeigte mir die Schlagzeile in der *Herald Sun*: »Für Pell stehen die Zeichen auf Sieg.«[12]

Entscheidend war für mich die Information, dass der Hinweis auf das Berufungsgericht von Victoria nicht von der Obersten Richterin, sondern von QC[13] Kerri Judd, der Generalstaatsanwältin von Victoria, gekommen war, die von der *Herald Sun* mit folgenden Worten zitiert wurde: »Wenn das Gericht einen Fehler im Urteil des Berufungsgerichts gefunden hat, das den Schuldspruch bestätigt hat, […] dann sollte es entweder alle Beweismittel selbst prüfen oder die Sache an das Berufungsgericht zurückverweisen.« Mein Anwalt Bret Walker hatte daraufhin natürlich erklärt, dass das ungerecht wäre, und das Gericht gedrängt, »die Sache zu beenden«.

Die Richter hatten es der Generalstaatsanwältin schwer gemacht. Sie hatte mehr als nur einen Einspruch hinnehmen müssen und für ihre eigenen Behauptungen keine Beweise beibringen können.

Bret Walker hat sein Versprechen gehalten und der Generalstaatsanwältin in seinem Schlussplädoyer »Strafverfolgungsimprovisation« vorgeworfen: Die Staatsanwaltschaft habe während des laufenden Verfahrens die Parameter zentraler Aussagen und ihre diesbezügliche Position geändert – etwa im Fall der zweiten »Lücke«, einer fantasievollen Behauptung über eine zweite Pause von fünf oder sechs Minuten, nachdem die Messdiener in der Sakristei angekommen waren, die der Staatsanwalt in dem von Richter Kidd geleiteten Verfahren bereits hatte zurücknehmen müssen.

Die *Herald Sun* beschrieb Walkers Auftritt als »wuchtige Attacke«: »Es kann wirklich nicht angehen, dass die Krone in diesem Stadium noch etwas zusammenschustert«, habe Walker kurz und bündig erklärt. Die Aussage von Msgr. Portelli wurde – genau wie die zeitlichen Abläufe und die mangelnde Gelegenheit – richtigerweise als entscheidend bewertet.

Ich hoffe, dass ich meinem Team öffentlich für seine Entschlossenheit danken kann, der Gerechtigkeit zum Sieg zu verhelfen, die Wahrheit aufzudecken und Licht in die künstlich erzeugte Dunkelheit zu bringen. Ich stimme Walkers Kritik an der Staatsanwaltschaft voll und ganz zu. Sie hat im Lauf des Verfahrens mehr und mehr darauf hingearbeitet, die Dinge zu verschleiern und Verwirrung zu stiften und zu verbreiten. Die wichtigsten australischen Tageszeitungen sind auf derselben Linie wie die Melbourner *Herald Sun.*

Unmittelbar bevor Michael und Ruth Casey zu Besuch kamen, habe ich kurz mit Terry Tobin telefoniert, und er hat mir gesagt, das Gericht habe die Verteidigung gefragt, wie sich eine Entscheidung in dem einen Verfahren ihrer Meinung nach auf ein zweites Verfahren auswirken werde. Ich bin mir nicht sicher, was diese Frage genau zu bedeuten oder welche Folgen sie hat, aber wir haben unsere Einschätzung bereits abgegeben und die Staatsanwaltschaft hat für ihren Beitrag bis Montagabend Zeit. Terry hat mich beruhigt und mir gesagt, dass wir uns über das alles keine Sorgen machen müssten.

Michael und Ruth waren guter Dinge und hatten sich gestern mit unseren gemeinsamen Freunden Julien und Maryanne O'Connell zum Abendessen getroffen. Ruth sagte mir, laut *Financial Review* könne bis Dienstag ein Urteil verkündet werden, und Terry war derselben Ansicht.

Michael war ziemlich entschieden der Meinung, dass ich lieber in Sydney als in Rom leben sollte – das war Musik in meinen Ohren. Wegen der Coronapandemie, die Schätzungen zufolge 14 Wochen dauern wird, ist es momentan ohnehin nicht möglich, nach Italien zu reisen.

Ruth hatte genau wie Michael den letzten handschriftlichen Band meines Tagebuchs gelesen und war recht angetan. Michael hat mir außerdem erzählt, dass er den ersten Band redigiert hat und dass die Bitte um eine »Zusammenfassung« nicht vom Verlag, sondern von Father Alexander Sherbrooke in London gekommen sei. Das hat mich veranlasst, meine erste Vermutung zu korrigieren, dass jemand, der um die »Zusammenfassung« eines Tagebuchs bitte, damit wohl nur auf höfliche Art sein Nichtinteresse signalisieren wolle. Michaels Vorschlag, einen Band mit redigiertem Text zu schicken, deckt sich mit meiner eigenen Intuition.

Heute fühle ich mich wegen der guten Nachrichten ein bisschen müde und lethargisch. So wie jetzt, nur noch erschöpfter, habe ich mich schon ein- oder zweimal gefühlt nach langen Phasen intensiver Aktivität oder Belastung. Es ist, als ob Leib und Seele eine Pause bräuchten, sich ausruhen und wieder zu Kräften kommen müssten. Die Zeit heilt alle Wunden, und nach einem ruhigen Tag ohne schlechte Nachrichten und ohne Konflikte fühle ich mich schon wieder etwas besser. Also bete ich und suche die Großzügigkeit Gottes, unseres Vaters:

Befreie mich von Eifersucht und Selbstmitleid, wenn ich das Glück anderer Menschen sehe, und gib, dass ich mich mit ihnen freuen kann.

Lass mich das größere Leid so vieler anderer aus nah und fern deutlich sehen, damit ich tieferes Mitgefühl und die Weisheit aufbringe, Christus zu erkennen, der, ganz gleich, ob sie schön oder verachtet und verworfen sind, in ihnen allen verborgen ist.

Samstag, 14. März 2020

Während ich heute Morgen draußen war, hat sich das Wetter von kühl zu kalt verschlechtert, und heute Abend um kurz nach elf, während ich dies schreibe, regnet es pausenlos. Das Coronavirus breitet sich weiter aus. Italien hat die höchsten Fallzahlen außerhalb Chinas. Die USA werfen China vor, die Infektion verursacht zu haben, und die Chinesen kontern mit dem Vorwurf der biologischen Kriegsführung.

Kartya kam gegen halb elf, um mir von den beiden Tagen am Obersten Gerichtshof in Canberra zu erzählen und mir das Verhandlungsprotokoll zu bringen. Der erste Verhandlungstag ist bereits als Livestream abrufbar, aber der zweite Tag mit Judds unrühmlicher Vorstellung und Walkers umwerfender Gegenrede war heute Morgen leider noch nicht verfügbar.

Nach dem Mittagessen habe ich den Tag damit verbracht, die Protokolle zu lesen. Die beiden Reden waren in Inhalt und Stil so unterschiedlich, wie sie nur sein konnten.

Nachdem ich die Protokolle gelesen habe, verstehe ich gut, warum unser Team so zufrieden war. Die Generalstaatsanwältin hatte schwache Argumente, sie wirkte schlecht vorbereitet, war mit ihrem Skript nicht wirklich vertraut, griff zu plumpen Bluffs und war auf Anfrage nicht in der Lage, Beweise zu liefern. Und – wie Bob Santamaria einmal über einen südamerikanischen Kardinal gesagt hat, der für seine langatmigen englischen Ansprachen berüchtigt war – Ms Judd ist kein Demosthenes.

Ein pensionierter Richter meinte, der Oberste Gerichtshof sei anscheinend nicht nur von ihrem Auftritt genervt, sondern auch darüber verärgert gewesen, dass der Fall überhaupt bis zu ihm durchkam.

Brets Sprache und sein Argumentationsniveau waren auf professionelle Richter abgestimmt: eine gediegene Lektüre, gespickt mit forensischer Logik, sodass ich manche Absätze zweimal lesen musste. Das Material der Staatsanwaltschaft war – von meiner wachsenden Irritation abgesehen – leicht zu lesen. Selbst die besten Anwälte können mit einem schlechten Schriftsatz scheitern, Bret dagegen hatte vier Asse und einen Joker in der Hand und spielte seine Trümpfe brillant aus. Ich vermute jedoch, dass noch ein weiterer Faktor im Spiel war: Inkompetenz. Das professionelle Niveau und die Kenntnisse waren – am Obersten Gericht in Victoria und hier – den Umständen nicht angemessen. Oder sie haben sich wie George W. Bush alle Mühe gegeben, sehr viel langsamer zu wirken, als sie es in Wirklichkeit sind. Doch das würde eine Niedertracht ins Spiel bringen, von der ich nicht ausgehen will. Maxwells Theorie, dass die Übergriffe in den fünf oder sechs Minuten nach dem Ende der Messe stattgefunden hätten, während der Kläger noch in der Prozession mitging, ist, wie er selbst zugegeben hat, ein grober logischer Schnitzer – für jeden, aber besonders für den Vorsitzenden des Berufungsgerichts.

Judd warf Staatsanwalt Gibson vor, er sei zu großzügig gewesen, als er einräumte, dass es keine Beweise dafür gebe, dass die Ministranten während der zweiten zeitlichen Lücke im Messdienerraum gewartet hätten – und konnte dann ihrerseits keine Beweise vorbringen, um diesen Vorwurf zu erhärten. Ich hätte nicht gedacht, dass ich einmal einen Funken Mitleid mit Gibson haben würde.

Bei meiner Lektüre des Protokolls schälten sich zwei weitere Möglichkeiten heraus. Mindestens zwei Richter hatten offenbar Bedenken, weil die Richter in Victoria sich das Video von der Aussage des Klägers zweimal angesehen und sich durch sein Auftreten (das ich selbst nie als überzeugend oder glaubwürdig empfunden habe!) unter Umständen allzu sehr hatten beeinflussen lassen.

Und einige Richter waren betroffen, weil die Polizei Father Egan nicht zu der zweiten Anschuldigung befragt hatte. Wenn sich die Auffassung durchsetzt, dass die Polizei verpflichtet gewesen wäre, weiteren Beweisen nachzugehen, ehe sie ein Verfahren einleitet, wäre das gut für die Gerechtigkeit.

Zu meiner Freude durfte ich außerdem feststellen, dass die Richter auf einige der 24 Veränderungen in der Aussage des Klägers aufmerksam geworden sind. Ich habe schon etliche Male gesagt, dass selbst ein glaubwürdiger Zeuge nicht an zwei Orten gleichzeitig sein kann. Nichts kann wahrer sein als das, und wenn ein Zeuge außerdem unglaubwürdig ist, dann ist es doppelt wahr!

Eine wunderbare Fleischpastete mit Kartoffelpüree und Erbsen, mit Tomatensoße übergossen und in der Mikrowelle gut erhitzt, rief mir die samstäglichen Pasteten oder Teigwaren im MAP ins Gedächtnis – auch wenn es dort weder Kartoffeln noch Erbsen dazu gab.

Ein großartiges Gedicht von Edwin Muir heißt »One Foot in Eden«. Es handelt von dem Gespinst aus Gut und Böse, Unglück und Glück, das uns umgibt und befällt:

Time's handiworks by time are haunted,
And nothing now can separate
The corn and tares compactly grown.
The armorial weed in stillness bound
Above the stalk; these are our own.
Evil and good stand thick around
In the fields of charity and sin
Where we shall lead our harvest in.

Das Werk wird von der Zeit verfolgt,
und nichts kann nunmehr trennen
Korn und Unkraut, gedrängt gewachsen.
Das heraldische Kraut, das uns gehört,
in Stille gebunden über dem Halm.
Das Böse und das Gute stehen dicht beieinander
auf den Feldern der Barmherzigkeit und der Sünde,
wo wir unsere Ernte einbringen werden.

56. Woche
Warten auf die Entscheidung

15. März bis 21. März 2020

Sonntag, 15. März 2020

Als ich heute Morgen um 5.29 Uhr aufwachte, beschloss ich, das Nachtlicht anzulassen, um nicht wieder einzuschlafen, sondern um sechs Uhr für die *Mass for You at Home* wach zu sein. Ich schaltete den Fernseher etwas früher ein und schnappte noch das eine oder andere von der *Hour of Power* auf, einer evangelikalen Sendung aus den USA mit einem jungen, sympathischen Pastor, der über die Hochzeit zu Kana predigte und erklärte, dass Gott sich das Beste für den Schluss aufhebt. Eine schöne Botschaft für mich in meiner gegenwärtigen Situation.

Ich habe die Worte, die Jesus an Dismas, den guten Schächer, richtet – »Heute noch wirst du mit mir im Paradies sein« (Lk 23,43) –, oft als die schönsten und beruhigendsten Verse in der ganzen Bibel bezeichnet. Für normale Leute ist das Weinwunder bei der Hochzeit zu Kana der zweitberuhigendste Text im Neuen Testament. Obwohl er sich ein bisschen gesträubt hat, hat Jesus getan, worum seine Mutter ihn gebeten hatte. Mütter sind wichtig, vor allem die Mutter Jesu.

Jesus war auf einer Hochzeit zu Gast. Als er um mehr Wein gebeten wurde, hat er nicht geantwortet: »Sie haben genug getrunken.« Und denen, die reichlich getrunken hatten, wäre eine minderwertige Qualität gar nicht aufgefallen, aber er gab ihnen einen erstklassigen Wein. Das alles sagt etwas über die Gottheit aus, den Vater, der wie Jesus Gott ist. Und es ist beruhigend.

Die *Mass for You at Home* wurde von Father Shabin Kaniampuram zelebriert, der über das Evangelium vom dritten Fastensonntag predigte, Johannes' Bericht über die Begegnung Jesu mit der

Samariterin, einer bemerkenswerten Frau. Zum Abschluss betete er, dass die Kirche so sein möge wie die Frau am Brunnen: offen für die Wahrheit.

Joseph Princes Predigtthema war »Glaube das Rechte und betrachte deine Jugend neu«. Gott ruht nicht, versprach er und führte Abraham und Sara als Beispiel an, die 20 Jahre lang auf ihren Sohn Isaak, was »Lachen« bedeutet, gewartet hatten. Sara wurde mit 90 Jahren Mutter. Das Herz – der Glaube – ist von zentraler Bedeutung für unser Tun und unsere Entwicklung, für unsere Lebensqualität. Von dem Moment an, als Josua glaubte, wurde er nicht mehr älter. Angst ist die Handlungsweise des Teufels.

Joel Osteen predigte über den göttlichen Überfluss – das Wohlstandsevangelium in Reinform: Einer der Namen Gottes sei El Schaddai, das heiße übersetzt »mehr als genug«. Gott wisse, wie er uns groß machen kann, also müssten wir uns bereithalten für den Überfluss. Als die Juden auf ihrem Weg in das Gelobte Land in der Wüste darbten, seien an einem einzigen Tag schätzungsweise 105 Millionen Wachteln in ihr Lager gekommen. Diese gewaltige Zahl fuße vermutlich auf der Angabe im Buch Exodus, wonach 600 000 Männer aus Ägypten ausgezogen waren. Unser kleiner Glaube könne Gott nicht einschränken. Auch in harten Zeiten sei der Gott des Überflusses immer mit uns: Glaubt nicht, dass der Tag kommt, denn der Tag ist schon da, 2020 wird ein Jahr des Überflusses für euch werden … Ich vermute, die Predigt wurde gehalten, ehe sich das Coronavirus von China her auszubreiten begann.

Songs of Praise kam heute aus Irland. Bilder aus Croagh Patrick mit seiner Barfußwallfahrt auf den Gipfel des Berges und vom Wallfahrtsort Knock, der jährlich von eineinhalb Millionen Pilgern besucht wird, veranschaulichten den Glauben zahlreicher irischer Pilger. Wir erfuhren auch etwas über Grace O'Malley, die christliche Piratenkönigin, die bis zu ihrem Tod 1603 die Meere beherrschte. Das Liedspektrum reichte vom beschwingten »All Things Bright and Beautiful« über »Be Still and Know That I Am God« bis hin zu dem Seemannslied »Eternal Father, Strong to Save«. Der Glaube der Iren war stark, weitverbreitet und beeindruckend – viel stärker als die Liedauswahl.

Der Morgen begann regnerisch und blieb kühl bis kalt, obwohl der Himmel aufklarte. Inzwischen beläuft sich die Zahl der Corona-Patienten in Australien auf 298 und der *SBS* versicherte uns, dass man über die weniger umfassenden Vorsichtsmaßnahmen der Boris-Johnson-Regierung in Großbritannien ernstlich beunruhigt sei.

Für die Mittagszeit um halb eins hatte ich mich zu einem Telefonat mit Katrina Lee verabredet, die sich während meiner Schwierigkeiten um meine Öffentlichkeitsarbeit gekümmert hat. Sie war bei Bernadette und Terry zu Besuch und gerade angekommen. Im Licht der früheren Misserfolge ist uns bewusst, dass unser Optimismus noch der Bestätigung durch die richterliche Entscheidung bedarf. Sie ist auch der Meinung, dass ich die vorbereitete Erklärung [zu gegebener Zeit] an der Schwelle des *Barwon*-Gefängnisses abgeben sollte, und ich freute mich zu hören, dass die Gefängnisleitung dem zugestimmt hat. Wir haben uns auf einen Text geeinigt, und es wurde eine passende Unterkunft organisiert, wo ich ein paar Tage wohnen kann.

Terry und ich und einige der Wärter neigen zu der Annahme, dass die Entscheidung noch in dieser Woche verkündet werden wird, aber Katrina, Ruth und Kartya glauben, dass es bis nächste Woche dauern könnte. Beide Fristen sind akzeptabel, solange es nur die »richtige« Entscheidung ist! Wir sollen 24 Stunden vor der Bekanntgabe benachrichtigt werden.

Ich schließe mit einem weiteren Ausschnitt aus Edwin Muirs Gedicht:

But famished field and blackened tree
Bear flowers in Eden never known.
Blossoms of grief and charity
Bloom in these darkened fields alone …

Strange blessings never in Paradise
Fall from these beclouded skies.

Doch verdorrtes Feld und geschwärzter Baum
tragen Blumen, wie man sie in Eden nie kannte.
Blüten der Trauer und der Güte
blühen nur auf diesen verdüsterten Feldern …

Nie fällt im Paradies solch wundersamer Segen
aus diesen umwölkten Himmeln.

Montag, 16. März 2020

Die erste gute Nachricht des heutigen Tages war ein umfangreicher Artikel von Andrew Bolt in der *Herald Sun* mit dem Titel »Facts on Pell Just Don't Fit«[1] (16. März 2020), wieder einmal eine klare Verteidigung meiner Unschuld, die beweist, dass Bolt über die Fakten der Verhandlung komplett informiert ist. Jetzt, da stichhaltige Informationen zur Verfügung stehen, schlägt das Pendel der öffentlichen Meinung nach der anderen Seite aus, und sich für ein »Nicht schuldig« auszusprechen ist weniger gefährlich, als es früher war. Aber Bolt ist niemand, der auf den fahrenden Zug aufspringt. Er ist jahrelang mutig für die Wahrheit eingetreten und hat deswegen einiges erdulden müssen. Ich bin vielen Autoren in Australien und Übersee, aber vor allem Bolt und Keith Windschuttle von der Zeitschrift *Quadrant* zu Dank verpflichtet. Die 75 Internet-Artikel (von denen ich weiß) von Chris Friel in Wales liefern eine weitere providenzielle und in diesem Fall völlig unerwartete Sammlung von Beweisen mit einer stringenten und außerordentlich detailreichen Argumentation. Sie sind grundlegend für meine Verteidigung und für jeden, der an einer eingehenden Untersuchung und Analyse der unglaubwürdigen Anschuldigungen interessiert ist.

Bolt wies darauf hin, dass »die Schlagzeilen für die Generalstaatsanwältin von Victoria verheerend« gewesen seien, »nachdem die sieben Richter mit ihr fertig waren«.

Er lieferte eine interessante Interpretation ihres Auftritts: »Niemand sollte Judd Inkompetenz vorwerfen. Ich vermute, sie ist eine gewissenhafte Anwältin, die mit einer unbequemen Wahrheit zu kämpfen hatte« – nämlich der, dass ich diese Straftat nicht begangen habe.

Ihr Vorgehen war anders als das von Boyce, dem Anwalt, der die Anklage vor dem Berufungsgericht vertreten hatte. Zwar war auch er zuweilen durch die Beweismittel, auf die er seine Argumentation stützen konnte, zu fast schon zusammenhanglosen Behauptungen gezwungen, doch er hat nie geblufft, nie neue Theorien vorgebracht, die sich durch nichts erhärten ließen, und auch keine Beweismittel wiedereingeführt, die bereits zurückgezogen worden waren. Die Ursache oder der Grund für diesen letzten Skandal ist mir unerklärlich, aber ein Skandal ist es, und zwar einer, der Bret Walkers vernichtende Diagnose der »Strafverfolgungsimprovisation« – geäußert mit einer Vehemenz, zu der er sich bei seinen regulären Auftritten am Obersten Gerichtshof nur selten hat hinreißen lassen – absolut verdient hat.

Vielleicht kommt Bolt der Sache näher, wenn er – ein Punkt, den auch einige andere Anwälte vorgebracht haben – den Verdacht äußert, dass »sogar die Generalstaatsanwältin von Victoria glaubt, dass Pell die Vergewaltigungen zu der angegebenen Zeit nicht begangen haben kann. Die Fakten passen einfach nicht.«

Während der Verhandlungen hat die Staatsanwaltschaft so viele konträre und für sie ungünstige Aussagen unhinterfragt stehen lassen – fast als hätten sie Angst davor gehabt, allzu überzeugende Gegenbeweise ans Licht zu bringen.

Mein Neffe Nicholas wurde am Eingang zum Gefängnis durch einen »schwarzen Alarm« aufgehalten. Solange er andauert, sind sämtliche Ortswechsel untersagt. »Schwarz« bedeutet, dass jemand sehr krank oder verletzt ist. Wir hatten trotzdem noch über eine Stunde Zeit miteinander, in der er mir mithilfe einer elektrischen Haarschneidemaschine, eines Kamms, den ich beisteuerte, und eines großen, angelaufenen Spiegels mit silbriger Oberfläche – kein Glas – die Haare schnitt. Er war gestresst von der Herausforderung, ging recht zögerlich zu Werke und hatte Angst, dass ich am Ende alles andere als respektabel aussehen würde. Dieser Punkt machte mir nicht die geringsten Sorgen und am Ende war das Ergebnis hervorragend. Wenn es mir bei einer eventuellen Haftentlassung in den nächsten acht oder zehn Tagen nicht gelingt, respektabel und vorzeigbar auszusehen, liegt es jedenfalls nicht am Haarschnitt.

Ich ging mit ihm durch, was ich der Presse zu sagen gedenke (wenn die Dinge gut laufen) und er war sehr zufrieden. Er wollte nicht, dass ich mich als Opfer darstelle, geschweige denn, dass man mich als feindselig oder nachtragend wahrnehmen könnte.

Mitunter hat mich die Menge der Artikel und Bücher, die mir gemeinsam mit den vielen Briefen und Karten zugesandt wurden, fast ein bisschen überfordert. Eines dieser Bücher habe ich vor etwa einer Woche ausgelesen. Es war das zweite Buch des amerikanischen Jesuitenpaters Walter Ciszek über das, was er als Priester während seiner 23 Jahre in Russland erlebt hat, insbesondere im berüchtigten Lubjanka-Gefängnis in Moskau und dann im sibirischen Gulag, wo er als angeblicher Spion des Vatikans 15 Jahre verbrachte. Sein Buch *He Leadeth Me: An Extraordinary Testament of Faith* handelt von der Problematik des Leidens, der Kraft aus dem Glauben und davon, wie er überlebt hat.

Walter stammte aus Shenandoah im US-Bundesstaat Pennsylvania, trat 1928 in den Jesuitenorden ein und folgte dann dem Aufruf Pius' XI., der Priester suchte, die bereit waren, freiwillig in Russland zu arbeiten. Seminaristen seines Schlags waren vor 50 oder 100 Jahren in Australien noch häufiger als heute. Er war zäh, ein wenig ruppig und gab sich alle Mühe, seine Frömmigkeit zu verstecken. Er war ein schwieriger Sohn für seinen Vater und ein schwieriger Seminarist für seine Oberen. Beinahe wäre er vom Seminar der Jesuiten ausgeschlossen worden. Er studierte in Rom, lernte die Messe im byzantinischen Ritus zu feiern, wurde dort zum Priester geweiht und nach Albertyn in Ostpolen geschickt, das bei Ausbruch des Zweiten Weltkriegs von den Russen erobert wurde.

Der junge Pater Ciszek meldete sich freiwillig, um mit den polnischen Flüchtlingen nach Russland zu gehen, und hielt seine priesterliche Identität geheim. Viele der Flüchtlinge waren entweder kommunistische Idealisten oder Sympathisanten, und zu seinem Schrecken musste er feststellen, dass niemand mit ihm oder seinem Gefährten – auch er ein verdeckter Priester – sprechen wollte. Sie verachteten ihn für das, was er war.

Die Russen fanden schnell heraus, dass er Priester war, und er verbrachte die Kriegsjahre im berüchtigten Lubjanka-Gefängnis in Moskau. Das einzige Möbelstück in seiner kleinen Zelle war ein Bett, auf dem er nur nachts liegen konnte. Das Licht brannte oft 24 Stunden lang. Er hatte keine Bücher, geschweige denn einen Wasserkocher, einen Fernseher oder ein Brevier. Manchmal wurde er von Leuten, die sich abwechselten, 24 Stunden lang verhört. Irgendwann gestand er eine Reihe von Verbrechen und sollte nach Sibirien deportiert werden, doch er fing sich wieder und weigerte sich, als kommunistischer Spion zu arbeiten. Seine detaillierten Schilderungen der Isolation nach den Verhören sind erschütternd: »Wie aus einer Stunde eine Ewigkeit wird« und jede Sekunde »mit einer Million Gedanken und einer Million Fragen und einer Million Ängsten« angefüllt sein kann. Doch vor allem, so schreibt er, habe er gebetet, und dabei sei ihm bewusst geworden, dass er vorübergehend »gefallen« war, weil er sich zu sehr auf seine enormen Kräfte und zu wenig auf Gott verlassen habe.

In Nordsibirien waren die Winter extrem, das Essen knapp, die Arbeitsstunden lang, und die Mehrzahl der Häftlinge im Gefängnis waren keine politischen Gefangenen, sondern Kriminelle. Sie waren grausam und skrupellos. Er arbeitete hart, was bei seinen

Mithäftlingen für zahlreiche Diskussionen sorgte. Unter ihnen waren noch andere Priester, manche von ihnen zutiefst demoralisiert. Es gelang ihm, regelmäßig um die Mittagszeit herum oder abends nach der Arbeit die Messe zu feiern – nachdem er seit Mitternacht nichts gegessen und den ganzen Tag lang gearbeitet hatte! Er organisierte viele Exerzitien für die anderen Priester und hatte einen engen Kreis treuer Gläubiger hauptsächlich aus Polen, Litauen, Lettland und der Ukraine. Nach 15 Jahren kam er überraschend frei, obwohl ihm gesagt worden war, dass das niemals geschehen würde, und konnte in die südsibirische Stadt Krasnojarsk gehen, wo er eine kleine De-facto-Gemeinde gründete, in der er glücklich und fruchtbar arbeitete. Die Geheimpolizei machte dem bald ein Ende, vertrieb ihn und schickte ihn in eine andere kleinere Stadt, Abakan. Da ihm verboten worden war, als Priester zu arbeiten, fand er eine Stelle als Mechaniker und teilte sich ein Zimmer mit einem überzeugten Kommunisten. Die beiden wurden gute Freunde.

Hier hatte er Gelegenheit, eine ganze Anzahl Russen kennenzulernen und mit ihnen zu reden. Er hegte Sympathien für den Idealismus und den Gerechtigkeitssinn, der in der kommunistischen Doktrin verborgen war, auch wenn die Machthabenden sie regelmäßig missbrauchten. Er erzählte von der unermüdlichen kommunistischen Propaganda gegen die Christen und ihrem stumpfsinnigen Herumreiten auf den realen und erfundenen Fehlern der Kirche. Im Rahmen eines Gefangenenaustauschs kam er 1963 schließlich frei – und fand heraus, dass man ihn 1947 für tot erklärt hatte.

Zum Abschluss will ich ihn selbst zu Wort kommen und erklären lassen, was es mit ihm auf sich hatte. Obwohl er sich selbst für einen »überaus störrischen Schüler« hielt, wusste er doch auch, dass »Gott ein sehr geduldiger Lehrer ist«. Er überlebte aufgrund seines Glaubens, der schlichten Wahrheit, die er durch Versuch und Irrtum und nicht »durch irgendeine geheime und rätselhafte Formel« lernte.

Pater Ciszek schreibt: »Das Furchtbare an jeder göttlichen Wahrheit ist ihre Einfachheit«, und »gerade diese Einfachheit macht [sie] so inakzeptabel für die Weisen und Stolzen und Gebildeten.«

In Anlehnung an das Gebet »My Vocation – The Mission of my Life«« des hl. John Henry Newman – wenn auch weit weniger elegant – schreibt er, Gott habe »einen besonderen Zweck, eine besondere Liebe, eine besondere Vorsehung für alle, die er erschaffen hat.«

Niemand ist unwichtig; Gott hat für jeden von uns einen Plan.

Niemand kann größeren Frieden erfahren, niemand kann größeren Einsatz zeigen, niemand kann größere Erfüllung in seinem Leben finden als der Mensch, der an diese Wahrheit des Glaubens glaubt und sich täglich bemüht, sie in die Tat umzusetzen.[2]

Amen hierzu. Er hat völlig recht.

Dienstag, 17. März 2020, St Patrick' s Day

Am heutigen *St Patrick's Day* ist die Sonne herausgekommen und hat uns einen wunderbar milden Morgen und anhaltend gutes Wetter beschert. Im Gefängnis trug niemand Kleeblätter und das Fest blieb gänzlich unbemerkt. Phillip Adams hat im *Weekend Australian* geschrieben, dass es drei Millionen irischstämmige Australier gebe. Ich bin versucht, das für eine Untertreibung zu halten.

An diesem Tag – an jedem *St Patrick's Day* – sollten die australischen Katholiken voller Dankbarkeit der Iren gedenken, die auf dem ganzen Kontinent und insbesondere in Victoria den Glauben verbreitet haben. In New South Wales hatten wir zwei Erzbischöfe aus den Reihen der englischen Benediktiner, englische Mönche, einige französische Maristenpriester, Maristen- und Schulbrüder, aber Victoria war eine fast ausschließlich irisch-katholische Ansiedlung, wo die Mehrheit der weiterführenden Jungenschulen von den irischen *Christian Brothers* geleitet wurde. Sämtliche Melbourner Erzbischöfe vor James Kardinal Knox waren irischer Abstammung und der größte von ihnen war der legendäre Erzbischof Daniel Mannix, der von 1917 bis 1963 das Amt bekleidete.

Ordensmänner und -frauen, die keinen Lohn, sondern nur Unterhalt und ein Taschengeld erhielten, waren für die Ausbildung von mindestens drei Generationen von Jungen und Mädchen verantwortlich, denen sie auf diese Weise den Aufstieg in die Mittelklasse ermöglichten. Bis in die 1960er-Jahre hinein hielten die katholischen Schulen den Glauben und die religiöse Praxis aufrecht, ohne dass sie von der Regierung finanziell unterstützt wurden. Dies änderte sich mit der Erfindung der Antibabypille und der sexuellen Revolution. Das Zweite Vatikanische Konzil hat viel Gutes bewirkt, aber die Kombination aus gesellschaftlichen und religiösen Veränderungen löste einen Exodus der Priester und Ordensleute aus, und die Berufungen gingen dramatisch zurück. Die meisten Ordensgemeinschaften werden schon bald Geschichte sein. Die irischstämmigen Australier begegnen der Religion gleichgültig und gelegentlich feindselig, heben sich oft nicht mehr von der Masse der »Blauäugigen«, den Angloaustraliern, ab und haben allzu oft keinen Sinn mehr für die Religion.

Doch das ist nicht die ganze Geschichte, und einer der Gründe dafür, dass wir insbesondere in Victoria noch immer stark sind, ist der italienischstämmige Australier Bartolomeo (Bob) Santamaria, nach Erzbischof Daniel Mannix der einflussreichste Leiter der irischstämmigen Australier in der katholischen Geschichte von Victoria und vielen anderen Teilen Australiens mit Ausnahme von Sydney.

Bob war in Brunswick, Melbourne, zur Welt gekommen und bei den *Christian Brothers* zur Schule gegangen, hatte an der Universität Melbourne ein hervorragendes Examen in Jura und Geisteswissenschaften abgelegt und anschließend bei der Katholischen Aktion im Erzbistum Melbourne mit Dr. Mannix zusammengearbeitet.

Mannix glaubte (zu Recht), dass sich in der Demokratie mit der Wahlurne neue Möglichkeiten auftaten, die es vor der Einführung des allgemeinen Wahlrechts nicht gegeben hatte, und er und sein Schützling B. A. Santamaria knüpften an die von Papst Leo XIII. in den 1890er-Jahren geförderten Reformen im öffentlichen Leben und an ältere irische Traditionen aus dem Kontext der Katholischen Emanzipation an, die der »Befreier« Daniel O'Connell 1829 im Britischen Weltreich durchgesetzt hatte.

Bert Cremean, ein Abgeordneter der *Catholic Labor Party* von Victoria, bat Santamaria und die *Groupers,* seine Bewegung, den Kampf gegen die Kommunisten anzuführen, die in etlichen Gewerkschaften stark vertreten waren und in den ersten Jahren des Zweiten Weltkriegs vor allem in den Hafenstädten die Kriegsanstrengungen sabotierten. Keine andere Organisation in Australien hatte einen so guten Draht zu prinzipientreuen und idealistischen Angehörigen der Arbeiterklasse wie die Katholiken, und unter Santamarias Führung gelang es der Bewegung, die kommunistischen Gewerkschaftsführer zu verdrängen.

Einer von Santamarias Söhnen hat mir vor Kurzem einen Text über die Historizität der Evangelien geschickt, den er (Bob) in den 1990er-Jahren geschrieben hatte und in dem er einen bekannten australischen Bibelforscher kritisiert – der B. A. S. daraufhin das größtmögliche Kompliment machte, nämlich, auf keinen einzigen seiner Kritikpunkte zu reagieren. Sein Sohn meinte, Bob sei eigentlich in seinem tiefsten Inneren ein Lehrer gewesen, aber das wird ihm nicht gerecht. Er war ein hervorragender Schriftsteller, ein Apologet, der in Australien seinesgleichen sucht, aber auch ein Stratege, ein politischer Organisator und Aktivist. Er war ein Anführer.

Er selbst hat seine Leistungen (zu Unrecht), den Ausschluss der *Groupers* aus der *Australian Labor Party*, die Spaltung der *Labor Party*, die internen Querelen und den Niedergang der Kirche gegen Ende seines Lebens pessimistisch beurteilt, obwohl er ein Anhänger und Bewunderer von Papst Johannes Paul II. gewesen ist. Es war keine typische Erfolgsgeschichte, und er bleibt eine Gestalt, an der sich die Geister scheiden.

Zwei von vielen weiteren möglichen Aspekten möchte ich noch erwähnen. Santamaria war sehr von seinen irisch-australischen Lehrern bei den *Christian Brothers* beeinflusst, die er bewunderte, und auch seine Leutnants und viele seiner Fußsoldaten waren irischstämmige Australier. Im multikulturellen Australien des Jahres 2020 bedeutet dies schon etwas, aber im Australien der 1940er- und 1950er-Jahre und noch viel später war es außergewöhnlich und vermutlich nur innerhalb der katholischen Gemeinschaft möglich. Mein zweiter Punkt ist, dass oft vergessen wird, wie viel Santamaria zur Verjüngung der Kirche in Australien beigetragen hat. Wir haben seiner strategischen Vision viel zu verdanken: dass er die Bedeutung der Ideen und mithin der Universitäten erkannt und die Monatszeitschrift *AD2000* gegründet hat, die drei Jahrzehnte lang die Herausforderungen und die Sinnlosigkeit des Versuchs, »liberale Protestanten« zu werden, erklärt und den Katholiken vor Ort die nötigen Informationen und Vorstellungen vermittelt hat, um in der Gemeinschaft aktiv zu werden. Und der *National Civic Council*[3] hat viele wunderbare Männer und Frauen hervorgebracht, die wirkungsvoll Einfluss nehmen können. Der Kampf geht weiter, und es geht nicht immer oder überall steil bergab. Die wachsende Feindseligkeit gegenüber der Kirche wird der katholischen Gemeinschaft mehr nutzen als schaden. Für seinen

Glauben zu leiden bringt Leben hervor und wird den einen oder anderen und vielleicht viele Menschen veranlassen, sich zu fragen und zu entscheiden, wofür sie eintreten wollen.

Die jüngste Anti-Abtreibungs-Demonstration in Martin Place, Sydney, die von Studenten organisiert wurde und an der Erzbischof Fisher und der anglikanische Erzbischof Glenn Davies teilgenommen haben, zeigt, dass die Funken zu Flammen angefacht werden.

Wenn ein zweiter Bob Santamaria aufstünde und sich den neuen Herausforderungen stellte (und gebe Gott, dass das geschieht), dann wäre er in einem weiteren Punkt im Nachteil, denn er hätte keine Scharen von betenden und gläubigen irischstämmigen Australiern, die mit ihm in den Kampf zögen.

Das Coronavirus beherrscht die Nachrichten; inzwischen sind es weltweit 182 000 Fälle, 7100 Menschen sind gestorben und in vielen Ländern nehmen die Beschränkungen zu.

Ein paar Zeilen aus einem traditionellen irischen Kirchenlied werden uns helfen, auf dem engen Pfad des Heils zu bleiben:

I bind unto myself today …

The wisdom of my God to teach,
His hand to guide, his shield to ward,
The word of God to give me speech,
His heavenly host to be my guard.

In der Kraft, die Gott mir gibt, steh' ich heute auf […]

Gottes Weisheit führe mich,
Gottes Wort spreche für mich,
Gottes Hand schütze mich,
Gottes Schild schirme mich,
Gottes Heerschar rette mich.

Mittwoch, 18. März 2020

Der heutige Morgen war ungewöhnlich. Der Himmel war bedeckt, es war windig und ein bisschen feucht. Ein bisschen mehr wie das Herbstwetter in Sydney als das in Melbourne.

Gestern am späten Nachmittag habe ich mir noch einmal das Protokoll der zweitägigen Verhandlung am Obersten Gerichtshof durchgelesen. Alle Richter haben Fragen gestellt und keine ihrer Fragen war gegen unsere Sache gerichtet. Ich wäre überrascht, wenn wir wieder verlieren sollten.

Ich habe einen Hauch von Bedauern verspürt, dass wir gestern noch keine Entscheidung bekommen haben, obwohl die Urteilsbegründungen noch gar nicht fertig sein konnten. Wenn das Gericht beurteilen soll, ob es zulässig ist, dass ein Berufungsgericht Videoaufzeichnungen von den Verhandlungen ansieht, und ob die Polizei verpflichtet gewesen wäre, Zeugen zu beschaffen, dann muss das alles mit Bedacht formuliert werden. Alles in allem können wir nur vermuten, wann das Urteil verkündet werden wird, und ich bin damit zufrieden.

Ich weise immer wieder gerne darauf hin, wie sehr ich den Jesuiten, in deren Einrichtungen ich beinahe acht Jahre verbracht habe, und insbesondere Pater Jim McInerney, meinem Rektor am Corpus-Christi-Seminar in Werribee, und Pater Brian Murphy zu Dank verpflichtet bin, die mich in die englischen katholischen Schriftsteller des 19. und 20. Jahrhunderts eingeführt haben. Unser Lehrplan in englischer Literatur war gut gewesen und ich hatte an der weiterführenden Schule einiges gelesen, aber Newman und Hopkins, Chesterton und Belloc, Greene und Waugh, Knox und Arnold Lunn waren mir weitgehend unbekannt. Wir lernten auch die Märtyrer John Fisher und Thomas Morus und den anglikanischen Schriftsteller T. S. Eliot kennen. Ich kann mich nicht erinnern, dass ich mich sonderlich für C. S. Lewis begeistert hätte, und Tolkien kam später, auch wenn ich nie ein Fan seiner Bücher wurde.

Insgeheim war ich schon damals anglophil, und so freute ich mich darüber, dass ich später von 1967 bis 1971 vier Jahre lang in Oxford studieren konnte. Ich bin oft dorthin zurückgekehrt.

Das alles erklärt ein Stück weit, wie glücklich ich war, zum zehnten Jahrestag der Einrichtung der anglikanischen Ordinariate in der Kirche einen langen Aufsatz von meinem Freund Pater Alexander Sherbrooke über das katholische Leben in England zugesandt zu bekommen, in den er verschiedene Themen rund um die »Marienfrömmigkeit« und insbesondere um die Verehrung »Unserer Lieben Frau von Eton« eingeflochten hatte.

König Heinrich VI. hatte das *Eton College* 1440 gegründet, um »ebendieser Frau und unserer heiligsten Mutter die gebührende Ehre zu erweisen«, und die Schule an die Krone und die Weltkirche gebunden. Heinrich war ein Mann des Glaubens, aber weder ein erfolgreicher König noch ein effizienter Politiker. Er starb im Londoner Tower, und der hl. Thomas Morus war davon überzeugt, dass der spätere Richard III. ihn hatte ermorden lassen.

Eamon Duffys Schriften haben gezeigt, dass das katholische Leben in England zur Zeit Heinrichs VIII. nicht verdorben und korrupt und auch keine bloße Fassade, sondern in Wirklichkeit für sämtliche Formen der Sozialhilfe zuständig war, die damals im ganzen Land zur Verfügung standen. Die Schließung der Klöster verursachte enorme Not, und viele starben. Jahrzehnte einer skrupellosen und effizienten Verfolgung unter Heinrich und nach ihm unter Eduard VI. und insbesondere Elisabeth I. waren nötig, um den Glauben zu ersticken. Die Geschichte, wie die vorreformatorische Statue Unserer Lieben Frau hoch über dem Schulhof von Eton bis auf den heutigen Tag überlebt hat, ist nur eines von vielen Beispielen katholischer Resilienz.

Provost Roger Lupton hatte die mit Marienlilien geschmückte Statue der Himmelskönigin erst kurz vor dem Martyrium von Morus und Fisher im Turm aufstellen lassen. Lupton trat 1536 zurück.

Der Muttergottesaltar in der College-Kapelle war von Thomas Cromwells Schlägern abgerissen und die Bilder mit Szenen aus dem Leben Mariens an den Wänden der Kapelle waren übertüncht worden, ehe Cromwell im Herbst 1538 Truppen entsandte, die die Statue zerstören sollten. Die Professoren versteckten sich, aber die Studenten, die *King's Scholars*, verwehrten den Soldaten den Zutritt zum Schulhof. Und sie trugen den Sieg davon.

Als ich einmal in der großen Stadt Grodno in Belarus zu Besuch war, habe ich eine ähnliche Geschichte gehört. Dort hatten die Kommunisten junge Soldaten geschickt, die die Kathedrale schließen und für weltliche Zwecke in Besitz nehmen sollten. Die frommen alten Frauen der Gemeinde, die Großmütter, legten sich auf dem Vorplatz und in der Kirche nieder und weigerten sich, von dort wegzugehen, und die Soldaten wagten es nicht, Hand an sie zu legen.

Der selige Edward Powell, der für kurze Zeit Rektor in Eton war, sagte Heinrich VIII. ins Gesicht, dass er »ein gewöhnlicher Ehebrecher« sei. Er wurde 1540 gehenkt, geschleift und gevierteilt. Henry Cole, der von Königin Mary zum Provost ernannt worden war, starb später im *Fleet*-Gefängnis für seinen Glauben. Der erste Märtyrer, der am Englischen Kolleg in Rom ausgebildet wurde, der hl. Ralph Sherwin, war ein ehemaliger Schüler des *Eton College*.

England, das im Volksmund *Our Lady's Dowry* (»Liebfrauenmitgift«) genannt wird, wurde von Eduard dem Bekenner der Gottesmutter geweiht, und diese Weihe wurde von dem Tyrannen König Richard II. (1377–1399) erneuert. In ein paar Wochen, am 29. März 2020, wird die katholische Gemeinschaft England ein weiteres Mal Unserer Lieben Frau weihen. Ich denke, Pater Alexander hat recht, wenn er schreibt: »Marias Rolle als Mutter und Königin, die von Generationen von Königen, Adligen und Untertanen hochgehalten wurde, war kein nichtssagendes Mantra, sondern Ausdruck dessen, wie die Welt gesehen wurde und geordnet war und wie sie regiert werden sollte.«

Msgr. Ronald Knox, dessen Bibelübersetzung wir am Seminar in Werribee benutzt haben und dessen Biografie über Evelyn Waugh zu meinen frühen Lektüren im Seminar gehörte, habe ich bereits erwähnt.

Knox war Harold Macmillans Tutor in klassischer Literatur gewesen. Der spätere Premierminister, »C«, wie er in Waughs Biografie genannt wird, hatte ebenfalls mit dem Gedanken gespielt, katholisch zu werden. Vor dem Ersten Weltkrieg hatten sie beide das *Eton College* besucht. Sie waren ein paar Jahre auseinander.

Von Balthasar hat über die marianische Dimension der Kirche geschrieben, und Knox hat diese Dimension, nachdem er katholisch geworden war, in seiner Predigt am Fest des hl. Eduard des Bekenners in Westminster Abbey erklärt. Pater Alexander erzählt, dass Knox gefragt habe, wer man am Tag des Gerichts sein wolle: ein Entdecker, ein General, ein Erfinder, ein gefeierter Staatsmann? Oder »ein politisch inkompetenter und gescheiterter Politiker wie Eduard, der von den Armen geliebt wurde, die Kranken pflegte und den Notleidenden unter dem Schutzmantel Unserer Lieben Frau Hilfe brachte«?

Die Gräber von Eduard in Westminster Abbey und von Heinrich VI. in Chertsey und später in Windsor waren jahrhundertelang Wallfahrtszentren und Schauplätze von Wundern. Bis zur Reformation.

Mater misericordiae, ora pro nobis.[4]

Donnerstag, 19. März 2020

Heute ist das Fest des hl. Josef, der Marias Ehemann und der Ziehvater Jesu war und in den Evangelien als *dikaios*, als »gerechter Mann«, beschrieben wird, der seine jüdische Religion gut kannte und ihre Gebote genau befolgte. Wir verdanken ihm unendlich viel, weil er für seinen kleinen Pflegesohn der männliche Erzieher und das Vorbild der Männlichkeit war – ebenso sicher, wie seine Frau Maria dem fleischgewordenen Gottessohn Jesus die Menschennatur gab. Aus der Kraft und dem Mitgefühl, die Jesus als Erwachsener bewiesen hat, dürfen wir schließen, dass Josef seine Sache gut gemacht hat. In unserer Gesellschaft mit ihren häufigen Scheidungen, wechselnden Partnerschaften, abwesenden Vätern und Patchworkfamilien werden viele Josefs gebraucht, und zwar dringend!

Father John McCarthy war wieder da, um am heutigen Festtag für mich die Messe zu feiern. Um uns herum war alles still, und wir hatten eine schöne, schlichte und andächtige Feier. Ich war sehr dankbar. John hat mir erzählt, dass »Robbo«, Father Peter Robinson, einer der Älteren in Johns Jahrgang, eine Berufung aus der Bewegung der Christlichen Arbeiterjugend, vor ein paar Tagen gestorben ist. Möge er in Frieden ruhen.

Danach brachten mich die Wärter wieder in den Videoraum. Ich sagte ihnen, dass ich gern zehn Minuten warten und es dann gut sein lassen würde, wenn sich bis dahin nichts getan hätte. Sie waren einverstanden. Ich betrat den Raum und etwa fünf Minuten später erschienen Kartya und Ruth, meine zweite Anwältin, auf dem Bildschirm.

Ich spreche immer gerne mit Ruth über meinen Fall, weil ich ihre Meinung sehr schätze. Sie hat die meiste Vorarbeit für die Berufung geleistet. Wie üblich machte ich den Anfang mit meiner Liste von Fragen oder Kommentaren, und Ruth stimmte mir zu, dass Bret sich sprachlich und argumentatorisch vor dem Obersten Gerichtshof zu neuen Höhen aufgeschwungen habe. Ich hatte nur noch zwei Textstellen, an denen mir nicht ganz klar war, was er hatte sagen wollen. Die eine war eine Fehlinterpretation: Wo es »usurpation« hätte heißen müssen, stand »user patient«!

Sie stimmte mir zu, dass Brets Auftritt brillant gewesen sei – aber er hatte auch sämtliche Fakten auf seiner Seite. Selbst die besten Anwälte hätten mit der Anklage ihre Schwierigkeiten gehabt, weil sie durch keinerlei Beweise oder Indizien erhärtet wurde und zu keinem ihrer Szenarien passte. Doch selbst wenn man ihr das alles zugutehält, war der Auftritt der Generalstaatsanwältin unrühmlich: Sie hielt sich eng an die Linie des vorigen Verfahrens in Victoria, das mit dem Mehrheitsurteil der beiden Obersten Richter geendet hatte. Nimmt man die jüngsten Missgriffe der Polizeikommissare Ashton und Overland in der *Lawyer-X*-Saga hinzu, gewinnt man einen sehr ungünstigen Eindruck vom Rechtssystem in Victoria.

Ruth wäre genau wie ich sehr überrascht, wenn wir die Berufung verlieren sollten. Bret spekulierte darüber, wann das Urteil wohl verkündet werden würde. Er meinte, die Richter seien gute Leute und würden rasch arbeiten, aber was das genau bedeutet, konnte er auch nicht sagen. Alles in allem hat mir die Besprechung Mut gemacht.

Ich hatte schon vorher ein bisschen Auftrieb bekommen, denn Terry und Bernadette Tobin hatten mir per Post eine Zusammenfassung ihrer Notizen geschickt, die sie sich während der zweitägigen Verhandlung gemacht hatten. Einige Auszüge veranschaulichen, in welchem Ton sie gehalten sind:

> Tag 2
> Die Richter haben die Anklage völlig auseinandergenommen.
> So, wie ich das sehe, haben die Staatsanwälte keinen Respekt vor dem Primat der Beweise.
>
> [Aus Bernadettes Notizen]
> Die Krone ändert ihre Version im Lauf der Verhandlung und der Berufung.
> Verschiedene Beweismittel bleiben unhinterfragt … Einige Aussagen werden schlicht ignoriert.
> Die Krone beschreibt wesentliche Beweismittel falsch.
>
> Und so weiter.

Nach meinem Eindruck waren alle Anmerkungen zutreffend und es hat wieder einmal gutgetan, so etwas von Leuten zu hören, die sich auskennen.
In China gab es heute keine neuen Coronafälle, aber in Italien sind 415 Menschen gestorben. In Australien wurden neue Beschränkungen und finanzielle Hilfen angekündigt und Ausländern die Einreise verweigert. Die katholischen Kirchen bleiben offen, aber sonntags werden dort keine Messen gefeiert und bei Beerdigungen, Hochzeiten usw. sind nur Familienangehörige zugelassen.
Ich muss mehr für das Ende der Pandemie beten, da ich zu sehr mit meiner eigenen Situation beschäftigt bin. Also bitte ich den hl. Josef in beiden Angelegenheiten um seine Hilfe:

Joseph, wise ruler of God's earthly household,
Nearest of all men to the heart of Jesus,
Be still a father, lovingly providing
For us, His brethren …

Saint of the dying, blessed with Mary's presence,
In death you rested in the arms of Jesus;
So at our ending, Jesus, Mary, Joseph,
Come to assist us!

Josef, weises Oberhaupt von Gottes irdischem Haushalt,
dem Herzen Jesu nahe wie sonst kein Mann,
sei auch uns, seinen Brüdern,
noch immer ein liebender und fürsorglicher Vater …

Patron der Sterbenden, mit Marias Gegenwart gesegnet,
ruhtest du im Tod in den Armen Jesu.
So kommt an unserem Ende, Jesus, Maria, Josef,
und steht uns bei!

PS: Richmond hat vor leeren Rängen das Eröffnungsspiel der AFL-Saison[5] im *Melbourne-Cricket*-Stadion gewonnen.

Freitag, 20. März 2020

Die große Nachricht des Tages kam gegen vier Uhr am Nachmittag, als einer der Wärter mir eine zweiseitige gedruckte Ankündigung überreichte, der zufolge Häftlinge in den Gefängnissen des Bundesstaats Victoria ab morgen keine persönlichen Besuche mehr erhalten dürfen.[6] Ein weiterer (allerdings zweitrangiger und weniger gewichtiger) Grund für ein Urteil in der nächsten Woche! Ich konnte Tim O'Leary anrufen, dessen Besuch für morgen geplant war, ihm aber nur eine Nachricht hinterlassen. Also habe ich mit Kartya telefoniert, die mir sagte, dass sie die Neuigkeit weitergeben und dafür sorgen werde, dass Tim davon erfährt.

Nach wie vor bekomme ich ungefähr 15 Briefe pro Tag und die Mischung ist sogar noch exotischer geworden. Karen aus Alaska hat mir einige schöne Farbfotos von Bildern der mystischen Visionen der hl. Hildegard von Bingen gesandt: das Reich Gottes, Christus Pantokrator und noch ein Bild vom Fall Satans und dem Ursprung der Hölle.

Ein anderer regelmäßiger Briefschreiber aus Plano in der Nähe von Dallas in Texas hat mir einen Artikel von Robert Royal gesandt mit dem Titel »Safety Last«. Berichtet wird dort von einem weiteren konservativen Redner, dessen Vortrag an einer Universität aus Sicherheitsgründen abgesagt werden musste.

Royal zitiert aus Dantes *Göttlicher Komödie*, wo Dante und Vergil einer großen Schar von Verurteilten begegnen, die von Wespen und Mücken zerstochen werden und einer nichtssagenden Fahne hinterherlaufen. Das sind die Seelen, die sich nicht festlegen wollten, und die neutralen Engel, die weder Gott noch dem Teufel nachgefolgt sind:

Getilgt ihr Name in der Welt, verworfen
von Gnade und Gerechtigkeit ihr Wert.
Nichts mehr davon, schau hin und geh vorbei!
Hölle, III, 49–51)

Unser zerstreutes und rastloses Leben macht es den Menschen von heute leichter, die meiste Zeit über oberflächlich und sentimental zu sein, Tod und Krankheit auszublenden und das Böse und die Sünde herunterzuspielen. Ich denke nicht, dass man es Dante an vielen unserer Universitäten erlauben würde zu sprechen. Er würde mit seinem strikten Moralismus allzu viele persönliche Komfortzonen verletzen. Mir geht er auch zu weit, aber wahrscheinlich brauche ich das.

Jonathan aus der Nähe von Fiesole in Italien hat mir einen freundlichen Brief und fünf Medaillen vom Heiligen Antlitz für meine Mithäftlinge oder die Wärter gesandt. Sie sind alle konfisziert worden, und der Brief trug den Vermerk »Nicht ausgeben«.

Ein Senator aus Italien, der sich für Lebensschutz und Familie einsetzt, hat mir einen schönen fünfseitigen Brief geschrieben, in dem er seinem Glauben an meine Unschuld Ausdruck verleiht und von seinen eigenen Problemen erzählt: Man hat ihn beschuldigt, Homosexuelle diffamiert zu haben, und zu einer beträchtlichen Geldstrafe verurteilt. Er ist in Berufung gegangen und hofft, mich bald in Rom zu treffen.

Die meisten Briefe und Karten kommen aus Australien: einer von einem pensionierten *Aussie-Rules*-Anhänger in Westaustralien, der schreibt, dass ich nicht in allen vier Vierteln[7] Gegenwind haben sollte!

Ich habe ein paar Kopien der Gebete aus der Novene vom 2. bis zum 10. März, des *Memorare* und von Gebeten zum hl. John Fisher und zum hl. Thomas Morus erhalten.

Einer der Messdiener aus meiner Zeit in Mentone hat geschrieben, um mich seiner Unterstützung zu versichern. Er meinte, wir hätten uns zuletzt 2013 in Rio de Janeiro gesehen, wo er als Jugendvertreter des Melbourner Büros für katholische Bildung am Weltjugendtag teilgenommen habe. Er fand freundliche Worte: »Sie hatten einen sehr positiven Einfluss auf mich und andere und Sie fehlen uns in dieser Zeit.«

Das Coronavirus wird jetzt COVID-19 genannt, und während sich die Situation in China stabilisiert, breitet sich die Pandemie andernorts mit unterschiedlicher Geschwindigkeit aus. In Italien sind leider innerhalb von 24 Stunden 400 Menschen gestorben, die meisten waren älter und hatten Vorerkrankungen, z. B. Tuberkulose. In Australien sind kleinere Zusammenkünfte nur erlaubt, wenn jeder Teilnehmer vier Quadratmeter Platz hat. Man soll sich regelmäßig die Hände waschen und sich nicht ins Gesicht fassen.

Katrina Lee kam 40 Minuten zu spät zu unserem Treffen, aber wir hatten eine gute Stunde Zeit und sprachen über meine Aussichten auf Entlassung und darüber, wie wir reagieren sollten, wenn

ABC noch einmal irgendetwas von den Vorwürfen im Zusammenhang mit dem *St Joseph's Home* veröffentlichen sollte, die fallen gelassen worden waren. Meine Intuition sagt mir – und Katrina sieht das genauso –, dass wir schnell und entschieden vorgehen sollten, wenn sich das finanzieren lässt.

Da heute Freitag ist, könnten wir ein irisches Gebet beten:

O King of the Friday
Whose limbs were stretched on the Cross,
O Lord who did suffer
The bruises, the wounds, the loss,
We stretch ourselves
Beneath the shield of thy might,
Some fruit from the tree of thy passion
Fall on us this night!

O König des Freitags,
deine Glieder waren am Kreuz ausgestreckt,
o Herr, du hast die Schläge, die Wunden, den Verlust erduldet.
Wir strecken uns aus
unter dem Schild deiner Macht.
Möge von den Früchten deines Leidensbaumes
in dieser Nacht etwas auf uns fallen!

Samstag, 21. März 2020

Als ich kurz nach acht den Weg neben dem Rasen entlangging, rief mich Paolo, einer aus unserer Vierergruppe hier in Trakt 3, zu der Trennwand aus Glas. »Sie haben ein Besuchsverbot verhängt«, rief er mir zu und zuckte mit den Achseln. »Wir werden verrückt werden.« Ich glaube nicht, dass das für ihn oder für drei von uns vieren wirklich zu befürchten ist, aber ich bin doch nachdenklich geworden und frage mich, wie einige der Häftlinge wohl reagieren werden.

Etwa eine Stunde später wurde ich wieder gerufen. Diesmal waren die drei zuversichtlicher, weil sie gehört hatten, dass 370 Anwälte – und es würden hoffentlich noch mehr werden – eine Petition unterschrieben hatten, dass Häftlinge, die nur noch sechs Monate (oder waren es zwei Jahre? Sie waren sich nicht ganz sicher) ihrer Strafe zu verbüßen hatten, entlassen werden sollten.[8]

Für alte und kranke Häftlinge sollte dasselbe gelten. Paolo meinte, dass ich das Kriterium des Alters erfüllen würde, aber zu gesund aussähe. Ich war versucht, schwächer und gebrechlicher zu erscheinen, aber eigentlich will ich das gar nicht. Ich bin dem Herrn dankbar für meine gute Gesundheit.

Um die Mittagszeit, als ich gerade auf dem Laufband war, mussten wir alle wegen eines »Wasseralarms« in unsere Zellen zurückkehren, was bedeutete, dass es irgendwo im Gefängnis einen Vorfall gegeben hatte. Im Lauf der nächsten Stunde hörte ich ein paarmal laute Stimmen und fragte mich – weil ich eins und eins zusammenzählen kann und mir trotzdem nicht sicher bin –, ob es wohl einen Aufstand gegeben hatte. Wenn irgendetwas geschehen war, würden wir es jedenfalls als Letzte erfahren.

The Australian hat dieses Wochenende eine achtseitige Beilage über COVID-19, die Coronapandemie, mit vielen ausgezeichneten und informativen Artikeln gebracht. Das hat mich aufgerüttelt, denn ich hatte immer noch gehofft, dass die Zahl der Toten und Schwerkranken niedrig bleiben, dass der partielle oder totale Lockdown Wochen und nicht Monate dauern, dass die Wirtschaft um zwei bis fünf Prozent und nicht, wie *Goldman Sachs* es jetzt für die USA prognostiziert hat, um 25 Prozent zurückgehen und dass die Arbeitslosigkeit auf fünf oder zehn Prozent und nicht auf 20 oder mehr Prozent steigen würde, was durchaus möglich ist. Für mich persönlich heißt das, dass ich, wenn ich nach über zwölf Monaten Einzelhaft freikomme, weitere sechs relativ isolierte Monate vor mir haben könnte.

Paul Kelly hat einen meisterhaften Text verfasst, in dem er schreibt, dass die Hauptaufgabe des Premierministers jetzt darin bestehe, die Moral aufrechtzuerhalten. Voraussetzung hierfür sei, dass es gelinge, die Ausbreitung der Krankheit zu verlangsamen und den finanziellen Schaden in Grenzen zu halten. Es wird interessant sein, das Ausmaß und die Verbreitung von Altruismus und Opferbereitschaft zu beobachten. Kelly war einer der ersten australischen Kommentatoren, der die Folgen des christlichen Niedergangs in Australien für das weltliche Australien und insbesondere das weltliche Establishment thematisiert hat.

Deshalb endet sein Beitrag mit den Worten: »Das Offensichtliche kann jedoch unmöglich übersehen werden: An einem bestimmten Punkt wurde die Vorstellung von einer von Gott geschaffenen Moral beseitigt und durch ein anderes Prinzip ersetzt, dass nicht Gott, sondern der Mensch das Zentrum des Universums ist und das Schicksal der Menschheit zu kontrollieren vermag. Eine Überzeugung, die von dieser Krise auf den Prüfstand gestellt wird – mit unabsehbarem Ergebnis.«[9]

Geoffrey Blainey veröffentlichte wie immer einen gut informierten und ansprechenden Beitrag und bezog sich auf frühere Epidemien wie die Spanische Grippe nach dem Ersten Weltkrieg und die SARS-Epidemie von 2003. Er wies darauf hin, dass während des Zweiten Weltkriegs in Australien das Hamstern verboten war und die Regierung die Zuteilungen vornahm.

Angela Shanahan berichtete von ihrem Heimatdorf Introdacqua in den Abruzzen in Italien und machte geltend, dass die Todesrate in Italien so hoch sei, weil es – eine Folge der niedrigen Geburtenrate – dort unverhältnismäßig viele alte Menschen gebe.

Der interessanteste Artikel von allen war ein Auszug aus einer Rede, die Tony Abbott am Donnerstag in Tokio gehalten hatte. Sein Hauptpunkt war in logischer Hinsicht unangreifbar und in politischer Hinsicht zurzeit nicht umsetzbar. Er erklärte, »das eigentliche China-Virus« sei nicht die Ansteckung, sondern die »übermäßige Abhängigkeit großer Teile unserer Lieferkette von einem einzigen Land« – eine der Folgen des freien Handels mit einem Land, das nicht daran glaubt, sondern den Handel als strategische Waffe betrachtet. Jedes ernst zu nehmende Land muss Vorräte an lebensnotwendigen Gütern und außerdem die Kapazitäten haben, in einer Krise das Wesentliche selbst zu produzieren. Das hat Bob Santamaria gesagt, als ich noch ein Junge war. Auch mit seiner nächsten Aussage wiederholte Abbott etwas scheinbar Selbstverständliches: dass wir neue Grundlastkraftwerke und neue Talsperren bauen müssen. Gebe Gott, dass diese grundlegenden Wahrheiten nach der derzeitigen Krise erkannt und befolgt werden.

Zu den Dingen, die mich im Gefängnis überrascht haben, gehört, dass hier nicht geflucht wird. Nicht einmal im MAP habe ich oft gehört, dass jemand den Namen Gottes in den Mund genommen hätte, obwohl die meisten Häftlinge nicht wussten oder sich nicht darum gekümmert hätten, dass ich in der Nähe war. Deshalb habe ich meinen regulären Briefschreiber, der seit über zwei Jahrzehnten im Gefängnis ist, danach gefragt. Er ist inzwischen tiefreligiös und hat mir zurückgeschrieben, dass »die meisten Häftlinge einen starken oder sogar glühenden Glauben an Gott haben, sie sind ehrfürchtig und haben Angst davor, sich noch mehr gegen Gott zu versündigen«. Menschen könnten andere Menschen, aber nicht sich selbst oder Gott belügen. Er fügte hinzu: »Diejenigen, die nicht an Gott glauben, behalten ihre Ansichten für sich, weil sie Angst haben, jene zu kränken, die daran Anstoß nehmen würden.« Manche beten, wenn sie in Schwierigkeiten sind, »aber wenn diese Menschen das Gefängnis oder das Krankenhaus wieder verlassen haben, vergessen sie einfach, was sie Gott versprochen haben«. Ich vermute, dass diese fromme Stille nicht zuletzt der beträchtlichen Anzahl muslimischer Gefangener zu verdanken ist.

Gestern sind in Italien 627 Menschen gestorben, und Father Robbie ist bei dem Versuch, nach Italien zurückzukehren, in den Vereinigten Staaten gestrandet.

Zum Abschluss ein paar Zeilen aus John Donnes *Holy Sonnet 5*:

Batter my heart, three-person'd God, for you
As yet but knock, breathe, shine, and seek to mend;
That I may rise and stand, o'erthrow me and bend
Your force to break, blow, burn and make me new.

Zerschmettre mein Herz, du Gott in drei Personen, denn
bisher klopfst du nur an und flüsterst, leuchtest und suchst zu bessern.
Damit ich aufstehe und standhalte,
wirf mich nieder und neige deine Kraft zu mir herab,
lass mich zerbrechen, bersten, verbrennen, und dann mach mich neu.

57. Woche

Alles ruhig so weit

22. März bis 28. März 2020

Sonntag, 22. März 2020

Die Lesung aus dem Johannesevangelium am heutigen vierten Fastensonntag über die Heilung des Blindgeborenen am Teich Schiloach ist eine der schönsten Erzählungen des Neuen Testaments. Die wachsende Spannung dieser großartigen und gekonnt erzählten Geschichte entlädt sich schließlich in der Auseinandersetzung zwischen dem Blinden, der leiblich und geistlich sehend geworden ist, und seinen religiösen Gegnern, die sich, von einer Atmosphäre der Feindseligkeit vergiftet, immer weiter von der Wahrheit entfernen. Der Blinde hatte auf der Straße gelebt und sich seinen Lebensunterhalt erbettelt. Er wusste sich verbal zur Wehr zu setzen, suchte keinen Streit, aber war entschlossen, seinen Wohltäter zu verteidigen, den Mann, der ihn geheilt hatte.

Er wusste, dass ein Mann namens Jesus das Wunder vollbracht hatte, und er verteidigte ihn als einen Propheten und nicht als jemanden, der den Sabbat entehrt hatte. Er wusste, dass Jesus kein Sünder war, wies seine Gegner zurecht, weil sie nicht zuhörten, und fragte sie sarkastisch, ob auch sie seine Jünger werden wollten. Wenn dieser Mann, sein Wohltäter, nicht von Gott stammte, hätte er das nicht vollbringen können. Sie jagten ihn fort, und wieder begegnete ihm Jesus und erklärte ihm, er sei der »Menschensohn«. – »Herr, ich glaube«, lautete die Antwort des Mannes, der nun sehen konnte. Seine Wahrhaftigkeit und sein Mut hatten ihn zum Glauben geführt.

Die Messe wurde wieder von Father Shabin zelebriert, der eine gute Predigt hielt und das Evangelium mit dem Gedicht »Führ, liebes Licht« des hl. John Henry Newman verknüpfte.

Neben der Episode aus dem Johannesevangelium fiel Joseph Princes Predigt zum Thema »Lebe den Glauben« ein bisschen ab. Er erklärte darin den Unterschied zwischen einem Segen und einem Fluch. Jesus habe uns vom Fluch des Gesetzes erlöst. Die Predigt war wie immer gut vorbereitet. Je dunkler die Welt wird, desto heller strahlt die Kirche. Seht, wie das Senfkorn gewachsen ist.

Joseph trug heute wieder ein etwas anderen Outfit: ein dunkleres Jackett, dunkle Krawatte und weißes Hemd. Er hat ziemlich laut gesprochen, das kommt bei ihm hin und wieder vor.

Joel Osteen war auf der Höhe der Zeit und drängte uns, Gott um etwas Großes zu bitten, denn die Versuchung, nur um Kleinigkeiten zu bitten, sei des Teufels. Gott ist allmächtig. Wir sollen Gott um eine Überfülle an Gaben bitten, damit wir unsererseits anderen helfen können. Wenn wir Gott um die Verwirklichung unserer Träume bitten, sollen wir nicht zu bescheiden sein! Joel lobte Elischa, weil er darum gebeten hatte, dass ihm zwei Anteile des Geistes von Elija zufallen mögen, und tatsächlich vollbrachte er, so Joel, doppelt so viele Wunder wie Elija. Ich habe Elischas Bitte immer als schlechten Stil betrachtet! Er schloss mit der Binsenweisheit, dass man nicht negativ reden und positiv leben kann.

Das Gefängnis war bis zehn Uhr abgeriegelt, sodass ich mit einer Verspätung von ein paar Stunden meine Übungen rund um den Rasen herum machen konnte. Einen Grund erfuhren wir nicht, aber es hatte nichts mit den gesundheitlichen Vorschriften zu tun.

Als ich zu *Songs of Praise* in meine Zelle zurückkehrte, wurde gerade die Pressekonferenz des Premierministers und des Leiters des Finanzministeriums [Schatzmeisters von Australien] über das Virus ausgestrahlt. Sie kündigten ein gewaltiges Finanzpaket im Umfang von zehn Prozent des australischen BIP und weitere Beschränkungen, z. B. für Reisen zwischen den Bundesstaaten, an. Ich fand, beide hatten ihre Sache gut gemacht, wie sie ihre Erklärungen abgaben und auf Fragen eingingen.

In der Halbzeitpause während eines guten Spiels, in dem Hawthorn gegen Brisbane gewonnen hat, kündigte AFL-Geschäftsführer Gillon McLachlan an, dass die Saison einschließlich der Mannschaftstrainings nach den heutigen Spielen bis zum 21. Mai unterbrochen werden soll. Das kommt zwar nicht unerwartet, ist aber dennoch ein Erdbeben, weil sogar während der beiden Weltkriege in Australien weiter Football gespielt wurde. Mir persönlich macht es auch etwas aus, denn die Spiele, die wöchentlich im Fernsehen übertragen werden, waren mir eine willkommene Abwechslung vom Gefängnisleben, und ich hatte mir für die Zwangspause, die ich (vorausgesetzt, ich werde aus der Haft entlassen) aus Altersgründen werde einlegen müssen, eine ähnliche Dreingabe erhofft.

Meine selbstbezogene Reaktion wurde relativiert, als ich auf das zweite Programm umschaltete, wo eine Sendung über die Hitlerjugend lief. Die Jungen wurden einer jahrelangen Gehirnwäsche unterzogen, in den letzten Kriegsmonaten eingezogen und erschossen, wenn sie zu desertieren versuchten. Die meisten kämpften tapfer, einige heldenhaft. Einem Zwölfjährigen und einem Sechzehnjährigen verlieh Hitler das Eiserne Kreuz. Tausende wurden getötet. Die Korrumpierung dieser Jugendlichen war ebenfalls ein Kriegsverbrechen.

COVID-19 hat gerade erst begonnen und die Zukunft ist ungewiss. Die Infektionsrate von 0,7 Prozent der Getesteten ist die niedrigste in allen betroffenen Ländern und die Symptome hier in Australien sind in aller Regel mild. Anders als in Italien, wo in den letzten 24 Stunden 793 Menschen gestorben sind. Auch in Spanien hat sich die Situation verschlimmert. China, Südkorea und Singapur haben gut auf die Krise reagiert.

Ich bin stolz auf den Pilgerweg, den ich an der *St Patrick's Cathedral* in Melbourne habe anlegen lassen. Ein Briefschreiber aus Melbourne hat mir ein Foto geschickt. Diese Aufnahme kannte ich noch nicht: eine Längsansicht des Brunnens mit dem Lebenswasser aus der Apokalypse vor dem südlichen Querschiff. Das Osterlamm und die Inschrift sind gut zu erkennen:

Der Engel zeigte mir einen Strom, das Wasser des Lebens,
klar wie Kristall; er geht vom Thron Gottes und des Lammes aus.

Montag, 23. März 2020

Als ich heute Morgen draußen war, war es kalt und bedeckt und ich bat den Wärter, mich wieder hineinzulassen, weil ich sonst erfrieren würde. »Das wollen wir nicht«, lautete seine Antwort.

In der heutigen *Herald Sun* wurde ein kleines Geheimnis gelüftet und berichtet, dass Steve Asling, ein Mörder aus dem Bandenmilieu, gemeinsam mit einem Kumpan auf das Dach ihres Trakts hier im *Barwon*-Gefängnis geklettert sei, um gegen die Streichung der Besuche zu protestieren. Das war der Grund für die Einschließung gewesen, und die Stimmen, die ich gehört hatte, waren vermutlich Teil des Trubels. In dem Bericht war nicht davon die Rede, dass Gewalt angewendet oder irgendjemand verletzt worden wäre. Als ich den Wärtern gegenüber erwähnte, dass ich nicht vorhätte, aufs Dach zu klettern, wirkten sie weder beeindruckt noch erleichtert.

Vom Obersten Gerichtshof haben wir nichts gehört, offenbar gibt es noch kein Ergebnis. Ich habe mit Chris Meney in Sydney und mit Tim O'Leary gesprochen und beiden empfohlen, dass die Kirchen nicht wegen COVID-19 geschlossen werden, sondern für das individuelle Gebet (Messen finden ohnehin nicht mehr statt) geöffnet bleiben, aber die Abstandsregeln verschärft und genaue Angaben gemacht werden sollten, wie viele Personen gleichzeitig im Raum sein dürfen. Ein polnischer Kardinal in Rom hat sich offenbar geweigert, seine Kirche zu schließen. Das habe er für die Nazis nicht getan und das werde er auch heute nicht tun. Ich erinnere mich noch gut, wie Kenneth Clark in seiner großartigen Serie *Civilisation* in den 1960er-Jahren anmerkte, dass die *St Paul's Cathedral* in London im Zweiten Weltkrieg kurz nach der Kriegserklärung geschlossen worden war. In einem katholischen Land, so sein Kommentar, wäre das nie geschehen. Später ist er dann selbst Katholik geworden. In den Nachrichten heute Abend hieß es, dass zumindest die Kirchen in Victoria geschlossen worden seien.

Australien hat inzwischen 1711 Coronafälle, aber nur sieben Tote, das ist eine sehr niedrige Rate. Tragischerweise sind die Fallzahlen in meinem geliebten Italien, wo ich acht Jahre lang gelebt habe, jetzt höher als in China, wenn man Chinas Statistiken Glauben schenken darf. Gestern sind in Italien 650 Menschen gestorben, aber da es am Vortag 793 waren, gibt es einen kleinen Hoffnungsschimmer. In Spanien ist es nach wie vor schlimm, und in den USA gibt es 33 000 Fälle hauptsächlich in New York, Kalifornien und im Bundesstaat Washington. In Südkorea hat sich die Lage weiter verbessert.

Das australische Parlament hat womöglich seine letzte Sitzung bis Oktober abgehalten, 24 Hilfsmaßnahmen wurden verabschiedet und 83 Milliarden Dollar werden in die Wirtschaft gepumpt.

Graeme Putt, ein pensionierter Physiker aus Neuseeland, der mir schon früher geschrieben hat, sandte mir vor etwa einer Woche einen sehr interessanten Artikel von Elizabeth Loftus aus Kalifornien. Sie hat ihn 2005 geschrieben und fasste darin 30 Jahre Forschungsarbeit zusammen, an der sie selbst seit Präsident Nixons Zeiten intensiv beteiligt gewesen ist. Es geht um das Einpflanzen falscher Informationen in den menschlichen Verstand. Die Wissenschaftler untersuchten Prozesse, durch die Menschen irrigerweise zu der Überzeugung kamen, ausgeprägte komplexe Ereignisse erlebt zu haben, die in Wirklichkeit nie geschehen sind.

Bei den ersten experimentellen Arbeiten über die Mechanismen des »Fehlinformationseffekts« kam 2005 das Verfahren des Neuroimaging[1] zum Einsatz, und inzwischen wissen wir aus Hunderten von Studien sehr viel mehr über den Grad der Erinnerungsverfälschung.

Hieran sind viele Faktoren beteiligt. Fehlinformationen werden leichter als wahr akzeptiert, wenn die ursprüngliche Erinnerung im Lauf der Zeit verblasst ist. Auch das Alter spielt eine Rolle. Kinder und ältere Menschen sind anfälliger für Fehlinformationen und halten sie eher für wahr als Menschen mit den Persönlichkeitseigenschaften Empathie, Konzentration und Selbstkontrolle.

Vom »Quellenverwechslungseffekt« ist dann die Rede, wenn »getäuschte Probanden sich offenkundig daran erinnern, Dinge gesehen zu haben, die ihnen lediglich suggeriert worden sind«, auch wenn der Effekt unterschiedlich stark ausfallen kann und das Einpflanzen einer kompletten Erinnerung an ein Ereignis, das nie stattgefunden hat, etwas ganz anderes ist, als wenn jemand einzelne Elemente oder Aspekte irrtümlich für wahr hält. Aber es kommt vor.

Experimente haben gezeigt, dass viele Individuen »schlussendlich Ereignisse für wahr gehalten oder sich sogar im Detail daran erinnert haben, die nie geschehen, sondern mit der Hilfe von Familienmitgliedern komplett erfunden worden waren und obendrein traumatisch gewesen wären, wenn sie sich wirklich ereignet hätten«.

Manche Wissenschaftler nennen dies die »familial informant false narrative procedure«, und anhand des Experiments »Lost in the mall« konnte in vielen Studien gezeigt werden, dass durchschnittlich »30 Prozent der Probanden eine Erinnerung produziert hatten, die in Teilen oder sogar gänzlich falsch war«. Manche meinten sogar, sich an eine Entführung durch Außerirdische zu erinnern!

Das alles belegt zumindest, dass auch die Aussagen glaubwürdiger Zeugen anhand von Beweisen auf ihre Zuverlässigkeit hin überprüft werden müssen. Selbst ein aufrichtiger Mensch kann sich falsch erinnern.

Wir alle werden unserem großen, gerechten und barmherzigen Richter Rede und Antwort stehen müssen, der die Schafe von den Böcken scheidet, und wir wollen hoffen und beten, dass viele oder die meisten von uns hineingelangen werden:

O holy city, seen of John
Where Christ, the Lamb, does reign,
Within whose four-square walls shall come
No night, nor need, nor pain,
And where the tears are wiped from eyes
That shall not weep again!

O heilige Stadt, von Johannes geschaut,
wo Christus, das Lamm, regiert,
in deren viereckige Mauern
keine Nacht eindringen soll, keine Not und keine Qual
und wo alle Tränen abgewischt werden
von Augen, die nie wieder weinen sollen!

Dienstag, 24. März 2020

Anders als sonst habe ich mit diesem Eintrag schon während der Mittagszeit begonnen, die ich außerhalb meiner Zelle im inneren Gemeinschaftsbereich verbracht habe, weil mein Mittagessen um viertel nach elf, also zur üblichen Zeit, noch nicht gebracht worden war. Abdullah hat mir erzählt, dass wegen der Abstandsregeln der Regierung alles länger dauert. Deshalb kam das Essen eine Stunde später. Viertel nach zwölf ist eigentlich eine bessere Mittagessenszeit als der frühere Termin und ich esse in der Regel ohnehin nicht vorher. Ein Grund, weshalb ich abends so oft Salat bestelle, besteht darin, dass ich den Teller dann nach der Ausgabe noch drei Stunden stehen lassen und mir mit dem Essen bis gegen halb sieben Zeit nehmen kann. Wenn es wie heute etwas Warmes gibt, esse ich es, solange es noch warm und appetitlich ist. Die Nachmittagsmahlzeit kam aber nicht später als sonst, weil das Personal gegen vier Uhr Feierabend hat. Das hätte die Abstandsregeln in einen neuen Kontext gestellt.

Vom Obersten Gerichtshof haben wir immer noch nichts gehört. Allerdings sollte Kartya am Nachmittag von Polizei- und Justizbeamten kontaktiert werden, nachdem uns mitgeteilt worden war, dass ich wegen der Regierungsmaßnahmen keine Pressekonferenz werde abhalten können. Natürlich werde ich trotzdem Gelegenheit bekommen, die Erklärung, die ich vorbereitet habe, abzugeben – wenn das Urteil entsprechend ausfällt.

Wir haben inzwischen weltweit 300 000 Coronafälle, allein in den letzten drei Tagen sind 100 000 hinzugekommen. Ich bin nicht vollständig informiert, denn ein Mitglied der *SBS*-Nachrichtenredaktion ist infiziert und die Schaltzentrale wurde geschlossen. Boris Johnson hat in Großbritannien einen dreiwöchigen strikten Lockdown verhängt. In Spanien sind 4000 Mitarbeiter des Gesundheitswesens erkrankt, und in Australien ist eine weitere Person gestorben. In den Vereinigten Staaten ist New York das Epizentrum, aber in Deutschland scheint sich die Kurve ein wenig abzuflachen. Ich hoffe, dass »keine Nachrichten« aus Italien »gute Nachrichten« sind und die tägliche Zahl der Toten und Infizierten wenigstens nicht ansteigt.

Präsident Trump hat meiner Meinung nach etwas Vernünftiges gesagt, als er darauf hinwies, dass man sich in drei Wochen ein Gesamtbild der Situation wird verschaffen müssen, um herauszufinden, ob die Therapie nicht mehr Schaden anrichtet als die Krankheit. Ich nehme an, sie hoffen, dass sich die Kurve in drei oder vier Wochen abflacht, denn die Wirtschaft darf nicht zum Erliegen kommen, und ich bin mir nicht sicher, wie lange die Bürger der westlichen Welt, denen nicht gerade ein Hang zum Stoizismus nachgesagt werden kann, wegen einer Krankheit zu Hause bleiben werden, die in den meisten Fällen einer schweren Erkältung ähnelt.

Ich habe einen interessanten Brief von Andreas Hornig bekommen. Er ist Gemeindepfarrer und Gefängnisseelsorger in Österreich. Er beschreibt die Situation der dortigen Kirche als »beklagenswert« und meint, dass man mit Predigten und Protesten kaum weiterkomme, denn »die einzige Methode, unsere Kirche zu heilen, ist Gebet und Leiden«. Ich wäre vermutlich auch ein bisschen deprimiert, wenn ich in Österreich leben würde.

Außerdem hat Pfarrer Hornig einen zutiefst christlichen Vortrag eines Beamten mitgeschickt, der 40 Jahre lang im Gefängnis tätig und zuletzt Direktor einer Justizvollzugsanstalt mit 450 Häftlingen war. In dem Vortrag ging es um die Frage, »wie man Verbrechern die Gute Nachricht bringt«, und er beschrieb die geschlossene Welt im Gefängnis, die Spannungen, die unterschiedlichen Nationen, Religionen und die Religionslosigkeit unter den Häftlingen, ihr niedriges Bildungsniveau sowie die Tatsache, dass 90 Prozent aus zerrütteten Familien stammen. Ich vermute, die Situation ist in Österreich nicht viel anders als in Australien.

Was die Notwendigkeit der Gefängnisseelsorge und der Präsenz von pastoralen Freiwilligen und insbesondere von Priestern betrifft, war seine Meinung sehr eindeutig. Die Früchte dieser Arbeit sind unsichtbar und bringen den Betreffenden weder Anerkennung noch Dank. Doch Christus hat uns geboten, die Gefangenen zu besuchen.

Er erklärte, inwiefern ihm das Gleichnis Christi von den Talenten bei der Arbeit mit schwierigen Häftlingen helfe: Wenn ein Mensch aus einer gestörten Familie und einem schlechten Umfeld kommt, dann liegt sein Ausgangspunkt bei, sagen wir, minus 50. Wenn er sich beharrlich bemüht, schafft er es womöglich auf minus 10. Ein anderer Mensch kommt vielleicht aus einer guten Familie und lebt in einem hervorragenden Umfeld: Sein Ausgangspunkt liegt bei plus 30. Aber er ist faul und selbstsüchtig und schafft es nur bis plus 35. »In den Augen Gottes«, so die Schlussfolgerung des Gefängnisdirektors, »hatte der scheinbar schlechte Mensch 40 Punkte, der scheinbar gute aber nur 5 Punkte hinzugewonnen. Und sie werden dementsprechend gerichtet und belohnt werden.«

Ich habe in meinen Predigten oft erklärt, dass das Leben in den Augen Gottes einem Handicap-Pferderennen[2] ähnelt und kein Rennen für Vollblutpferde ist.

Schon in den Zeiten des Alten Testaments lehrt Psalm 102, dass es wichtig ist, Häftlingen gegenüber barmherzig zu sein:

Dies sei aufgeschrieben für das kommende Geschlecht,
damit den HERRN lobe das Volk, das noch erschaffen wird.
Denn herabgeschaut hat der HERR aus heiliger Höhe,
vom Himmel hat er auf die Erde geblickt,
um das Seufzen der Gefangenen zu hören,
zu befreien, die dem Tod geweiht sind.

Mittwoch, 25. März 2020

Heute ist das Fest der Verkündigung des Herrn, ein wichtiges Marienfest, das daran erinnert, wie die Jungfrau Maria, die mit Josef verlobt war, einwilligt, an Gottes großem Heilsplan mitzuwirken, der durch seinen Sohn, den Sohn Mariens, Jesus, verwirklicht werden soll. »Siehe, ich bin die Magd des Herrn; mir geschehe, wie du es gesagt hast« (Lk 1,38), antwortet sie dem göttlichen Boten Gabriel.

In unserer Zeit der Partnerschaften, deutlich späteren Ehen und Geburten von Kindern, deren Mütter oft schon weit in den Dreißigern sind, vergessen wir oft, wie jung Unsere Liebe Frau gewesen ist: wahrscheinlich nicht älter als 15. Die *Legenda aurea*, eine Sammlung von Heiligenviten, die auch aus den im Mittelalter beliebten nicht biblischen Geschichten schöpft, verwendet vieles aus dem apokryphen *Protoevangelium des Jakobus* aus dem zweiten Jahrhundert, und wir lesen dort, dass Maria von klein auf im Jerusalemer Tempel erzogen worden sei, ein Leben des Gebets geführt und den Wunsch gehegt habe, Gott ihre Jungfräulichkeit aufzuopfern. Der Hohepriester Zacharias war der Meinung, dass sie verheiratet werden sollten, aber er war sich nicht sicher, wie er vorgehen sollte, als er während des Gebets eine Stimme hörte, die ihm sagte, er solle einen der jungen Männer am Ort für sie aussuchen. Das wurde dann der hl. Josef.

Diese liebevoll ausgeschmückte Legende steht nicht im Evangelium, aber sie enthält eine entscheidende Wahrheit: Der eine und wahre Gott brauchte Marias freie Mitarbeit, damit das ganze Projekt der Menschwerdung vollzogen werden konnte. Marias Fiat, »Es geschehe«, ist ein entscheidender Wendepunkt nicht nur der Heilsgeschichte, sondern der gesamten Geschichte. Wie der hl. Papst Leo der Große geschrieben hat: »Die Majestät hat die Niedrigkeit angenommen, die Kraft die Schwachheit, das Ewige die Sterblichkeit.« Das ist unser Glaube, und wir sind stolz, ihn zu bekennen.

Die COVID-19-Pandemie breitet sich – wenn auch mit unterschiedlicher Geschwindigkeit – weiterhin aus, und Länder in aller Welt haben es mit zwei unterschiedlichen Krisen zu tun: der Gesundheitskrise und der Finanzkrise. In Australien gibt es inzwischen 2400 Fälle. In Italien war die Zahl der Toten und der Neuinfizierten zwei Tage lang rückläufig, aber gestern ist die Todesrate wieder auf 743 gestiegen, was allerdings noch unter dem bisherigen Höchstwert liegt. Premierminister Modi hat ganz Indien abgeriegelt, um zu verhindern, dass die Wirtschaft des Landes »um 21 Jahre zurückfällt«. Spanien hat inzwischen eine höhere Infektionsrate als Italien, und Trump hofft, dass an Ostern das Schlimmste überstanden ist. Es wäre gut, wenn wir dann alle in die Kirche gehen könnten, hat er gesagt. Die Regierenden müssen sich auf einem schmalen Grat bewegen, wenn sie keine falschen Erwartungen wecken und gleichzeitig dafür sorgen wollen, dass die Menschen nicht in Panik und Pessimismus verfallen, sich an die Beschränkungen halten und die Hoffnung nicht aufgeben. Die Aussicht auf ein sechs Billionen Dollar schweres Konjunkturpaket hat den US-amerikanischen Aktienmarkt um elf Prozentpunkte steigen lassen, und der australische Markt ist um 5 Prozentpunkte gestiegen.

Heute Morgen war ich aus keinem bestimmten Grund etwas aufgebracht darüber, dass wir noch immer nichts vom Obersten Gerichtshof gehört haben, und deshalb habe ich um die Mittagszeit Paul Galbally angerufen und ihm vorgeschlagen, dass er seinerseits beim Obersten Gerichtshof anruft und nachfragt, ob sie die Urteile nach wie vor bekannt geben. Paul war sich sicher, dass das der Fall ist, und die immer praktische Kartya hat gleich auf ihrer Webseite nachgesehen und es bestätigt. Ruth hatte Bret Anfang der Woche vorgeschlagen, dass wir für die Zwischenzeit Kaution beantragen könnten, aber sie haben sich dagegen entschieden. Jedenfalls hat es mich beruhigt, dass die Arbeiten definitiv vorangehen, und Bret und Ruth meinen, dass wir vielleicht in den nächsten zwei Tagen – oder sonst eben in der nächsten Woche – etwas erfahren könnten.

Aus den Protokollen kann ich nicht ersehen, wie die Sache ein weiteres Mal schiefgehen sollte, und ich könnte mir vorstellen, dass die Verzögerung etwas damit zu tun hat, dass die Richter besonders umsichtig zu Werke gehen wollen, weil sie wissen, welch gründliche Prüfung das Urteil in der Öffentlichkeit erfahren wird. Und ich hoffe immer noch, dass sie mit ihrem Urteil vielleicht das Fundament für eine neue Regelung legen werden, die es in Zukunft schwieriger machen wird, Menschen in Situationen wie der meinen zu verurteilen oder auch nur unter Anklage zu stellen.

Derek hat die gute Nachricht erhalten, dass seine Berufung gegen seine Verurteilung wegen Mordes jetzt, neunzehn Jahre später, endlich zugelassen wird. Wenn bewiesen werden könne, dass er hereingelegt worden sei, würde das die entscheidende Wende herbeiführen, sagt Paolo. Das Unrecht, das mir angetan worden ist, verblasst angesichts dieses Skandals zur Bedeutungslosigkeit. Ich bete, dass die Wahrheit ans Licht kommt.

Der Gefängnisdirektor hat bei seinem wöchentlichen Besuch gesagt, dass ich mir die Aufzeichnung der zweitägigen Verhandlung in Canberra auf dem Computer ansehen kann.

Eine weitere Komplikation besteht darin, dass nicht notwendige Reisen durch New South Wales und über die Grenze von Victoria verboten worden sind. Vielleicht wäre es eine Lösung, dass jemand mich nach Bendigo fährt, damit ich meine Familie besuchen kann, und dass David mich danach bis zur Grenze und Chris Meney oder sonst jemand von dort aus nach Sydney bringt. Aber darum kümmern wir uns, wenn und falls es so weit ist.

Wir wollen mit ein paar Fürbitten vom Festtag enden. Heute feiern wir die Verkündigung des Herrn, mit der unser Heil seinen Anfang genommen hat, und wir beten voller Freude:

Heilige Muttergottes, bitte für uns.
Heilige Maria, tröste die Elenden und Kranken,
hilf den Verzagten und nimm dich derer an,
die weinen in diesen Zeiten der Seuche und Plage:
Heilige Muttergottes, bitte für uns.

Donnerstag, 26. März 2020

Gestern am Fest der Verkündigung des Herrn war es bedeckt und das Licht trüb, sehr trüb. Heute früh war die Wolkendecke weniger dicht und mir war nicht ganz so kalt, auch wenn es dann am Ende doch kein schöner Herbsttag geworden ist.

Einer meiner Briefschreiber hat etwas Licht in die Angelegenheit mit den Männern auf dem Dach gebracht. Der Rädelsführer war nicht Steve Asling, sondern ein muslimischer Häftling mit einem ähnlichen Namen. Er und sein Kumpan wurden von anderen Häftlingen verspottet und beschimpft, weil sie sich über die Zwangsabriegelung ärgerten. Offenbar wurde die Antenne beschädigt und die Aktion nahm ein schmähliches Ende. Der Protagonist, der sich mit einem Rohr bewaffnet hatte, bot an, es gegen ein Getränk einzutauschen und kletterte vom Dach. Das hätte schlimmer ausgehen können.

In den Vereinigten Staaten sind inzwischen 69 000 Menschen positiv auf das Coronavirus getestet worden und das, obwohl die Testquote in den USA niedrig ist, viel niedriger als in Australien. In New York, dem Epizentrum, gibt es 20 000 Fälle, auch wenn die Ausbreitung sich dort möglicherweise verlangsamt. In Kalifornien ist ein 17-jähriger Junge gestorben und in Spanien gehen die Zahlen weiter nach oben. In Italien setzt sich der Abwärtstrend fort, auch wenn die medizinischen Einrichtungen im Norden gewaltig unter Druck stehen. In Australien sind drei Menschen gestorben, womit sich die Zahl der Toten auf 13 erhöht. Die Mehrheit der Infizierten hatte das Virus aus Übersee mitgebracht.

In Großbritannien hat Boris Johnson um 250 000 Freiwillige gebeten, um den älteren Menschen zu helfen usw., und es haben sich schon 500 000 gemeldet. Das zeugt von einem sozialen Kapital, das vielleicht nicht in allen oder nicht einmal in vielen anderen westlichen Ländern zu finden ist. Prinz Charles ist positiv getestet worden, aber Camilla ist verschont geblieben. Der Generalsekretär der Vereinten Nationen hat vermutlich zu Recht die Befürchtung geäußert, dass das Virus in der Dritten Welt grassieren wird, während die Erste Welt den Schaden in Grenzen halten kann.

In Victoria hat der Premierminister viele Tage, nachdem er die Kirchen hat schließen lassen, endlich auch das Spielcasino geschlossen.

Die nicht abreißende Flut von Briefen erinnert mich an die vielen loyalen Freunde, die ich in Australien und in vielen anderen Ländern habe.

Pater Brian Kelly OSB von der *Quarr Abbey* auf der Isle of Wight, den ich zum Priester geweiht habe, hat mir geschrieben, dass die Gemeinschaft mich mit ihren Gebeten unterstützt, und eine Karte mit dem Sterbebild meines guten Freundes Abt Cuthbert Johnson beigelegt, der vor drei Jahren gestorben ist und im *Vox-Clara*-Komitee gemeinsam mit uns an der englischen Übersetzung des *Missale Romanum* gearbeitet hatte. Cuthbert war ein Liturgieexperte, dessen Bücher viel gelesen wurden, und unser musikalischer Berater, weil die Gebete der Messe auch singbar sein müssen.

Zwei gute Freunde vom australischen Zweig des *Opus Dei* haben mir geschrieben. Sie sind beide Ärzte, der eine ist Rektor eines Universitätskollegs und der andere Professor an der Universität *Notre Dame* in Sydney, und er schreibt, dass die Segnung der Hände für die Medizinstudenten im ersten Jahr – die meisten von ihnen sind keine Katholiken – viele von ihnen zu tiefem Nachdenken anregt. Das *Opus Dei* ist schon jetzt eine wichtige geistliche Kraftquelle in Australien. Es wirkt, ohne in die Schlagzeilen zu kommen, und stärkt das Rückgrat der katholischen Gemeinschaft.

Der *Neokatechumenale Weg* leistet genau wie das *Opus Dei* ebenfalls einen wichtigen Beitrag zum kirchlichen Leben im 20. Jahrhundert, und beide werden wahrscheinlich jahrhundertelang Bestand haben. Meiner Meinung nach hält Gott seine Hand über sie, und in beiden Gruppen habe ich wunderbare Freunde gefunden, die mich sehr unterstützt haben.

Paolo, ein Mitglied des *Neokatechumenalen Weges* aus Perugia in Italien, der den Weltjugendtag 2008 in Sydney besucht hatte (er hat inzwischen Frau und zwei Kinder), hat mir geschrieben, um mir seine »armselige Hilfe« anzubieten und mir zu versichern, dass meine »rechtschaffenen Taten nicht vergessen sind«. Er schreibt: »Ich fühle, dass wir Teil desselben Leibes, dass wir Brüder in Jesus Christus sind.«

Gionata stammt aus einer Familie, mit der ich seit ungefähr 15 Jahren befreundet bin, und ist jetzt im sechsten Jahr am *Redemptoris-Mater*-Seminar in Perth, das nach dem *Neokatechumenalen Weg* ausgerichtet ist. Er war ein Jahr lang auf Mission in Papua-Neuguinea, wo der *Neokatechumenale Weg* inzwischen 16 Gemeinschaften hat, und ist gerade zurückgekommen. Sie haben vier verschiedene Provinzen besucht, Wewak, Mount Hagen, Alotau und Rabaul, um das Erste Skrutinium[3] durchzuführen, und er berichtete stolz, wie 200 der Einheimischen genug Geld zusammengekratzt hatten, um aus ihren vielen verschiedenen Regionen nach Rabaul zum Grab des seligen Peter To Rot und an den Ort zu pilgern, wo 1908 acht Missionare das Martyrium erlitten haben. Er versicherte mir, dass im Seminar ständig für mich gebetet werde und dass »wir die Verhandlung [am Obersten Gerichtshof] verfolgen. Ich weiß, dass dieses Kreuz schwer zu tragen ist. Ich hoffe, Gott gibt Ihnen die nötige Kraft.« Seine letzte Neuigkeit war, dass seine Schwester Micol gerade einen kleinen Jungen namens Levi zur Welt gebracht hat, der 4,2 kg wiegt.

Patty aus Dallas, die mir regelmäßig schreibt, empfiehlt mir das folgende Gebet, das auf dem 31. Psalm basiert:

Mein Herr und mein Gott,
lass dein Angesicht leuchten über deinem Knecht,
hilf mir in deiner Huld!
Amen.

Freitag, 27. März 2020

Ein unbekannter Freund aus Lane Cove in Sydney hat mir ein paar schön geschriebene Abschnitte des hl. John Henry Newman gesandt.[4] Ich habe viel von ihm gelesen und noch mehr nicht gelesen, denn seine Produktivität war enorm. Diese Zeilen kannte ich noch nicht.

Es ist eine düstere Betrachtung über die Welt, die Geschichte, die menschliche Leistung und den menschlichen Wahn, die mit einem klaren Bekenntnis zum Glauben an Gott und einem nicht minder klaren Bekenntnis zur Erbsünde endet – oder zu dem, was Newman als »irgendein furchtbares Unheil« bezeichnet, in welches »das Menschengeschlecht von der Wurzel her« verstrickt sein müsse.

Es wäre interessant zu wissen, unter welchen Umständen und in welcher Gemütsverfassung er diesen Text geschrieben hat, den ich nicht geschrieben hätte und den ich nicht so gut hätte schreiben können. Obwohl ich während des Zweiten Weltkriegs geboren bin, war ich noch zu klein, um diesen Krieg bewusst zu erleben. Die Weltwirtschaftskrise ist mir ebenfalls erspart geblieben und ich habe, von einigen persönlichen Herausforderungen abgesehen, über 70 Jahre lang ein angenehmes Leben in wachsendem Wohlstand geführt – bis zu COVID-19. Ich und viele Australier meiner Generation haben es leicht gehabt.

Doch zurück zu Newman. Er schreibt über »die Welt nach ihrer Länge und Breite«, über »die vielen Menschenrassen« und »die Arten ihrer Gottesverehrung«; »ihre zufälligen Erfolge« und »ihr zielloses Rennen«; über »das Verblasste und Unterbrochene in den Spuren des sie durchwaltenden Planes«.

Er nimmt »die Größe und Kleinheit des Menschen« in den Blick, »seine weitreichenden Pläne, seine kurze Lebensdauer« und »die schauerliche Irreligiosität, die keine Hoffnung lässt« und heute noch viel stärker ist als damals. »All das ist ein Anblick, der Schwindel und Grauen erregt und dem Geist die Ahnung eines tiefen Geheimnisses aufdrängt, das über alle menschlichen Lösungsversuche erhaben ist.«

Sein Fazit lautet: »*Wenn* es einen Gott gibt, und *da* es einen Gott gibt, muss das Menschengeschlecht von der Wurzel her in irgendein furchtbares Unheil verstrickt sein.«

Charles Dickens hat die elenden und entwürdigenden Zustände im frühen Viktorianischen Zeitalter beschrieben: die erbärmlichen Lebensbedingungen von Männern und zuweilen auch Frauen und Kindern, die zwölf bis vierzehn Stunden lang in gefährlichen Fabriken und Bergwerken arbeiten mussten, den »Großen Gestank«[5] und die Cholera-Epidemie. Für den Großteil der Bevölkerung war das Leben damals hart – und ist es bis heute für viele Menschen überall auf der Welt.

Newman war nicht sentimental, er war kein Mensch, der sich von einer gefälligen Oberfläche hätte täuschen oder beruhigen lassen. Gottes »liebes Licht« hat ihn in guten wie in schlechten Zeiten und Umgebungen Schritt für Schritt geführt. Er hat in der Welt und in seinem Herzen wirklich und wahrhaftig Ja gesagt zu Gottes Liebe. Wir müssen es ebenso halten, auch wenn wir – das ist völlig legitim – Gott im Gebet darum bitten, nicht allzu hart auf die Probe gestellt zu werden.

Das Coronavirus verbreitet sich entlang der Reiserouten um die Welt. In den USA sind es mittlerweile 85 000 Infizierte und 1000 Todesfälle, sie haben China an der Spitze abgelöst: eine zweifelhafte Ehre.

In Australien beläuft sich die Anzahl der Fälle auf 3167, zwei Drittel davon sind zurückgekehrte Auslandsreisende. Die Testquote ist sehr hoch und die Zahl der Infektionen niedrig. Ab morgen werden Auslandsrückkehrer 14 Tage lang in einem Hotel in Quarantäne untergebracht werden. Weltweit liegen die Zahlen bei über einer halben Million, aber Italien könnte das Schlimmste überstanden haben. Die australische Regierung bereitet ein drittes Paket mit Wirtschaftsmaßnahmen vor, um die australischen Unternehmen in den »Überwinterungsmodus« zu versetzen und ihnen einen Neustart zu ermöglichen, sobald das Schlimmste vorüber ist.

Wir alle sollten in dieser Krise insbesondere für die Schwachen und Wehrlosen beten, das heißt für viele Millionen Menschen in der Dritten Welt. Und wir sollten beten, dass wir aus diesen schweren Zeiten etwas lernen und Trost in dem Gedanken finden, dass aus unserem Leiden Gutes erwachsen kann, wenn wir es mit dem Leiden Christi vereinen. Es ist eine Lehrgelegenheit für Bischöfe und Priester.

Heute war das Wetter besser und ich habe einen Großteil des Vormittags draußen in der Morgensonne gesessen. Ich bin ein bisschen enttäuscht darüber, dass wir noch immer nichts vom Obersten Gerichtshof gehört haben, aber ich habe das Verhandlungsprotokoll noch einmal gelesen: Das macht mir jedes Mal Mut.

Während meiner 13-monatigen Haft habe ich viele schöne Gebete entdeckt, die meisten davon – insbesondere einige vom hl. Thomas Morus und noch mehr vom hl. John Henry Newman – sind mir von den Menschen, die mir Briefe geschrieben haben, zugesandt worden.

Der folgende Auszug aus den Gebeten von Newman zeugt von einer positiveren Gemütsverfassung:

Gott hat mich erschaffen, dass ich ihm auf eine besondere Weise diene. Er hat ein bestimmtes Werk mir übertragen und keinem andern. Ich habe meine Aufgabe, meine Mission – und wenn ich sie in diesem Leben nie erfahre, im künftigen wird sie mir kund [...], ich bin ein Glied in der Kette, ein Band zwischen Personen. Gott hat mich nicht umsonst erschaffen. Ich soll Gutes tun und sein Werk vollbringen. Ich soll auf meinem Posten ein Engel des Friedens, ein Prediger der Wahrheit sein, ohne es zu wollen, wenn ich nur seine Gebote halte und ihm in meinem Beruf diene.[6]

Samstag, 28. März 2020

Ich habe jetzt den *Weekend Australian* abonniert, und das ist eine echte Hilfestellung, ein Zugang zu Erklärungen, die über das Fernsehen und die wenigen Zeitschriften und Artikel, die mir zugesandt wurden, nicht verfügbar waren. Wegen COVID-19 konnte Kartya mir meine Ausgaben des *Spectator* nicht bringen, doch selbst wenn die Ausgaben verfügbar sind, ist es immer ein bisschen frustrierend, weil sie dann schon vier oder sechs Wochen alt sind.

Zum Investigativ-Team der Zeitung gehören einige der besten Journalisten in ganz Australien. Viele ihrer Artikel sind regelmäßig hervorragend und dasselbe gilt für die Leitartikel.

Deshalb konnte ich Greg Sheridans Einschätzung über die Wirksamkeit der verschiedenen nationalen Strategien im Kampf gegen das Virus lesen, über die gegenseitigen Schuldzuweisungen Chinas und der Vereinigten Staaten, über die Tauglichkeit der südkoreanischen Politik, über den Zusammenhang zwischen den medizinischen und den finanziellen Herausforderungen und über die Notwendigkeit, im einen wie im anderen Bereich eine Katastrophe zu verhindern.

JPMorgan schätzt, dass die chinesische Wirtschaft im ersten Quartal um 40 Prozent schrumpfen wird, und *Goldman Sachs* prognostiziert den USA einen Rückgang von 24 Prozent für das zweite Quartal; *Morgan Stanley* geht davon aus, dass es mehr als 30 Prozent sein werden. Ein Autor fühlt sich weniger an die Weltwirtschaftskrise als vielmehr an den Ersten Weltkrieg erinnert.

In vielen asiatischen Ländern hat die Pandemie gerade erst begonnen. Für Indonesien wird das Schlimmste befürchtet; dort gibt es bereits 1000 Fälle, und in Relation zur Bevölkerung ist die Zahl der verfügbaren Ärzte zehnmal kleiner als in Italien, wo das Gesundheitssystem im Norden schon kurz vor dem Kollaps steht.

Mit meinem monatlichen Taschengeld von 140 Dollar plus 50 Dollar zusätzlich fürs Telefonieren kann ich mir den *Australian* nicht täglich leisten. Das würde etwa zwei Drittel der Gesamtsumme verschlingen. Die Zahl der Handynummern auf meiner Liste ist begrenzt, was vernünftig ist, denn Handytelefonate sind entsetzlich teuer.

Was die Seuche angeht, sind die Aussichten düster, weit weniger günstig, als ich anfangs gehofft hatte. Das relativiert meine persönlichen Sorgen über mein bevorstehendes Urteil und lässt sie in der richtigen Perspektive erscheinen. Nach drei Katastrophen fällt es mir schwer, zuversichtlich zu sein, obwohl ich weiß, dass die Zeichen gut oder sogar hervorragend stehen: erstens, weil die Berufung akzeptiert worden ist, und zweitens, weil die beiden Tage am Obersten Gerichtshof so gut verlaufen sind. Ich bezweifle nicht, dass Gott mit mir ist und für mich sorgt, aber ich weiß nicht, was er zulassen wird. Ich weiß nur, was für mich gerecht und gut und was für die Kirche in Australien und darüber hinaus gut wäre.

Michael Casey hat eine Reihe von Telefonnachrichten an mich weitergeleitet, die ein lieber Freund in den Vereinigten Staaten an ihn geschickt hatte, ein guter Bischof, der sich wegen Angstzuständen und Depressionen beurlauben lassen musste. Er schreibt, dass »kein Tag vergeht, an dem ich nicht an Kardinal Pell denke und für ihn bete«. Er feiert Messen für mich und verspricht »unermüdliche Unterstützung und Gebete«. Ich habe Michael gesagt, er möge ihm bitte ausrichten, dass ich ihm alles Gute wünsche und für ihn bete. Ich gestand, dass ich unverbesserlich sei und mich immer einmischen müsse und dass er ganz bestimmt fachkundige Hilfe habe, riet ihm jedoch, er solle beten (was er ganz sicher tut) und spazieren gehen: gehen, gehen, gehen. Ich erinnerte ihn an den Mann, der in Auschwitz gewesen war. Wenn das Trauma unerträglich wurde, machte er sich auf den Weg und ging oft viele Kilometer weit bis an die Grenzen seiner Leistungsfähigkeit. Danach war sein Schlaf viel besser und erholsamer. Und ich erinnerte ihn daran, dass wir Christus verkündigen und nicht unsere arme Kirche oder ihre Würdenträger oder uns selbst. Möge Gott ihm die Kraft geben, sich durch diese schlimme Zeit hindurchzukämpfen.

Mir ist längst klar, dass sich in den Psalmen – ganz gleich, in welcher Stimmung wir sind, uns muss nicht einmal besonders christlich zumute sein – immer ein oder zwei Verse finden, die uns helfen, uns an den guten Gott zu wenden. Das Morgengebet im heutigen *Magnificat* benutzt Psalm 7, und darin sind ein paar Verse enthalten, die zwar übertreiben, was meine Rechtschaffenheit betrifft, aber mein Gebetsanliegen sehr genau auf den Punkt bringen:

HERR, mein Gott, ich flüchte mich zu dir;
hilf mir vor allen Verfolgern und rette mich,
damit niemand wie ein Löwe mein Leben zerreißt,
mich packt und keiner ist da, der rettet!
[…]
Verschaffe mir Recht, HERR, nach meiner Gerechtigkeit,
nach meiner Unschuld, die mich umgibt!
Die Bosheit der Frevler finde ein Ende,
doch dem Gerechten gib Bestand,
der du Herzen und Nieren prüfst,
gerechter Gott!

58. Woche
Alte Vorwürfe kommen wieder auf

29. März bis 4. April 2020

Sonntag, 29. März 2020

Das Wetter sah ganz verheißungsvoll aus, als ich um acht Uhr nach draußen ging, aber die Aussichten blieben den größten Teil des Tages unerfüllt. Am Nachmittag gingen ein paar heftige Regengüsse nieder, aber es waren letzlich nur Regenschauer.

Heute Morgen fühlte ich mich abgeschlagen und habe deshalb meinen Puls kontrolliert. Er war regelmäßig wie ein Uhrwerk, rund 70 Schläge pro Minute. Hier gab es also keine Probleme. Trotzdem beschloss ich, meine drei Weetabix-Riegel und eine vortreffliche Banane zu essen, bevor ich mich zu meinem halbstündigen Spaziergang aufmachte. Zurück in Zelle 17 habe ich noch ein bisschen gedöst und anschließend meine Lesehore und das Morgengebet gebetet.

Die *Mass for You at Home* ist dem Coronavirus zum Opfer gefallen. Heute wurde nicht die Messe vom fünften Fastensonntag, sondern die vom ersten Sonntag im Jahreskreis gesendet, die Father Andrew Jekot am *Australia-Day*-Wochenende gehalten hatte. Die Hintergrundmusik war »Come as You Are«, und das Evangelium handelte von den beiden Brüdern Petrus und Andreas, die auf Jesu Ruf, ihm nachzufolgen, reagierten, um »Menschenfischer« zu werden.

Father Andrew hielt eine gute, gründlich vorbereitete Predigt, in der er die besten australischen Eigenschaften aufzählte und lobte, weil sie Ausdruck oder Erweiterungen der Jesus-Nachfolge seien. Echte Katholiken ändern zunächst ihr eigenes Leben, um Jesus nachzufolgen, und helfen dann anderen, damit unser schönes Australien vorankommt. Keine mittelmäßige Predigt – eine willkommene Abwechslung.

Joseph Princes Predigt über das Thema »Wohlstand durch prophetische Lehre« hat mich den zweiten Sonntag in Folge nicht sonderlich beeindruckt, auch wenn sie interessante Informationen über die Menora aus reinem Gold, den siebenarmigen Leuchter, enthielt, den er zu den sieben Fackeln vor dem Thron Gottes in Beziehung setzte.

Dann kam er auf die sieben Lampen und die zwei Ölbäume aus Sacharjas Vision zu sprechen. Gnade kann Berge einebnen. Am Ende ist es Gott, der das Ergebnis verkündet, und er sieht uns nicht so, wie wir selbst uns sehen. Wir müssen beten, um Kinder Gottes zu werden, und Joseph versprach, dafür zu sorgen, dass wir immer von Christus erfüllt seien.

Joel Osteen predigt regelmäßiger und expliziter als Joseph ein Wohlstandsevangelium, und doch gefallen mir seine Predigten besser. Vielleicht bin ich ein bisschen anfällig für das Wohlstandsevangelium, aber es liegt wohl eher daran, dass Joel seine Themen oft aus dem Neuen Testament nimmt und das, was er sagt, gut ist, so weit es eben reicht. Oft sei es gar nicht so sehr die Liebe zum Kreuz oder das Wissen um die Bedeutung des Leidens, sondern Glaubensschwäche, die uns daran hindert, Gott um Hilfe zu bitten. Jesus selbst habe die gelobt, die gläubig um Wunder baten, manchmal weit über jede menschliche Erwartung hinaus.

Wir sollten anfangen, mit Gottes Gunst zu rechnen, drängt er, und von ganzem Herzen danach suchen. An so vielen Orten wartet die Glut nur darauf, ein Feuer zu entfachen. Gott hat uns nicht so weit getragen, um uns dann zu verlassen. Das ist absolut wahr, und Joel hat mir Mut gemacht: Ich werde den guten Gott auch weiterhin darum bitten, dass ich in den verbliebenen Anklagepunkten freigesprochen werde.

Ich habe meinen üblichen Freundeskreis angerufen, mit David gesprochen und auch Margaret erreicht und eine Weile mit ihr geplaudert. Sie hat einen Husten, deshalb hat man sie in ihrem Seniorenheim isoliert. Alles schien gut und entspannt; allerdings erwähnte Margaret, dass David eine Programmankündigung gesehen habe, wonach ich am Dienstag in einer *ABC*-Sendung zu sehen sein würde. Margaret selbst meinte, sie hätte zuletzt nichts mehr davon gehört. Das ist natürlich ein Grund zu mäßiger Beunruhigung, wie Katrina Lee schon vor neun Tagen angedeutet hat, aber ich habe keine Ahnung, was sie sagen oder zeigen könnten, und ich weiß auch nicht, ob wir in irgendeiner Weise reagiert oder agiert haben. Kartya hat am Freitag nichts erwähnt, aber ich werde sie morgen anrufen, um herauszufinden, ob sie mehr weiß. Wenn wir wissen, was vor sich geht, können wir entscheiden, was zu tun ist, und uns ein Bild von dem Schaden machen, der daraus entstehen – oder auch nicht entstehen – könnte.

Seltsamerweise konnte ich seit dem frühen Nachmittag weder Fernsehen noch Radio auf *ABC* empfangen, obwohl mein Fernseher ansonsten tadellos funktioniert. Ein paar informelle Erkundigungen erbrachten kein brauchbares Ergebnis. Auch diesen Punkt werde ich morgen zu klären versuchen, aber ich frage mich natürlich, ob irgendein Zusammenhang mit dem Programm am Dienstag bei *ABC* besteht.

Der Premierminister hat strengere Regeln erlassen. Inzwischen sind nicht mehr wie bisher Treffen von zehn, sondern nur noch von zwei Personen erlaubt und die über 70-Jährigen sollen ganz zu Hause bleiben. Die Zahl der Corona-Toten ist weltweit auf über 30 000 gestiegen, 10 000 allein in Italien, wo sich die Infektionskurve allerdings abflacht. Der Bürgermeister von New York hat es als Kriegserklärung bezeichnet, dass Rhode Island die Grenzen geschlossen und Präsident Trump gefordert hat, New York und Umgebung zu isolieren! Daraufhin hat Trump sein Verbot rasch zu einem Vorschlag abgemildert. In Australien haben wir inzwischen 3981 Fälle und zwei weitere Todesopfer. Somit sind es insgesamt 16, was wegen der niedrigen Infektionsrate und des gestrigen Anstiegs der Fallzahlen um neun Prozent und nicht um 25 Prozent wie noch vor einigen Tagen vielleicht zu vorsichtigem Optimismus Anlass gibt.

Angesichts meiner unsicheren Situation scheint es mir angemessen, mit dem letzten Abschnitt der Betrachtung des hl. John Henry Newman zu schließen:

Darum will ich ihm vertrauen. Was immer oder wo immer ich bin, nie kann ich verworfen werden. Wenn ich krank bin, soll meine Krankheit ihm dienen, wenn Drangsal über mich kommt, soll sie seinen Willen tun, und wenn ich traurig bin, soll mein Leiden ihm dienstbar sein. Meine Krankheit, meine Ratlosigkeit und Not sind vielleicht die notwendigen Ursachen irgendeines großen Zweckes, der unser Begreifen übersteigt. Gott tut nichts vergeblich. Er mag mir ein langes Leben schenken oder es bald enden, er weiß, was er will. Er mag mich meiner Freunde berauben und mich in die Fremde schicken, mir die Einsamkeit zur Gefährtin geben, mir den Mut nehmen, die Zukunft vor mir verhüllen – er weiß, wozu es gut ist.[1]

Montag, 30. März 2020

Ich will mit der unwichtigsten Neuigkeit anfangen: Mein Fernseher und meine Fernbedienung sind ausgetauscht worden und alles funktioniert einwandfrei. Es war einfach eine Fehlfunktion und nichts anderes, und weil die älteren Geräte nicht repariert werden konnten, haben sie entschieden, sie auszutauschen.

In seinen *Bekenntnissen*, der ersten Autobiografie der abendländischen Literatur, erzählt der hl. Augustinus, wie er in einem Garten ein Kind *Tolle, lege* habe singen hören, während er über seine Rückkehr zum katholischen Glauben nachdachte. *Tolle, lege* ist Latein und heißt übersetzt »Nimm und lies!«. Er schlug die Bibel nach dem Zufallsprinzip an einer Stelle auf und fand das achte Kapitel aus dem Römerbrief, wo der hl. Paulus zwei Alternativen beschreibt: das geistliche und das nicht geistliche Leben – eine Wahl zwischen Leben und Tod. Gefolgt von einer Verheißung: »Denn die sich vom Geist Gottes leiten lassen, sind Kinder Gottes« (Röm 8,14).

Es gibt noch immer Menschen, die, wenn sie Zweifel haben oder verzweifelt sind, willkürlich eine Bibelstelle aufschlagen, um einen Text zu finden, mit dem sie beten oder Betrachtung halten können. Das gehört zwar nicht zu meiner üblichen Methode, aber die heutigen Lesungen und Gebete sind ungemein tröstlich.

Für das Morgengebet ist im *Magnificat* eine Schriftlesung aus dem 54. Kapitel des Propheten Jesaja vorgesehen. Dort heißt es: »Meine Huld wird nicht von dir weichen und der Bund meines Friedens nicht wanken, spricht der HERR, der Erbarmen hat mit dir.« Und im nächsten Abschnitt sagt Gott: »Siehe, greift dich jemand an, so geht es nicht von mir aus; wer dich angreift, fällt im Kampf gegen dich.«

Diese Worte waren Balsam für meine Seele gerade jetzt, wo die Aussicht mich bedrückt, am Dienstagabend mit neuerlichen Anschuldigungen konfrontiert zu werden. Ich habe immer gewusst und weiß auch jetzt, dass Gott mich nicht verlassen hat, und während der Nacht habe ich dem Herrn immer wieder versichert, dass ich ihn liebe, und doch war es gut, diese grundlegenden Wahrheiten noch einmal zu hören und sich bewusst zu machen, dass Gott nichts mit den Angriffen auf mich zu tun hat.

Die erste Lesung der Messe stammt aus dem Buch Daniel und erzählt die Geschichte der schönen Susanna, die die Annäherungsversuche zweier lüsterner Richter zurückweist und daraufhin von beiden verleumdet und zu Unrecht des Ehebruchs mit einem jungen Mann bezichtigt wird. Sie wird vor Gericht gebracht und verurteilt. Dann aber greift Daniel ein und beweist, dass die Ankläger lügen.

Auch ich bin von einigen Männern zu Unrecht beschuldigt worden, die entweder fantasieren, lügen oder Opfer einer Erinnerungsverfälschung sind, und ich bin noch nicht rehabilitiert worden.

Wenn die Atmosphäre vergiftet ist, fangen viele an, das Schlimmste zu glauben, oder sie wollen es glauben. Man kann sich ohne Weiteres ein Szenario vorstellen, in dem es schwierig ist, seine Unschuld zu beweisen – auch wenn das in unserem Rechtssystem eigentlich gar nicht nötig ist. Ich danke Gott regelmäßig dafür, dass ich nicht in eine solche Lage geraten bin, und ich danke Gott für meine Daniels, allen voran mein juristisches Team, aber auch Autoren wie Andrew Bolt und Keith Windschuttle in Australien, George Weigel und Father Raymond de Souza in den USA und in Kanada sowie Christopher Friel in Wales. Viele andere haben ebenfalls ihren Beitrag geleistet.

Das Tagesevangelium stammt aus dem achten Kapitel des Johannesevangeliums und erzählt von der Frau, die des Ehebruchs bezichtigt wird und gesteinigt werden soll, aber von Jesus gerettet wird. Diese Stelle, die von vielen nur widerstrebend als kanonisch akzeptiert wurde, weil sie das Gefühl hatten, dass Unser Herr niemals so »weichherzig« gehandelt haben könnte, gehört ebenfalls zu meinen Lieblingsgeschichten. Weichherzigkeit stellt für die meisten von uns heute kein Problem mehr dar, aber wir müssen doch darauf hinweisen, dass Jesus der unglücklichen Frau (von deren männlichem Mittäter nirgends die Rede ist) nicht gesagt hat, dass sie so weitermachen, sondern dass sie hingehen und nicht mehr sündigen solle.

Um die Mittagszeit habe ich Kartya angerufen und mich erkundigt, was es mit der morgigen Fernsehsendung von *ABC* auf sich hat. Offenbar hat ein früherer Bewohner des *St Joseph's Home* in Ballarat Anschuldigungen wiederholt, die die Polizei schon vor vier Jahren erhoben und zu denen ich Stellung genommen hatte, die sodann vor Gericht gebracht und von der Staatsanwaltschaft fallen gelassen worden waren. Wenn das tatsächlich so ist, dann ist der Betreffende ein sehr unglücklicher und kranker Mensch. Ich hatte in der fraglichen Zeit vor 40 oder 50 Jahren weder in offizieller noch in inoffizieller Funktion irgendetwas mit dem *St Joseph's Home* zu tun und kannte dort niemanden, weder unter den Nonnen noch unter den Bewohnern.

Katrina Lee hat hierzu eine Erklärung abgegeben, die in der Sendung erwähnt werden soll. Es wird trotzdem sehr unangenehm werden, und es sieht so aus, als hätte *ABC* einen unglücklichen und verblendeten Menschen auf schamlose Weise ausgenutzt. Diese Information hat mich ein bisschen beruhigt und ich habe für den Ankläger gebetet.

Der Premierminister und der Schatzmeister machen ihre Arbeit weiterhin gut. Sie haben ein 130-Milliarden-Dollar-Paket angekündigt. In den nächsten sechs Monaten sollen sechs Millionen Arbeitnehmer alle zwei Wochen 1500 Dollar erhalten. Das entspricht 17 Prozent des BIP. Unsere Corona-Inzidenz ist nach wie vor niedrig.

Trump hofft nicht mehr darauf, dass die USA bis Ostern gerettet sein werden. Spanien hat medizinische Ausstattung aus China zurückgesandt, weil 30 Prozent eines Artikels fehlerhaft waren. In Frankreich ist die Todesrate fünfmal so hoch wie in Deutschland. Frydenberg,[2] der Schatzmeister, sagt, dass die Lage für uns in Australien in den kommenden Wochen schlimmer werden wird.

Die Fürbitten stammen aus dem Morgengebet im *Magnificat*:

Du bist unsere Hilfe und unser Beschützer, o *Herr, in Zeiten der Prüfung.*
Zu dir nehmen wir Zuflucht und beten:
Rette uns, o *Herr!*
Wenn im Angesicht des Leids der Glaube schwindet:
Rette uns, o *Herr!*
Wenn das Böse uns zu Zweifeln und Dunkelheit verführt:
Rette uns, o *Herr!*

Dienstag, 31. März 2020

Die Eingangsantiphon der heutigen Messe trifft den richtigen Ton: »Hoffe auf den HERRN, sei stark und fest sei dein Herz! Und hoffe auf den HERRN!«

Ich tue mein Bestes, um dieser Aufforderung nachzukommen. Eugenio Pacelli hat mir die April-Ausgabe des *Magnificat* gesandt, doch sie wurde beschlagnahmt, weil keine Büchersendungen erlaubt sind. Ich habe heute Morgen um eine Sondererlaubnis gebeten, aber bislang – es ist inzwischen früher Nachmittag – keine Antwort erhalten.

Der Tag hat schön und klar begonnen, so gut wie seit Langem nicht, aber dann hat es sich wieder ein bisschen eingetrübt und die Wolken sind zurückgekommen.

Vor ein paar Tagen hat Bernadette Tobin mir eine Kopie von Father Frank Brennans Barry-O'Keefe-Vorlesung an der juristischen Fakultät der Australischen Katholischen Universität gesandt. Sein Thema war »Brauchen wir neue Gesetze zum Schutz der Religionsfreiheit in Australien?«.

Barry O'Keefe war einer der führenden katholischen Laien von New South Wales, Richter am Obersten Gericht und auch sonst vielseitig engagiert – etwa in der Kommunalverwaltung und im *National Trust*[3], wo er eine Zeit lang Vorsitzender war. Er wurde der erste Vorsitzende des *Truth, Justice and Healing Council*[4], einer Einrichtung der katholischen Kirche, die uns durch die Arbeiten der *Royal Commission* über sexuellen Missbrauch hindurch begleiten sollte. Trotz seiner Krebserkrankung blieb er lange genug am Leben, um mir in der ersten Runde dieses Kampfes zur Seite zu stehen.

Brennans Vortrag ist eine elegante und prägnante Analyse der gegenwärtigen rechtlichen und politischen Situation und bezieht auch die öffentliche Meinung mit ein. Er erkennt an, dass die Zeiten sich geändert haben. Die Katholikenfeindlichkeit hat zugenommen und der Säkularismus hat sich ausgebreitet. Die Missbrauchskrise war eine Katastrophe für die Opfer und für das Ansehen der katholischen Kirche, aber auch eine außergewöhnliche Gelegenheit für die antichristlichen Kräfte – und sie haben sich diese Gelegenheit systematisch zunutze gemacht.

Anders als Großbritannien und Neuseeland hat Australien keine *Bill of Rights* – ich habe mich damals öffentlich dagegen ausgesprochen[5] –, aber Victoria, Queensland und das Australische Hauptstadtterritorium haben eine Charta der Menschenrechte, die eine schwächere Form des Schutzes darstellt. Im Großen und Ganzen wird die Freiheit der religiösen Körperschaften durch Dispense und religiös geprägtes Verhalten durch Ausnahmeregelungen geschützt – die natürlich immer weiter eingeschränkt werden können und daher keineswegs ideal sind.

Wie alle Freiheiten ist auch das Recht auf Religionsfreiheit begrenzt und muss gegen konkurrierende Rechte im Gleichgewicht gehalten werden. Als Mitglied der Ruddock-Kommission[6] ist Brennan nicht der Meinung, dass die Religionsfreiheit in unmittelbarer Gefahr ist, aber sie erfordert »beständige Wachsamkeit«. So sollten religiöse Schulen zum Beispiel in der Lage sein, ihr religiöses Umfeld selbst zu gestalten, so wie sich eine politische Partei ihr eigenes politisches Umfeld schafft. Er schreibt: »Es sollte religiösen Schulen freistehen, ihre Lehre, ob zeitgemäß oder unzeitgemäß, auf respektvolle und vernünftige Weise zu vermitteln.« Einige oder viele christliche Lehren, z. B. über Vergebung und über Sexualität, sind gegenkulturell, und Brennan nennt zwei davon: die Lehre Christi über den Reichtum und über Ehe und Scheidung.

Brennan spricht sich nicht für ein Gesetz über die Religionsfreiheit aus, sondern schlägt ein sorgfältig formuliertes Gesetz gegen religiöse Diskriminierung vor, insbesondere, weil die Gesetzgebung in New South Wales und Südaustralien in dieser Hinsicht lückenhaft ist.

Mögliche Spannungsfelder sind religiöse Schulen und Krankenhäuser, die mit staatlichen Mitteln finanziert werden und darauf bestehen, an ihren jeweiligen Praktiken und Lehren festzuhalten und ihre Mitarbeiter so auszuwählen, dass ein entsprechendes Ethos gewährleistet ist.

Ich bin keiner von jenen Kirchenverantwortlichen, die ihre Meinung geändert haben und es jetzt lieber sähen, wenn die Religionsfreiheit von Richtern auf der Grundlage eines Gesetzes geschützt würde. Die Werte in Australien sind im Wandel und das wird religiöse Konsequenzen haben, aber Politiker können von den Wählern ausgetauscht werden, Richter, die missliebige Entscheidungen fällen, können nicht ausgetauscht werden.

Eine Menge wird von der politischen Fähigkeit der verschiedenen religiösen Körperschaften abhängen, ihre Freiheiten durch die öffentliche Debatte und mithilfe der Wählerstimmen zu verteidigen und dabei, so weit es eben geht, zusammenzuarbeiten. Wir sollten zu einer vernünftigen Diskussion beitragen und auf die Vorzüge einer freien Gesellschaft einschließlich der Redefreiheit hinweisen, die die Trennung von Kirche und Staat respektiert und so die Macht der Regierungen und Bürokraten beschneidet, sich in das Leben der Kirche (der Synagoge, der Moschee, des Tempels ...) einzumischen. Wie immer werden religiöse Menschen in einer Demokratie ihre Möglichkeiten nutzen müssen, um ihre Freiheiten zu wahren. Die Gesetzgebung kann helfen, aber sie ist immer das Produkt einer sich wandelnden Gesellschaft, und das bedeutet, dass religiöse Bürger auch weiterhin darauf achten müssen, in der Öffentlichkeit gesehen und gehört zu werden.

Ich habe mir die *ABC*-Sendung angesehen, die eine erschütternde Reportage über die Missbrauchskrise im Bistum Newcastle und bei den Barmherzigen Brüdern vom hl. Johannes von Gott brachte, gefolgt von der Ankündigung, dass sie am Donnerstagabend neue Enthüllungen über mich bringen werden. Die Stimme des Anklägers war kurz zu hören und ich meine, ich hätte sie von der Verhandlung zur Beweisaufnahme wiedererkannt. Alles in allem waren es ein paar unerfreuliche Stunden und eine weitere wird am Donnerstag folgen. Es liegt ein Trost im christlichen Glauben, dass wir unser Leiden aufopfern und zu einem guten Zweck mit dem Leiden Christi verbinden können.

In Australien sind die COVID-19-Fälle gestern um neun Prozent gestiegen und eine weitere Person ist gestorben. In Spanien und in Italien gab es jeweils 812 Todesfälle, auch wenn die Inzidenz in beiden Ländern sinkt. Die Zahl der Toten in den Vereinigten Staaten hat die 5000er-Marke überschritten, und in Großbritannien rechnet man damit, dass der Höhepunkt in einigen Wochen erreicht wird.

Ich beende diesen Eintrag, wie ich ihn begonnen habe, mit der Antiphon:

Hoffe auf den HERRN, sei stark und fest sei dein Herz! Und hoffe auf den HERRN!

Mittwoch, 1. April 2020

Weil der Winter näher rückt, kommt die Sonne später heraus, und deshalb war es heute, als ich hinausging, um für eine halbe Stunde eine Runde um den Rasen zu machen, trotz klaren Wetters grauer als zuletzt. Während des Frühstücks mit Weetabix-Riegeln und einer Banane und meiner anschließenden Gebetszeit wurde es sonnig und schön. Bei meinem Spaziergang betete ich zwei Rosenkränze, einen extra, weil Fastenzeit ist.

Mein *Magnificat*-Büchlein ist immer noch nicht bei mir angekommen, aber nach einer ersten Abfuhr hat mir Hauptwachtmeister Murphy (er hat drei Sterne auf der Schulterklappe) versprochen, dass er es persönlich holen werde.

Ich habe heute Nacht nicht allzu schlecht geschlafen. Gegen vier Uhr bin ich aufgewacht und habe einen Rosenkranz gebetet, was mir fast immer hilft, um wieder einzuschlafen. Mein Schlafapnoegerät zeigte überraschenderweise an, dass es in der Nacht fast gar nicht zum Einsatz gekommen war. Die aufgezeichneten Werte waren so niedrig wie seit Monaten nicht.

Um zehn Uhr riefen meine Anwälte an und schlugen eine Videokonferenz vor. Man sagte mir, dass das nicht möglich sei, und so unterhielten wir uns zehn oder zwölf Minuten lang am Telefon. Ihr Anruf war sehr willkommen, denn sie hatten sich in einer halbstündigen Telefonschaltung bereits mit meinen engen Freunden und Vertrauten Katrina Lee, Danny Casey, Michael Casey und Terry Tobin abgestimmt.

Katrina und das ganze Team, Paul und Kartya eingeschlossen, waren entschieden dagegen, am Freitagmorgen eine Stellungnahme abzugeben, weil das die öffentlichen Reaktionen nur unnötig anheizen würde. Meine Bedenken wurden durch die Nachricht zerstreut, dass viele Menschen empört und etliche bereit waren, in den Medien und sozialen Netzwerken für mich Partei zu ergreifen. Es wäre auch nicht hilfreich, den Verfahrensmissbrauch anzuprangern, weil das von jedem benutzt werden könnte.

Paul meinte, diese Hetzjagd zeige sehr anschaulich, weshalb das Geschworenenverfahren aus dem Ruder gelaufen sei. Auf meine Frage hin erklärte er sehr entschieden, dass dieser Aufruhr weder Zeitpunkt noch Inhalt des Urteils des Obersten Gerichtshofes beeinflussen werde.

Paul ist auch der Meinung, dass der Ankläger derselbe war wie bei der [damaligen] Verhandlung zur Beweisaufnahme und er fand es interessant, dass ich die Stimme »wiedererkannt« hatte. Er sagte, die Anschuldigungen beträfen einen »Vorfall«, der 47 Jahre zurückliege, sich also 1972 oder 1973 ereignet haben soll. Ich war 1972 nicht in Ballarat – wobei ich der Fairness halber sagen muss, dass Paul sich, was die Datierung betrifft, nicht allzu sicher war. Doch selbst wenn es sich nicht um dieselbe Person handeln sollte – dieser Gedanke kam mir als Nächstes –, wäre es verdächtig, dass sie die Geschichte des früheren Anklägers wiederholt.

Die Unterstützung und die Entwicklungen haben mir jedenfalls Auftrieb gegeben und ich habe Kartya gebeten, meinen Bruder über den Stand der Dinge zu informieren. Sie versprach mir, dies gleich nach unserem Telefonat zu tun. Wir wussten noch immer nicht, wann der Oberste Gerichtshof sein Urteil bekannt geben würde, und Paul wies wieder darauf hin, dass wir bei einem erfolgreichen Ausgang unser weiteres Vorgehen viel besser werden planen können. Ich wies wiederholt darauf hin, dass der Flut der falschen Beschuldigungen nur mit einem wirklich entscheidenden Schritt Einhalt geboten werden könne.

Anschließend habe ich drei Stunden damit zugebracht, mir eine Aufzeichnung vom ersten Tag der Berufungsverhandlung auf dem iPad anzusehen. Anne McFarlane hat recht. Es ist leichter, der Verhandlung zu folgen, wenn man zuschauen kann, als wenn man das Protokoll liest, auch wenn das sprachliche und inhaltliche Niveau (wie für die Richter des Obersten Gerichtshofes angemessen) hoch war – meiner Einschätzung nach höher als am Berufungsgericht in Victoria. Natürlich hat keiner der Richter einen so grundlegenden juristischen Fehler gemacht wie Maxwell bezüglich der Nichtbefragung von Father Egan.

Bret hat die Argumente der Mehrheitsrichter in Victoria systematisch auseinandergenommen, die Zirkelschlüsse aufgedeckt, gezeigt, wie sie die Beweislast umgekehrt hatten, und ihnen entgegengehalten, dass der Nachweis, dass X möglich ist, noch lange nicht bedeutet, dass X über jeden vernünftigen Zweifel hinaus der Wahrheit entspricht.

Die Richter waren jünger, als ich erwartet hatte, und wirkten »beruhigend« auf mich. Wir werden sehen. Am ersten Tag haben alle außer Keane das Wort ergriffen, und ihre Erklärungen fielen ihrem hohen Amt entsprechend aus. Ich fand, dass Bret in der

Sache gut argumentiert hat, und dass sie ihm schweigend zugehört haben bedeutet zumindest, dass er keine juristischen Fehler begangen hat. Mit der Generalstaatsanwältin sind sie ganz anders umgegangen.

Die COVID-19-Kurve flacht in Australien weiterhin ab. In Spanien und Italien sind wieder mehr als 800 Menschen gestorben, in Italien sind es jetzt insgesamt über 12 000 Tote, und die Vereinigten Staaten bereiten sich auf eine schockierende Todesrate vor. António Guterres, der Generalsekretär der Vereinten Nationen, hat vor drohenden Katastrophen in der Dritten Welt gewarnt und Hilfe aus der Ersten Welt angemahnt. Im Hinblick auf die Gesundheit der Obdachlosen in Los Angeles wurden ähnliche Befürchtungen geäußert, und es wurde eingeräumt, dass Abstandhalten in Indien vor allem bei den Menschen, die in ihre Dörfer zurückkehren wollen, praktisch unmöglich sei. Gott helfe uns, wenn das Virus in Indien oder Afrika oder Indonesien wüten wird.

Also bete ich heute Abend Psalm 18 aus der Lesehore, nicht so sehr in meinen eigenen Anliegen, sondern für die Hunderttausenden, die von dieser Pandemie betroffen sind:

Ich will dich lieben, HERR, meine Stärke,
HERR, du mein Fels und meine Burg und mein Retter;
mein Gott, mein Fels, bei dem ich mich berge,
mein Schild und Horn meines Heils, meine Zuflucht.
[…]
In meiner Not rief ich zum HERRN
und schrie zu meinem Gott,
er hörte aus seinem Tempel meine Stimme,
mein Hilfeschrei drang an seine Ohren.

Donnerstag, 2. April 2020

Heute war ein turbulenter, aber guter Tag. Während ich duschte, hat es draußen geregnet, und als ich um acht Uhr hinausging, fiel immer noch leichter Regen, weshalb ich mein halbstündiges Training überdacht im offenen Fitnessbereich absolvierte. Danach folgte mein übliches Programm aus Frühstück und Gebetszeit. Da ich damit rechnete, weiter die Verhandlung vor dem Obersten Gerichtshof auf dem iPad anschauen zu können, aß ich meinen

Marmeladentoast gleich nach den Weetabix-Riegeln und nicht erst später in meiner Zelle.

Um zehn Uhr wurde ich zum weiteren Anschauen der Aufzeichnung gerufen und ich spulte direkt zum zweiten Tag vor, um Kerri Judd, der Generalstaatsanwältin von Victoria, bei der Präsentation ihres schwachen Materials zuzusehen. Das war ermutigender als das schriftliche Protokoll, weil man sehen konnte, wie lang ihre Pausen waren, wie sie mühsam die Dokumente suchte, sich gelegentlich Hilfe suchend an Staatsanwalt Gibson wandte, der sie unterstützte, und ständig auszuweichen versuchte.

Gegen zehn Uhr informierte mich ein Hauptwachtmeister, mit dem ich noch nicht zu tun gehabt hatte – möglicherweise der stellvertretende Direktor –, dass meine Anwälte angerufen hätten und mir ausrichten ließen, dass das Urteil des Obersten Gerichtshofes am nächsten Dienstag, 7. April, um halb zehn bekannt gegeben werde. Das war eine gute Nachricht und eine große Erleichterung und ich wandte mich mit umso größerer Begeisterung wieder meiner Aufzeichnung zu.

Am ersten Tag der Berufungsverhandlung hatte Bret Walker alles darangesetzt, geltend zu machen, dass auch ein Zeuge, der bereits für glaubwürdig befunden wurde, im Licht gegenteiliger Hinweise im Nachhinein als unglaubwürdig eingeschätzt werden könne. Mit ihrem Urteil, mit dem sie mich für schuldig erklärt hatten, hatten die Geschworenen den Kläger für glaubwürdig erklärt. Das ist ihre Aufgabe, und es ist nicht Sache des Berufungsgerichts, diese Übung in puncto Glaubwürdigkeit zu wiederholen.

Deshalb verging der erste Teil der Redezeit der Staatsanwältin, etwa eine Stunde, mit der Frage, ob es angemessen gewesen sei, dass die Richter in Victoria sich – und zwar zweimal, das eine Mal noch bevor sie (die Mehrheitsrichter) den Text gelesen hatten – ein Video mit der Aussage des Klägers angesehen hatten. Hätten sie dafür einen forensischen Grund gebraucht und hatten sie damit einen Rechtsfehler begangen? Die Staatsanwaltschaft betonte, dass sie dieses Vorgehen nicht verlangt hätte – sie hatte ihm aber trotz unseres Einspruchs zugestimmt.

Des Weiteren wurde der Frage nachgegangen, ob die Mehrheitsrichter die Beweislast umgekehrt hatten, als sie die Möglichkeit, dass X geschehen war, mit der Behauptung gleichsetzten, dass X wirklich geschehen und mithin eine Tatsache und über jeden vernünftigen Zweifel erhaben sei.

Ich beende den heutigen Eintrag, nachdem ich eine Pause eingelegt habe, um im *ABC*-Fernsehen die Sendung *Revelation* anzusehen. Zwei der Burschen, die mich angeklagt hatten und deren Anklagen fallen gelassen worden waren, kamen im Rahmen einer langen Reportage zu Wort, die große Teile meines Lebens behandelte und mich zwar nicht immer, aber meistens in einem sehr wenig schmeichelhaften Licht darstellte. Bernies Vorwürfe sind völlig an den Haaren herbeigezogen und reichen von angeblichen Vorfällen im *St Joseph's Home*, wo ich keine offizielle und auch keine informelle Rolle gespielt habe und in meinen zwölf Jahren in Ballarat nur ein- oder (vielleicht) zweimal zu Besuch war, bis hin zu Dingen, die an der *St Patrick's Cathedral* in Ballarat geschehen sein sollen, wo ich nie gewohnt und keinerlei Funktion ausgeübt habe.

Die Sendung hätte kaum schlimmer sein können, auch wenn keine neuen Informationen enthalten waren und die bizarren Anschuldigungen gegen mich an Orten, wo ich weder gelebt noch gearbeitet habe, so falsch und so kontraproduktiv sind, dass sie mir über kurz oder lang eher nutzen als schaden werden. Dass der Sender *ABC* Bernie, diesen armen Mann, derart ausgenutzt hat, ist eine Schande.

Es scheint, als hätten wir keine andere Wahl, als gerichtlich gegen sie vorzugehen, auch wenn wir hierzu erst einmal ein gutes Urteil vom Obersten Gerichtshof benötigen. Vor uns liegen noch ein paar Jahre Kampf, dessen Finanzierung meine Möglichkeiten möglicherweise übersteigt, denn die Lasten, die man guten Freunden aufbürden darf, sind begrenzt.

Weltweit gibt es jetzt 938 000 registrierte COVID-19-Infektionen. In Australien sind es 5133 Fälle und 20 Tote. Den USA wird ein ähnlicher Epidemieverlauf wie in Italien vorhergesagt, und aus einem Slum in Bombay wurde der erste Tote gemeldet. In Spanien sind in den letzten 24 Stunden 864 Menschen gestorben, aber die Inzidenz stabilisiert sich, und in einigen italienischen Gemeinden ist der Lockdown so weit gelockert worden, dass Eltern mit ihren Kindern draußen spazieren gehen dürfen. Die australische Regierung hat Zuschüsse für die Kinderbetreuung angekündigt und die Gebühren für berufstätige Eltern ausgesetzt.

Ein paar Verse aus dem 27. Psalm sind *ad rem*[7]:

Weise mir, HERR, deinen Weg,
leite mich auf ebener Bahn wegen meiner Feinde!
Gib mich nicht meinen gierigen Gegnern preis;
denn falsche Zeugen standen gegen mich auf und wüten!

Ich aber bin gewiss, zu schauen die Güte des HERRN
im Land der Lebenden.
Hoffe auf den HERRN, sei stark und fest sei dein Herz!
Und hoffe auf den HERRN!

Freitag, 3. April 2020

Es ist 20.50 Uhr, und während ich hier sitze und schreibe, regnet es draußen in Strömen, obwohl das Wetter heute Morgen so gut war, dass ich nach dem Frühstück und nach meinen Gebeten noch draußen in der Sonne sitzen und mich ausruhen konnte. Ein ruhiger Tag nach den Aufregungen über die Reportage gestern Abend. Eine absolut niederträchtige Sendung, die Terry als das Antikatholischste beschreibt, was er in den letzten 60 Jahren gesehen hat. Ich muss ihm zustimmen.

Sie ist eine Folge und ein Produkt der widerwärtigen Verbrechen, die in der Kirche begangen wurden, und des spektakulären, wenngleich nicht flächendeckenden Versagens der Kirchenleitung. Das Leid, der Abscheu und der Kummer, die verursacht worden sind, lassen sich weder leugnen noch kleinreden. Aber das ist nicht die ganze Geschichte, denn ich bin mir sicher, dass der Geist des Bösen, der Teufel, ebenfalls am Werk ist, den Hass schürt und versucht, der Kirche noch mehr zu schaden und uns in ohnmächtiges Schweigen verfallen zu lassen. Papst Franziskus wurde in der Sendung harsch kritisiert, weil er gesagt hat, dass in der Krise der Teufel am Werk sei.

Die Kirche ist sehr geschwächt, doch sie ist wie eine Patientin, der ein furchtbares Krebsgeschwür herausoperiert worden ist. Das war absolut notwendig, aber sie erholt sich nur langsam.

Meine paranoiden Ängste, dass die Presse nach den Enthüllungen Sturm laufen würde, waren nicht im Mindesten gerechtfertigt. Die Medien nahmen kaum Notiz von der Sache, und selbst *The*

Age brachte nur einen kurzen und geradlinigen Artikel auf Seite 17. Das Coronavirus lässt zurzeit natürlich keinen Rivalen bei den Topthemen zu, das war der Hauptgrund. Aber drei weitere Faktoren waren ebenfalls wichtig: Es handelte sich um dieselben Anschuldigungen, die die Polizei bereits 2016 erhoben und zu denen ich Stellung genommen hatte. Sie waren erfolglos vor Gericht gebracht worden und der Protagonist, Bernie, wirkte, als er seine bizarren Vorwürfe aufzählte, nicht nur aufgewühlt und leidend, sondern in hohem Maße gestört.

Vielleicht sollte es ein kleiner, ironischer Trost für mich sein, dass meine Feinde, die Feinde der Kirche und der Böse Feind es noch immer für lohnenswert erachten, mich zu vernichten.

Sr. Mary, die Leiterin der katholischen Gefängnisseelsorge am MAP, ist eigens aus Melbourne hergefahren, um mich zu besuchen – eine Geste, über die ich mich sehr gefreut habe, denn so konnten wir uns rund eineinhalb Stunden lang wunderbar unterhalten. Sie hatte die Sendung natürlich gesehen und war, glaube ich, ein bisschen besorgt, wie ich wohl reagiert haben mochte. In der Regel kann ich mit der Realität besser umgehen und bin weniger ängstlich oder angespannt, als wenn ich auf etwas Unbekanntes warte. Meine Zeit mit Mary war eine wunderbare Therapie, weil ich ihr Schritt für Schritt erläutern konnte, warum Bernies Geschichte so falsch, so unglaubwürdig und so unmöglich war. Dann wandten wir uns der größeren Frage zu, wie die Kirche so tief hatte sinken können, und überlegten, welche Rolle dieses oder jenes Oberhaupt dabei gespielt haben mochte.

Sie ist eine Frau mit authentischem Glauben, großer Menschlichkeit und enormer Erfahrung, und sie war mir eine sehr große Hilfe. Sie hat mich daran erinnert, dass ich nur noch (höchstens!) viermal hier schlafen werde. Ich hatte die Tage nicht gezählt und habe auch noch nicht angefangen zu packen oder den Großteil der mir zugeschickten Artikel usw. auszusortieren. Auf ihren Rat hin habe ich mich dann immerhin erkundigt, ob mein Anzug aufgehängt oder eingepackt worden sei. Jemand meinte, er sei aufgehängt worden, was mir lieber wäre.

Heute Nachmittag habe ich mir den Schluss der Berufungsverhandlung am Obersten Gerichtshof mit dem letzten Teil des wirren Vortrags der Generalstaatsanwältin, die regelmäßig durch Einwürfe von der Richterbank unterbrochen wurde, und Brets einstündigem Beitrag angesehen. Ihn haben sie, abgesehen von einem kleinen Dialog am Ende, der ein paar juristische Fragen betraf, fast überhaupt nicht unterbrochen.

Er hat sein Versprechen, seinen »Killerinstinkt« einzuschalten, wahr gemacht und die Aufgabe mit Logik und Präzision gemeistert, indem er die »improvisierte und wackelige Konstruktion« entlarvte, mit der die Staatsanwaltschaft versucht hatte, »etwas, was nicht passt, passend zu machen«. Er sprach von Improvisation, falscher Auslegung der Beweise und einer Umkehrung der Beweislast. Ich meine, gesehen zu haben, wie Richter Bell das eine oder andere Mal zustimmend nickte.

Noch vor wenigen Wochen habe ich das zu erwartende Ausmaß und die Virulenz der COVID-19-Pandemie drastisch unterschätzt. Inzwischen haben wir weltweit mehr als eine Million registrierte Fälle. Prof. Brendan Murphy, der Chefmediziner der Regierung, glaubt jedoch, dass die Zahlen in Wirklichkeit fünf- bis zehnmal so hoch sind, weil in den meisten Ländern nur wenig getestet wird. In den USA mit ihren 245 000 Fällen und 1000 Toten werden 100 000 Leichensäcke bereitgestellt. In Australien sinkt die Inzidenz, und der Premierminister hat angekündigt, dass diejenigen unserer 580 000 ausländischen Studenten, die finanziell auf fremde Hilfe angewiesen sind, nach Hause zurückkehren sollten. Und es geht so weiter.

Der hl. Franz von Paola war ein Eremit aus Kalabrien. Er lebte im 15. Jahrhundert und hat einige gute Ratschläge hinterlassen:

An die Bosheit zurückdenken bedeutet neues Unrecht, ist die Vollendung des Zorns, Festhalten an der Sünde, Hass gegen die Gerechtigkeit, Zerstörung der Tugend, Verwirrung im Gebet, Zerrissenheit beim Bitten, das wir vor Gott bringen, Entfremdung von der Liebe, Nagel, der in der Seele steckt, niemals schlafende Bosheit, nie endende Sünde, täglicher Tod.

Liebt den Frieden! Er ist ein Schatz, den wir uns am meisten wünschen sollen.

Samstag, 4. April 2020

Ich hatte heute wieder einen ruhigen Tag, aber das Gefängnis wurde kurz nach halb zwei abgeriegelt: ein »Wasseralarm«, das heißt, dass es zu irgendeinem gewaltsamen Vorfall gekommen sein muss. Das wurde in den Abendnachrichten bestätigt, in denen in den Schlagzeilen von einem Gewaltausbruch im *Barwon*-Gefängnis die Rede war. Weitere Informationen habe ich zurzeit nicht.

Heute Morgen war es kalt und bedeckt. Ich habe meinen 30-minütigen Hofgang absolviert und anschließend gefrühstückt. Dann begann es kräftig zu regnen und ich ging hinein, sobald sich ein paar Wärter blicken ließen. Der Zufall wollte es, dass ich meinen ersten Urintest im *Barwon*-Gefängnis machen musste. Dem ging eine oberflächliche Leibesvisitation voraus, die von einem freundlichen und dezenten Wachhabenden durchgeführt wurde. Hoffen wir, dass es die letzte war.

Um die Mittagszeit habe ich ein paar Leute angerufen, nur Margaret konnte ich nicht erreichen. David ist genau wie ich der Meinung, dass wir irgendwie auf die *ABC*-Sendung reagieren müssen. Er hatte das Gefühl, dass Bernie »glaubwürdig« gewirkt haben könnte, weil den Zuschauern nicht klar war, dass das Gericht die Sache schon zu den Akten gelegt hatte.

Terry überbrachte mir die willkommene Nachricht, dass Pater Frank Brennan SJ eine sehr deutliche Stellungnahme entworfen hat, in der er *ABC* unredliches Verhalten vorwirft, weil sie z. B. »Enthüllungen« und »zwei neue Vorwürfe« angekündigt hatten, obwohl ihnen nichts dergleichen vorlag. Wir sprachen auch über die Schwierigkeiten, eine Verleumdungsklage zu finanzieren und den Rest der bereits angefallenen Prozesskosten zu begleichen.

Schließlich ist es mir gelungen, Tim O'Leary zu erreichen, der wegen seiner Arbeit für Erzbischof Comensoli ziemlich beschäftigt ist. Der kleine Joe, sein jüngster Sohn, ist begeistert, weil vier seiner fünf Geschwister bei ihm zu Hause sind. Ich hatte Tim schon seit einigen Tagen erzählen wollen, dass ein gemeinsamer Freund, den ich in einer erfolgreichen Rudermannschaft gecoacht hatte, mir geschrieben hat, um mir seine Unterstützung und seinen Dank auszusprechen: »Ich denke oft an Sie und an das Gute, was Sie in meinem Leben bewirkt haben.« Er hat erwähnt, dass sein Vater, der an der Schule über mir war, gerade in Teilzeit Theologie studiert. Ich werde zurückschreiben und ihm vorschlagen, selbst ein oder zwei Kurse zu belegen, denn als Student hat er immer gerne mit mir über Theologie gesprochen. »Diskutiert« wäre in einigen Fällen vielleicht das treffendere Wort, und ich bin mir nicht sicher, ob ich in theologischer Hinsicht wirklich gepunktet habe. Er schließt mit den Worten:

»Ich baue darauf, dass Ihr Glaube und Ihr geistliches Fundament Ihnen helfen werden, diese schwierige Zeit zu überstehen.«

Gestern habe ich keine Briefe bekommen, was ungewöhnlich ist, und heute sind auch keine angekommen, was aber zu erwarten war, weil übers Wochenende üblicherweise keine Briefe verteilt werden. Ich hatte aber noch ein paar aus Italien übrig, die mir vor Kurzem zugestellt worden sind. Ein Mathematiklehrer aus Rom, der Kinder mit Behinderung unterrichtet, schrieb, um mir »in dieser schwierigen Zeit Mut zu machen«.

Ein emeritierter Professor aus Italien lässt mich wissen, dass er meine Zweifel hinsichtlich der »Theorie vom menschlichen Ursprung der Erderwärmung« voll und ganz teile. Er war so freundlich, die Seligpreisung aus Mt 5,10–12 auf mich zu beziehen, und fügte hinzu: »Leider geht die Kirche im entchristlichten Westen einer Zeit der Verfolgung entgegen. [...] Sie wollen sie mit allen Mitteln zum Schweigen bringen, weil keine andere Stimme mehr bleibt, um die Armen und Kleinen Gottes zu verteidigen.« Ich bin ein unverbesserlicher Optimist und wir sind hier in Australien weit von einer Christenverfolgung entfernt, aber es erschreckt mich doch ein bisschen, wie viele der Menschen, die mir aus unterschiedlichen Ländern schreiben, dieselben Befürchtungen hegen.

Eine Gruppe Klausurkarmelitinnen der alten Observanz aus dem Kloster Sant'Elia in Campobasso-Bojano schreibt, um mir »all unsere Zuneigung« zu bekunden und mich »unserer ständigen Gebete für Sie zu versichern«. Sie hoffen, dass es wahr ist, freuen sich und danken dem Herrn, »dass es Ihnen gut geht und dass Sie sehr gelassen sind«. Nun ja, die meiste Zeit über bin ich wirklich gelassen.

Ein Pfarrer aus San Vincenzo in Ligurien schreibt, dass er bei der Messfeier oft an mich denke und mich dem Schutz der seligen Jungfrau und des hl. Josef empfehle, und ein Familienvater aus Foligno in der Nähe von Assisi, der sich mir in diesen Zeiten der Demütigung besonders verbunden fühlt, bittet mich, für zwei seiner schwierigen Kinder – Teenager – zu beten.

Ich glaube zutiefst an die geistliche Wirksamkeit dieser Gebete, aber sie sind auch eine Ermutigung, ein Zeichen für die Universalität der katholischen Kirche und eine Erinnerung an mein geliebtes Italien, das so schwer unter dem Coronavirus zu leiden hat.

In der Redemptoristenkirche in der Via Merulana gegenüber der Basilika Santa Maria Maggiore in Rom befindet sich das alte Bildnis Unserer Lieben Frau von der Immerwährenden Hilfe, das die Tradition dem hl. Lukas zuschreibt, obwohl Unsere Liebe Frau byzantinische Kleidung trägt. Es ist mein Lieblingsmarienbild, und die Verehrung der Mutter von der Immerwährenden Hilfe war, als ich jung war, in Australien sehr populär und wurde von den Redemptoristen und vom Laienorden der *Christian Brothers* gefördert.

Allmächtiger und barmherziger Herr,
du hast uns das Bild der Mutter deines Sohnes geschenkt,
damit wir sie als Unsere Mutter von der Immerwährenden Hilfe verehren.
Gewähre uns gnädig, dass der beständige Schutz der Jungfrau Maria
uns in allen Schwierigkeiten unseres Lebens (und insbesondere in diesen Zeiten der Plage)
helfen möge und wir den Lohn der ewigen Erlösung erlangen.
Der du lebst und herrschst in alle Ewigkeit.
Amen.

59. Woche

Der Schuldspruch wird aufgehoben

5. April bis 8. April 2020

Palmsonntag, 5. April 2020

Es wäre nicht ganz zutreffend zu sagen, dass der Palmsonntag in Zelle 17 mit einer Komödie der Irrtümer begonnen hätte, aber er begann mit einer Reihe von Missverständnissen, die dadurch bedingt waren, dass ich das Ende der Sommerzeit vergessen hatte.

Ich wachte gegen 6.23 Uhr auf und stellte zu meiner Verärgerung fest, dass ich die Fernsehmesse verpasst hatte. Ich kämpfte kurz gegen die Versuchung an weiterzuschlafen und Joseph und Joel auszulassen, kam aber rasch zu dem Schluss, dass das unpassend gewesen wäre. Schließlich beginnt heute die Karwoche.

Also habe ich mich rasiert und geduscht und gegen 7.02 Uhr für Joseph Prince erneut den Fernseher eingeschaltet, nur um zu entdecken, dass Bischof Terry Curtin gerade mit der Palmsonntagsmesse begann. Es war eine Feier vom vergangenen Jahr, denn beim Friedensgruß wurden Hände geschüttelt und die Kommunion wurde unter beiderlei Gestalten ausgeteilt. Anfangs war die Musik beeindruckend: das alte Klagelied mit dem Refrain der Jesusworte »Mein Gott, mein Gott, warum hast du mich verlassen?«.

Obwohl nur eine Kurzfassung der Matthäuspassion vorgelesen wurde, hatte der Bischof keine Zeit zu predigen, sondern bat uns stattdessen, einen Moment in uns zu gehen und uns die Frage zu stellen, die Jesus an Petrus gerichtet hatte: »Liebst du mich?«

Anfangs dachte ich noch, der gesunde Menschenverstand hätte gesiegt und die Messe sei auf eine günstigere Zeit verlegt worden, weil das Fest so wichtig ist. Weil der gestrige Alarmzustand noch nicht aufgehoben worden war, wunderte ich mich auch nicht darüber, dass ich um viertel nach sieben kein Frühstück bekam. Später erfuhr ich von den anderen Häftlingen, dass zwischen sieben Häftlingen Streitigkeiten ausgebrochen und drei von ihnen ins Krankenhaus gebracht worden waren; dass die Häftlinge keinen Besuch mehr bekommen dürfen, hat ihre Gewaltbereitschaft vermutlich noch gesteigert.

Brian Houston von *Hillsong* erschien auf dem Bildschirm und erst nachdem ich beschlossen hatte, mir als eine kleine fastenzeitliche Bußübung seine Sendung anzusehen, fiel mir die Zeitumstellung wieder ein. Es gehört zum Gefängnisleben, dass solche Ereignisse nicht angekündigt werden und jeder sich um sich selbst kümmern muss: ein kleiner Denkzettel.

Die Predigt des Reverend, ebenfalls eine Wiederholung, hatte nichts mit der Fastenzeit oder mit Ostern zu tun, sondern behandelte, ausgehend von den alttestamentlichen Gestalten Daniel und Josef, das Thema »Das Reich der Träume und Visionen verstehen«. Wieder einmal bekamen wir so gut wie gar keine neutestamentliche Lehre zu hören, während er uns erklärte, dass Gott eine verblüffende Art habe, Träume wahr werden zu lassen, und dass er niemanden kenne, der den Geist Gottes in sich habe und von Versagen oder Scheitern träume. Am Ende nahm er sich ungewöhnlich viel Zeit, um seine Zuhörer dazu aufzufordern, sich persönlich für Jesus Christus zu entscheiden. Seine Predigten sind nicht weltlich, nicht rein irdisch oder »diesseitig«. Sie stellen ganz ohne Zweifel Gott ins Zentrum, aber es ist seltsam, dass er sich so über das Leben Christi und über den größten Teil der neutestamentlichen Verkündigung ausschweigt.

Joseph Prince, nüchtern gekleidet und mit nur wenigen Ringen, predigte, dass wir durch den Glauben und nicht durch die Werke Erben der göttlichen Verheißung seien. Er zitierte Röm 4,4–5 und forderte keine Werke, sondern Glauben. Wir sollen beruhigt sein und glauben. Wenn wir Christen sind, dann sind wir die Saat Abrahams, und das heißt, dass Gott für all unsere Sünden einstehen wird. Seine Predigt basierte wie immer auf einer Reihe von überwiegend neutestamentlichen Bibelstellen.

Joel Osteen ist ohne jeden Zweifel ein Charmeur, und der Witz, mit dem er immer beginnt, hat in der Regel einen tieferen Sinn. In der heutigen Geschichte wurde ein kleiner Junge dreimal gefragt: »Wo ist Gott?«, woraufhin er nach Hause zu seinem Bruder rannte und herausplatzte: »Jemand hat Gott gestohlen und jetzt denken sie, wir wären es gewesen!«

Joel wies darauf hin, dass unsere Zeit auf Erden begrenzt sei, und das heiße konkret, dass das Einzige, was man den anderen schulde, die Liebe sei. Wir sollten alle Menschen lieben, aber wir müssten nicht alle Menschen glücklich machen. Wir dürften uns nicht von anderen kontrollieren lassen, und unsere größte Freiheit bestünde darin, von anderen Menschen loszukommen – besonders von denen in den sozialen Netzwerken.

Man könne es nicht allen recht machen und gleichzeitig seine Bestimmung erfüllen, aber er sagte auch, dass er nicht vergessen habe, wo er herkomme: Er wollte nur nicht dort bleiben.

Das wird sicherlich jeden guten Menschen in der Gemeinde ermutigt und jeden aufwärtsstrebenden Christen getröstet haben.

Songs of Praise war eine der besten Sendungen überhaupt, eine Übertragung aus Schottland mit einer erhebenden Auswahl von Liedern, die von einem Chor und von der ganzen Gemeinde gesungen wurden. Zwei Höhepunkte waren »Christ Is Made the Sure Foundation« und »Amazing Grace«, gesungen von Susan Boyle. Faszinierend fand ich die Sequenz über den holländischen Maler Vincent van Gogh, der aus einer religiösen Familie stammte und während seiner Zeit in London als Laienprediger bei den Methodisten weitere Bekehrungserlebnisse hatte. Mit Mitte 20 gab er die Idee, Pastor zu werden, auf. Später wurde er depressiv und beging schließlich tragischerweise Selbstmord.

Heute Morgen war es kalt und windig und ich wurde erst spät hinausgelassen, nachdem die Abriegelung aufgehoben worden war. Ich ging eine Stunde umher und kehrte dann in meine Zelle zurück.

Danach rief ich diejenigen meiner Freunde an, die ich gestern nicht erreicht hatte, und erfuhr, dass ich im Fall meiner Freilassung voraussichtlich bei den Karmelitinnen in Kew wohnen werde.

Die kritischen Punkte im Kampf gegen das Coronavirus verschieben sich. Australien steht mit 5689 Fällen und 35 Toten vergleichsweise »gut« da, während in Spanien und Italien Todesrate und Inzidenz nach wie vor hoch sind, sich aber langsam stabilisieren oder zurückgehen. Die Vereinigten Staaten nähern sich mit 312 000 Fällen und 8500 Toten dem Höhepunkt und New Yorks eigenwilliger Gouverneur hat dafür gesorgt, dass die Stadt 1000 Beatmungsgeräte aus China bekommt. Mit 96 000 Infektionen hat Deutschland mehr Fälle als Frankreich, aber die Todesrate ist in Frankreich sechsmal höher als in Deutschland. In der Dritten Welt fangen die Schwierigkeiten gerade erst an, und hier könnte ein Chaos bevorstehen, das alles übertrifft, was wir im Westen bisher erlebt haben.

Der Einzug Christi in Jerusalem war ein irreführender Karwochenbeginn, ein kleiner Triumph, der in die falsche Richtung zeigt, das Vorspiel zu einer Tragödie, aber einer Leben spendenden Tragödie:

Sie brachten die Eselin und das Fohlen, legten ihre Kleider auf sie und er setzte sich darauf. Viele Menschen breiteten ihre Kleider auf dem Weg aus, andere schnitten Zweige von den Bäumen und streuten sie auf den Weg. Die Leute aber, die vor ihm hergingen und die ihm nachfolgten, riefen:
Hosanna dem Sohn Davids!
Gesegnet sei er, der kommt im Namen des Herrn.
Hosanna in der Höhe!

Montag der Karwoche, 6. April 2020

Der Tag hat gut angefangen. Das Titelblatt der *Herald Sun* vermeldete für gestern nur elf neue COVID-19-Fälle in Victoria, damit setzt sich der Abwärtstrend fort, der vor vier oder fünf Tagen begonnen hat. In ganz Australien haben wir einen Anstieg von nur drei Prozent. Wir dürfen uns über das Glück im eigenen Land freuen, auch wenn die Lage andernorts weniger günstig ist.

Da ich nicht weiß, ob der morgige Tag Jubel oder Enttäuschung bringt, sollte ich mich daran erinnern, dass wir am Beginn der Karwoche stehen, und eine der Präfationen zitieren.

Die Übersetzer der dritten lateinischen Ausgabe des römischen Ritus wurden von der ICEL [Internationale Kommission für das Englische in der Liturgie] beauftragt und bleiben anonym. Einige der Übersetzungen der Präfationen sind wunderschön und besonders gelungen, zum Beispiel die folgenden Zeilen aus der II. Präfation vom Leiden des Herrn:

Denn wiederum kommen die Tage,
die seinem Heil bringenden Leiden
und seiner glorreichen Auferstehung geweiht sind.
Es kommt der Tag des Triumphes über den alten Feind,
es naht das Fest der Erlösung.

Die Karwoche erinnert uns an den immerwährenden Kampf zwischen Gut und Böse, Licht und Finsternis, der in unseren Herzen und Familien, in den Gesellschaften sowie in und zwischen den Nationen schwelt oder tobt. Jeder von uns muss sich zu Glaube, Liebe und Hoffnung bekennen.

Den Nachmittag habe ich damit verbracht, meine Unterlagen, Hunderte von Seiten, zu bündeln und zu sortieren, und dabei habe ich den einen oder anderen Artikel oder Text wiedergefunden.

Einer stammt vom Pfarrer von Ars in Frankreich, dem hl. Jean-Marie Vianney, der im 19. Jahrhundert gelebt hat, und er spricht darin zwei Wahrheiten aus, die beide kontrovers sind: »Wenn die Menschen die Religion zerstören wollen«, so schrieb er, »dann greifen sie zuerst den Priester an, denn wo kein Priester ist, da gibt es kein Opfer.«

Der Konflikt zwischen dem Reich Gottes und der Welt ist keine Übertreibung und auch keine Ausgeburt der Fantasie der religiösen Rechten oder der religiösen Linken, sondern der wesentliche Inhalt der Heilsgeschichte. Der Sohn Gottes ist ermordet, ist hingerichtet worden, und die Früchte seiner Auferstehung haben sich noch nicht durchgesetzt.

Und der Priester, der das Wort verkündigt, die Eucharistie feiert und die Sünden vergibt, ist ein wichtiger Soldat in diesem Kampf. Er ist ein dienender Anführer, die zentrale Gestalt in unseren Pfarrgemeinden, und wenn er (und die Bischöfe) durch das Böse korrumpiert werden, dann ist der Schaden groß. Der hl. Johannes Vianney hat recht.

Ein zweites Fundstück war ein Interview mit Sir James MacMillan, einem Katholiken aus Schottland und unser bedeutendster Komponist, in dem er über Leiden und Stille sprach. 2016 hatte er seine kleine, mehrfach behinderte Enkelin verloren, die blind war, nur eingeschränkt hören und sich nicht bewegen konnte.

Sein Großvater war Bergmann und Musikliebhaber, trat in Chören und Bands auf und kannte sich gut mit klassischer Musik aus. Überall im Haus lagen Noten herum und seine Mutter spielte Beethoven und Chopin. Damals gab es in Schottland viele solcher Arbeiterfamilien.

Als junger Mann schloss sich James dem Kommunistischen Jugendverband an, was ihn aber nicht daran hinderte, weiter seinen Glauben zu praktizieren. Heute räumt er ein, dass es gegenkulturell sei, katholisch zu sein, »weil du scheinbar ständig gegen den Strom schwimmst«. Für ihn ist der Katholizismus in Anlehnung an Flannery O'Connor eine umfassende, unsentimentale »Seinsgewohnheit«, und die Komponisten in der katholischen Kirche sind in seinen Augen »Hebammen des Glaubens, weil sie die Gebete der Gläubigen beseelt haben«. Alle Komponisten »suchen auf ihre je eigene Weise nach dem Heiligen«.

Der Tod seiner fünfjährigen Enkelin Sara hat seinen Glauben nicht erschüttert: »Tatsächlich war genau das Gegenteil der Fall.« – »Vor allem springt dein Katholizismus einfach an, die Liturgie gibt dem Leiden eine Form und verwandelt es in etwas Schönes.« Seiner Meinung nach hat dieses kleine Mädchen ihnen allen ungeheure Freude geschenkt und zu einem tieferen religiösen Verständnis verholfen, insbesondere der Mutter, »deren Leben sich für immer verändert hat, als sie [gegen den Rat einiger Helfer] Ja zu diesem neuen Leben sagte«. Unverblümt erklärt MacMillan, dass die Vorstellung vom lebensunwerten Leben nicht mit Nazideutschland untergegangen sei: »Sie ist hier, in unseren netten, modernen, ach so fürsorglichen und ach so gemeinschaftlichen Demokratien.« Sein Eingeständnis, dass diese massive Erschütterung Auswirkungen auf seine Musik gehabt habe, kommt nicht überraschend.

Niemand entgeht dem Leiden. Für einen Christen besteht die Herausforderung darin, auf die richtige Weise zu leiden, sodass Glaube, Hoffnung und Liebe beim Leidenden selbst, bei seiner Familie und bei seinen Freunden gestärkt werden. Und das fällt manchen schwerer als anderen.

Weltweit hat die Coronapandemie 70 000 Menschenleben gefordert, 1,2 Millionen sind infiziert. Die Queen hat zu ihren Untertanen gesprochen, sie an ihre erste Rede erinnert, die sie gemeinsam mit Prinzessin Margaret 1940 während des Zweiten Weltkriegs gehalten habe, und die Hoffnung geäußert, dass die Stärke von damals, dieses Selbstvertrauen, noch immer vorhanden sei. In den USA gibt es inzwischen 337 600 Fälle und der Leiter der Gesundheitsbehörde hat gesagt, dass sie auf einen Pearl-Harbor-

Moment zusteuern. In Italien sinkt die Fallsterblichkeitsrate und Japan sieht schweren Zeiten entgegen.

Ich fühle mich ein bisschen schuldig, wenn ich mitten in einer solchen Situation, in der wir zu Gott flehen und um ein baldiges Ende dieser internationalen Tragödie bitten, für mich selbst bete. Aber der morgige Tag ist auch für mich wichtig – und für die Kirche.

Die heutige Eingangsantiphon stammt aus Psalm 35:

Streite, HERR, gegen alle, die gegen mich streiten,
bekämpfe alle, die mich bekämpfen!
Ergreife Schild und Waffen;
steh auf, um mir zu helfen!

Dienstag der Karwoche, 7. April 2020

Obwohl ich gestern Abend bis gegen Mitternacht gearbeitet und Unterlagen sortiert und gebündelt habe, bin ich nicht fertig geworden und für heute Vormittag bleibt noch einiges zu tun.

Ich habe nicht allzu schlecht geschlafen, obwohl ich schon wach war, als mir um viertel nach sieben mein Frühstück – wie immer bestehend aus Milch, drei Weetabix-Riegeln, zwei Scheiben Toast, Butter und Marmelade – gebracht wurde.

Das Duschwasser war wie immer heiß, und ich habe mich rasiert. Eine Zeitung gab es heute nicht, die bekomme ich, wie bestellt, immer montags, mittwochs (wegen des wöchentlichen Fernsehprogramms) und samstags, wenn der *Weekend Australian* erscheint.

Durch eine glückliche Fügung war ich gegen halb zehn mit dem Bündeln, Ordnen und Aussortieren meiner Unterlagen fertig und konnte danach mit meinem Tagesgebet, meinem Brevier, beginnen. Gegen 9.50 Uhr, als ich gerade die Matutin und die Laudes beendet hatte, sagte mir Paolo, der sich im Küchenbereich aufhielt, für *Channel 7* halte sich ein Reporter am Gericht in Brisbane auf, da das Urteil bald bekannt gegeben werde.

Es dauerte noch ein oder zwei Minuten, bis ein überraschter und verwirrter junger Reporter erklärte, dass der Berufung stattgegeben und der Schuldspruch aufgehoben worden sei. Er stand unter Schock.

Etwas später erlitt er einen weiteren und noch schlimmeren Schock. Das Urteil war mit »seven-zip« oder »seven-nil«, mit sieben zu null Stimmen gefällt worden. Ich erinnere mich nicht daran, was er gesagt hat, aber meine gebildeteren Freunde fanden großes Vergnügen daran, das Wort »zip« zu benutzen, ein Begriff, der mir neu war.

Von irgendwo in der Nähe außerhalb von Trakt 3 erklang lauter Jubel, vermutlich von meinem regelmäßigsten Briefschreiber, der fest von meiner Unschuld überzeugt war. Er ist ein religiöser Mann und hatte eine Vorahnung gehabt, dass ich freikommen würde.

Paolo und Derek kamen beide zu meiner Zelle gelaufen, um mir durch das kleine Fenster in meiner Tür zu gratulieren und alles Gute zu wünschen. Abdullah war in seiner Zelle eingeschlossen, aber ich habe mich von ihm verabschiedet, ehe ich ging.

Ich habe keinen Luftsprung gemacht, aber vor lauter Erleichterung ein paarmal in die Luft geboxt und anschließend das *Te Deum*, das traditionelle Dankgebet, gesprochen. Leider hatte ich nur eine englische Übersetzung da und konnte mich nicht gut genug an den Wortlaut des lateinischen Originals – ein Meisterwerk! – erinnern. Dann betete ich zum Dank noch einen Rosenkranz, weil ich wieder einmal nicht so sein wollte wie die neun Aussätzigen.

Etwa eine halbe Stunde lang blieb alles ruhig; dann ging meine Zellentür auf und drei Gefängnisbedienstete standen da und sagten nichts. Ich brach das Schweigen und fragte: »Gibt es etwas Neues?« – »Nein«, lautete die Antwort. »Eigentlich schon«, kam ich ihnen zu Hilfe: »Ich bin gerade freigesprochen worden.«

Daraufhin machten wir uns auf den Weg zum Zentralbüro, und der schweigsame Anführer der drei bemerkte: »Wunder gibt es immer wieder!« Ich erlaubte mir eine kurze Richtigstellung: »Das war kein Wunder. Das war Gerechtigkeit.«

Ich ging langsam in den Umkleideraum, wo ich erleichtert feststellte, dass mein Anzug auf einem Bügel gehangen hatte und nicht allzu verknittert war. Mein Gürtel lag auch bereit, aber meine Hosenträger fehlten und ich musste sie mir holen lassen, weil meine Hose ohne sie nicht gehalten hätte. Ich hatte 15 Kilo abgenommen.

Ruth, Paul und Kartya waren gekommen, um nach der Entscheidung bei mir zu sein, ganz gleich, wie sie ausfallen würde. Sie waren begeistert und überglücklich und spendeten eine kleine

Runde Applaus. Das Team hat mich persönlich und professionell wunderbar unterstützt, sie haben mehr getan, als sie hätten tun müssen, und ich bin sehr dankbar dafür.

Die Gefängnisbediensteten waren freundlich und kooperativ, als Kartya meine Entlassung regelte, und ich ging zum Büro, in dem das Eigentum der Gefangenen aufbewahrt wird, um dort eine überraschend große Menge an Material in Empfang zu nehmen: Briefe, Geschenke, Bücher und Zeitungen.

Ich saß auf dem Rücksitz von Kartyas Wagen, der zwar auch ein gutes Auto war, aber insgesamt einen schlechteren Eindruck machte als Pauls Mercedes, der vor uns herfuhr.

Das Tor schwang auf und gab den Blick auf etwa 20 Kameras und Fotografen frei, die – in gebührendem Abstand, wegen der Coronapandemie – auf der gegenüberliegenden Straßenseite warteten.

Es war wunderbar, die Landschaft zu sehen. Die flache Ebene war grün und lieblich, auch wenn sicherlich niemand sie für einen Teil der Schweizer Alpen halten würde.

Die Polizeiwagen begleiteten uns, da in einigem Abstand die Wagen der Presse folgten, und über uns flogen zwei Hubschrauber. Ich habe ihnen eine heiß ersehnte Ablenkung von den ständigen Corona-Nachrichten verschafft.

Wir versuchten Paul verständlich zu machen, dass wir hinter der Ausfahrt Burnley über den *Eastern Freeway* weiterfahren wollten, was auch gelang, nachdem wir kurz angehalten und uns abgesprochen hatten. Doch vergeblich, denn die Presse folgte uns weiterhin aus sicherer Entfernung, bis wir das Karmelitenkloster in Kew erreichten, wo uns bereits weitere Fotografen erwarteten.

Das Kloster ist eine weitläufige Anlage mit hohen Mauern und einem schönen Garten. Die Tore schwangen auf, der Wagen fuhr hinein und ich wurde von der Ehrwürdigen Mutter Oberin begrüßt. Am nächsten Tag war ein aus dem Hubschrauber geschossenes Bild von mir in der Zeitung, als ich die zehn Meter vom Auto zum Haupteingang zurücklegte.

Die Schwestern hätten nicht zuvorkommender sein können, während ich die Wohnung des Hausgeistlichen bezog, die beträchtlich größer und schöner war, als ich es zuletzt gewohnt gewesen bin.

Anschließend feierte ich die Messe in ihrer schönen Kirche, wo die Reliquien der hl. Therese, der Kleinen Blume, und ihrer Eltern,

Monsieur und Madame Martin, auf das Ende des Lockdowns warteten. Chris Meney assisistierte mir als Messdiener, und ich dankte Gott für meine Freilassung.

Am Abend gab es als Hauptgang Steak und dreierlei Gemüse. Katrina Lee, die bei der Vorbereitung der Medienberichte so großartige Arbeit geleistet hatte, wollte unbedingt, dass das Interview mit Andrew Bolt möglichst bald stattfinden sollte, aber ich fühlte mich nicht in der Lage, das morgen schon zu erledigen.

Chris hatte eine Flasche Rotwein mitgebracht und ich trank ein Gläschen, während wir uns unterhielten. Obwohl es ein guter Wein war, schmeckte er mir nicht sonderlich. Gebe Gott, dass diese Abneigung nicht von Dauer ist. Das wäre ein Schlag!

Father Vincent Twomey, ein führender irischer Intellektueller und ein überlebensgroßer Kämpfer für die Rechtgläubigkeit, hat mir erneut eine E-Mail gesandt, um mir zu gratulieren. Seine paar Zeilen aus Shakespeares *Othello* liefern einen passenden Abschluss für den Tag meiner Befreiung in der Karwoche, kurz vor Ostern:

Wer meinen Beutel stiehlt, nimmt Tand; 's ist etwas
Und nichts; mein war es, ward das Seine nun,
Und ist der Sklav' von Tausenden gewesen,
Doch wer den guten Namen mir entwendet,
Der raubt mir das, was ihn nicht reicher macht,
Mich aber bettelarm.

Mittwoch, 8. April 2020

Ursprünglich hatte ich nach meiner Entlassung einige Tage oder maximal eine Woche in Melbourne bleiben wollen, um meine engsten Freunde und meine Familie zu sehen und meinen ältesten noch lebenden Cousin, Bob Burke, zu besuchen, der im *Nazareth House* lebt. Das Medieninteresse vereitelte diese Pläne und ich beschloss, mich von Chris Meney unverzüglich heim nach Sydney fahren zu lassen.

Ich zelebrierte ein weiteres Mal in der schönen und leeren Karmelkirche mit den Reliquien der drei Heiligen der Familie Martin. Es tat gut, zu dieser Routine der täglichen Messfeier zurückzukehren.

Danach frühstückten wir, packten die wenigen Habseligkeiten zusammen, die wir ins Kloster mitgebracht hatten, und machten uns auf den Weg zum Tor, das für uns geöffnet wurde. Draußen wartete etwa ein halbes Dutzend Fotografen, die die Nacht dort verbracht hatten, auf unsere Abfahrt. Offenbar hatten sie ein Fahrrad ans Haupttor gebunden, das einen gewaltigen Lärm veranstaltet hätte, wenn wir versucht hätten, während der Nacht zu entkommen.

Sie nahmen sofort die Verfolgung auf, und an einigen Kreuzungen in den nördlichen Vorstädten kamen, wenn wir an den Ampeln halten und warten mussten, ein paar Fotografen – einer von ihnen sah besonders grimmig aus – zu uns herübergelaufen, die an die Scheiben klopften, um Fotos zu machen.

Ich hatte eigentlich gehofft, dass sie uns nicht über die Umgebung von Melbourne hinaus hinterherfahren würden, aber sie folgten uns den ganzen Weg bis zum Priesterseminar vom Guten Hirten in Homebush, Sydney.

Mein Bruder hatte aus Bendigo herfahren und mich unter Einhaltung der Abstandsregeln kurz in Seymour treffen wollen, aber ich riet ihm davon ab, weil ich nicht wollte, dass sie in die Öffentlichkeit gezerrt wurden. Er stimmte widerstrebend zu, aber im Rückblick waren wir uns einig, dass es die richtige Entscheidung war.

Da ich am Morgen meine übliche Entwässerungstablette genommen hatte, mussten wir – zufälligerweise an der BP-Tankstelle in Glenrowan – einen Zwischenstopp einlegen. Meine Anwälte hatten mir empfohlen, mich still zu verhalten und im Wagen sitzen zu bleiben, während Chris den Wagen auftankte, aber das war mir in diesem Fall nicht möglich und erschien mir auch nicht erstrebenswert. Also machte ich mir einen kleinen Spaß daraus, die Fotografen um die Einhaltung der Abstandsregeln zu bitten, während ich aus dem Wagen stieg. Langjährige Freunde waren erfreut zu sehen und zu hören, dass ich mir einen rudimentären Sinn für Humor bewahrt hatte, als ich auf die Frage nach meinem Befinden antwortete: »Gut, bis ich Sie gesehen habe.«

Ich konnte mir einen *Australian* und eine *Herald Sun* kaufen, und als ich einer blonden Dame mittleren Alters über den Weg lief, zischte sie: »Verdammte Katholiken.« Die Verkäufer waren sehr freundlich, als ich mein Handy aufladen wollte und den falschen Anbieter ausgewählt hatte.

Chris musste die ganze Strecke fahren, eine enorme Leistung, da er ja erst am Vortag von Sydney hergefahren war.[1]

Als wir in die Nähe von Goulburn kamen, beschlossen wir, zur Polizei zu fahren und zu fragen, ob sie die Presse daran hindern könnten, uns zu folgen.

In der Stadt fuhren wir kreuz und quer und die Presseleute dachten vielleicht, dass wir sie verwirren und abschütteln wollten. Tatsächlich hatten wir uns verfahren und konnten das Polizeirevier zunächst nicht finden. Die Polizisten hatten grundsätzlich Verständnis für unser Anliegen, konnten aber nichts tun, um der Verfolgung Einhalt zu gebieten.

Die Polizei von New South Wales wirkte kooperativer als die in der südlichen Volksrepublik, aber vielleicht lag das auch an unserer voreingenommenen Wahrnehmung.

Jedenfalls begleiteten sie uns bis zum hinteren Eingang des Seminars (in der Broughton Road), wo eine weitere Gruppe aufdringlicher Fotografen ihre Kameras gegen die Fensterscheiben des Wagens drückten, um ein Foto zu schießen. Der Rektor, Father Danny Meagher, und Michael Digges, der Geschäftsführer für Finanzen und Verwaltung des Erzbistums Sydney, waren da, um uns zu begrüßen, obwohl wir beim ersten Versuch an der Einfahrt vorbeigefahren waren.

Wir bogen ein und parkten an einem Platz, der von der Straße aus nicht zu sehen war. Ich war wieder zu Hause, zurück in dem Seminar, in dem ich einige glückliche Jahre verbracht hatte, und in Sydney. Ich war froh und erleichtert.

Das Haus war blitzsauber und alles war für meine Ankunft vorbereitet. Wegen des Coronavirus waren nur die sieben Studenten des ersten Jahrgangs und die vier Priester vor Ort, die zum Personal gehörten.

Ich bat Chris, nach dem Essen noch eine Weile zu bleiben, bestand jedoch darauf, dass er auf keinen Fall übernachtete, denn er wurde zu Hause bei Mary Clare und einem seiner Kinder gebraucht, das krank war.

Ich hatte mich gut, vielleicht zu gut, an die Einzelhaft gewöhnt und musste nun in dieser Welt des Lockdowns zu einem neuen Gleichgewicht finden. In gewisser Weise waren meine 400 Tage im Gefängnis eine gute Vorbereitung auf die Isolation gewesen, die die Gesundheitsbehörden jetzt von uns verlangten.

Natürlich hatte ich gestern nach meiner Haftentlassung mit meinem Bruder und meiner Schwester telefoniert und auch mit Erzbischof Fisher gesprochen.

Meine Schwester Margaret lebt jetzt in einem schönen Seniorenheim in Bendigo, der Heimatstadt meines Bruders David und seiner Familie, die sich sehr fürsorglich um sie kümmern.

Sie glaubt, dass ich gestern kurz vorbeigekommen, ihr einen Kuss gegeben und mich entschuldigt hätte, weil ich nicht lange bleiben konnte. Sie war sehr froh, dass ich entlassen worden bin, und als David ihr auf ihre Frage hin sagte, dass ich ihn nicht besucht hätte, gab ihr das noch mehr Auftrieb. Ganz gleich, ob es ein Traum oder Einbildung oder ein kleines Gottesgeschenk war: Es ist eine schöne Geschichte und ein kleiner Lohn für all ihr Leiden und ihre Gebete.

Ich schreibe seit 70 Jahren und fand es oft recht anstrengend, ein bisschen wie Beten. Aber dieses lange Tagebuch zu schreiben ist mir nicht schwergefallen. Der Strom der Worte ist nie abgerissen und manchmal kam mir der Gedanke, dass das für einige oder vielleicht sogar viele Menschen providenziell sein könnte. Ich hoffe also, dass diese Seiten in religiöser und sozialer Hinsicht für mehr als nur ein paar Menschen – Katholiken wie Nichtkatholiken, Gläubige wie Agnostiker – eine Hilfe sein mögen. Schließlich ist Christus auf einem Esel in Jerusalem eingezogen.

In ein paar Tagen, am Karsamstag während der Osternacht, wird die Osterkerze erneut gesegnet und dem Gottmenschen geweiht werden, den ich liebe und dem ich diene und dem ich mein Leben lang nachgefolgt bin, wie es die Heiligen und die Sünder, die Hitzigen und die Lauwarmen seit beinahe 2000 Jahren tun.

Christus gestern und heute.
Anfang und Ende.
Alpha und Omega.
Sein ist die Zeit
Und die Ewigkeit.

Nachwort

von George Weigel

Als der Oberste Gerichtshof von Australien George Kardinal Pell am 7. April 2020 rehabilitierte und wieder in die Freiheit entließ, wurde ein schweres Unrecht rückgängig gemacht. Was die Welt damals nicht wissen konnte und was die Leser aller drei Bände von Kardinal Pells Gefängnistagebuch nun entdeckt haben, ist, dass der Kardinal die 404 Tage, die er zumeist in Einzelhaft im Gefängnis verbrachte, sehr gut genutzt hat. Er hat gebetet, und zwar nicht zuletzt für die Opfer des klerikalen sexuellen Missbrauchs. Er hat gelesen und studiert und vertieft über die gegenwärtige Situation der katholischen Kirche, über sein Heimatland Australien, über die Reformen im Vatikan und über eine geplagte Welt nachgedacht. Er hat sich an der Arbeit seiner Verteidiger beteiligt. Und er hat seine Gefängnismemoiren geschrieben: ein leuchtendes Zeugnis für die Kraft des Glaubens, der Hoffnung und der Nächstenliebe, die einen Menschen durch die schwierigsten Umstände hindurchgeleiten können.

Dank dieser Tagebücher und dank der Würde und Ausgeglichenheit, mit der er seit seiner Haftentlassung aufgetreten ist (nicht zuletzt in einem einstündigen Interview mit dem australischen Radiomoderator Andrew Bolt), ist George Kardinal Pell für viele zu einem geistlichen Helden geworden. Dass dies bei den vielen Feinden des Kardinals Bestürzung und Zorn auslöst, ist für seine Freunde eine Quelle großer Genugtuung. Aber, so glaube ich, nicht für George Pell selbst. Denn er ist, wie diese Tagebücher enthüllt haben, ein viel größerer Mensch als seine Verfolger und fanatischen Kritiker. Er hegt keinen Groll. Dass sie Groll hegen, gereicht ihnen zu desto größerer Schande.

Kardinal Pell lebt sein Leben weiter. An seinem 80. Geburtstag am 8. Juni 2021 konnte er auf acht Jahrzehnte voller Erlebnisse, Errungenschaften und bewältigten Kummers zurückblicken. Doch er ist nicht der Mann, der lange in den Rückspiegel schaut. Seine

Tage im Dienst der Kirche sind durchaus nicht beendet, und sein Status als einer der einflussreichsten und erfahrensten Würdenträger der katholischen Kirche ist nicht zuletzt durch diese Tagebücher gestärkt worden. Der Kardinal blickt nicht zurück. Andere aber sollten genau das tun.

Denn für Freunde Australiens, die die Politik in Australien aus einer gewissen Distanz beobachten, ist es schwierig zu verstehen, warum keine öffentliche Abrechnung mit der polizeilichen und staatsanwaltlichen Farce und den Missständen im Justizsystem des Bundesstaates Victoria stattgefunden hat, die durch den Fall Pell ans Licht gebracht worden sind.

Warum hat es keine nationale oder bundesstaatliche Untersuchung zur »Operation Tethering« der Polizeibehörde von Victoria gegeben, bei der die Polizei, wie Kommentator Michael Cook es formuliert hat, »wie mit einem Schleppnetz nach Anklagen gegen eine öffentliche Persönlichkeit fahndete«? Es wäre ganz sicher im Interesse der Öffentlichkeit zu erfahren, ob dieser anders nicht zu erklärende Fischzug durch persönliche Animositäten, innenpolitische Ressentiments, Korruption oder alles zusammen begründet war.

Warum hat es keine nationale oder bundesstaatliche Untersuchung zu den Gründen gegeben, weshalb die Staatsanwaltschaft von Victoria einen Fall vor Gericht gebracht hat, dessen Unwahrscheinlichkeit schon an Unmöglichkeit grenzte? Hat der Mob, der nach George Pells Blut verlangte, bei dieser Entscheidung eine Rolle gespielt und, wenn ja, welche? Ist es im Bundesstaat Victoria inzwischen üblich, dass die Wut einer entfesselten Menschenmenge ausreicht, um einen Fall vor Gericht zu bringen, in dem die Staatsanwaltschaft keinerlei Beweise hat? (Und da wir gerade vom Mob sprechen: Mit wessen Geld wurden die professionell gemachten Plakate gedruckt, die während der Verhandlungen gegen Pell vor dem Gericht zu sehen waren?)

Hat sich irgendjemand innerhalb des Justizsystems von Victoria einmal die Frage gestellt, ob die Entscheidung des Richters klug war, im Prozess gegen den Kardinal eine Nachrichtensperre zu verhängen? Ich bin nicht der Einzige, der glaubt, dass der Richter die Nachrichtensperre verhängt hat, weil er zu verhindern hoffte, dass der Prozess zu einem Medienspektakel geriet. Tatsächlich aber hat die Nachrichtensperre dafür gesorgt, dass in der australischen Presse nach wie vor die reißerischsten Anti-Pell-Geschichten kursieren konnten, dass die Fürsprecher des Kardinals weitgehend oder sogar gänzlich zum Schweigen verurteilt waren und dass die Öffentlichkeit nichts davon erfuhr, dass die Anwälte des Kardinals die Anklage der Staatsanwaltschaft im ersten Prozess regelrecht zerpflückt hatten. Dieser Prozess endete damit, dass die Geschworenen sich nicht auf ein gemeinsames Urteil einigen konnten, obwohl die große Mehrheit offenbar für einen Freispruch war. Doch von alledem erfuhr niemand irgendetwas – und das blieb auch für das Wiederaufnahmeverfahren nicht ohne Folgen.

Hat sich die Anwaltskammer von Victoria in irgendeiner Form damit auseinandergesetzt, dass der Oberste Gerichtshof von Australien die beiden Berufungsrichter, die den Kardinal bei seinem zweiten Prozess schuldig gesprochen hatten, förmlich auseinandernahm – im juristischen Sinne –, als er einstimmig entschied, den Schuldspruch, den die Richter Anne Ferguson und Chris Maxwell gefällt hatten, aufzuheben und im Fall *Pell v. The Queen* auf unschuldig zu entscheiden? Richter Mark Weinbergs abweichende Stellungnahme zugunsten von Kardinal Pells Berufung scheint den Obersten Gerichtshof maßgeblich beeinflusst zu haben. Man kann nur hoffen, dass andere Richter in Victoria von ihrem Kollegen Mark Weinberg etwas über die Kunst der juristischen Argumentation gelernt haben – und darüber, wie wichtig es ist, sich gegen den Mob und die Medien zu stellen, wenn die Gerechtigkeit dies erfordert.

Dann gibt es da noch die Sache mit Louise Milligan, einer Angestellten der staatlich finanzierten *Australian Broadcasting Corporation*, deren reißerisches und fantasievolles Buch *The Cardinal* (2013) dazu beigetragen hat, die Hetze gegen George Pell ins Rollen zu bringen. Warum darf eine mit Steuergeldern bezahlte Angestellte einer staatlichen Rundfunk- und Fernsehgesellschaft Müll veröffentlichen und dann auf Staatskosten dafür Werbung machen? Warum ist kein parlamentarischer Ausschuss eingesetzt worden, der sich mit den professionellen Standards und Praktiken des Senders *ABC* im Allgemeinen und Louise Milligans Dschihad gegen George Pell im Besonderen befasst hat?

Niemand, der sich mit dem öffentlichen Leben im Australien der letzten Jahrzehnte auskennt, wird leugnen, dass Kardinal Pell ein Blitzableiter für alle Arten von Kulturkampfthemen war – insbesondere jene, die die sexuelle Revolution und den Klimawandel betrafen. Aber darf ein staatlicher Fernsehsender in Australien eine Persönlichkeit des öffentlichen Lebens verfolgen, weil ihre Ansichten nicht mit den woken Plattitüden der australischen Medien übereinstimmen? Und wenn der Sender *ABC* eine Persönlichkeit des öffentlichen Lebens, deren politische Haltung ihm nicht gefällt, ein ums andere Mal verleumden darf, wie unterscheidet er sich dann noch von den staatlich finanzierten Medien in der Volksrepublik China oder in Wladimir Putins Russland?

Auch die katholische Kirche in Australien und im Vatikan hat angesichts des Falls Pell einigen Grund zum Nachdenken.

In Australien ist George Pell – der als Erzbischof von Melbourne landesweit der erste Bischof war, der ein ernst zu nehmendes Programm zur Aufarbeitung des klerikalen sexuellen Missbrauchs und zur Unterstützung der Missbrauchsopfer vorgelegt hatte – zum Sündenbock geworden für andere katholische Bischöfe, die es versäumt hatten, wirkungsvoll gegen diese schweren Sünden und Verbrechen vorzugehen. Deshalb war es mehr als nur etwas irritierend, dass Kardinal Pell von seinen Mitbrüdern im Bischofsamt so wenig öffentliche Unterstützung erhielt. Besonders peinlich war die Stellungnahme von Erzbischof Mark Coleridge aus Brisbane über die gescheiterte Berufung des Kardinals im August 2019 und sein Geschwafel, dass die Australier das Urteil des Berufungsgerichts »akzeptieren« müssten, als der Prozess gerade in die letzte Runde ging. Dass Mark Weinberg, der Richter mit dem abweichenden Votum, den Mut hatte, das Urteil des Berufungsgerichts als unsinnig zu bezeichnen, während der Vorsitzende der Australischen Bischofskonferenz sich nicht dazu durchringen konnte, ist zumindest bemerkenswert.

George Pells robuste katholische Rechtgläubigkeit und seine Vorliebe für Auseinandersetzungen mit der kulturellen Linken und ihren politischen Verbündeten machten andere australische Bischöfe nervös oder sogar schreckhaft, wenn es darum ging, die Kämpfe der Kirche im öffentlichen Raum auszutragen – eine Aufgabe, die zugegebenermaßen durch die jahrzehntelange Doppelmoral (und Schlimmeres) früherer Generationen von australischen Bischöfen im Umgang mit Fällen von klerikalem sexuellem Missbrauch erschwert worden ist. Die Antwort auf diese beschämende Geschichte kann aber nicht darin bestehen, vor dem Mob einzuknicken, und sie kann auch nicht darin bestehen, in Australien einen Katholizismus light nach deutschem Vorbild zu propagieren. Der einzige zukunftsfähige Weg für den Katholizismus in Australien ist vollständige Transparenz in Sachen Missbrauch (soweit das Beichtgeheimnis dies zulässt) sowie Freimut und Offenheit, wenn es darum geht, die gesicherten Wahrheiten des katholischen Glaubens zu erklären, zu verteidigen und zu vertreten. Bei alledem können sich seine derzeitigen und zukünftigen Mitbrüder im Bischofsamt von George Kardinal Pell die eine oder andere Scheibe abschneiden.

Den kirchlichen Autoritäten in Rom sollte der Fall Pell ebenfalls reichlich Stoff zum Nachdenken geben. Der Kleinmut des vatikanischen Presseamts während des Verfahrens gegen den Kardinal und während der Berufungen war, kurz gesagt, haarsträubend. Musste die Welt wirklich immer wieder hören, dass der Heilige Stuhl auf das australische Justizsystem vertraut, wo doch für jeden einigermaßen klar denkenden Menschen offensichtlich war, dass ebendieses Justizsystem hier auf dem Prüfstein stand – ein System, das nur deshalb gerade noch einmal mit einem blauen Auge davongekommen ist, weil der Oberste Gerichtshof George Pell schlussendlich die Gerechtigkeit hat zuteilwerden lassen, die ihm in seinen Prozessen und im Berufungsverfahren verweigert worden war?

Dann ist da die Frage nach einem möglichen Zusammenhang zwischen der (Straf-)Verfolgung von Kardinal Pell und seiner Arbeit im Rahmen der vatikanischen Finanzreform. Hier bleibt noch so manches zu klären – und es muss geklärt werden, wenn der Heilige Stuhl seinen Ruf als verlässlicher Finanzpartner wiederherstellen will. Dieser Ruf ist in den letzten Jahren ernstlich beschädigt worden. Und so kostspielig die Enthüllungen der Inkompetenz und Korruption im vatikanischen Finanzwesen für die Bilanzen des Vatikans auch gewesen sein mögen, für die primäre Aufgabe der Kirche – die Evangelisierung – waren sie noch kostspieliger. Wenn es zwischen der finanziellen Korruption in Rom und der Klage gegen George Pell eine Verbindung gibt, dann sollte sie offengelegt werden nicht um der Vergeltung, sondern um der Glaubwürdigkeit und Läuterung der Kirche willen.

Die Veröffentlichung dieses letzten Bandes von Kardinal Pells Gefängnistagebuch wird die Freunde und Bewunderer des Kardinals ein klein wenig traurig stimmen. Diesen Kreuzweg Tag für Tag mit ihm zu gehen war für viele so etwas wie fortlaufende geistliche Exerzitien. Genau so wollte Kardinal Pell – das hat er Freunden gegenüber geäußert, als er seine Haft antrat – seine Zeit im Gefängnis verbringen: als Exerzitien und Gelegenheit, dem Herrn näherzukommen. Dadurch, dass er seine Erfahrungen auf diesem bemerkenswerten Weg der Gnade in den vorliegenden Bänden aufgeschrieben und mit anderen geteilt hat, hat er den Radius seines priesterlichen Diensts erweitert, für den er vor mehr als einem halben Jahrhundert geweiht wurde. Und er hat durch diese Tagebücher ohne jeden Zweifel andere näher zu Christus gebracht.

So leben Apostel. Wenn sie, wie Paulus in Apg 27 und 28, Schiffbruch erleiden, verwandeln sie die vermeintliche Katastrophe in eine Gelegenheit, den Evangelisierungsauftrag der Kirche auszuweiten. Das hat George Kardinal Pell im Gefängnis getan, und dafür dürfen wir ihm alle dankbar sein.

George Weigel ist Distinguished Senior Fellow am Ethics and Public Policy Center in Washington und dort Inhaber des William-E.-Simon-Lehrstuhls für Katholische Studien. Sein 27. Buch, »Der nächste Papst: Das Amt des Petrus und eine missionarische Kirche«, ist 2020 beim Media Maria Verlag erschienen. Kardinal Pell und George Weigel waren seit 1967 befreundet.

Anmerkungen

41. Woche: Der Advent beginnt

1 Der protestantische Prediger Joseph Prince ist Mitbegründer der *New Creation Church* und erreicht mit deren TV-Sender *New Creation Church TV* ein Millionenpublikum.

2 Joel Osteen ist Fernsehprediger, Schriftsteller und Pastor der *Lakewood Church* in Houston, Texas.

3 Das Wort »Christingle« stammt vom deutschen Wort »Christkindl« (Anm. d. V.).

4 Anthony John Abbott (geb. 1957) ist Mitglied der Liberalen Partei Australiens. Er war von 2009 bis 2013 Oppositionsführer und von 2013 bis 2015 australischer Premierminister. Danach blieb er im Parlament, bis er seinen Sitz bei der Parlamentswahl am 18. Mai 2019 an die unabhängige Kandidatin Zali Steggall verlor.

5 Kartya Gracer ist langjährige Kanzleimitarbeiterin und Rechtsanwältin im Team von Paul Galbally, einem der Partner der Anwaltskanzlei Galbally & O'Bryan und Kardinal Pells hauptverantwortlichem Rechtsanwalt.

6 *Autorità di Informazione Finanziaria*, die vatikanische Finanzaufsichtsbehörde.

7 Die *Australian Broadcasting Company* (ABC) ist ein nationaler, staatlicher Fernseh- und Radiosender.

8 *Queen's Counsel* Terry Tobin ist ein Freund von Kardinal Pell. – Ein *Queen's Counsel* ist ein besonders erfahrener Anwalt in Großbritannien und in einigen Ländern des Commonwealth (Anm. d. V.).

9 Schwester Mary O'Shannassy vom Orden der *Sisters of the Good Samaritan* ist Seelsorgerin im Hochsicherheitsgefängnis von Melbourne.

10 Chris Meney, Kanzler unter Anthony Fisher, dem Erzbischof von Sydney, ist ein Cousin und Freund von Kardinal Pell.

11 Der *Special Broadcasting Service* (SBS) ist eine öffentlich-rechtliche

Rundfunkgesellschaft in Australien, die Radiostationen, Fernsehsender und Onlineplattformen betreibt.

12 Russell Marks, »George Pell's Appeal to the High Court«, *Saturday Paper*, 16. November 2019, https://www.thesaturdaypaper.com.au/contributor/russell-marks.

13 Die *Catholics for Renewal* (»Katholiken für die Erneuerung«) sind nach eigener Aussage eine Gruppe australischer Katholiken, die, so die Broschüre, »eine Erneuerung des Leitungsstils, der Lehren und der Praktiken der katholischen Kirche anstreben«, https://www.catholicsforrenewal.org/aboutus.htm.

14 Im Oktober 2020 hatte die Eröffnungssitzung des ersten Plenarkonzils der katholischen Kirche in Australien seit dem II. Vatikanum stattfinden sollen. Infolge der COVID-19-Pandemie wurde diese erste Versammlung jedoch auf Oktober 2021 verschoben und die zweite Sitzung für Juli 2022 anberaumt.

15 Cork ist nach Dublin die zweitgrößte Stadt Irlands (Anm. d. V.).

16 Christopher S. Friel ist ein Theologe und Philosoph aus Wales, der eine Reihe von über 130 Analysen über den Fall »Pell« verfasst und auf Academia.edu veröffentlicht hat, https://independent.academia.edu/Chris-Friel.

17 Die Plimsoll-Marke am Schiffsrumpf zeigt an, wie tief ein beladenes Schiff maximal im Wasser liegen darf.

18 Daniel Andrews (geb. 1972), Vorsitzender der *Labor Party* in Victoria, ist seit 2014 Premierminister des australischen Bundesstaats.

19 Der wohlhabendste Stadtteil von Melbourne.

20 Danny Casey, ein enger Freund des Kardinals, früherer kaufmännischer Direktor der Erzbistums Sydney und ehemaliger Leiter des Projektmanagements im Wirtschaftssekretariat des Vatikans.

21 Father Mark Withoos war Kardinal Pells Privatsekretär im Vatikan.

22 Derryn Hinch ist ein australischer Politiker, Schauspieler, Journalist, Moderator und Schriftsteller, der von 2016 bis 2019 Senator in Victoria war.

42. Woche: Eilmeldung aus dem Vatikan

1 Bernadette Tobin ist die Leiterin des *Plunkett Centre for Ethics*. Sie und ihr Mann Terry sind Freunde von Kardinal Pell.

2 Edward Pentin, »Report: Vatican Invested Peter's Pence Funds in Elton John Biopic«, *National Catholic Register*, 6. Dezember 2019.

3 Mario Gerevini und Fabrizio Massaro, »Vatican Invested in Lapo Elkann and Elton John Film«, *Corriere della Sera*, 4. Dezember 2019.

4 Als »Jahrhunderthitze« werden längere Phasen mit Temperaturen über 100° Fahrenheit (38° Celsius) bezeichnet.

5 Das Kolleg für die Verbreitung des Glaubens, das internationale Missionsseminar, an dem Kardinal Pell zum Priester ausgebildet wurde.

6 Msgr. Charlie Portelli, Pfarrer von Keilor Downs im Erzbistum Melbourne, war unter Erzbischof Pell Zeremonienmeister und ein Zeuge in seinem Fall.

7 Ein griechisches Wort, das »geistlicher Lehrer« bedeutet.

8 C. S. Lewis, »Von der Wirksamkeit des Gebets«, in: *Die letzte Nacht der Welt*, Gießen 1995, S. 12 f.

9 *Pace e bene* (»Frieden und Heil«) ist ein franziskanischer Gruß.

10 Eine *Royal Commission* (»Königliche Kommission«) ist nach britischem Vorbild eine für einen bestimmten Zweck eingesetzte Expertenkommission (Anm. d. V.).

11 Graham Ashton war von 2015 bis 2020 Polizeichef des Bundesstaats Victoria und außerdem bei der Australischen Bundespolizei tätig.

12 Simon Overland war von 2009 bis 2011 Polizeichef von Victoria.

13 John Henry Newman, »The Pillar of the Cloud« (1833); deutsche Übertragung von I. F. Görres.

14 Alfred Dreyfus, ein französischer jüdischer Artilleriehauptmann, wurde 1894 und 1899 auf der Grundlage falscher Beweise zweimal zu Unrecht wegen Landesverrats verurteilt. 1906 wurde er schließlich entlastet, begnadigt und freigelassen.

15 Lindy Chamberlain wurde 1982 von einem Geschworenengericht für schuldig befunden, ihre kleine Tochter in Ayers Rock getötet zu haben, 1986 jedoch aus dem Gefängnis entlassen und für unschuldig erklärt.

16 S. o. Anm. 2.

17 Erzbischof Giovanni Becciu war von 2011 bis 2018 Substitut für allgemeine Angelegenheiten im Staatssekretariat des Vatikans, bis Papst Franziskus ihn zum Kardinal und Präfekten der Kongregation für die Selig- und Heiligsprechungsprozesse ernannte. Nachdem Kardinal Becciu im Jahr 2020 beschuldigt worden war, kirchliche Gelder missbräuchlich für den Kauf einer Immobilie in London verwendet zu haben, forderte Papst Franziskus seinen Rücktritt als Präfekt und entzog ihm seine Vorrechte als Kardinal einschließlich der Teilnahme an künftigen päpstlichen Konklaven.

18 S. o. Anm. 3.

[19] Tarcisio Kardinal Bertone war von 2006 bis 2013 vatikanischer Staatssekretär.

[20] *Istituto Dermopatico dell'Immacolata* in Rom.

[21] Sandro Magister, »Becciu: ›Non competeva al cardinale Pell controllare i conti della Segreteria di Stato‹«, *Settimo Cielo*, 2. Dezember 2019.

[22] Wörtlich: »die Konten des Staatssekretariats zu beaufsichtigen«.

[23] Der Stellvertreter für allgemeine Angelegenheiten im Staatssekretariat, damals Kardinal Becciu.

[24] Boris Johnson wurde im Juli 2019 ohne Parlamentswahlen Premierminister von Großbritannien, als ihn die *Conservative Party* zu Theresa Mays Nachfolger wählte. Bei den Unterhauswahlen im Dezember 2019 stimmte eine breite Mehrheit für seinen Verbleib im Amt.

[25] Charles de Gaulle (1890–1970) war der Befehlshaber der französischen Truppen im Zweiten Weltkrieg und nach dem Krieg französischer Regierungschef. 1961 und 1967 verhinderte er mit seinem Veto den Beitritt Großbritanniens zur Europäischen Wirtschaftsgemeinschaft, einer Vorläuferorganisation der Europäischen Union.

[26] Die Güterverwaltung des Apostolischen Stuhls (APSA) verwaltet die Immobilien und das Finanzvermögen des Vatikans (Anm. d. V.).

[27] Edward Pentin, »Tangled Web of Transactions Utilized to Fund Bankrupt Italian Hospital«, *National Catholic Register*, 10. Dezember 2019.

[28] *Klynveld Peat Marwick Goerdeler* ist ein globales Finanzdienstleistungsnetzwerk mit Sitz in den Niederlanden.

[29] Pietro Cardinal Parolin ist seit 2013 vatikanischer Staatssekretär.

[30] Giuseppe Profiti, von 2008 bis 2015 Präsident des Krankenhauses *Bambino Gesù*, wurde 2017 für schuldig befunden, Krankenhausgelder im Umfang von 422 000 Euro veruntreut zu haben.

[31] Marcel Gyr und Dieter Bachmann, »Der jüngste Finanzskandal im Vatikan erfüllt so manches Klischee«, *Neue Zürcher Zeitung*, 10. Dezember 2019.

[32] Julius Müller-Meiningen, »Unter Räubern. Der nächste Finanzskandal: Vatikanmitarbeiter kauften in London eine Luxusimmobilie und veruntreuten Spenden in Millionenhöhe. Jetzt greift der Papst durch«, *Die Zeit*, 9. Dezember 2019.

[33] Caterina Spinelli, »Papa Francesco e lo scandalo offerte: così il Vaticano ha speso 700 milioni destinati ai poveri« (»Papst Franziskus und der Spendenskandal: Wie der Vatikan 700 Millionen ausgab, die für die Armen bestimmt waren«), *Libero Quotidiano*, 15. Dezember 2019.

34 Raffaele Mincione, ein italienischer Geschäftsmann, gegen den noch ermittelt wird, war Finanzberater im Staatssekretariat.

35 Philip Pullella, »Prosecutor Freezes Accounts of Ex-Vatican Bank Heads«, *Reuters*, 8. Dezember 2014, https://www.reuters.com/article/vatican-bank-accounts/prosecutor-freezes-accounts-of-ex-vatican-bank-heads-idUSL1N0TS0LN20141208. »Der Hauptstrafverfolger des Vatikans hat im Rahmen von Ermittlungen, die den Verkauf von Immobilien aus Vatikanbesitz in den 2000er-Jahren betreffen, 16 Millionen Euro auf den Bankkonten zweier ehemaliger Vatikanbankmanager und eines Anwalts eingefroren.« Staatsanwalt Gian Piero Milano äußerte den Verdacht, dass die drei Männer, der ehemalige Präsident der Bank Angelo Caloia, der ehemalige Generaldirektor Lelio Scaletti und Anwalt Gabriele Liuzzo, Geld unterschlagen hätten, als sie den Verkauf von 29 Gebäuden tätigten, die die Vatikanbank zwischen 2001 und 2008 hauptsächlich an italienische Käufer veräußerte.

36 1981 wurde Roberto Calvi für schuldig befunden, als Generaldirektor und später Präsident des *Banco Ambrosiano* Millionen von Dollar illegal ins Ausland transferiert zu haben. Der überwiegende Teil des Geldes war über die Vatikanbank, den größten Anteilseigner des *Banco Ambrosiano*, transferiert worden. Der *Banco Ambrosiano* brach 1982 zusammen; wenig später wurde Calvi ermordet. Ein früheres Steuerdelikt, in das der Vatikan verwickelt war, ereignete sich 1974, als der Heilige Stuhl nach dem Zusammenbruch der *Franklin National Bank* Millionen von Dollar verlor. Michele Sindona, der Eigentümer der Bank, starb im Gefängnis, nachdem er vergifteten Kaffee getrunken hatte.

43. Woche: Ein völlig unerwarteter Segen

1 Emiliano Fittipaldi, »Peccati mortali …« (»Todsünden …«), *L'Espresso*, 20. Oktober 2019.

2 In der Frühphase seines Pontifikats ernannte Papst Franziskus den maltesischen Bankier Joseph Zahra zum Präsidenten der neu gegründeten Päpstlichen Kommission für die Überprüfung der Wirtschafts- und Verwaltungsstrukturen des Vatikans (COSEA), die die finanzielle Situation des Vatikans untersuchte und umfassende Reformen vorschlug.

3 Sandro Magister, »Searches at the Secretariat of State. The Pope: ›I Signed the Authorization‹«, *Settimo Cielo*, 26. November 2019, http://

magister.blogautore.espresso.repubblica.it/2019/11/26/searches-at-the-secretariat-of-state-the-pope-%e2%80%9ci-signed-the-authorization%e2%80%9d/.

4 Matthew Vella, »Vatican Chases Millions to Stop Malta Fund from ›Abusive‹ Sale«, *Malta Today*, 14. Dezember 2019.

5 Philippe Kardinal Barbarins Verurteilung – man hatte ihn für schuldig befunden, nicht schnell genug über einen pädophilen Priester Meldung erstattet zu haben – wurde am 30. Januar 2020 von einem Berufungsgericht aufgehoben.

6 Tim O'Leary hat eine Führungsposition in der Erzdiözese Melbourne inne und ist ein Freund von Kardinal Pell.

7 Mario Draghi, ehemaliger Präsident der europäischen Zentralbank und von Februar 2021 bis Oktober 2022 italienischer Premierminister.

8 Die Anwälte Ruth Shann und Bret Walker vertraten Kardinal Pell in beiden Berufungsverfahren am Obersten Gerichtshof.

9 Im zweiten Band seines Gefängnistagebuchs erklärt Kardinal Pell, dass das Verfahren gegen Bruder X ihn seiner Meinung nach nur am Rande betreffe, weil der Kardinal zu der Zeit, als der Angeklagte dem Laienorden der *Christian Brothers* in Melbourne angehörte, nicht mehr für die Diözese verantwortlich war.

10 Die Vinzenzgemeinschaft.

11 *Carols in the Domain* ist eine jährliche australische Weihnachtskonzertveranstaltung, die in den *Domain Gardens* in Sydney stattfindet.

44. Woche: Weihnachten im Gefängnis

1 Die *Big Bash League* ist der nationale Cricket-Wettbewerb unter den ersten 20 Mannschaften in Australien.

2 Colleen Dulle und James T. Keane, »Is the Vatican Misleading Donors? Peter's Pence, Explained«, *America*, 12. Dezember 2019.

3 *International Investment*, 30. Oktober 2017.

4 Australischer Dichter und Universitätsdozent, 1917–1976.

5 Die Schwester von Kardinal Pell.

6 Maxwell Potter, ehemaliger Küster der *St Patrick's Cathedral* in Melbourne, sagte zugunsten von Kardinal Pell aus.

7 Das Stundengebet oder Brevier.

8 Die *Domus Australia* ist ein Pilgerheim in Rom und Eigentum der australischen katholischen Kirche.

9 John Henry Newman, »Das Geheimnis der Vergöttlichung«, in: *Pfarr- und Volkspredigten*, Bd. V, Stuttgart 1953, S. 106–119, hier 119.

10 Geschenkschachtel-Tag (Anm. d. V.).
11 Richard Dawkins (geb. 1941), der englische Evolutionsbiologe, Ethnologe und Verfasser von *Der Gotteswahn.*
12 Eine Form der weiterführenden Schule, an der sowohl berufsorientierende als auch akademische Kurse angeboten werden (Anm. d. Ü.).
13 J.-P. Sartre, *Bariona oder Der Sohn des Donners*, Rowohlt Taschenbuch Verlag GmbH, Reinbek bei Hamburg, 2002, S. 71.
14 Ebd., S. 66.
15 Massimo Borghesi, »Sartre und die Geburt Jesu«, in: *30 Tage*, Nr. 1, 2004, http://www.30giorni.it/articoli_id_2923_l5.htm.
16 *Campion Hall* an der Universität von Oxford ist eine Bildungseinrichtung, die in vielem den *Colleges* ähnelt, jedoch von den Jesuiten geleitet wird (Anm. d. V.).
17 Erzbischof Gómez wurde 2019 zum Vorsitzenden der katholischen Bischofskonferenz der Vereinigten Staaten gewählt.

45. Woche: Die Berufung kommt voran

1 Der Erzbischof von Chicago Francis Kardinal George (1937–2015) sagte 2010: »Ich werde in meinem Bett sterben, mein Nachfolger wird im Gefängnis sterben und dessen Nachfolger wird als Märtyrer auf einem öffentlichen Platz sterben. Dessen Nachfolger wird die Scherben einer zerstörten Gesellschaft aufsammeln und, wie es die Kirche in der Geschichte der Menschheit so oft getan hat, beim langsamen Wiederaufbau der Zivilisation helfen.«
2 Der Briefschreiber spielt möglicherweise auf Hans Urs von Balthasars Buch *Was dürfen wir hoffen?* an, stellt aber das Thema des Werkes – nämlich die Hoffnung, die die Kirche inspiriert, wenn sie betet und Opfer darbringt, damit alle Seelen bereuen, Gottes Vergebung annehmen und so gerettet werden – falsch dar.
3 Scott Morrison wurde australischer Premierminister, als ihn die *Liberal Party* 2018 zu ihrem Vorsitzenden wählte. Er blieb im Amt, nachdem er die liberal-nationale Koalition bei den Parlamentswahlen von 2019 zum Sieg geführt hatte.
4 Jane Cadzow, »Our Man in Rome«, in: *The Sydney Morning Herald*, 16. Juni 2012, https://www.smh.com.au/lifestyle/our-man-in-rome-20120611-204wh.html.
5 *Basket of deplorables* (»die Bedauernswerten«), Zitat aus einer Wahlkampfrede Hillary Clintons von 2016 (Anm. d. V.).
6 Das *Royal Edinburgh Military Tattoo* ist das größte Musikfestival

Schottlands mit Aufmärschen und Konzertdarbietungen von Bands aus Großbritannien und aller Welt am *Edinburgh Castle* in Schottland.

7 Die Gründer des *Neokatechumenalen Weges* in Australien.

8 Andrew Bolt schreibt soziale und politische Kommentare für mehrere australische Zeitungen und moderiert die Sendung *The Bolt Report* bei *Sky News*.

9 Hilary Mantel ist die berühmte englische Verfasserin von *Wölfe*, Köln 2010, *Falken*, Köln 2012 und *Spiegel und Licht*, Köln 2020, die ein wohlwollendes Bild von Thomas Cromwell zeichnet, während Thomas Morus in einem ungünstigen Licht erscheint.

10 Vgl. *Die Berufung wurde abgewiesen, Das Gefängnistagebuch*, Bd. II., S. 327.

11 George MacDonald (1824–1905), »That Holy Thing«.

12 Marnus Labuschagne ist ein *Cricket*-Schlagmann und spielt in der australischen Nationalmannschaft. Beim Cricket ist ein *Double Century* (doppeltes Jahrhundert) eine Punktzahl von 200 Läufen in einem einzigen Durchgang eines Schlagmanns.

13 Louise Milligan ist Investigativjournalistin beim Fernsehen und Verfasserin des Buchs *Cardinal: The Rise and Fall of George Pell*, das 2017 veröffentlicht wurde und Kardinal Pell vor seinem Prozess in einem ungünstigen Licht erscheinen ließ.

46. Woche: Ein anderes Gefängnis

1 »Der Ruhm der Familie«.

2 Zwei Fälle von Missbrauch an jungen Menschen, die weithin und auf reißerische Weise publik gemacht wurden, ehe sich herausstellte, dass sie von A bis Z erfunden waren.

3 John Henry Newman, »Die besondere Vorsehung, im Evangelium geoffenbart«, in: John Henry Newman, *Pfarr- und Volkspredigten*, Bd. III, Stuttgart 1951, S. 128–141, hier 128.

4 Im *Barwon*-Gefängnis.

47. Woche: Nicht mehr in Einzelhaft

1 Kiko Argüello (geb. 1939) ist der spanische Mitbegründer des *Neokatechumenalen Weges*.

2 2010, durch einen Mithäftling. Williams verbüßte eine Haftstrafe wegen Drogenhandels und mehrfachen Mordes.

3 Stadt im Bundesstaat Victoria (Anm. d. V.).

4 Der Jesuitenpater Antonio Spadaro ist Chefredakteur der angesehenen

römischen Zeitschrift *La Civiltà Cattolica* und steht Papst Franziskus nahe.

5 Eine Gottheit der Amazonas-Region, die zur Amazonas-Synode nach Rom gebracht wurde.

6 Bücher mit festem Einband müssen gescannt werden, um sicherzugehen, dass nichts darin versteckt ist.

7 Diese Pfarrei wird von der Priesterbruderschaft St. Pius X. geleitet und weiter unten (auf S. 152) noch genauer beschrieben.

8 François Xavier Nguyên Van Thuân (1928–2002) war Bischof von Nha Trang in Süd-Vietnam (1967–1975) und wurde 1975 zum Koadjutor-Erzbischof von Saigon ernannt. Im selben Jahr wurde er von der kommunistischen Regierung Vietnams inhaftiert und verbrachte bis zu seiner Freilassung 1988 neun Jahre in Einzelhaft. Er durfte 1991 nach Rom ausreisen und wurde 1998 zum Präsidenten des »Päpstlichen Rats für Gerechtigkeit und Frieden« ernannt.

48. Woche: Unsere besondere Situation

1 Andrew Roberts, *Das Aachen Memorandum*, München 1998, S. 266.

2 Jacob Astley (1579–1652) war ein Befehlshaber der Königstreuen im Englischen Bürgerkrieg, dessen erste Schlacht am 23. Oktober 1642 in Edgehill in der Nähe von Kineton, South Warwickshire, ausgetragen wurde.

3 Andrew Roberts, *Das Aachen Memorandum,* München 1998, S. 267.

4 Emma Green, »The Christian Withdrawal Experiment«, *Atlantic*, Januar/Februar 2020, https://www.theatlantic.com/magazine/archive/2020/01/retreat-christian-soldiers/603043/.

5 J. D. Flynn, »Analysis: The Vatican's Finance Scandal, and Faithful Stewardship«, *Catholic News Agency*, 16. Dezember 2019, https://www.catholicnewsagency.com/news/43103/analysis-the-vaticans-finance-scandal-and-faithful-stewardship.

6 Im Jahr 1922 genehmigte der Heilige Stuhl die Praxis, dass »zumindest in Ordenshäusern und Jugendeinrichtungen alle an der Messe teilnehmenden Personen gleichzeitig mit den Ministranten die Antworten geben« (Anm. d. V.).

7 Emma Green, »The Christian Withdrawal Experiment«.

8 Der Stadtname wird ohne Apostroph geschrieben.

9 Der französische Erzbischof Marcel Lefebvre gründete die Priesterbruderschaft St. Pius X. 1970. Als er entgegen dem von Papst Johannes Paul II. ausgesprochenen Verbot 1988 vier Bischöfe weihte,

erklärte der Heilige Stuhl, dass er und die anderen Bischöfe, die an der Zeremonie teilgenommen hatten, sich damit selbst exkommuniziert hatten.

10 »Aus vielen eines.«

11 Weetabix ist ein Vollkorn-Weizenkeks, der in Milch oder Saft eingeweicht und typischerweise zum Frühstück gegessen wird (Anm. d. V.).

12 Der zum katholischen Glauben konvertierte Steve Ray schreibt für *Catholic Answers* und ist der Verfasser dreier Bücher, die bei Ignatius Press erschienen sind: *Crossing the Tiber, Upon This Rock* und *St. John's Gospel.*

13 Seine Theologie des Leibes hat Papst Johannes Paul II. in einer Reihe von 129 zwischen 1979–1984 gehaltenen Katechesen entwickelt.

14 Eine Figur aus J. R. R. Tolkiens *Herr der Ringe* (Anm. d. V.).

15 Aus *Die Rückkehr des Königs*, dem dritten Teil der Verfilmung von J. R. R. Tolkiens *Der Herr der Ringe.*

16 Daniel Gallagher aus Philadelphia beschuldigte 2011 mehrere Priester und Lehrer und brachte einige von ihnen ins Gefängnis. Der Engländer Carl Beech beschuldigte 2014 eine Reihe prominenter Persönlichkeiten, deren guter Ruf in etlichen Fällen irreparabel beschädigt wurde. Ihre extremen und reißerischen Anschuldigungen erhielten jahrelang große öffentliche Aufmerksamkeit. Beide Männer gaben schließlich zu, dass sie gelogen und ihre Geschichte frei erfunden hatten.

17 1914 gründete Pater Josef Kentenich die Schönstatt-Bewegung zur sittlichen und geistlichen Erneuerung in Deutschland und darüber hinaus. Aus ihr entstanden die Schönstätter Marienschwestern, die 1949 auch in die Vereinigten Staaten kamen.

18 Narendra Modi wurde 2014 indischer Premierminister. Er ist ein Mitglied der hindunationalistischen Bharatiya-Janata-Partei.

19 Claudio Véliz ist Wirtschaftshistoriker und Soziologe und war von 1962 bis 1966 leitender wissenschaftlicher Mitarbeiter am *Royal Institute of International Affairs* (*Chatham House*), wo er die ersten *Conversazioni* über Kultur und Gesellschaft veranstaltete, die später auch in Boston, Melbourne und Vancouver stattfanden.

49. Woche: Australische Sympathien

1 Jean François de Galaup, Graf von La Pérouse (1741–1788?), war ein französischer Marineoffizier und Forscher. Sein Todesjahr ist unbekannt, weil weder er noch eines seiner Crewmitglieder oder Schiffe je nach Frankreich zurückkehrten.

2 Die »Großostasiatische Wohlstandssphäre« war eine japanische Politik während des Zweiten Weltkriegs, mit der die Japaner ihre Kontrolle über besetzte Länder ausweiteten, indem sie Marionettenregierungen einsetzten, die zum wirtschaftlichen Vorteil des Japanischen Kaiserreichs agierten.

3 Der »Geschichtsblickwinkel des *Black Armband* (Trauerbinde)« ist ein Begriff, der von dem australischen Historiker Geoffrey Blainey geprägt wurde, um jene Sichtweise der Geschichte zu beschreiben, die sich auf die Enteignung der Ureinwohner Australiens fokussiert (Anm. d. V.).

4 William Bernard Ullathorne (1806–1889), ein Nachfahre des hl. Thomas Morus, war Schiffsjunge, ehe er 1823 in die Benediktinerabtei Downside Abbey in Großbritannien eintrat. 1831 empfing er die Priesterweihe und meldete sich im darauffolgenden Jahr freiwillig als Seelsorger für die Sträflinge in Australien. Später kehrte er nach England zurück und wurde 1850 zum ersten Bischof von Birmingham ernannt. Er spielte 1857 eine Schlüsselrolle bei der endgültigen Abschaffung der britischen Praxis der *Transportation*, also der Deportation von Sträflingen nach Australien.

5 Das Konzentrationslager Bergen-Belsen in Norddeutschland wurde am 15. April 1945 von der 11. Panzerdivision der britischen Armee befreit.

6 Seine berühmte Enzyklika, in der er 1968 die kirchliche Lehre über die Empfängnisverhütung bekräftigte.

7 Heinrich Böll, *Irisches Tagebuch*, München 1997, S. 125.

8 Ebd., S. 126.

9 Knock in Irland wurde 1879 zum Schauplatz einer Erscheinung.

10 Die Pachamama wird in den Anden als Fruchtbarkeitsgöttin und Beschützerin der Ernte verehrt. Manche dachten, dass ihr Standbild in den vatikanischen Gärten angebetet worden sei im Vorfeld der Amazonas-Synode, während andere erklärten, es habe sich bei der betreffenden Statue lediglich um eine indigene Darstellung Unserer Lieben Frau gehandelt.

11 2015 wurden dem Bischof von Orán in Argentinien, Gustavo Óscar Zanchetta, Missbrauchsvergehen vorgeworfen. Bischof Zanchetta beteuerte seine Unschuld und reichte 2017 aus gesundheitlichen Gründen seinen Rücktritt ein. Das Gesuch wurde vom Papst bewilligt und der Bischof zum Assessor der Güterverwaltung des Apostolischen Stuhls ernannt. 2019 wurde er in dieser Funktion suspendiert und der Vatikan gab bekannt, dass ein kanonisches Verfahren gegen ihn anhängig sei. Im April 2021 kehrte Bischof Zanchetta nach Argenti-

nien zurück, um zu den Vorwürfen, die gegen ihn erhoben wurden, Stellung zu nehmen.

12 Das Sozialamt der australischen Regierung.

13 Aus *Utopia* (1516) von Thomas Morus.

14 Mary M. McGlone, »Second Sunday in Ordinary Time: Questions to Set Us on Fire«, *National Catholic Reporter*, 18. Januar 2020, https://www.ncronline.org/news/spirituality/scripture-life/second-sunday-ordinary-time-questions-set-us-fire.

15 Lk 13,4.

16 Charles Coulombe, »Quo Vadis, Europa?«, *Crisis*, 18. Dezember 2019, https://www.crisismagazine.com/2019/quo-vadis-europa.

17 Recep Tayyip Erdoğan (geb. 1954) wurde 2014 Präsident der Türkei, nachdem er zuvor elf Jahre lang Premierminister gewesen war. Er förderte einen traditionelleren Islam, als ihn die vorigen, laizistischen Regierungen geduldet hatten, und machte aus der ehemals byzantinischen Hagia Sophia wieder eine Moschee, die sie seit der Eroberung Konstantinopels durch die Osmanen 1453 gewesen war, bis die Republik Türkei sie 1935 in ein Museum umwandelte.

18 Die *Red Mass* (»Rote Messe«), eine Votivmesse zum Heiligen Geist, wird wegen der Farbe der Gewänder so genannt und in vielen größeren Städten überall auf der Welt in Anwesenheit von Richtern und Anwälten gefeiert, um das Gerichtsjahr zu eröffnen.

19 Nigel Farage (geb. 1964) war von 2019 bis 2021 der Vorsitzende der Brexit-Partei.

20 Dieser Begriff bezeichnet eine bestimmte Spielart des Konservatismus und wurde im 19. Jahrhundert vom britischen Premierminister Benjamin Disraeli geprägt.

21 Die »Pilgerfahrt der Gnade« war ein Volksaufstand der nordenglischen Katholiken, die sich 1536 gegen Heinrich VIII. erhoben hatten.

22 Den Ausdruck »das perfide Albion« prägten die Franzosen als Bezeichnung für ihren britischen Feind.

23 Die Chorproben, die gleich nach der Messe stattfanden.

24 Thomas Morus, *Gebete und Meditationen*, Bd. 1, München 1983, S. 62f.

50. Woche: Ströme zum Guten und Bösen

1 John Henry Newman, *Predigten*, Bd. II, *Predigten zu Tagesfragen*, Stuttgart 1958, S. 186 f.

2 Ein Priester, der am Tag des angeblichen Übergriffs mit Kardinal Pell

konzelebriert hatte, aber von der Polizei nicht als Zeuge vorgeladen worden war.

3 Der Kläger hatte angegeben, Kardinal Pell habe seine Gewänder auseinandergeschlagen, was jedoch nicht möglich war, weil sie in einem Stück genäht waren.

4 »Ergreife den Tag« – nutze die Gelegenheit, wenn sie sich dir bietet.

5 »Auf viele Jahre!«

6 Umgangssprachliche Bezeichnung für einen Westaustralier.

7 Antonio Gramsci (1891–1937) war Gründungsmitglied der Kommunistischen Partei in Italien und einer der bedeutendsten marxistischen Denker des 20. Jahrhunderts.

8 Als Frankfurter Schule werden die Wissenschaftler und Intellektuellen im Umfeld des 1923 an der Goethe-Universität in Frankfurt gegründeten Instituts für Sozialforschung bezeichnet. Das IfS war das erste marxistische Forschungszentrum an einer deutschen Universität.

9 P. Gerald Vann OP, *The Pain of Christ and the Sorrow of God,* New York 1994, S. 97.

10 Shūsaku Endō (1923–1996) war ein japanischer Schriftsteller, der die Beziehung zwischen der östlichen und der westlichen Kultur aus einer katholischen Perspektive in den Blick nahm. Er ist vor allem für seine zahlreichen Romane bekannt, hat aber auch Kurzgeschichten, Theaterstücke, Essays und eine Biografie verfasst.

11 Eine monatlich erscheinende Zeitschrift mit liturgischen Texten aus dem Stundengebet, Heiligenviten und den täglichen Messgebeten und -lesungen.

51. Woche: Optimismus, aber keine Gewissheit

1 Aus der Operette *The Mikado* von Gilbert und Sullivan.

2 Ronald Iddles (geb. 1954), »Australiens größter Detektiv«, war 43 Jahre lang polizeilicher Ermittler.

3 Im Fall von *Lawyer X* befasste sich die *Royal Commission* mit der Frage, ob eine Anwältin von der Polizei dazu angestiftet worden war, Informationen über ihre Klienten preiszugeben.

4 Mutter Teresa, *Komm, sei mein Licht*, München 2007, S. 167.

5 Ebd., S. 168.

6 Das *Council of Trent* ist ein Freundeskreis in Melbourne, der sich regelmäßig trifft.

7 1983 sorgten Tagebücher für internationales Aufsehen, die Hitler

zugeschrieben wurden, sich aber später als das Werk des Fälschers Konrad Kujau erwiesen.

8 Eine korrupte Gruppe von Offizieren in den frühen Jahren der Kolonie New South Wales.

9 Ehemalige Sträflinge, aber auch freie Siedler, die sich dafür einsetzten, dass den ehemaligen Sträflingen das volle Bürgerrecht zuerkannt wurde (Anm. d. Ü.).

10 Der Peterspfennig ist eine Spende der Gläubigen, die direkt an den Heiligen Stuhl geht und für die Finanzierung der Werke der Barmherzigkeit bestimmt ist.

11 Eine 1991 gegründete katholische Gruppe aus gottgeweihten Laien.

12 Seine Patin.

13 »Bewährte Männer«, d. h. bewährte verheiratete Männer.

14 Inzwischen habe ich erfahren, dass ihr 2017 der *Order of Australia* verliehen worden ist.

15 Ein Gebiet im Westen des Bundesstaats Victoria.

16 Bischof Edward Galvin (1882–1956) wurde in der Grafschaft Cork in Irland geboren. 1909 zum Priester geweiht, ging er 1912 als Missionar nach China. 1916 gründete er die Missionsgesellschaft vom heiligen Columban, um weitere Priester auszubilden, die ihn unterstützen sollten. Nachdem die Kommunisten in China an die Macht gekommen waren, wurde er drei Jahre lang unter Hausarrest gestellt. 1952 wurde er vor Gericht gestellt und des Landes verwiesen.

52. Woche: Eine vernichtende Argumentation

1 John Howard war Mitglied der *Liberal Party* und von 1996 bis 2007 australischer Premierminister.

2 Ein mitten in Rom gelegenes australisches Gästehaus und Pilgerzentrum.

3 Bernardino Nogara war Finanzberater des Heiligen Stuhls (1929–1954).

4 Daniel McGlone und Jeffrey Connor, ehemalige Ministranten an der *St Patrick's Cathedral* in Melbourne, hatten zugunsten von Kardinal Pell ausgesagt.

5 Aus einem Brief, den sie 1867 schrieb.

6 Evelyn Waugh, *Verfall und Untergang*, Zürich, 2014, S. 261.

7 »Wissen, anbeten und lieben« (Anm. d. V).

8 Der Archibald-Preis wird jährlich an das beste Porträt verliehen, vorzugsweise an einen Mann oder eine Frau, die sich in Kunst, Literatur,

Wissenschaft oder Politik hervorgetan haben und von einem in Australien ansässigen Künstler gemalt wurden (Anm. d. V.).

9 »Der Rückzieher des Staatsanwalts.«

10 »Die geknickte Trumpfkarte des Staatsanwalts.«

11 Mark Gibson war der Staatsanwalt bei der Beweisaufnahme und in den Verhandlungen.

12 Am 18. Februar 2020 durchsuchten Vatikanbeamte die Wohnung und das Büro von Msgr. Alberto Perlasca, Kirchenanwalt bei der Apostolischen Signatur, dem höchsten kirchlichen Gerichtshof. Er hatte zuvor eine leitende Stelle in der Verwaltung des Staatssekretariats innegehabt, gegen das Ermittlungen wegen schlechter Finanzverwaltung eingeleitet wurden.

53. Woche: Und wieder Fastenzeit

1 Mutter Teresa, *Komm sei mein Licht*, a. a. O., S. 290.

2 Laut 2 Kor 5,21 hat Gott Jesus »für uns zur Sünde gemacht« – diese Stelle ist symbolisch zu verstehen, denn Christus, »der keine Sünde kannte«, wie es in demselben Vers heißt, war ohne Sünde. Eine andere mögliche Übersetzung ist: Er hat ihn »für uns zu einem Sündopfer gemacht«.

3 Hebr 4,16.

4 Der Sitz des Nuntius, des päpstlichen Botschafters.

5 Unter dem Pseudonym Lyndsay Farlow wurden regelmäßig von einer oder mehreren Personen Tweets gegen Kardinal Pell veröffentlicht.

6 In den Ländern des *Commonwealth* ist ein *Queen's* (oder *King's*) *Counsel* ein Anwalt, der von der britischen Krone zu »Ihrer (oder Seiner) Majestät rechtskundigem Berater« ernannt worden ist.

7 »Slipped the bonds of earth to touch the face of God«, eine geläufige Wendung, die die erste Zeile von »High Flight«, einem Gedicht des kanadischen Piloten John Gillespie Magee (1941) mit der letzten Zeile des Gedichts »The Blind Man Flies« (gedr. 1938) von Cuthbert Hicks kombiniert.

8 Am 11. Februar hatten die Richter mit vier gegen drei Stimmen entschieden, dass Aborigines, die nicht in Australien geboren sind, dennoch nicht als »Fremde« abgeschoben werden dürfen.

9 Robert Kennedy.

10 Stefano Gobbi (1930–2011) war ein italienischer Priester. Er gründete die Marianische Priesterbewegung, die sich zu einem weltweiten Netzwerk von Gebetsgruppen für Priester und Laien entwickelte. Viele

waren davon überzeugt, dass Don Gobbi Botschaften von der Jungfrau Maria erhielt, doch die Kirche hat diese Botschaften nicht offiziell anerkannt.

11 *Gott oder nichts: Ein Gespräch über den Glauben,* Kißlegg 2015, *Kraft der Stille: Gegen eine Diktatur des Lärms,* Kißlegg 2017 und *Herr, bleibe bei uns, denn es will Abend werden,* Kißlegg 2019.

12 *Herr, bleibe bei uns,* S. 11.

13 Ebd., S. 13.

54. Woche: Der Weg der Vergebung

1 Tony Lockett, der beste Torschütze in der Geschichte des *Australian Rules Football.*

2 George Pell, *God and Caesar: Selected Essays on Religion, Politics, and Society,* hg. v. M. A. Casey Washington, DC, 2007.

3 Ein Kleidungsstück von Lindy Chamberlains Töchterchen Azaria wurde sechs Jahre später in einem Gebiet mit Dingohöhlen gefunden.

4 »Die hohe Obrigkeit«.

5 Der Kardinalsrat: neun Kardinäle aus aller Welt, die Papst Franziskus zu seinen Beratern ernannt hat.

6 *Australian Confraternity of Catholic Clergy,* eine Vereinigung katholischer Priester in Australien.

55. Woche: Eine letzte Berufung

1 Die *Oxford Union* ist ein bekannter Debattierklub in Oxford (Anm. d. V.).

2 William Wilberforce (1759–1833) war ein britischer Politiker und stand an der Spitze der Bewegung, die sich für die Abschaffung des Sklavenhandels einsetzte.

3 Das Programm *Melbourne Response* wurde vom Erzbistum Melbourne im Oktober 1996 auf einem öffentlichen Forum als Reaktion auf das Problem des sexuellen Missbrauchs verabschiedet.

4 »Er ruhe in Frieden.«

5 George Pell, *Issues of Faith and Morals,* London 1996.

6 Rechtssprechung des Staates (Anm. d. V.).

7 »Zurückführung auf das Unsinnige«.

8 Der hl. Paul vom Kreuz (1694–1775) war der Gründer und Generalobere der Kongregation vom Leiden Jesu Christi (den sog. Passionisten), die die Verehrung des Leidens Christi mit einer vorrangig an die

Armen gerichteten Predigttätigkeit und einem Leben in strenger Buße kombinieren.

9 Dieses Zitat, das Mutter Teresa gerne verwandte, stammt aus *The Virtue of Love* von Paul de Jaegher SJ (1955).

10 Paul Newton (geb. 1961) ist ein preisgekrönter australischer Porträtkünstler.

11 Robert Herrick (1591–1674) war ein englischer Lyriker und anglikanischer Kleriker.

12 Shannon Deery, »Pell Tipped to Win«, *Herald Sun*, 13. März 2020.

13 QC, *Queen's Counsel,* ist ein besonders erfahrener Anwalt in Großbritannien und in einigen Ländern des Commonwealth (Anm. d. V.).

56. Woche: Warten auf die Entscheidung

1 »Die Fakten über Pell passen einfach nicht.«

2 Aus den letzten Abschnitten von *He Leadeth Me: An Extraordinary Testament of Faith* von Walter J. Ciszek mit Daniel L. Flaherty, New York 2014.

3 Der *National Civic Council* ist eine konservative christliche Lobbygruppe in Australien, die in den 1940er-Jahren von B. A. Santamaria gegründet wurde (Anm. d. V.).

4 (Maria), »Mutter der Barmherzigkeit, bitte für uns.«

5 Die *Australian Football League* (AFL) veranstaltet Wettbewerbe für den *Australian Rules Football* der männlichen Profis. Das Spiel ähnelt eher dem irischen als dem amerikanischen Football.

6 Wegen der Corona-Schutzmaßnahmen.

7 Ein Australian-Football-Spiel besteht aus vier Vierteln (Anm. d. Ü.).

8 Um wegen der Corona-Ansteckung die Zahl der Menschen auf begrenztem Raum zu verringern.

9 Paul Kelly, »Coronavirus: ›Whatever It Takes‹ Must Be Our Motto«, *The Weekend Australian*, 20. März 2020.

57. Woche: Alles ruhig so weit

1 Neuroimaging bezeichnet die medizinische Abbildung des Nervensystems im Gehirn durch ein bildgebendes Verfahren (Anm. d. V.).

2 Bei den Handicap-Pferderennen in Australien wird ein Ausgleich dadurch erreicht, dass die leistungsstärkeren Pferde mehr Gewicht tragen als die leistungsschwächeren (Anm. d. V.).

3 Ein Teil der Vorbereitung auf die Erwachsenentaufe.

4 John Henry Newman, *Apologia Pro Vita Sua* (1864), Kapitel 5. [In

deutscher Übersetzung neu erschienen bei Media Maria, Illertissen 2010].

5 »Der Große Gestank« war die Bezeichnung für die Folgen der Einleitung des gesamten Abwassers in die Themse. Der im Sommer 1858 aufgrund des heißen Wetters auftretende Gestank wurde von den Stadtbewohnern von London als derart unerträglich empfunden, dass das Parlament den Bau eines umfassenden Abwassersystems beschloss (Anm. d. V.).

6 John Henry Newman, *Meditations and Devotions,* »Hope in God the Creator«.

58. Woche: Alte Vorwürfe kommen wieder auf

1 John Henry Newman, *Meditations and Devotions,* »Hope in God the Creator«.

2 Joshua Anthony Frydenberg (geb. 1971) ist *Federal Treasurer* (»Bundesschatzmeister«) von Australien und seit August 2018 stellvertretender Vorsitzender der *Liberal Party.*

3 Der *National Trust* ist eine gemeinnützige Organisation, die sich für die Förderung und Erhaltung des indigenen, natürlichen und historischen Erbes Australiens einsetzt (Anm. d. V.).

4 Rat für Wahrheit, Gerechtigkeit und Heilung (Anm. d. V.).

5 2008 wandte sich Kardinal Pell gegen den Vorschlag einer *Bill of Rights* für Australien. Ein gewähltes Parlament, so seine Begründung, könne die Menschenrechte besser schützen als die Gerichte, die in Ländern mit einer *Bill of Rights,* wie beispielsweise den Vereinigten Staaten, üblicherweise für Entscheidungen über grundlegende Bürgerrechte zuständig sind.

6 Als das Parlament 2017 darüber debattierte, ob religiöse Einrichtungen ihre Sexualmoral als Einstellungskriterium zugrunde legen dürfen, richtete die damalige Regierung unter Premier Malcolm Turnbull eine Kommission ein, die diese Frage prüfen sollte. Der Vorsitzende dieser Kommission, der Father Frank Brennan angehörte, war der ehemalige *Attorney-General* Philip Ruddock.

7 Sie sind *ad rem* bedeutet, sie gehören zur Sache (Anm. d. V.).

59. Woche: Der Schuldspruch wird aufgehoben

1 Die Entfernung beträgt ca. 875 km (Anm. d. V.).

Der Autor

George Pell, geb. am 8. Juni 1941, verzichtete auf seine Karriere als aktiver Spieler in der höchsten Liga des Australian Football (AFL) zugunsten des Priesterberufs.

Von 1959 bis 1965 studierte er Philosophie und Theologie am *Corpus Christi College* in Werribee und an der Päpstlichen Universität *Urbaniana* in Rom und beendete sein kirchengeschichtliches Doktoratsstudium 1971 an der Universität von Oxford. An der der *Monash University* in Melbourne absolvierte er 1982 ein Masterstudium der Erziehungswissenschaften.

1987 wurde er von Papst Johannes Paul II. zum Bischof ernannt. Von 1996 bis 2001 übte er das Amt des Erzbischofs von Melbourne und von 2001 bis 2014 des Erzbischofs von Sydney aus. Papst Franziskus ernannte George Kardinal Pell 2014 zum Präfekten des Wirtschaftssekretariats in Rom.

Im Jahr 2017 wurde er wegen der Beschuldigung des »sexuellen Missbrauchs zweier Chorknaben« von allen Ämtern freigestellt. Im Gerichtsverfahren wurde er 2018 von einer Jury für schuldig befunden und vom Gerichtssaal aus in Untersuchungshaft genommen. Das Urteil wurde 2019 vom Berufungsgericht in Victoria bestätigt. In einem weiteren Berufungsverfahren wurde das Urteil durch den Obersten Gerichtshof von Australien einstimmig aufgehoben und Kardinal Pell freigesprochen.

S. E. George Kardinal Pell ist am 10. Januar 2023 nach einer Routineoperation in Rom verstorben.

George Kardinal Pell

Die Berufung wurde abgewiesen

Das Gefängnistagebuch
Band II

Geb., 400 Seiten
14,5 x 22,0 cm
ISBN 978-3-9479313-1-6

In diesem zweiten Band erhält Kardinal Pell die schreckliche Nachricht, dass sein erstes Berufungsverfahren vom Obersten Gericht des Bundesstaates Victoria abgewiesen wird. Mit der gleichen Ausgeglichenheit, Klugheit und ruhigen Zuversicht, die bereits in Band I erkennbar waren, setzt sich sein Streben nach Gerechtigkeit fort.
Hoffnungsschimmer tauchen auf, als immer mehr Rechtsexperten, darunter auch Nichtkatholiken, fordern, dass dieser Justizirrtum – Kardinal Pells Verurteilung – rückgängig gemacht wird.

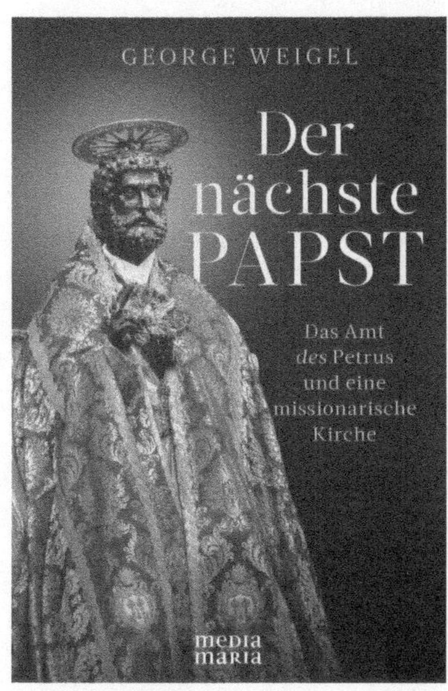

George Weigel

Der nächste Papst

Das Amt des Petrus und eine missionarische Kirche

Geb., 160 Seiten
13,50 x 20,5 cm
ISBN 978-3-9479312-4-8

Die katholische Kirche befindet sich in einer Übergangsphase. George Weigel blickt zurück auf seine persönlichen Begegnungen mit den Päpsten Johannes Paul II., Benedikt XVI. und Franziskus sowie auf seine jahrzehntelange Erfahrung im Bereich der weltweiten katholischen Kirche von den einfachsten Pfarreien bis zur höchsten Ebene der Kurie. Dabei geht er auf die großen Herausforderungen ein, denen sich die katholische Kirche im 21. Jahrhundert stellen muss.
Dies gilt ganz besonders für den nächsten Papst, der als Nachfolger des heiligen Petrus die Kirche kraftvoll auf dem Weg der Glaubensvertiefung und Neuevangelisierung in die Zukunft führen muss.